OMNIBUS

A cura di Tim Cornwell

VITA PRIVATA DI UNA SPIA

Le lettere di John le Carré

Traduzione di Sara Crimi e Laura Tasso

MONDADORI

L'editore ha ricercato con ogni mezzo i titolari dei diritti delle immagini senza riuscire a reperirli: è ovviamente a piena disposizione per l'assolvimento di quanto occorra nei loro confronti.

mondadori.it

ISBN 978-88-04-76899-9

Titolo dell'opera originale
A Private Spy - The Letters of John le Carré
I edizione settembre 2023

VITA PRIVATA DI UNA SPIA

Per Noah

Perdona questo scriba prolisso, ma a volte le lettere sono più divertenti.

Le Carré alla matrigna Jean Cornwell, 4 giugno 2009

Al giorno d'oggi tutti noi scriviamo troppe poche lettere.

Le Carré ad Al e Ann Alvarez, 16 settembre 2016

Indice

Elenco delle illustrazioni e crediti iconografici

Inserti fotografici

Illustrazioni nel testo

p. 456 Autoritratto di le Carré dopo aver scritto cento pagine di un nuovo romanzo.
p. 465 Illustrazione da una lettera a Tom Stoppard.
p. 516 Autoritratto di le Carré per beneficenza.
p. 683 Biglietto a Jane Cornwell.

Crediti iconografici

La maggior parte delle immagini è stata pubblicata per gentile concessione della famiglia Cornwell. Seguono i restanti crediti iconografici.

Inserti fotografici: 6, courtesy Sherborne School; 7 e 15, © National Portrait Gallery, London; 12, © Deborah Elliott; 14, per gentile concessione della famiglia Margetson; 17, Pictorial Press Ltd/Alamy Stock Photo; 18, Jean-Claude Sauer/Paris Match via Getty Images; 20, Daily Mail/Shutterstock; 21, Susan Vereker; 22, Steve Schapiro/Corbis via Getty Images; 24, George Etheredge; 26, Ben Martin/Getty Images; 27 © BBC; 28, Pascal Parrot/Sygma/Sygma via Getty Images; 29, per gentile concessione della famiglia Greenway; 31, © Stuart Franklin/Magnum Photos; 35, Getty Images; 36, Judith Herrin; 37 e 39, Dave M. Benett/Getty Images; 38, Anton Corbijn/Contour by Getty Images; 40, © Tom Jamieson; 42, per gentile concessione di Ink Factory; 44, per gentile concessione della famiglia Musharbash; 45, per gentile concessione della famiglia Geller; 46, © Sean Smith.

Illustrazioni nel testo: p. 130, Simon Bingham; p. 391 vignetta di Jeff Danziger usata con il permesso di Jeff Danziger, CounterPoint Syndication e Cartoonist Group. Tutti i diritti riservati.

Introduzione

«Odio il telefono. Non so battere a macchina. Come il sarto del mio nuovo romanzo, esercito il mio mestiere con le mani. Vivo su una scogliera della Cornovaglia e odio le città, dove riesco al massimo a trascorrere tre giorni. Non vedo molte persone. Scrivo, passeggio, nuoto e bevo.» Così raccontava mio padre in un articolo sotto forma di lettera – dal titolo *Parlando ai miei editori americani* – inviata nel 1996 al suo storico editor Bob Gottlieb e ad altri.

Compongo questa breve introduzione da quella stessa scogliera della Cornovaglia. Ieri il vento sferzava i muretti di pietra, scuoteva e agitava i cespugli di skimmia e veronica del giardino di mio padre, e il mare era in burrasca come non l'avevo mai visto, con le onde crestate di bianco. Adesso tutto è illuminato da uno splendido sole invernale che si riflette sull'acqua increspata e una gazza saltella sull'erba.

Nel 1969 mio padre acquistò tre cottage abbandonati con un fienile adiacente e nel corso di cinquant'anni li ha trasformati e ampliati, aggiungendo la sua biblioteca e uno studio, creando un giardino d'artista con prati cintati, sculture e robusti muretti di pietre squadrate.

«Quaggiù sono più o meno in ibernazione, non vedo quasi nessuno» scrisse nel 1972 a Jeannie, la sua matrigna, dopo aver acquistato da un contadino del luogo gli edifici e circa due chilometri di scogliera allo stato selvaggio. «Lavoro sette-otto ore al giorno a un nuovo libro, un semplice giallo per passare il tempo... Al mattino mi alzo alle sette, con una bufera di vento che soffia a quasi ottanta nodi e non cala da quattro giorni, e mi fanno compagnia solo le maledette interruzioni dell'energia elettrica, ma questo posto mi piace molto, apprezzo il mio lavoro, i prati, il mare e i campi di patate che fanno parte del luogo.» Il libro, «un semplice giallo», era *La talpa*.

Mio padre – che è morto di polmonite nel dicembre 2020 dopo una caduta – parlava con coraggio di quello in cui credeva, affrontava con altrettanto coraggio luoghi e argomenti di cui scriveva, ed era saldo anche davanti alla malattia. Aveva anche inventato un linguaggio per il cancro – contro il quale ha lottato a lungo anche se non è stato quello a portarselo via –, una sorta di lessico medico alla Wodehouse codificato come quello delle spie: l'urologo era il contrammiraglio, gli snervanti check-up «l'antiparassitario per le pecore», e definiva le dosi di letale chemioterapia un «attacco nucleare». È stato coraggioso anche nell'occuparsi di Jane, la mia matrigna, che, già devastata dal cancro nel momento in cui è morto, lo ha seguito un paio di mesi più tardi.

«Qui tempo perfido: vento furioso da nord-est, nevischio e pioggia, e fa molto freddo» mi scrisse in un'e-mail una settimana prima di morire. Spesso era questo il nostro miglior modo di comunicare: le sue e-mail contenevano sempre un'osservazione acuta, un sorriso, una frase da ricordare. «Il tutto dopo un lungo periodo soleggiato e l'autunno. Stiamo bene, ma Jane sta passando un brutto periodo per la chemioterapia... Io sono caduto in bagno come un idiota e mi sono incrinato una costola, il che mi rende piuttosto scontroso.»

Questo volume di lettere di John le Carré, con qualche occasionale e-mail, ha l'intento di condividere la voce più privata di un uomo considerato da molti uno dei maggiori romanzieri del dopoguerra. Con lui, la figura della spia è entrata nel regno della letteratura, attirando i lettori verso i personaggi, il linguaggio e le intricate cospirazioni del suo mondo segreto. In questa raccolta c'è un'unica, palese omissione: contiene un numero esiguo di lettere alle sue amanti, e nella vita ne ha avute parecchie. A quanto sembra era attratto in particolare – a livello romantico ma non solo – da persone importanti e decise e, inevitabilmente, anche da quelle la cui angoscia era in qualche modo simile alla sua. Figlio di un padre violento e di una madre che, per ottime e comprensibili ragioni, aveva abbandonato la famiglia quando lui aveva cinque anni, nei suoi rapporti era prevedibilmente capriccioso: incostante, bisognoso di affetto e con il disperato desiderio di piacere, ma anche con quello di conservare l'indipendenza del cuore per paura di veder svanire all'improvviso qualcosa su cui faceva affidamento. Si sarebbe tentati di affermare che le persone di genio sono complicate, ma probabilmente è più corretto dire che il trauma è semplice. Sono certo che abbia inflitto a sua volta ferite emotive, ma una parte di lui era sempre e ferocemente in guardia per evitare che le sue azioni ricalcassero quelle del padre. Quale che sia la verità, era scrupoloso nel tenere segreta la sua corrispondenza romantica tanto quanto lo era nel registrare tutto il resto, e il nostro archivio contiene ben poco di illuminante in proposito.

Le Carré – nel libro lo chiamo così – ha prodotto per diversi decenni romanzi acclamati a livello internazionale, da *La spia che venne dal freddo* nel 1963 a *La spia corre sul campo* nel 2019, oltre al romanzo postumo *L'ultimo segreto* nel 2021. La sua scrittura ha definito l'era della guerra fredda e si è schierata contro il potere negli anni a seguire anche se mai – o quasi mai – ha anteposto la polemica a una bella storia. Graham Greene definì il giovane le Carré l'autore del miglior romanzo di spionaggio che avesse mai letto; Philip Roth e Ian McEwan hanno collocato le sue opere tra le più importanti del ventesimo secolo.

Mio padre ha vissuto per sessant'anni sotto gli occhi del pubblico, da quando – giovane agente dell'MI6 che si faceva passare per un diplomatico – scrisse *La spia che venne dal freddo*, un libro sulla guerra fredda che lo catapultò verso la fama internazionale. Studioso di letteratura francese, e soprattutto tedesca, seppe fin dall'inizio che la sua corrispondenza sarebbe stata presa in considerazione, archiviata, forse pubblicata, utilizzata in maniera impropria, erroneamente citata oppure venduta.

In una lettera presente in questo volume, mio padre descrive F. Scott Fitzgerald come «lo scrittore per eccellenza», un mago delle parole in grado di «tenere accesa la luce nel buio», di «creare un arcobaleno dal bianco e nero». Ma scrisse anche a Susan Kennaway, sua ex amante, che i tre quarti delle lettere di Fitzgerald «sono spazzatura autoreferenziale, un insulto per lui e la sua arte, e se mai a qualcuno venisse l'idea di cercare cose di questo tipo nella mia scrivania, spero proprio di essere riuscito a bruciarle in tempo».

In questo libro ci sono lettere nelle quali David Cornwell scrive in maniera intima e libera, mentre in altre è John le Carré che si guarda alle spalle e comincia a costruire il suo retaggio per i posteri, oltre a fare un po' di esercizio di bella scrittura. Se non è ampolloso, di sicuro è consapevole di sé. «Ho deciso di coltivare quello sguardo intenso e preoccupato e di cominciare a scrivere lettere brillanti, disordinate, per i futuri biografi. Questa ne fa parte» disse a Miranda Margetson quando ancora lavorava all'ambasciata inglese di Bonn, allegando una caricatura di se stesso intento a scrivere (si veda p. 149).

Autore di venticinque romanzi, mio padre è stato un prolifico e coscienzioso scrittore di lettere, spaziando da quelle di ringraziamento alle risposte agli ammiratori. Le persone con cui ha corrisposto appartenevano agli ambienti più disparati: politica, letteratura, editoria, arti e, per via della sua precedente professione, il mondo dello spionaggio. L'attore e scrittore Stephen Fry e il drammaturgo Sir Tom Stoppard sono presenti in queste pagine, così come l'ex capo della stazione di Londra del KGB e l'ex capo dell'MI6. Ma si trovano anche i membri della sua famiglia ristretta, in particolare nei primi anni della maturità.

Mio padre era anche un illustratore di talento che, da ragazzo, aveva pensato di dedicarsi all'arte. In questo libro si trova una selezione dei suoi primi disegni, caricature e illustrazioni per libri e periodici. Non sono di qualità uniforme e potrebbero essere liquidati come opere giovanili, ma durante una visita in Russia nel 1993 fu entusiasta di scoprire che i manoscritti di Puškin, proprio come alcuni dei suoi, di tanto in tanto erano costellati di scarabocchi piccanti: nel caso del poeta russo si trattava di ninfe che giocavano a biliardo. Una volta rimase solo a Londra con diverse migliaia di fogli di carta da firmare per il suo editore americano, ma scelse di disegnare delle illustrazioni: inizialmente si limitò a spie e cani ma, con il crescere della noia, le figure divennero decisamente osé. Le sue prime lettere sono illustrate, e per tutta la vita vergò i suoi manoscritti, la corrispondenza e la sua stessa firma con una calligrafia inconfondibile e armoniosa. L'ultima lettera di questo libro, indirizzata due settimane prima di morire a un vecchio amico, il giornalista David Greenway, occupa quattro pagine manoscritte.

Nel 1993, Stephen Fry scrisse a mio padre da ammiratore e quello fu l'inizio di una corrispondenza intermittente. «Quelle lettere, però, sono ricche di cura e partecipazione» scrisse Fry dopo la cerimonia funebre di mio padre. «Cortesi, acute, dettagliate – mi pare quasi di vederlo inarcare un sopracciglio – una vera gentilezza condividere tante osservazioni e consigli con qualcuno che conosci così poco.»

Da ragazzo, nei primi anni Settanta, andavo con mio padre lungo la passeggiata costiera che avevano appena realizzato in Cornovaglia e che passava proprio sotto casa. Il paesaggio di quel luogo e le sue condizioni atmosferiche sono personaggi fuori campo nelle sue lettere, come fossero motivi wagneriani. In Cornovaglia si dedicava a intense sessioni di scrittura, ed era quello il suo rifugio dopo l'uscita di un libro, ma vi riceveva anche ospiti o lo usava come sfondo per interviste e fotografie.

«Sono arrivato qui ieri: un cielo enorme e mutevole, nuvole nere, sole brillante e poi stupidi acquazzoni con l'acqua di traverso che ti colgono alla sprovvista proprio quando pensi che potresti costruire una nuova ala» scrisse nel 1981 a Sir Alec Guinness. «Noi siamo rimasti bloccati qui per tutto l'inverno, e intendo bloccati nel vero senso del termine: violente e continue burrasche, pioggia, nebbia e di nuovo tempesta» scrisse nell'aprile 1994 all'amico di una vita John Margetson. «Il risultato è che ho scritto ¾ di un libro molto oscuro e pieno di nebbia, molto introspettivo e strano, ma ne sono abbastanza soddisfatto, almeno fino a ora.» Il romanzo era *La passione del suo tempo*.

Guinness venne in visita qui, così come molti altri destinatari delle lettere di questo libro, dallo scrittore Nicholas Shakespeare all'attore Ralph Fiennes (che si infradiciò insieme a le Carré durante un temporale), al capo dei servizi segreti tedeschi August Hanning. Anche George Smiley e Ann hanno passeggiato sul sentiero lungo la costa della Cornovaglia nel «periodo peggiore, che lui ricordasse, del loro lungo e tormentato matrimonio», in compagnia dell'ombra innominata del tradimento. Nella prima stesura de *La talpa*, Bill Haydon si era ritirato qui.

Mio padre ha scritto quasi tutte le sue lettere a mano, firmandole classicamente con un «come sempre, David». Alcune venivano dettate o battute a macchina, come quelle destinate ad agenti e editori, oppure ai quotidiani. A volte sembrava considerarle esercizi di scrittura, altre erano del genere "scrivi e dimentica", una sorta di Snapchat personale con la sensazione che la carta fosse più sicura, più riservata, meno suscettibile alla pirateria informatica o alla riproduzione.

Per un certo numero di anni, mio padre ha tenuto una corrispondenza con Willard J. Morse, un ginecologo del Maine scelto senza un motivo comprensibile, e con lui ha condiviso opinioni laceranti, e largamente citabili, sulla principessa Diana, Tony Blair e Gordon Brown. Quelle lettere hanno cominciato a comparire sulle aste online, ed erano abbastanza impertinenti da meritare titoli sul "Guardian" e il "Daily Mail". «La prego, non si preoccupi per la pubblicazione delle mie lettere» scrisse nel dicembre 2018 all'amico Anthony Barnett, fondatore di openDemocracy. «Le ho scritte a titolo privato a un uomo che non ho mai conosciuto, un medico dell'esercito americano in pensione che, sotto Bush junior, è rimasto disilluso dal suo paese, si è stabilito alle Bahamas, e per molti anni mi ha aperto il suo cuore con un flusso costante di lettere. Io gli ho risposto con altrettanta franchezza. Non conservo la corrispondenza o copie delle mie lettere, quindi non ho idea di cosa sia successo esattamente tra noi. I suoi eredi hanno deciso di ricavarne del denaro e, a quanto pare, ci sono riusciti. Il mio agente e il mio avvocato vorrebbero che facessi loro causa, ma non ho voglia di seccature. Ho scritto quello che ho scritto. *Finis*.»

Era comunque ben consapevole di come potessero essere usate le sue parole, e non ha mai fatto affermazioni alla leggera. In una lettera che gli scrisse nel 2009, Michael Hall, un conferenziere in pensione, notava come mio padre avesse accuratamente evitato di inserire nella loro corrispondenza qualsiasi cosa potesse essere usata come avallo ai due libri di Hall. Hall gli aveva scritto dei lucci nei laghetti di Hampstead Heath, parlando di «un vecchio e scaltro veterano che non si fa catturare, qualsiasi esca tu gli metta sotto il naso». «Uno scaltro e vecchio Luccio ti ringrazia per la tua astuta lettera che lo ha molto divertito» rispose mio padre.

Questo libro attinge in gran parte all'archivio principale della corrispondenza di mio padre, quasi tutta destinata alla Bodleian Library di Oxford, radunata e catalogata nel corso di diversi decenni dalle sue segretarie e da sua moglie Jane, poi riordinata nei tardi anni Duemila. Di norma lui non conservava copia della posta in uscita che non riguardasse il lavoro, anche se alcuni dei primi scambi di lettere, per esempio quello con Sir Alec Guinness, sono stati attentamente copiati e conservati. Era lui stesso a curare l'archivio: decideva cosa tenere e cosa bruciare. È stato poi integrato dalla restituzione di collezioni delle sue lettere giovanili, in particolare di quelle alla prima moglie, mia madre Ann, e al reverendo Vivian Green, suo professore e mentore a Oxford, che aveva celebrato il loro matrimonio. La corrispondenza con Jeannie, sua matrigna e seconda moglie di suo padre Ronnie – prestata da Nancy, la nipote di lei – è stata una vera rivelazione: Jeannie è stata una delle prime confidenti di le Carré, la cui madre, Olive, se n'era andata quando aveva cinque anni.[1]

Durante le ricerche per questo volume, ho raccolto copie delle lettere di le Carré attingendo a biblioteche, archivi, editori, agenti, famigliari e soprattutto amici facendo del mio meglio. Il mio defunto padrino, Sir John Margetson, uno dei sei uomini che hanno frequentato con mio padre il corso di addestramento dell'MI6, per oltre sessant'anni ha tenuto una corrispondenza con lui.

Il matrimonio dei miei genitori è finito in maniera dolorosa, ma mia madre ha conservato tutte le lettere di mio padre scritte in oltre vent'anni, dal 1950 al 1970 circa, che rappresentano una risorsa preziosa per quegli anni. Non si può affermare la stessa cosa a proposito della triste distruzione di alcuni gruppi di lettere, in particolare quelle di mio padre al suo primo editore americano, Jack Geoghegan, colui che è stato fondamentale per la promozione de *La spia che venne dal freddo*. Nel 1999, dopo la morte di Geoghegan, il figliastro ha spedito a mio padre quelle lettere e lui, in seguito, ha sconvolto il suo biogra-

[1] Tony, il fratello di le Carré, era convinto che la madre se ne fosse andata quando avevano rispettivamente sei e quattro anni.

fo Adam Sisman dicendogli di averle distrutte. Il rapporto tra l'editore e mio padre era stato intimo e complesso, ma ormai quella testimonianza è andata perduta.

Uno dei più vecchi e intimi amici di mio padre – a suo dire il suo migliore amico – è stato John Miller, il pittore della Cornovaglia, ex architetto, che fu anche un suo agente nell'MI5. I quadri di Miller coprono una parete della casa di famiglia in Cornovaglia – è stato lui il primo a fargli conoscere quel luogo – e nel 2002, dopo la morte di Miller, mio padre scrisse al regista John Boorman: «Non credevo che un amico potesse mancarmi tanto». John Miller faceva tesoro delle lettere di mio padre. «Un giorno avranno un valore» scherzava indicandole, ma sono state distrutte in un momento successivo alla sua morte, a quanto pare da Michael Truscott, il suo compagno ormai scomparso.

Quasi tutte le lettere alla volontaria Yvette Pierpaoli, che ha avuto una lunga relazione con mio padre e alla quale è dedicato *Il giardiniere tenace*, dopo la sua morte sono state bruciate dalla figlia di Yvette nel lavandino della cucina. Yvette le aveva tenute con cura, ma la figlia aveva la sensazione che le Carré fosse stato così importante nella vita di sua madre che «qualsiasi cosa ci sia stata tra loro, è meglio che resti così».

Rainer Heumann, descritto nel necrologio dell'"Independent" del 1996 come «l'agente letterario più potente d'Europa», ha avuto un lungo e stretto rapporto con mio padre, ma a quanto pare le lettere scritte a lui sono state distrutte dopo la sua morte. Secondo i colleghi della Heumann's Mohrbooks Literary Agency, Heumann teneva le lettere a casa; lui e la moglie Inge sono morti senza eredi, e gli oggetti senza un apparente valore commerciale sono stati buttati.

C'è forse un ultimo "E se...?" che riguarda le lettere di mio padre: le carte di suo padre, Ronnie Cornwell, straordinario truffatore, che compare nella narrativa di le Carré in *Ingenuo e sentimentale amante*, *Single & Single* e, soprattutto, ne *La spia perfetta*.

L'ultima segretaria di Ronnie, Glenda Moakes, riferisce che mio padre le avrebbe detto di aver distrutto molte carte dopo la morte di mio nonno, avvenuta nel 1975. In un articolo di le Carré, *In Ronnie's Court*, pubblicato nel 2002 sul "New Yorker", lui descrive una «pila di scatole marroni che mio padre portava sempre con sé nelle sue fughe». Rick Pym – il personaggio del truffatore ne *La spia perfetta*, basato su Ronnie – ha un classificatore verde. Moakes ricorda che anche Ronnie aveva degli schedari ma, se contenevano lettere di suo figlio, queste sono scomparse.[2] L'unica apparentemente sopravvissuta di mio padre a Ronnie è compresa in questa raccolta, così come una serie di successive lettere a sua madre.

Come è prevedibile, John le Carré riceveva una buona dose di lettere anonime. Nell'archivio della sua corrispondenza, per ogni lettera dell'alfabeto esiste una cartelletta con la dicitura "Persone difficili". «Che diavolo faccio con questa?» scrisse a proposito di una strana lettera delirante di un fan, che gli diceva di essere quasi impazzito su un autobus e di aver dichiarato che *La tamburina* era la storia d'amore più bella dopo *Orgoglio e pregiudizio*.

Un ammiratore gli sottopose un libro che sembrava una tesi su uno dei primi forum di discussione su internet. «Oy... che diavolo è?» scrisse a Jane, la mia matrigna, usando Oyster, il soprannome di lei che preferiva. Su un'altra lettera, indirizzata nel 1994 «Al grande scrittore David Cornwell» presso la sua casa in Cornovaglia, mio padre commentò: «Da archiviare nella categoria degli squilibrati: lui continua a scrivere e io non rispondo mai».

Tuttavia, in gran parte dei casi lo faceva. «Non è facile descrivere il piacere che traggo dall'occasionale missiva di un lettore che, vincendo la pigrizia o le inibizioni, ha la buona grazia di mettere i suoi pensieri su carta» scrisse il 29 gennaio 2010 a Ronojoy Sen, un lettore di Assam, in India, che lo voleva ringraziare per i venticinque anni in cui «ha reso la lingua inglese così meravigliosamente viva» e per le «splendide, nuove sottigliezze di ogni gradevole lettura», in particolare quella de *L'onorevole scolaro*.

Nel 1986, quando una coppia inglese gli scrisse che desiderava creare un fan club di le Carré, fu Jane a rispondere. «A volte lui si deve tagliare fuori dal resto del mondo e spesso rispondo alle lettere al suo posto» scrisse. «Il fatto è che, pur ricevendo molte lettere, di solito sono qualcosa di più che semplici richie-

[2] In seguito le Carré immaginò che fossero state «semplicemente bruciate».

ste di autografi. Abbiamo pensato spesso a una lettera standard nella quale inserire la risposta, ma non ci siamo mai convinti a utilizzarla: è troppo fredda e impersonale. Quindi, alla fine, uno di noi di solito risponde con una lettera vera.»

Mio padre aveva una routine lavorativa: scriveva al mattino presto, nel pomeriggio andava a passeggiare, per poi occuparsi della corrispondenza e di altre faccende più tardi nel corso della giornata. Si dedicava alle lettere nel giro di due o tre giorni e di rado le lasciava giacere per più di una settimana.

Nel 2011, Jonathan Turner gli scrisse cercando informazioni sul proprio padre, Edward, morto giovane in circostanze misteriose e che, a quanto si diceva, aveva un passato nell'intelligence. Si stupì quando ricevette una calorosa risposta quasi a stretto giro di posta, benché la missiva non contenesse nulla che promettesse di infrangere l'Official Secrets Act. «Nel periodo che ho trascorso là non ho conosciuto un Turner, ma questo non significa niente. Il modo più semplice al giorno d'oggi è chiedere direttamente a loro» scrisse con simpatia «a proposito di suo papà» e suggerì a Turner di provare con l'ufficio del personale al Secret Intelligence Service di Vauxhall. (Io stesso ho ricevuto richieste analoghe da persone che speravano che John le Carré potesse risolvere un mistero di famiglia.) Era la sua risposta standard, anche se a volte offriva con cautela qualcosa di più. Ne *Il visitatore segreto*, George Smiley si ritrova ad affrontare una domanda analoga da parte di una coppia di genitori in lutto, e quello che alla fine sceglie di comunicare loro rivela parecchio a proposito dell'uomo che lo ha creato. In *Un passato da spia*, sono i figli delle spie che chiedono risposte sulle vittime della guerra fredda.

L'Estate of John le Carré ha scelto di pubblicare un volume delle lettere di mio padre non molto dopo la sua morte. L'uscita de *L'ultimo segreto* nel 2021 e il progetto di un documentario con il regista Errol Morris hanno suggerito che fosse giunto il momento. Mio fratello maggiore Simon, in quanto esecutore letterario, mi ha gentilmente instradato verso quello che sarebbe divenuto un viaggio in compagnia di mio padre, e ringrazio lui e il lettore per avermi permesso di farne tesoro, quale che sia l'esito. È stato un privilegio, ma anche una sfida, poterlo affrontare, in quanto la mia modesta carriera è quella di giornalista, non di accademico o di biografo. Ma sono giunto a conoscere lui molto meglio, in particolare la sua giovinezza: e rimpiango di non aver passato più tempo a porgli semplici domande sulla sua vita.

Non ho cominciato cercando un particolare punto di vista o una storia da raccontare. Le lettere si sono scelte da sé. Sul retro di copertina di *Napoli '44* di Norman Lewis, il libro che preferisco tra i molti che mio padre mi ha dato, c'è una recensione: «Le pagine di questo libro sono come le ciliegie: una tira l'altra ed è impossibile smettere di leggere». A me è successo qualcosa di simile. Vorrei sperare che ogni lettera del volume potesse essere mangiata separatamente: fresca, incisiva, colorita, sarcastica; oppure morbida, succosa, ricca e un po' troppo matura. Per quanto possibile, le lettere sono pubblicate per intero; alcuni tagli sono stati apportati per brevità, rilevanza e, di tanto in tanto, per proteggere identità o sentimenti, trattandosi in gran parte di missive private che vanno in stampa a non molta distanza dalla morte di mio padre.

Troppo spesso, negli ultimi mesi, mi sono limitato a goderne, dimenticandomi che avrei dovuto fare una curatela, andando invece a esplorare. Il processo di selezione è cominciato in maniera semplice: scegliendo quelle migliori e più leggibili, che hanno cominciato a definire una struttura narrativa che in seguito si è ampliata. Tra le parole di mio padre non ho mai avuto un momento di noia.

Essere figlio di John le Carré ha fatto parte della mia identità fin dai tempi del collegio, quando la sua Rolls-Royce marrone risaliva un viale di campagna molto simile a quello della scuola di Jim Prideaux ne *La talpa*. Quando avevo dodici anni, ho letto il libro nella versione a caratteri grandi e in seguito mi sono chiesto quale di noi figli fosse Roach. Mio padre venne a parlare a un club scolastico e io gli domandai se avesse mai visto uccidere un uomo sul Muro di Berlino.

Questo libro doveva per forza essere incompleto: non riuscivo neppure a indovinare quante fossero le lettere scritte da mio padre. Negli archivi in Cornovaglia venivano conservate quelle in arrivo, quasi tutte risalenti agli ultimi trent'anni e spesso con il solo appunto "risposta manoscritta". Ci sono corrispondenti che non sono stati presi in considerazione, e lettere significative che verranno scoperte in futuro, si spera, come quelle che potrebbero esistere tra i contatti palestinesi di mio padre in Medio Oriente, risalenti a quando faceva ricerche per *La tamburina* (in questo caso le mie ricerche negli archivi sino a ora non hanno avuto successo), oppure tra i giornalisti che conosceva nel Sudest asiatico.

Le registrazioni delle lettere in uscita sono scarne fino agli anni Novanta, quando l'uso frequente del fax per le lettere più importanti significava che gli originali restavano in casa, mentre le fotocopie erano sempre più accessibili. «Provo orrore per il telefono e ho preso la decisione piuttosto eccentrica di vivere con fax ed e-mail, che per lo meno restituiscono dignità alla parola scritta!» scrisse a Gerald Peacocke, suo vecchio compagno di Sherborne, il 3 agosto 1994.

Fino a metà degli anni Duemila, mio padre ha continuato a spedire via fax le sue lettere scritte a mano; ha imparato a digitare con due dita per poter mandare e-mail dal portatile e dall'iPad. «Questo è il giorno in cui divento una persona che manda e-mail» annunciò alla sorellastra Charlotte il 17 maggio 2006, anche se poi continuò a spedire lettere manoscritte. Il giornalista Luke Harding, che aveva incorniciato una nota in cui mio padre lodava il suo libro *Collusion*, lo ritiene «l'ultimo, grande scrittore di lettere del ventunesimo secolo». Fin dall'inizio è stato un corrispondente preciso: di rado non metteva una data e difficilmente la sua scrittura era illeggibile, benché con il passare del tempo sia invecchiata. Ricordo ancora i suoi svolazzi quasi gioiosi su una busta degli anni Settanta, mentre più avanti nella vita le righe tendevano verso il basso sul lato destro e la mano era molto più goffa.

Mio padre ha vissuto una vita piena, e raramente i suoi rapporti seguivano una rotta costante: spesso le lettere a importanti corrispondenti – una o due potrebbero essere pubblicate qui, scelte in un gruppo di trenta – sono quasi delle novelle in sé. Sono una sorta di conversazione protratta nel tempo oppure dei dialoghi interrotti.

In campo editoriale, mio padre pretendeva standard molto alti da editori e agenti – "pretendere" è la parola giusta – e li cambiò più di una volta. Una delle sue doti era quella di creare in fretta rapporti molto intensi, tanto con gli uomini, quanto con le donne. Le persone che si consideravano sue amiche intime sembravano perdere o guadagnare il suo favore ogni volta che si scontravano con lui, un autore che era passato dal Sudest asiatico al Medio Oriente o a Panama, uno a cui tutti chiedevano un po' del suo tempo.

«Non posso prometterle di essere disponibile per incontri sociali» scrisse freddo a Vladimir Stabnikov, che aveva contribuito a facilitare il suo primo viaggio a Mosca dopo che il russo si era risentito perché Jane lo aveva tenuto a distanza. «Al momento sono immerso in un nuovo libro e scrivere non significa nulla se non è un'ossessione. Nessuno dei miei amici si aspetta da me l'intimità quando sono in questo stato.» Parole rivolte a una persona che, due anni dopo, avrebbe descritto come un uomo la cui «cultura, erudizione e umanità mi hanno colpito dal nostro primo incontro».

In queste lettere, così come nei romanzi, aleggia lo spettro di Ronnie Cornwell. Per tutta la vita mio padre rimase sbalordito da quello che aveva combinato Ronnie, compresi, per esempio, i nuovi dettagli sui reati e le condanne giovanili scoperti da Adam Sisman, il biografo di le Carré. Nelle ultime lettere al fratello Tony stava ancora lottando con l'ombra del padre. Nelle prime, invece, si può vedere un Ronnie in tempo reale, senza gli orpelli dei ricordi che seguiranno, mentre interagisce con il giovane le Carré. Nei primi venticinque anni della vita adulta di mio padre, e nelle lettere di quel tempo, Ronnie va e viene, ma le storie, i drammi, il dolore – che talvolta potevano apparire troppo bizzarri per essere veri – non erano esagerazioni o montature.

A quanto pare, Ronnie Cornwell era convinto di aver insegnato a mio padre l'arte della scrittura, benché si vantasse di non aver mai letto un libro in vita sua. C.B. Wilson, che aveva conosciuto Ronnie a Singapore, scrisse a mio padre: «Aveva un'ottima padronanza della lingua inglese e scriveva lettere molto forbite. Era convinto di aver trasmesso a lei questo talento». Fra le lettere a Jeannie Cornwell ce n'è una di Ronnie scritta nell'ottobre del 1974, un anno prima che morisse: «Di sicuro non ti devo dire quanto mi abbia commosso la tua telefonata di ieri mattina e il motivo per cui l'hai fatta» esordiva. «A parte quello che potrebbe essere l'esito ultimo, intendo ciò che potremmo decidere di fare, è bello sapere che esiste questa preoccupazione per il rispettivo benessere, e spero che tu non abbia dubbi circa il fatto che la mia per te è grande quanto la tua per me, ed è il modo più gentile che trovo per dirtelo».

La lettera riguardava un misterioso quadro che Jeannie aveva trovato in casa e che papà aveva consigliato di far valutare da Sotheby's o da Christie's. «I casi sono due: potremmo scoprire che siete seduti su una miniera d'oro oppure accettare il fatto che, in fin dei conti, si tratta di una crosta» erano le sagge parole di Ronnie, che peraltro agì in fretta e nella speranza di dividere i ricavi del capolavoro non ancora scoperto: il cinquanta per cento in favore dei figli, in un fondo di cui Jeannie avrebbe riscosso gli interessi. «Quanto al restante cinquanta per cento, mi piacerebbe utilizzarlo per le mie esigenze che, al momento, sono piuttosto pressanti» scriveva, pur promettendo ovviamente che si sarebbe impegnato, con un documento scritto da un legale, alla restituzione una volta che avesse concluso un affare da un milione di sterline per una proprietà. «Se mi consenti di soffermarmi per un istante sui motivi delle difficoltà che sto attraversando, posso dirti che derivano non dalla mancanza di beni immobili, ma solo di liquidità, e intendo dire che sono a corto di contanti.»

Quella lettera è un esercizio di autoironia alla Micawber. Ronnie spiegava che, con le banche riluttanti a estendere lo scoperto, aveva dovuto liberarsi dei cavalli, e forse avrebbe dovuto rinunciare anche all'ufficio e al suo appartamento a Chelsea. Nel frattempo, aveva cenato con il capo della Rank Organisation nel tentativo di offrirgli i diritti dell'ultimo libro di le Carré nonostante l'autore non volesse aver nulla a che fare con lui. Non sorprende che mio padre amasse tanto Charles Dickens e che entrambi apprezzassimo *David Copperfield*: me ne aveva regalate due copie antiche.

I personaggi si scelgono da sé in questo volume. L'ultimo libro che mi regalò mio padre fu la biografia di Graham Greene di Richard Greene. Nella vita di le Carré, Greene è stato una presenza fugace più che un amico – «Ci siamo incontrati a Parigi & Vienna, & molto fuggevolmente a Londra» scrisse ad Alan Judd –, ma rappresenta un altro tema dominante della sua corrispondenza. E di Greene è il blurb per *La spia che venne dal freddo*. Mio padre, che voleva dare a *Il sarto di Panama* il taglio di un romanzo di spionaggio satirico, affermò nei ringraziamenti che «senza Graham Greene questo libro non sarebbe mai stato scritto. Dopo *Il nostro agente all'Avana* di Greene, l'idea di un falsificatore di informazioni segrete mi ha ossessionato interminabilmente».

I due si scontrarono pubblicamente negli anni Sessanta a proposito di Kim Philby. Le Carré scrisse l'introduzione a *Il caso Philby - La spia che tradì una generazione*, il libro del team Insight del "Sunday Times", dove descrive la talpa dell'MI6 come un uomo «malevolo, vanitoso, sinistro». Greene, che aveva lavorato sotto Philby al SIS e lo considerava un amico, vergò una risposta sull'"Observer" contestando quel ritratto «volgare e falso» e paragonò le Carré a E. Phillips Oppenheim, autore nel periodo anteguerra di romanzi di genere di facile lettura divenuti bestseller. (Ironicamente, anche le Carré aveva paragonato le proprie avventure a quelle di E. Phillips Oppenheim in una lettera illustrata scritta a mia madre nella quale descriveva il periodo al campo di addestramento per le spie.)

Alla fine, Greene e mio padre fecero pace. Nel 1974, le Carré gli scrisse dopo i suoi viaggi di ricerca nel Sudest asiatico lodando la straordinaria accuratezza dell'atmosfera e delle osservazioni di *Un americano tranquillo*, pubblicato vent'anni prima. Se in pubblico badava a non criticare Greene, in privato tuttavia divenne sempre più sprezzante nei confronti del cattolicesimo e delle idee politiche dell'altro, che «viveva ad Antibes e si era innamorato dei dittatori dell'America centrale».

Anche Kim Philby è una presenza costante nelle sue lettere. Mio padre non vedeva di buon occhio alcuni giornalisti che si occupavano di critica letteraria, ma il solo uomo che, a mio ricordo, ha davvero odiato è stato Kim Philby. Durante un viaggio del 1989 a Mosca aveva escluso qualsiasi incontro con lui, ma disse a John Roberts, la sua guida: «Un giorno mi piacerebbe incontrarlo per motivi zoologici», come se fosse un rettile velenoso.

Nelle lettere si parla anche degli scomodi rapporti con l'Inghilterra e i suoi politici. Mio padre accettò importanti premi in Francia, Germania e Svezia, ma declinò qualsiasi onorificenza da parte dello stato britannico, politica o reale che fosse, e rifiutò di presentare le sue opere a premi letterari. Nelle sue lettere, il primo ministro britannico Tony Blair è l'«arcisofista» e un «bugiardo dotato d'intuito»; Boris Johnson il «burino etoniano». Provava una certa ammirazione solo per Margaret Thatcher.

Nel 1950, mio padre scrisse a mia madre Ann dall'Austria della «grigia indifferenza dell'Inghilterra». Nel 1966 le disse: «Sono stanco dell'Inghilterra e delle istituzioni inglesi, sono stanco delle nostre nevrosi, dell'atteggiamento cannibalizzante e dell'infantilismo», anche se è probabile che questa stanchezza avesse tanto a che vedere con il matrimonio quanto con il suo paese. Aveva appena pubblicato *Lo specchio delle spie*, uno dei suoi racconti più sinistri su un'operazione dell'intelligence inglese, un romanzo volutamente permeato di fallimento. Nel 1999 scrisse al fratello Tony: «L'inglesità & la scatola: be', siamo *tutti* nati dentro scatole, ma forse gli inglesi più degli altri, ed è per questo che sono molto interessanti (per me) – e stranamente universali – da descrivere».

Come era inevitabile, in questo libro mi sono ritrovato sulle orme di un maestro, Adam Sisman, il biografo di mio padre. A volte ho volutamente seguito le sue orme riguardo alle lettere, mentre altrove mi sono imbattuto in un passaggio particolarmente illuminante solo per scoprire che avevo preso le sue stesse decisioni – il che era in parte frustrante, in parte rassicurante –, nel senso che aveva scelto proprio quella missiva da citare ampiamente nel suo libro.

Mio padre si scagliò contro quella biografia: i suoi commenti sul libro e sul suo autore, in teoria privati, furono ampiamente diffusi e divennero una vera e propria campagna pubblicitaria. Non sono mai riuscito a leggere quel libro con distacco mentre mio padre era in vita, ma adesso percepisco tutta la potenza dell'erudizione di Sisman e la sua scrupolosa ricerca. Ho letto le critiche di altri ai difetti di quel volume, ma ha incontrato il favore della critica ed è un riferimento al quale non ho potuto evitare di affidarmi, in particolare per il primo periodo della vita di le Carré. Qui ho cercato di usare come fonte primaria le lettere e le parole di mio padre, ma l'opera di Sisman è sempre stata una guida e un appoggio.

In una delle prime lettere a Sisman, mio padre si dichiarava sicuro che la biografia sarebbe stata pubblicata dopo la propria morte; nella corrispondenza successiva gli chiese di ritardarne l'uscita fino a quel momento, poi si accordarono per apportare alcuni cambiamenti e renderla accettabile con mio padre ancora vivo. In fondo, lui aveva negoziato con un suo aspirante biografo, lo scrittore Robert Harris, un accordo in base al quale il resoconto della sua vita successivo al 1972 sarebbe stato pubblicato solo dopo il suo decesso. «Credo sia stato un vero errore» mi ha detto un vecchio amico a proposito della biografia di Sisman. «Lui aveva tantissimi segreti.»

Molti di questi riguardavano quella che definiva la sua disordinata vita sentimentale. Ma sono stato io il primo a sollecitarlo a far scrivere una biografia, se non altro per la possibilità di intervistare i protagonisti – lui per primo – quando erano ancora in vita.

Mio padre ha coperto in gran parte le tracce della sua irrequietezza amorosa. Qualche anno fa ho fatto visita a una signora che ricordavo con grande affetto dai tempi della mia prima infanzia, e che mi aveva fatto saltare sulle sue ginocchia chiamandomi Timbo, l'elefantino della favola. «Era una persona unica» mi disse soltanto. «Una persona unica.» Quando chiesi di lei a mio padre – un paio d'anni prima che morisse – mi rispose con freddezza che non erano fatti miei. Le aveva firmato con civetteria delle prime edizioni, che oggi valgono centinaia, se non migliaia di sterline.

Nelle lettere ho incluso quelle a James e Susie Kennaway, anche se mio padre aveva sollevato obiezioni al loro utilizzo da parte di Sisman perché credo segnassero un punto di svolta nella sua vita: la liberazione dal matrimonio con mia madre e (probabilmente) un se stesso più ingenuo. E vediamo le sue lettere d'amore scaturire senza freni.

Sarebbe una tentazione rendere questo un libro di corrispondenza tra persone celebri, ma i miei interessi guardano agli anni Cinquanta e Sessanta, decenni cruciali per la nascita del personaggio di le Carré, anche se mio padre non ha mai parlato, né scritto direttamente, della sua carriera nell'intelligence adducendo la lealtà verso le fonti e i loro figli.

L'unica raccolta di lettere che mio padre mi abbia mai regalato è stata *Tuo Plum* di P.G. Wodehouse, pubblicato nel 1990. Due copie del più corposo *P.G. Wodehouse: A Life in Letters*, del

2011, erano sullo scaffale di un armadio del suo studio in Cornovaglia. In casa c'erano anche due collezioni di Wodehouse appena fuori dalle camere da letto padronali. È stato molto piacevole trovare riferimenti a Wodehouse sparsi tra le sue lettere, alcuni ovvi, altri meno. (Mio padre scrisse della spia dell'MI6 Nicholas Elliott dicendo che «per come si muoveva e parlava, sembrava un personaggio di Wodehouse».) Quando ha preparato la valigia per l'ospedale, ha portato con sé *Wodehouse: The World of Jeeves*, la prima raccolta di racconti brevi di Jeeves e Wooster. Nel 2006 scrisse al produttore Eric Abraham a proposito della scrittura: «Non sento ancora di aver perduto efficacia, ma sono certo che il calo sia in agguato, come il destino di P.G. Wodehouse, subito dietro l'angolo, armato di una pelle d'anguilla impagliata». Oppure al regista Sydney Pollack nel 1994: «Come direbbe Wodehouse, me ne frego dell'età».

Oltre alle sue abilità di caricaturista, mio padre era bravo nelle imitazioni, una dote che ben rammentano i suoi compagni di scuola, e il suo stesso padre lo invitava a esibirsi. Alec Guinness lo riservava per i party, mentre l'ospite di un pranzo ricorda di aver riso a crepapelle per la sua imitazione di un ex dirigente dell'MI5. Io rammento una cena nella residenza di Berna dell'ambasciatore inglese, dove mio padre mi aveva portato a vedere i luoghi che frequentava da studente squattrinato. Era seduto accanto a una titolata signora europea e, quando lei se ne andò, riuscì a cogliere non solo la sua voce, ma anche le sue pose, le sue maniere e un poco della sua anima.

Da bambini abbiamo provato la gioia di sentir leggere mio padre con le sue molte voci. Tra i nostri libri preferiti c'erano le storie dei pirati dei Caraibi di Sir Arthur Conan Doyle, quelle su Napoleone e, come è ovvio, Sherlock Holmes: fremevamo d'orrore al grido «La banda maculata!» o per i passi del cane enorme. Poi mio padre disegnava: il soffitto della mia camera di bambino era una processione di creature fluviali, serpenti d'acqua che ridevano, una rana e tanti pesci. A guardia della mia porta c'era un affascinante pirata.

Raccogliere le lettere di mio padre è stato un compito facile; ha lasciato un'enorme riserva di amore, ammirazione e buona volontà. Che fossero dirette a un autore emergente o a un dodicenne che gli chiedeva come diventare una spia, una delle doti ricorrenti nelle sue lettere è la generosità di spirito, e i destinatari sono stati altrettanto generosi nel condividerle con me.

Nei suoi libri mio padre giocava con i nomi strizzando l'occhiolino agli amici. Sarratt, dove viveva il suo vecchio amico Dick Edmonds, divenne la scuola d'addestramento dell'MI6. Zelide, il marchio di uno stilista sugli abiti de *La tamburina*, era il nome della moglie del suo amico Rex Cowan. Quello della mia ragazza ai tempi dell'università – e forse anche un pizzico del suo carattere – si ritrova nella moglie di Magnus Pym ne *La spia perfetta*. Ann, il nome di mia madre e quello della moglie di Smiley, affascinante e infedele, è uno scherzo malizioso.

Mio padre imparò il tedesco a tredici anni da Frank King, il suo professore di Sherborne, che ai suoi allievi faceva sentire vecchi dischi di poesie del Romanticismo tedesco sul grammofono. Quando papà se ne andò prima del tempo da Sherborne per l'Università di Berna – il luogo più vicino alla Germania dove avrebbe potuto permettersi di studiare – la lingua e la cultura tedesche divennero una compagnia costante del suo viaggio letterario, la sua seconda anima, alla quale ho cercato di rendere omaggio nella scelta delle lettere. «Il tedesco» disse a "Der Spiegel" nel 1989 «[aveva] il fascino del proibito. All'epoca rifiutavo di parlare inglese e di identificarmi come tale».

Il giornalista tedesco Yassin Musharbash – che mi ha generosamente aiutato per le traduzioni di questo volume – suggerisce che, per l'adolescente le Carré, in fuga dal padre e dalla severa scuola privata, il tedesco rappresentasse qualcosa di suo che nessuno gli poteva sottrarre, un motivo di orgoglio e di fiducia in sé. «Passare al tedesco è come indossare il frac» scrisse le Carré al suo amico svizzero Kaspar von Almen nel 1955. Dopo la pubblicazione, nel 1968, di *Una piccola città in Germania*, che ipotizzava l'ascesa di un nuovo nazionalismo, papà divenne un personaggio pubblico del dibattito in Germania.

L'ultimo posto in cui ho cercato le sue lettere avrebbe dovuto essere il primo. Negli otto mesi trascorsi a dar loro la caccia, non ho mai esaminato il suo studio o la sua scrivania. Sono rimasti quasi uguali dal giorno della sua morte: lasciati com'erano forse per un futuro museo le Carré. Abbiamo avviato una cauta ispezione. Gran parte dei cassetti e dei ripiani erano sorprendentemente ordinati, persino vuoti: mio padre detestava una scrivania in disordine. Ma nel cassetto in basso a sinistra c'era un fascio di fogli di un manoscritto legati da una corda.

Era il resoconto di mio padre del suo corso d'addestramento, datato dicembre 2006: era stato trascritto, stampato e continuamente rielaborato a mano. Il titolo era *Postcards from the Secret Edge*. Era la bozza, benché più dettagliata, di quello che sarebbe diventato il primo capitolo di *Tiro al piccione*, pubblicato nel 2016. «Eravamo una classe di sei, tutti uomini di età, abilità ed esperienze diverse... in gran parte avevamo servito in altre branche dell'intelligence prima di essere selezionati. Uno era stato nelle forze speciali in Oman, un altro era un esperto della Cina, e io stesso ero un disertore di uno dei nostri odiati servizi rivali, meglio noto come MI5.»

A proposito del suo lavoro nell'intelligence, mio padre non mi rivelò mai più di quanto dicesse alle persone che gli scrivevano – e accadeva davvero spesso – per chiedergli informazioni a proposito di persone, in gran parte genitori, che credevano avessero lavorato per l'MI5 o l'MI6. Ma per me il corso di addestramento aveva un fascino particolare. Tra i suoi compagni c'era il mio padrino, che in seguito lasciò il SIS per una prestigiosa carriera da diplomatico. Un altro era Rod Wells.

Sapevo che mio padre ammirava e riveriva Rod Wells più o meno quanto odiava Kim Philby. Si era sentito costernato dal coraggio dimostrato da Wells sotto tortura quando i giapponesi lo avevano sorpreso a costruire in segreto una radio. Non esistono negli archivi lettere di Wells, ma quando, molti anni dopo, mio padre gli fece visita in Australia, scrisse nel libro degli ospiti: «Il cuore del vecchio leone batte come sempre». Quest'ammirazione, forse, è riecheggiata in seguito nel fascino di mio padre per il caso di Murat Kurnaz, il sopravvissuto a Guantanamo che ha ispirato il personaggio di Yssa in *Yssa il buono*.

Se la pubblicazione de *La spia che venne dal freddo* rappresentò un momento cruciale della vita di mio padre, lo stesso vale per il corso dell'MI6. Finì, come ha scritto in *Tiro al piccione*, con il capo degli istruttori che, con le lacrime agli occhi, comunica alle reclute la scoperta che Blake è una spia sovietica. Seguì una successione di tradimenti di britannici: Burgess e Maclean,

Philby. «Solo di recente mi sono reso conto di quanto la mia breve carriera nell'intelligence abbia coinciso da vicino con gli anni più convulsi della nostra storia» commentava nel manoscritto. «A ogni rivelazione che usciva sui giornali, a ogni reale o presunto agente doppio britannico... provavo la crescente consapevolezza di tutto ciò di cui ero stato testimone senza rendermene conto. Ma anche questa affermazione non è del tutto veritiera.» L'enorme scandalo della defezione di Philby in favore di Mosca era uscito sulla stampa prima della pubblicazione de *La spia che venne dal freddo*.

Da quel momento in poi, l'esperienza di mio padre nell'MI6 fu costellata di tradimenti e futilità. E fu da nuova recluta dell'MI6 che ebbe la notizia che *Chiamata per il morto* era stato accettato per la pubblicazione. La vita privata di una spia stava per diventare la vita pubblica di uno scrittore.

Tim Cornwell
maggio 2022

Nota su Tim Cornwell

1° giugno 2022

Il curatore di questo volume è stato nostro fratello Tim, ed è la sua straordinaria integrità di giornalista che ne ha dettato il percorso e il tono. Ha scelto un approccio rigorosamente oggettivo, in gran parte privo di commenti editoriali, ma pensiamo che ci perdonerà questa piccola intrusione personale.

Tim si è accasciato ed è morto di embolia polmonare poco dopo le nove di ieri sera. Era una persona divertente, affettuosa e gentile, che per anni ha sofferto di depressione e di altri mali, ma ha fatto del suo meglio per affrontare i suoi problemi con quello che aveva. Il libro che tenete in mano rappresenta il suo retaggio e quello di nostro padre. Si è immerso negli archivi anche quando lo ferivano, ha creato una narrazione dal caos ed è merito suo tutto ciò che eccelle in questa raccolta. Noi siamo molto orgogliosi di lui.

Addio Tim, ci mancherai tanto.

Simon, Stephen e Nick Cornwell

Nota al testo

In tutto il libro mi riferisco a mio padre come a John le Carré. Certo, negli anni giovanili John le Carré non esisteva e c'era soltanto David Cornwell, e quasi sempre lui firmava le lettere come "David". Se tuttavia consideriamo che per sessant'anni il pubblico lo ha conosciuto come John le Carré, si può capire perché io abbia preso la decisione di usare questo nome nelle note e nelle introduzioni alle lettere.

Ho scelto e editato questa selezione sia come figlio dell'autore sia come curatore del libro, e di sicuro la mia raccolta affonda le radici nella famiglia le Carré molto più di quanto avrebbe potuto fare qualsiasi altro curatore. In questo contesto, comunque, ho cercato di lavorare nel modo più oggettivo e discreto possibile, e in terza persona, con due eccezioni: una lettera che papà mi aveva spedito quando ero ancora a scuola, e un momento di cui sono stato testimone durante una cena.

Le Carré è stato un corrispondente prolifico, quindi ho dovuto escludere molte lettere per evitare che il libro diventasse troppo ingombrante. Devo ammettere che la selezione è sempre una scelta personale, ma nel complesso le mie decisioni sono state dettate dal fatto che la singola lettera gettasse luce su un periodo, sul soggetto o sullo scrittore stesso, ovvero sul suo lavoro o sui rapporti che avevano grande significato per lui. Di sicuro alcuni corrispondenti contesteranno le mie decisioni editoriali, ma è inevitabile in un volume di questa natura e nel caso di uno scrittore come John le Carré.

Nella trascrizione delle lettere abbiamo rispettato i manoscritti, lasciando anche gli errori e le peculiarità di le Carré. Questo approccio giustifica alcune incongruenze, ma la volontà è stata quella di rendere la sua voce il più autentica e fluida possibile. Le Carré era imprevedibile nell'uso degli accenti, e spesso li aggiungeva a parole come "suede", "role" ed "elite" con un gusto tutto europeo;[3] noi li abbiamo conservati. Ci siamo limitati a correggere in silenzio cinque nomi di luoghi scritti nel modo sbagliato: Siena, Lots Road, Albemarle Street, Pailin e Caneel Bay.

[3] Nella traduzione sarà adottato lo stesso criterio di rispetto del manoscritto e il lettore troverà riportati, con spiegazione in nota, i refusi o i vezzi linguistici dell'autore. In italiano, questi termini sono entrati con gli accenti francesi e si scrivono quindi: *suède, rôle, élite.* [*N.d.T.*]

GIORNI DI SCUOLA

Odiavo i collegi inglesi. Li trovavo mostruosi e tali mi sembrano ancora, probabilmente perché il mio percorso in quelle istituzioni è cominciato quando avevo cinque anni in un posto che si chiamava St Martin's Northwood, ed è terminato solo a sedici anni, quando mi sono recisamente rifiutato di tornare a Westcott House, Sherborne, per l'ottimo motivo che non ne volevo più sapere niente.

Dalla nuova introduzione all'edizione inglese
del 1991 di *Un delitto di classe*

Ho scritto a Stalin durante la guerra, quando ero in collegio. Gli ho promesso di fare il possibile per sostenere l'apertura di un secondo fronte, anche se non sapevo bene cosa significasse. Gli ho scritto di nuovo dicendogli quanto fosse orribile il regime scolastico e come mi picchiassero ingiustamente.

"Sunday Times", 10 novembre 1985

Nel 1939, poco prima del suo ottavo compleanno, le Carré passò dalla sua prima scuola, la St Martin's, al convitto di St Andrew's di Pangbourne. A tredici anni scrisse al suo futuro direttore del convitto della Sherborne School, Reginald Stanley Thompson, descritto nel necrologio della Old Shirburnian Society come un uomo di «convincimenti insolitamente saldi» e «profonda fede cristiana».

A R.S. THOMPSON

St Andrew's School
Nei pressi di Pangbourne
Berks.

24 giugno 1945

Egregio Mr Thompson,
la ringrazio molto per la sua lettera; non vedo l'ora di venire a Westcott House il prossimo trimestre. Non ho alcun dubbio su quanto mi dice a proposito dei pasti!

Abbiamo giocato molte partite e ne abbiamo altre in programma. La prima è stata contro la Elstree School e, per via della pioggia e dei pochi punti del battitore, non siamo riusciti a costringerli a un pareggio. La seconda è stata contro i Bradfield B House Junior Colts, e abbiamo vinto facilmente. La successiva, ieri, contro la Ludgrove School, che ancora una volta abbiamo vinto senza difficoltà, anche se dopo qualche rilancio assolutamente terribile!

Vede spesso Philip Simons?[1] Immagino di no.

Capisco perfettamente quanto lei dice a proposito della "nascita" di una nuova casa e farò del mio meglio per contribuire a darle una buona reputazione.

Mio fratello Anthony che, se ricorda, ha visto molto tempo fa, da circa due anni ha vinto una borsa di studio per Radley e adesso fa faville tra i *first eleven*.[2]

Potrebbe per favore parlarmi della routine e delle abitudini di Westcott, così mi potrò preparare per il prossimo trimestre?

Cordialmente,
David Cornwell

Jean Cornwell, la matrigna di le Carré – nota come Jeannie –, lo accompagnò a Sherborne quando lui aveva tredici anni. Il 22 novembre 1945 scrisse a Mr Thompson: «Non ci scrive spesso, ma nelle sue lettere afferma di non aver mai avuto in vita sua tanti compiti da svolgere "a ogni costo", parole sue. Nel mio ruolo di matrigna cattiva posso solo rallegrarmi che abbia cominciato a sgobbare e che debba cavarsela da solo senza la guida del fratello maggiore.

«Mi fa piacere che lei lo trovi gradevole e cordiale, perché sono convinta che la sua influenza su David sarà preziosa. Non ho bisogno di dirle che il ragazzo è capace di rigirarmi come vuole e che devo sempre stare attenta a non viziarlo!».

Le lettere da adulto di le Carré a Jeannie dimostreranno sempre grande confidenza e affetto. Attraverso la corrispondenza con lei è possibile seguire le vicissitudini di Ronnie Cornwell così come quelle del suo stesso matrimonio.

Nata nel novembre del 1916, Jeannie frequentò una presti-

[1] Philip era un allievo del St Andrew's Pangbourne, ma il cognome era Simms. Aveva otto mesi più di le Carré, quindi andò a Sherborne un anno prima di lui. Era nella School House di Sherborne, da qui il commento di le Carré che ipotizzava che Thompson non lo vedesse spesso. In seguito lavorerà nel settore del tè a Calcutta.

[2] Con questa espressione si indicano i primi undici giocatori che vengono selezionati per formare una squadra sportiva, i cosiddetti titolari, di solito di football o cricket. [*N.d.T.*]

giosa scuola femminile e divenne annunciatrice e dirigente del Servizio europeo della BBC durante la Seconda guerra mondiale, un lavoro che comportava la lettura di bizzarri messaggi in codice da trasmettere alla Resistenza in Europa. La conclusione di una frenetica vita privata nel periodo bellico, trascorso sotto la costante minaccia dei bombardamenti tedeschi, fu il matrimonio con Ronnie Cornwell nel dicembre 1944. Jeannie ha vissuto e superato il crollo di Wall Street del 1929 così come i crolli di Ronnie.[3]

In un'intervista del 1986, in occasione dell'uscita de *La spia perfetta*, le Carré dirà di non aver ricevuto, in famiglia, «alcun incoraggiamento alla lettura» fino all'operazione allo stomaco subita all'età di sette anni, «quando una signora che in seguito avrebbe sposato mio padre mi lesse *Il vento tra i salici*». Jeannie aveva ventidue anni. «Le ho chiesto di leggermelo di nuovo, e lei lo deve aver fatto due o tre volte» proseguirà. «Poi ho letto da solo il libro ed è stato come se tutto fosse cominciato lì... Un anno più tardi, quella stessa signora mi porterà a vedere l'*Amleto* di John Gielgud, e quella è stata la mia introduzione agli spettacoli teatrali dal vivo.»

Per contro, Ronnie si vantava di non leggere libri – diceva ai figli che la sua educazione era stata «l'università della vita» – e scoraggiava la lettura.

Le Carré lasciò Sherborne all'età di sedici anni, con il sostegno di suo padre e la feroce opposizione di R.S. Thompson. Ebbero un aspro diverbio quando lui andò a riprendere le sue cose a scuola.

[3] Commento di Rupert Cornwell al funerale di Jeannie.

A R.S. THOMPSON

Tunmers
Chalfont St Peter
Bucks.

Giovedì mattina
[s.d.[4] ma estate del 1948]

Gentile Mr Thompson,
mi dispiace molto se ho frainteso la sua posizione martedì pomeriggio ma, considerando quello che era accaduto in precedenza, deve ammettere che era certamente comprensibile. Aver mancato di notificarle il mio arrivo è stato disdicevole, e me ne rammarico molto, ma in verità, e considerando quello che era successo, mi sembrava molto difficile dire semplicemente: "Arriverò il giorno tale a raccogliere le mie cose; la pregherei di voler predisporre quanto necessario".

Se fosse possibile, vorrei venire ancora una volta per salutarla in maniera più tradizionale, come pensavo di fare martedì pomeriggio. Sabato prossimo le andrebbe bene? Vorrei partire con il 17.20 o il 18.45 (se fanno servizio il sabato) dato che ho un amico ospite per il fine settimana.

Cordialmente,
David

Il 21 settembre 1948, Ronnie scrisse a Thompson per riferirgli di aver «preso davvero in seria considerazione l'idea di ritirare David da Sherborne». Gli archivi di Sherborne contengono un numero esiguo di lettere di Ronnie (in seguito affermerà che suo figlio aveva imparato dal suo stile epistolare l'arte della corrispondenza).

«Non le nascondo che il tono della sua lettera mi ha suscita-

[4] Abbreviazione per "senza data". [*N.d.T.*]

to profonda apprensione e che ho dovuto chiedermi se, dopotutto, stessi facendo la cosa giusta mandando David in Svizzera per i dodici mesi del corso universitario, allontanandolo così da Sherborne» scriveva Ronnie Cornwell.

«Lei fa riferimento all'immaturità mentale e spirituale di mio figlio, e sono del tutto d'accordo con lei che si trovi in un momento particolarmente delicato della vita. D'altra parte, non mi deve fraintendere quando affermo che in questa situazione il mio primo pensiero deve sempre essere David, e quanto lei è stato così gentile da dire nelle sue lettere è in pratica la stessa cosa. Da quello che David mi ha detto, sono giunto alla conclusione che, nonostante tutto quello che lui avrebbe potuto dare alla scuola nei prossimi dodici mesi e quello che la scuola avrebbe potuto dare a lui, sarebbe stato un anno disperatamente infelice. Per come lo conosco, devo assolverlo con formula piena dall'accusa di codardia, e tendo piuttosto a essere dell'opinione che sia "precoce", come si suole dire. Lei ha detto che è impulsivo, e so che anche questo è vero e, volendo essere corretto rispetto a questo problema, ritengo che gran parte della sua impulsività sia da attribuire al desiderio di acquisire conoscenze e, con esse, un certo potere. Sono del tutto d'accordo con lei che il ragazzo abbia infinite possibilità, pur ammettendo che la cosa possa essere un'arma a doppio taglio. Lo stesso vale per altri ragazzi e, dopo aver preso in seria considerazione la questione, e rendendomi conto della pesante responsabilità che grava sulle mie spalle, per quanto riguarda il soggiorno in Svizzera, ho infine deciso di dare al ragazzo la possibilità di fare ciò che vuole, visto che ho piena fiducia in lui. Concordo con lui rispetto alle molte cose che ha ritenuto fastidiose durante il periodo trascorso a Sherborne. Per essere corretti verso il ragazzo, lei deve tuttavia concordare con me che, stando ai risultati che ha ottenuto, non ha completamente buttato via il suo tempo dal punto di vista scolastico. Tutto considerato, quindi, partirà per la Svizzera il 15 o il 16 del mese prossimo, ma non sarà del tutto isolato. Là ho diversi amici e non dubito che ne troverà altri per conto suo.»

Le Carré parlerà a lungo della sua "fuga" da Sherborne per Berna, ma è chiaro che il ruolo di Ronnie in tutto questo è stato più importante di come lo ha descritto, anche se il padre non mantenne la promessa di pagare le tasse scolastiche e universitarie.

Il reverendo Vivian Green era il cappellano di Sherborne e il professore di storia. Pur non insegnando a le Carré – che già si stava specializzando in lingue moderne – ricordava chiaramente di aver stretto la mano al ragazzo quando se n'era andato.

Nell'ottobre 1948, le Carré partì per Berna.

La burrascosa partenza di le Carré da Sherborne e il dissidio con Mr Thompson turberanno a lungo allievo e professore; ed entrambi lo definiranno come il risultato della tensione tra la vita famigliare di le Carré, l'esistenza sempre al limite della "corte di Ronnie", e l'ortodossia anglicana della Sherborne di Thompson.

Il 2 maggio 1952, Thompson scrisse una valutazione di le Carré in una lunga lettera di referenze indirizzata al rettore del Lincoln College di Oxford: «Mi è dispiaciuto molto che se ne sia andato e ho fatto del mio meglio per evitarlo, ma senza successo. La sua partenza è stata il risultato di un contesto famigliare poco consono che, purtroppo, ha influenzato una mente molto sensibile. In sostanza una versione del Faust in miniatura. Il ragazzo è rimasto turbato dal contrasto tra il suo ambiente famigliare molto materialista e quanto ha vissuto a scuola. Temeva di "perdere" la propria famiglia, e non voleva che accadesse. Quindi ha ritenuto che la sola cosa da fare fosse lasciare il luogo che suscitava in lui questo conflitto. È quello che lui stesso mi ha detto, e con grande angoscia, e non ho motivo di dubitare della sincerità di quanto ha affermato, anche perché osservandolo ero giunto alle stesse conclusioni. Al termine delle vacanze è venuto a prendere le sue cose e mi ha molto irritato che sia "penetrato di soppiatto" a Westcott House cercando poi di andarsene senza incontrarmi. Io l'ho saputo, ci siamo visti e abbiamo avuto un colloquio decisamente duro, che è terminato in maniera insoddisfacente, in gran parte per colpa mia. In seguito, tuttavia, gli ho scritto e, tra le altre cose, gli ho detto che avrei sempre fatto per lui tutto il possibile.

«È un ragazzo molto sensibile, di talento artistico, e poeta – ha vinto il premio di poesia della scuola a 16 anni – e ha un bel cervello. Forse a questo punto si è calmato, o almeno lo spero, perché ha le doti per riuscire molto bene in qualsiasi cosa cui si applichi con convinzione. A mio parere è il genere di persona che potrebbe diventare arcivescovo di Canterbury o un criminale di alto livello!».

Nel documentario *The Secret Centre*,[5] le Carré parlerà di «un'educazione giovanile selvaggiamente ortodossa e brutale». Dirà inoltre: «Il vero e proprio abisso tra Sherborne con la sua spiccata ortodossia da Chiesa Alta quale era allora, e il caos della vita domestica con le scene chiassose e divertenti in cui vivevamo, resero quel divario incolmabile e assurdo; finii per propendere per entrambi gli estremi al punto che me ne andai e rimasi con i francescani anglicani dell'abbazia di Cerne per una parte delle vacanze. Volevo immergermi nei significati del cristianesimo, volevo dedicarmi ai rigidi insegnamenti della scuola che frequentavo. D'altra parte, all'epoca provai una totale ripugnanza per il cristianesimo e l'ortodossia e cominciai a credere di essere il burattino di forze ridicole: da un lato la criminalità sgangherata, dall'altro un liceo con la puzza sotto il naso, e scappai».

Quattro anni più tardi, quando le Carré si preparava ad andare al Lincoln College di Oxford, ebbe un altro scambio di corrispondenza con Thompson. I due sarebbero rimasti in contatto fino al 1968.

[5] BBC Two, 26 dicembre 2000.

A R.S. THOMPSON

Tunmers
Chalfont St Peter
Bucks.
Jordans 3152

5 maggio 1952

Caro Mr Thompson,
la ringrazio molto per la sua lettera che, come può immaginare, mi ha fatto molto riflettere. Ho sempre saputo che lei sarebbe stato pronto in qualsiasi momento ad aiutarmi in ogni modo possibile. Inoltre, ho pensato spesso di venirla a trovare, non perché rimpianga di essermene andato in anticipo, ma perché l'idea di tornare in un luogo connotato da simili e insopportabili conflitti morali ha sempre avuto per me un fascino magnetico.

Ora più che mai sono convinto di avere fatto la scelta giusta, anche se mi dispiace che abbia causato tanto dolore. *Non* ho scelto Mammona al posto di Dio, come lei suggerì un tempo. Ho preferito il naturale all'innaturale, la libertà alla repressione, e la scelta è stata mia, come credo lei abbia sempre saputo. Negli anni trascorsi da quando me ne sono andato da Sherborne ho fatto molte esperienze, gradevoli e sgradevoli, buone e pessime, entusiasmanti e deprimenti. Se mi sono soffermato troppo a lungo alla "corte del diavolo" – come lei la definirebbe – più che in altre, l'ho fatto perché ero sgomento, non attirato. Ho trovato quello che cercavo da sempre: una base di paragone, fondamenta *più ampie* sulle quali formare le mie opinioni.

Rammento che, per il corso sulle Scritture, il preside aveva dedicato un intero trimestre allo studio del buddismo. Di sicuro, alla luce di questo unico fatto, le mie argomentazioni non sono almeno più ragionevoli?

E non ho perduto nulla dal punto di vista accademico: a Berna ho studiato gran parte delle cose che avrei potuto apprendere a Sherborne.

Quindi non sono "né bianco, né nero", ma posso affermare di aver cominciato a studiare *la necessità* di qualcosa, che io ci creda o meno. Perché, in tutta coscienza, quella necessità esiste. Abbiamo *tempo* per considerare le cose in modo oggettivo? Oppure dobbiamo essere costretti in un asilo infantile di splendide implicazioni, come bambini immaturi perduti nelle loro fantasie? Vorrei poter cominciare dall'inizio! Ma sono felice di essere giunto alla conclusione di credere in qualcosa con i miei tempi, come risultato delle mie esperienze, in altre parole voglio pensare con la mia testa.

Se lei mi accetterà con queste premesse, sarò felice di rivederla. Ma non potrei tollerare ancora quello che ho passato in precedenza, visto che mi ha quasi fatto impazzire.

Mi perdoni se sembro porre condizioni improbabili, ma credo che capirà un poco di quello che sto cercando di dirle.

Sempre suo,
David

SCIATORE AGONISTICO

Quando ero un cretino inglese, ho partecipato alla gara del Lauberhorn e mi sono quasi ammazzato.

E-mail di le Carré a Bernhard Docke, 20 dicembre 2007

In seguito, le Carré definirà i suoi nove mesi all'Università di Berna come un trampolino verso la cultura tedesca nel luogo più vicino alla Germania dove potesse studiare; creò comunque un rapporto duraturo anche con la Svizzera tedesca. Grazie al compagno di studi svizzero Kaspar von Almen, visitò per la prima volta Wengen, il paese di montagna che ospita le celebri gare di sci del Lauberhorn. Le Carré venne reclutato nel Club di discesa libera che allenava la squadra di sci inglese. Negli anni Sessanta si fece costruire uno chalet.

Berna, inoltre, fu un primo passo nel mondo dei servizi segreti: le Carré venne infatti reclutato lì dall'intelligence britannica per eseguire incarichi di poco conto quando era studente, partecipare a riunioni della sinistra e «fare da mulo in alcune operazioni delle quali non sapevo niente».[1]

Nonostante gli amari ricordi, fu Frank King, il suo professore di tedesco a Sherborne – e funzionario del Military Intelligence Service durante la guerra – a trasmettergli l'amore per quella lingua. «Parlava un tedesco eccellente e, quando tutti – per certi versi a giusta ragione – demonizzavano la Germania, in classe ci rammentava sempre che ne esisteva anche un'altra, una Germania che resisteva, molto più antica, saggia e gradevole» ricorderà le Carré. «Tutto questo mi è entrato in testa e, quando sono scappato da scuola, ho insistito per andare in Svizze-

[1] Berliner Salon, presso la residenza dell'ambasciatore tedesco, Londra, 3 marzo 2020.

ra. La Germania era ancora occupata e recarsi lì era un progetto irrealizzabile.»[2]

Dell'Università di Berna ricorderà gli insegnanti ebrei tedeschi e la compagnia dei ragazzi tedeschi esiliati che formavano una sorta di cricca. «Acquisii un'identità e una cultura tedesche come sostitute delle mie. Ed è cominciato lì.»

Le Carré non fece mai troppa pubblicità al proprio passato, né come sciatore, né come illustratore. In anni più tardi, la sua sciata era elegante, in posizione eretta, aggraziata e di vecchio stile, senza mai cercare di imitare i figli in fatto di velocità. In un'epoca in cui chi gareggiava raggiungeva i circa ottanta chilometri orari in discesa libera, con sci di legno legati con corde fissate agli scarponi, lui aveva partecipato al Lauberhorn. Aveva centrato la scarpata di un ponte ferroviario ed era stato trasportato privo di conoscenza all'Eiger Hotel di Wengen.

Da quelle montagne, il diciannovenne le Carré scrisse alla futura moglie Ann Sharp, figlia di un ufficiale della Royal Air Force. Si erano conosciuti a St Moritz nel gennaio 1950, quando lui aveva diciotto anni e lei diciassette, e Ronnie – ricorderà Ann – «usava David come esca per la figlia di un possibile cliente». Dieci mesi più tardi si accordarono per rivedersi a un ballo in casa di un colonnello della RAF. All'epoca le Carré era entrato nell'esercito e stava per recarsi in Austria con gli Intelligence Corps. «Dopo quel ballo, David mi mandò delle lettere» scriverà lei in un memoir personale.

Sia le Carré che Ann cercavano un rifugio dalle rispettive e strazianti vite famigliari: Ann da suo padre Bobby, un aviatore irascibile, donnaiolo e coraggioso al limite della sconsideratezza, nonché veterano di un Comando bombardieri.[3] Da bambina, Ann aveva contato i bombardieri in decollo e in atterraggio da un campo di aviazione, quelli che volavano in missione sulla Germania.

Le Carré sciava con il suo amico Dick Edmonds per il Downhill Only Club di Wengen e fu per il "Downhill Only

[2] *Ibid.*

[3] Commodoro dell'aria A.C.H. "Bobby" Sharp, ritiratosi dalla RAF dopo una relazione con la sua segretaria, andò a lavorare a Washington per un contractor della Difesa. In seguito divorziò dalla madre di Ann e morì nel 1956 a 51 anni.

Journal" diretto da Edmonds, oltre che per il grande magazzino gestito dal padre di Edmonds, che realizzò molte delle sue illustrazioni.

Julie Kentish-Barnes conosceva il gruppo del DHO di Wengen e iniziò una calorosa amicizia con le Carré che proseguirà a Oxford. Lui era «senza eccezioni la cosa più bella che si potesse vedere. Tutti loro indossavano maglioni bianchi a trecce e, con il cielo azzurro e gli occhi azzurri, lui era una visione irresistibile. Andavo quasi in estasi quando li vedevo» ricorderà lei.[4]

I genitori di Kentish-Barnes adoravano, ricambiati, le Carré. Anni dopo lui le scriverà che «i giorni più felici della mia tarda adolescenza (o prima età adulta) li ho passati a casa tua, sul tuo campo da tennis e nella tua piscina». Disegnò per venticinque sterline un logo per Waterers, il vivaio della famiglia, da utilizzare sulle casse di mele: si trattava di una mela con un verme che sbucava fuori e il motto BRITANNICA FINO AL TORSOLO. L'azienda lo utilizzerà per anni. Kentish-Barnes guidava una Ford 8 del 1936 che aveva un deflettore per gli insetti. «Sulla parte anteriore aveva dipinto uno straordinario insetto con le ali» dirà lei.

Le Carré era felice di sciare a Wengen, stando a Kentish-Barnes, lontano dai discorsi di suo padre sulla «mia Rolls e la mia argenteria». Le Carré, però, oltre a tracciare schizzi di sciatori, realizzava anche immagini più cupe. Decenni più tardi, metterà a profitto quel periodo di sciate trasformandolo nella sceneggiatura per un film, *Schüss*, destinata al figlio Stephen, sciatore, sceneggiatore e regista di talento. Ma lo sport era cambiato. Nel 2016 scrisse a Kentish-Barnes: «Sciare sembra terribile adesso: troppo veloce, troppo facile, troppo affollato e troppo maleducato. Sono felice che noi abbiamo potuto goderne il meglio».[5]

Anni dopo, i disegni per Dick Edmonds sarebbero stati montati per una proiezione video al Memorial le Carré a Micklefield Hall, la casa di famiglia degli Edmonds, il 19 ottobre 2021.

[4] Intervista rilasciata a Tim Cornwell.
[5] A Julie Kentish-Barnes, 14 marzo 2016.

AD ANN SHARP

Palace Hotel
Wengen
Oberland
Svizzera

18 dicembre 1950

Pregasi prendere nota del nuovo indirizzo. D.

Mia cara,
"après-ski", quella meravigliosa sensazione di stanchezza dopo una giornata di sci, quando tutti i muscoli fanno male e tremano. Stanchezza, mentale e fisica, abbinata alla soddisfazione di aver ottenuto qualcosa. E oggi così è stato: con una temperatura fra 17° e 20° sotto zero abbiamo fatto quattro piste di circa otto chilometri, con un vento forte e gelido che ci soffiava in faccia la neve e la faceva penetrare negli abiti e nel corpo. Gli occhiali si appannano, le sopracciglia diventano rigide e gelate e alla fine anche i pantaloni si irrigidiscono cosicché, ogni volta che le pieghi, le ginocchia grattano contro il tessuto ghiacciato come una tela. Hai una visibilità di pochi metri, non capisci dove ti trovi, ma segui la persona di fronte a te, pur tenendoti alla larga dal suo solco, e guai a te se cadi. Oggi uno della squadra ha perso uno sci: gli si è staccato durante una curva secca, ha continuato a scendere per 150 metri, e non lo abbiamo più trovato.

Poi tornare in albergo, sedersi davanti al fuoco e parlare di tutto, raccontare storie della giornata sugli sci, di com'è questo angolo con la neve fresca, o di quel canalone o di quella cunetta. Risultato finale del giorno: un tizio con la caviglia slogata e un altro con un solo sci, ma tutti soddisfatti di sé e in ansia per domani. Ma domani può aspettare.

Eppure la sensazione di solitudine, una sorta di buco allo stomaco, sapere che manca qualcosa e che quel qualcosa sei tu, basta questo a rovinare una giornata perfetta,

Le Carré creava illustrazioni per
il "Downhill Only Journal" di Wengen.

nel senso sciistico del termine. Eppure la cosa stupida è che sono felice che le cose stiano così!

Cara, ti vedrò presto, devo farlo. Ti telefonerò la Vigilia di Natale alle 20.30 ora inglese e ti racconterò tutto.

È probabile che le tue lettere indirizzate presso la squadra DHO ci mettano un po' ad arrivarmi, visto che l'ufficio del club non è ancora aperto. Ma, d'ora in poi, le riceverò direttamente all'Hotel Palace, Wengen.

Dio ti benedica, mia cara; ti amo con tutto il cuore
David

AD ANN SHARP

Palace Hotel
Wengen

20 dicembre 1950

Mia cara Ann,
oggi abbiamo cominciato a saltare sul serio, ma solo 15 o 20 metri. Da oggi faremo ogni giorno quattro o cinque salti come parte dell'allenamento. Che tu ci creda o meno, è la sensazione più meravigliosa del mondo perché, quando arrivi a una certa altezza, ti sembra che sia l'*aria* a trasportarti e fluttui lieve come un uccello. Dal punto di vista estetico è forse la parte più soddisfacente dello sci. Oggi, finalmente, il cielo era sereno e abbiamo trascorso la prima metà della giornata sciando sotto un sole brillante, con la neve fresca che arrivava alle ginocchia e oltre. È stato meraviglioso, mia cara, come cavalcare la cresta di un'onda alta, con il cielo azzurro sopra la testa e il mare schiumante sotto. Questo è il vero sci, cioè quello in cui la mente, per così dire, trabocca e ispira al corpo un risultato: so che può sembrare sciocco, ma una volta che lo hai fatto è impossibile dimenticarlo. Forse per questo ti vorrei con me qui più che in qualsiasi altro luogo. Abbiamo gareggiato di nuovo a mezzogiorno, vale a dire che ci hanno preso i

tempi su alcuni tratti di 8-12 chilometri e tutti siamo andati piuttosto bene. Nessun ferito! La nostra squadra è già passata da dieci a sei persone, quindi adesso siamo ridotti al "minimo sindacale".

Ho ricevuto un telegramma da Tony,[6] che arriverà qui domani: sarà molto piacevole la sua presenza anche se non so cosa farà. Poi, dopo Natale, andrà a Grindelwald, non lontano da qui, a passare due settimane in uno chalet: penso che gli piacerà.

Ancora una volta, come alla fine di ogni giorno, tutti i muscoli mi fanno male e sembrano annodati: oggi abbiamo sciato più del solito. Nel pomeriggio slalom (tra i paletti) e salto. Stasera hanno fatto un massaggio a tutti, il che mi fa sempre ridacchiare.

Cara Ann, cercherò con tutte le mie forze di non rompermi niente, perché ho una gran voglia di rivederti presto. Ma, se fosse necessario, zoppicherò per l'Europa con entrambi i piedi ingessati solo per restare con te per un po'. Ti amo, mia cara, sembra che tu sia diventata la mia linfa vitale, le fondamenta di tutte le mie speranze e ambizioni.

David x

Oh, cara, non voglio smettere di scrivere – sembra il solo momento in cui ti posso dire che ti amo – e lo faccio con sincerità e disperatamente. Ti sembra stupido che te lo dica in ogni lettera e con ogni respiro? Mia carissima, cara Ann, ti amo, ti amo.

[6] Anthony "Tony" Cornwell, il fratello di le Carré, più grande di due anni.

AD ANN SHARP

Palace Hotel & National Wengen

10 gennaio 1951

Mia cara,
sono stato a Zurigo diversi giorni per lavoro. Questa mattina ho ripreso ad allenarmi con la squadra per la prima, importante gara internazionale che si terrà sabato, e ho fatto una terribile caduta: il risultato è che sono ancora a letto perché ho rimediato uno stiramento dei muscoli della coscia sinistra. Prima o poi doveva succedere. Probabilmente starò a letto un giorno o due, nel qual caso il medico dice che potrà fasciarmi la coscia e che, dopotutto, potrei anche gareggiare sabato.

Oh mia cara, cara Ann, ho bisogno disperatamente di te come non ho mai avuto bisogno di nessuno. Ti prego, ti prego, dimmi quando verrai. Se necessario, scrivi di nuovo a Rosemary, ma ti prego, cerca di capire e fammi sapere. Non manca molto ormai.

Grazie per le tue lettere: mi danno molta gioia.

Il percorso della gara di sabato è assolutamente straordinario. Oggi un ragazzo della squadra italiana si è rotto una gamba ed è svenuto. I norvegesi sono qui e vanno a fare *telemark* sul percorso dello slalom!

Anche i tedeschi si stanno allenando e sembrano piuttosto bravi. Gli americani sono accaniti, i francesi brillanti. Gli svizzeri sono imperturbabili, e probabilmente vinceranno: conoscono il percorso come il palmo della loro mano. Pare che la discesa sarà veloce come non mai. Da dieci giorni non nevica, quindi puoi immaginare quanto ghiaccio ci sia.

Scusami se la mia scrittura è un po' vacillante, ma mi hanno appena dato delle pastiglie per farmi dormire. Però ho una gran voglia di parlarti, di pensare a te & immaginare di tenerti fra le braccia e che tu ti stringa a me come fossimo tutt'uno. Voglio sognare i tuoi occhi profondi e dolci e la tua voce. Pensare per un istan-

'Ja, Ja schnow very good next year.'

te che tu sia qui e che mi parli. Immaginare che tu sia seduta accanto a me.

Non manca molto tempo, cara. Mi dispiace che questa sia una lettera un po' particolare: adesso smetto e la faccio imbucare. Mi alzerò venerdì. Cara, ti amo tantissimo.

David

Rientrato in Gran Bretagna per il servizio militare, le Carré si addestrò nell'esercito regolare e fu scelto per l'Intelligence Corps.

AD ANN SHARP

The Intelligence Corps Depot
Maresfield Camp

[s.d.[7]]

Ma chère Véronique,
una letterina perché, anche se non ti amo meno del solito anzi forse un po' di più, questa sera lo faccio in maniera tranquilla e soddisfatta.

Oggi D.[8] ha giocato alle spie, è stato catturato e messo in prigione. È fuggito in pieno stile E. Phillips Oppenheim[9] stendendo la guardia di un Other Rank,[10] gli ha tolto le bretelle & lo ha legato, poi gli ha rubato la pistola. Travestito da oste di Doncaster. Tutto molto divertente, ma mi sono procurato un taglietto alla mano nella lotta.

Mentre legavo il soldato con le bretelle, e lo tenevo fer-

[7] Le Carré scrisse ad Ann da Maresfield Camp nel 1950, ed è probabilmente l'anno di questa lettera, ma lo fece anche ad agosto 1953 e a settembre 1954.
[8] Fa riferimento a se stesso in terza persona. [*N.d.T.*]
[9] Edward Phillips Oppenheim, 1866-1946, un celebre romanziere inglese le cui storie erano «popolate da eroi sofisticati, spie avventurose, e affascinanti nobiluomini» (britannica.com). Ironicamente Graham Greene avrebbe raffrontato la scrittura di le Carré a quella di Oppenheim durante la loro polemica su Kim Philby.
[10] Other Rank è il termine con cui vengono descritti quei membri del personale militare che non sono sottufficiali in carica. [*N.d.T.*]

The Intelligence Corps Depot
Maresfield Camp

Ma chère Véronique,

A little letter to amuse, because although I love you no less than usual, but perhaps a little more, it's in a quiet contented way this evening.

Today D. played Spies. And was caught and

put in prison. Escaped in true E. Phillips Oppenheim by laying out an Other Rank guard and removing his braces + tying him up, and stealing his revolver.

Masqueraded as a publican from Doncaster. Felt rather fun, but cut my hand a little in the fight.

But as I was tying up the soldier with his braces – and keeping him still by putting my knee between his legs, he looked up at

mo con un ginocchio tra le gambe, mi ha guardato e mi ha detto: «Mi scusi, signore, ma *tutto* questo fa parte dell'esercitazione?». Una cosa piuttosto triste.

In ogni modo, mi hanno ripreso – e interrogato – ed è stato davvero difficile perché mi hanno:

1 spogliato
2 picchiato
3 confinato in caserma

Ma non mi hanno mai restituito gli abiti, quindi ti sto scrivendo come mamma mi ha fatto.

Comme toujours
David

Nel 1951 le Carré prestò servizio in Austria come ufficiale dell'intelligence militare.[11] *Alloggiava al Palais Meran di Graz e si ispirò a quell'esperienza per* La spia perfetta. *Arrivò nel paese meno di due anni dopo l'uscita del film* Il terzo uomo, *sceneggiato da Graham Greene, ambientato e girato in loco a Vienna.*

AD ANN SHARP

[Timbro postale] 30 marzo 1951

Cara,
ho ricevuto questa mattina la tua lettera, grazie mille. Nuovo indirizzo: POSTLAGERND (ovvero fermoposta) GRAZ (HAUPTPOST) STYRIA AUSTRIA. Per favore, indirizzala semplicemente a "D. Cornwell". Presto andrò a

[11] «A Graz, in Austria, come ufficiale del National Service nel campo della sicurezza durante l'occupazione del paese da parte dei quattro alleati, ho gestito il mio primo messaggero: un ribaldo austriaco ammiccante con gli occhi azzurri di nome Freddy che ha una moto e una lingua mordace» disse le Carré nel 2017 al pubblico del Southbank Centre. «Freddy scambiava foto pornografiche contro pettegolezzi militari con le sentinelle russe che sorvegliavano la base aerea di Wiener Neustadt. Non è una notizia che conoscono in molti ma, detto tra noi, Freddy e io abbiamo evitato la Terza guerra mondiale.»

Venezia per qualche giorno: partirò da Vienna domani mattina e attraverserò in macchina la zona russa. Oggi passeggerò di nuovo per Vienna. Questa sera ci sarà una riunione dei comunisti alla quale parteciperò: sono molto interessanti.

Qui il cibo è eccellente e a buon prezzo. Un bicchiere di gin costa 3 pence, una pinta di birra sei pence e un bicchierino di brandy 4 pence. Solo per informarti. Non sto sfruttando la situazione più del solito.

La vita è bella: opera e intrighi. Cosa potrebbe essere più divertente?

Vorresti un lavoro da segretaria a Vienna? C'è sempre la possibilità che te ne possa procurare uno, anche se forse non sarebbe il massimo con la famiglia.

Affettuosi saluti a tutti, o almeno a te, cara. Devo scappare: che tu ci creda o meno. A volte si deve lavorare.

David

AD ANN SHARP

[*Austria, probabilmente Graz*]

[Timbro postale] 2 aprile 1951

Scusami, questa volta solo carta. D.

È stata una calda giornata primaverile e una fresca serata estiva; adesso i salici piangenti sono carichi e verdi, e le betulle argentee e lucide al sole. Sono arrivato qui tre giorni fa nello stesso scompartimento di trenta soldati russi, in una di quelle carrozze lunghe che non hanno divisori. Abbiamo fumato insieme, ma loro si sono rifiutati di parlarmi e persino di dire «Arrivederci» quando sono scesi dal treno. Oggi pomeriggio mi sono arrampicato su una collina sopra Graz – una città bellissima – e ho visto una distesa di tetti di tegole rosse sotto di me, il fiume serpeggiante e il fumo che saliva dai camini. Niente persone, solo gli edifici. Mi è parso impossibile che qui ci sia la sede praticamente di ogni movimento politico clandestino in Austria, che sia stata una culla del nazismo nel 1939 e che adesso sia il vivaio del comunismo, e il prossimo & florido terreno di coltura per intrighi internazionali di ogni genere. Ma da lassù si vedevano soltanto il fumo & i tetti & il fiume. Il sole splendeva caldo e tutto era tranquillo. Davvero buffo. Domani spero di riuscire a ritirare le lettere che potresti avermi scritto, ma non sono sicuro di quando potrò scriverti io. Cara, ti amo. Non puoi sapere quanto abbia voglia di te. Sono solo, e la notte ti desidero e ti bramo in maniera che non riesco a esprimere a parole. E, durante il giorno, mi fermo all'improvviso, ti penso e immagino il tuo viso accanto al mio, i tuoi occhi che guardano nei miei, e vorrei più di ogni altra cosa che tu fossi qui. Ti amo, cara, ti amo.

Devo andare.
D.

P.S. Hai già ricevuto le foto?

AD ANN SHARP

Corinthia[12]

Mezzogiorno, lunedì [23 maggio 1951]

Cara,
oggi sole e neve fresca sulle Dolomiti, vento freddo e teso. Profumo di primavera e Vermouth Syphon. Questa sera il treno notturno per Vienna e, se sarò fortunato, domani mattina dovrei avere ulteriori notizie su dove andrò prossimamente, visto che sono ancora "en route".

Vorrei che fossi qui, è bellissimo. Un piccolo villaggio

[12] Probabilmente *Carinthia*, Carinzia, stato federato dell'Austria meridionale.

incontaminato, con un pub, un paio di negozi e un gruppo di case di legno e tetti spioventi grigi. Strade acciottolate e il vigore e la felicità di un vero giorno di primavera. Il fiume, il lago e le montagne. I campi sembrano freschi e verdi, come se respirassero al calore del sole e si lasciassero spazzare dal vento come gli spruzzi sulla fiancata di una barca. Non crederesti mai che questa terra sia stata un campo di battaglia, le abitazioni delle casematte e i fiumi trappole per i carri armati. Non è un paese da soldati e da guerre, ma da musica e pittura, poesia & felicità.

Mi chiedo come sia adesso Vienna, se gli alberi che fiancheggiano i viali siano già in fiore e il fiume gonfio per lo scioglimento della neve.

O, cara, questa è vita! Spero solo di continuare a pensare in questo modo. Ma soprattutto vorrei che tu fossi qui con me.[13] Veder accadere tutto questo, la grande trasformazione dalla grigia indifferenza dell'Inghilterra ai colori affascinanti e alla scintillante rinascita della primavera in Austria. Potresti socchiudere gli occhi e guardare il sole, e forse vedresti, come me, la miriade di colori, come un arcobaleno vivente, oppure il sole su un ombrellone dipinto dal dehors di un café francese sugli Champs Elysées. Potresti bere l'aria in quelle città pulite, senza fumi, e ridere per niente come capita a me. Ma un giorno vedrai tutto questo, lo vedremo entrambi, insieme. Possiamo aspettare fino a quel momento.

Oh, lo so che sono sciocchezze, che non può essere tutto vero. Ma a volte mi sembra di essermi risvegliato dall'ibernazione dell'Inghilterra, di essermi ripulito i polmoni dalla fuliggine degli «oscuri mulini satanici»,[14] di respirare di nuovo la bellezza e la pace del mondo esterno. E più li apprezzo e li amo, più mi manchi mia cara, tu che sei la sola persona che potrebbe apprezzarli & amarli con me, che potrebbe nuotare in questo grande lago di finzione.

[13] La coppia si rivide nell'estate del 1951, quando le Carré trascorse un fine settimana con la famiglia di Ann durante una licenza.
[14] Citazione tratta dall'inno *Jerusalem*, scritto nel 1804 da William Blake come prefazione al poema suo epico *Milton*. [*N.d.T.*]

Deve essere tutta un'illusione, ma rivendico per entrambi il diritto di sognare fino a quando ci sveglieremo. Perché ci dobbiamo svegliare – una cosa che temo più della morte – e credimi, ho anche paura di morire.

Dio ti benedica,
David

OXFORD E IL MATRIMONIO

E a Oxford, mentre studiavo tedesco – e con questo, ovviamente, intendo la traduzione della Bibbia in gotico del vescovo Ulfila nel quarto secolo – mi ero atteggiato a criptocomunista e, con nobile atteggiamento disinteressato, mi ero gettato tra le fauci dell'attaché culturale dell'ambasciata sovietica in visita a Londra: ai suoi occhi ero il classico borghese di sinistra, giovane e idealista, al quale qualsiasi cacciatore di talenti del KGB sarebbe balzato addosso.

An Evening with George Smiley, Southbank Centre, 7 settembre 2017

Non solo ero senza un quattrino ma, per giunta, a metà del secondo anno di studi, ero parecchio insolvente perché mio padre era incappato in un'altra delle sue spettacolari bancarotte e l'assegno che aveva mandato per pagare una delle rate universitarie non era andato a buon fine. E sebbene il mio college si comportasse con esemplare magnanimità, mi sembrava difficile poter rimanere a Oxford per il resto dell'anno accademico.

Ma avevo fatto i conti senza Reggie,[1] che un giorno entrò barcollando in camera mia, probabilmente in preda ai postumi di una sbornia, mi buttò una busta e, sempre barcollando, uscì. La busta conteneva un assegno emesso a mio nome dagli amministratori del suo patrimonio, sufficiente a saldare i miei debiti e a permettermi di restare all'università per i successivi sei mesi.

«A Reggie, con tanti ringraziamenti», in *Tiro al piccione*, capitolo 34

[1] Reginald Bosanquet, al New College di Oxford, futuro giornalista e presentatore di "News at Ten" di ITN.

Nel 1952, le Carré sostenne il colloquio per l'ammissione a Oxford con il reverendo Vivian Green, ex professore di Sherborne e a quel tempo *senior tutor* al Lincoln College. Divenne il mentore di le Carré e nacque un'amicizia che durò per tutta la vita: fu lui il professore di Oxford che gli ispirò la "vita intima" dell'intellettuale George Smiley.

Gli anni trascorsi da le Carré a Oxford videro il suo matrimonio con Ann Sharp e le continue disavventure di suo padre Ronnie, che in futuro gli avrebbe ispirato il personaggio di Rik Pym ne *La spia perfetta*. A Tunmers, la sua casa di Chalfont St Peter, Ronnie «intratteneva la squadra australiana di cricket, sovvenzionava abitualmente l'Arsenal, acquistava cavalli da corsa, vestiva elegante e viveva nel lusso» scrisse Vivian Green, abitando «l'Isola che non c'è mai delle società flottanti e delle speculazioni.»[2]

Nelle future lettere alla matrigna, Jeannie, le Carré si riferì per due volte a un «romanzo di Oxford» che stava scrivendo sulla scia de *La spia che venne dal freddo*. Non è stato rintracciato.

[2] *A Perfect Spy: A Personal Reminiscence* di Vivian Green, in Alan Bold, *The Quest for le Carré* (1988).

AD ANN SHARP

40 St John Street
Oxford

6 ottobre 1952

Cara –
sono arrivato qui questa sera e ho trovato la tua lettera ad aspettarmi, ma purtroppo non ho carta da lettere per risponderti. Cedendo a una fretta sconveniente, uso questo foglio enorme, prosaico e strettamente pratico, per il quale ti chiedo di perdonarmi.

Ho passato tre giorni a telefonare in Svizzera e a Parigi, ma senza successo: tre giornate sciocche, sprecate, senza inizio né fine, prive di ambizione o risultati.[3] Ma adesso è finita e conclusa, perché d'ora in poi sarò soltanto una bestia intellettuale con la barba che cresce rapidamente e un gusto esotico per le sigarette dell'Arabia Saudita[4] picchiettate d'oro. Un fattore che mi inibisce abbastanza è che devo indossare – in base agli statuti del college e dell'università – un "abito da giorno scuro, camicia bianca, cravatta bianca, scarpe nere, tocco e toga" per la cerimonia di immatricolazione che si terrà a breve in onore mio e di altri. Al momento Oxford è piena dei colori dell'arcobaleno: un periodo stravagante, con le foglie dorate e color ruggine sugli alberi e venti vorticosi che spazzano le strade come in fuga gli uni dagli altri. Sta anche cominciando a far freddo, e l'aria della sera è pungente più o meno come quella di St Moritz al crepuscolo dopo una giornata di sole. La Natura sembra avere tutte le intenzioni di risvegliare la gente alla fine dell'estate. Mi sembra di sentire nell'aria i profumi del Natale.* Vorrei tanto che qui vendessero le caldarroste per strada come facevano a Berna. In quel caso credo che avrei tutto ciò che desidero!

[3] Le Carré era andato in Svizzera con una presunta baronessa Rotschild per reclamare un baule di tesori, un altro dei folli progetti di Ronnie.
[4] Un'abitudine di vecchio stampo.

Ieri sera ho giocato a golf con Tony. Terribile! Tony è diventato molto più umano, credo, e sembra aver superato in gran parte l'influenza americana.[5] Gli stranieri sono una minaccia, non credi?

E sì, penso a te, cara, in una dozzina di modi diversi e per una dozzina di motivi diversi. A volte mi chiedo come posso stare senza te, a volte provo gratitudine per il tuo amore. A volte sono preoccupato, perché dove c'è luce ci deve essere ombra; e a volte mi spaventa la consapevolezza di quanto tu sappia di me! Ma tu sai che ti amo.

Mi sembra di avere scritto moltissimo, ma se ti fa piacere leggere queste parole, te le devo perché da tanto tempo non ti mando lettere.

Ho qui con me i disegni, ma al momento non posso realizzare bozzetti di moda. Ci proverò e te li* manderò da utilizzare come campioni. Spero che il tuo progetto vada in porto.

E adesso, cara, che Dio ti benedica
David

[*in fondo alla lettera*] * Questo l'ho già detto
* I bozzetti

AD ANN SHARP

Lincoln College
Oxford

26 maggio 1953

Cara,
mille grazie per la tua lettera. Mi sento di nuovo un uomo

[5] A Tony Cornwell, il fratello maggiore, avevano offerto una borsa di studio del Bowdoin College, nel Maine, e lui la accettò al posto di quello che sarebbe stato il suo ultimo anno all'Università di Cambridge. Anche l'assegno di Ronnie per la retta di Cambridge di Tony non era andato a buon fine.

libero. Ho rinunciato alla produzione di una commedia tedesca che volevo realizzare: il cast era senza speranza, così come me. Come sempre, mi sento assalito da un senso di colpa quando ti scrivo: non ti ho ancora spedito nemmeno un bozzetto,[6] e la frequenza delle mie lettere è vaga e disperatamente inaffidabile.

È arrivata all'improvviso una forte ondata di caldo che ha colto tutti di sorpresa. Quanto a me, mi ha fatto quasi impazzire: non riesco a lavorare e desidero solo bere una birra ghiacciata. Vorrei che fossi qui perché mi capita di sentirmi terribilmente innamorato, un fenomeno biologico conseguenza del clima tropicale che è calato su di noi.

Che succede qui? Oh, sì, la Eights week[7] e i garden party in riva al fiume, i balli di maggio e i balli dell'incoronazione, Oxford coperta di rosso, bianco e blu e terribili foto scontornate della regina. Ci sono la birra dell'incoronazione, il dentifricio dell'incoronazione e le licenze speciali per la vendita di alcolici in occasione dell'incoronazione. Tuttavia non credo che andrò a Londra per l'incoronazione. Londra è una massa brulicante di personcine agghindate con nastri, è terribilmente calda e puzza di *fish and chips*. Anche i vizi prosperano per l'incoronazione: sulla strada ci sono più ragazze che mai, più trafficoni che vendono souvenir insensati e biglietti falsi, oltre a negozianti ipocriti che sfruttano il patriottismo. E al di sopra delle grida e delle risatine della folla, i microfoni amplificano le voci pompose delle banalità patriottiche sui giornali, alla radio, nei cinema e in televisione. Dietro di loro arrivano gli uomini che devono lavorare più sodo di tutti: piccoletti dalla testa pelata, chini per venti ore al giorno su libri mastri e budget, che scrivono grattando con le loro penne d'oca. Si accertano che non venga dimenticata la *raison*

[6] Se le Carré ebbe un tempo l'ambizione di diventare un artista commerciale, incoraggiato da Ann, alla fine si sarebbe dedicato con determinazione alla scrittura, anche se continuò a disegnare per figli e nipoti, compresi murales e caricature per le stanze da letto dei bambini.

[7] La Eights Week, nota anche come Summer Eights, è il principale evento di canottaggio dell'Università di Oxford, costituito da quattro giorni di regate. [*N.d.T.*]

d'être, ovvero che il denaro non venga sacrificato ma conquistato. È un investimento molto migliore non vendere i gioielli della Corona, ma allinearli sulla testa della regina perché vengano visti in cambio di dollari, franchi, pesetas, rupie, marchi, oboli o quello che preferisci.

Un vero peccato che il dono nazionale della tradizione sia divenuto un'opportunità per tutti di essere disonesti.

Il 15 giugno sono stato invitato alla Girl's School Dance da un'agenzia a me ignota! Divertente. Non vedo l'ora di andarci. E provocherò il caos se appena ne avrò l'occasione. Ci vado con Robin Cooke.[8]

L'altra sera sono andato a bere al Trout. Stasera sarò a Londra per un cocktail party all'ambasciata sovietica.[9] Altro a breve.

Ti amo cara –
David

A VIVIAN GREEN

Oxford Canning Club[10]

14 ottobre 1953

Caro Mr Green,
mi chiedo se vorrebbe replicare a un saggio che leggerò al Canning Club questo trimestre. Si tratta del tentativo di individuare i riflessi della letteratura tedesca, fin dai suoi

[8] Robin Cooke era l'amico di le Carré alla Sherborne School e frequentò Oxford nel suo stesso periodo. Nell'estate del 1952, i due andarono in giro a vendere copie del periodico "Cricketer", all'epoca di proprietà di Ronnie.

[9] Le Carré si fingeva un simpatizzante della sinistra per l'MI5, in parte per convincere i servizi di intelligence sovietici a reclutarlo. I suoi tentativi non ebbero successo, ma in seguito le Carré scherzerà sul fatto di aver visto più volte *La corazzata Potëmkin* con i funzionari dell'ambasciata sovietica. Fino al 1954 Ann fu tenuta all'oscuro del lavoro di le Carré per l'MI5.

[10] L'Oxford Canning Club fu fondato nel 1861 per promuovere e dibattere i principi dei conservatori. Le Carré fu anche membro del Partito comunista e del Gridiron Club. «A quei tempi era possibile essere eccentrici» dirà al Berliner Salon nel marzo 2020.

albori, sulla nazione tedesca nei suoi sviluppi più recenti. Il tono sarà in gran parte leggero e non certo un tentativo esauriente, dato che durerà soltanto 35-40 minuti. Se dovesse replicare, ci si aspetta che lei parli per 20-25 minuti.

La data è il mercoledì della sesta settimana del trimestre. Potrebbe farmi sapere con una certa sollecitudine che cosa ne pensa, così che io possa ordinare la stampa del programma?

Cordiali saluti,
David Cornwell

A ventun anni,[11] *il giovane le Carré vide sua madre per la prima volta dopo sedici anni. Lei gli rivelò una serie di particolari dolorosi sul passato criminale dell'ex marito e lo presentò come un truffatore pericolosamente affascinante. Le Carré affrontò il padre e, poco dopo, fuggì da Tunmers, la casa di Ronnie Cornwell nel Buckinghamshire, per andare a vivere dall'amico Nigel Althaus nella canonica cinquecentesca appartenente alla sua famiglia. Il 7 aprile 1954 scrisse due lettere: una, illustrata, ad Ann, un'altra, di tono completamente diverso, a Vivian Green.*

AD ANN SHARP

Yew Place
Farnham Royal
Bucks.

[Timbro postale] 7 aprile 1954

Cara [*disegno di un topo*]
abito con Nigel Althaus[12] in una [*casa*] grande e mol-

[11] In *Tiro al piccione* e altrove, le Carré affermò di aver incontrato sua madre a ventun anni, un'età che rappresenta uno spartiacque, dopo «sedici anni passati senza un gesto d'affetto». Il memoir privato di Ann indica come data il febbraio del 1954, ovvero quando lui aveva ventidue anni.

[12] Nigel Althaus vinse borse di studio per Eton e il Magdalen College di Oxford prima di andare a lavorare con il padre e il nonno nella City.

to bella con alberi e una fattoria con maiali sonnolenti. Giochiamo a [*tennis*] sotto [*pioggia e nuvole*], e ha piovuto davvero forte.

Una lunga lettera di Tony che mi dice che va molto, molto meglio, che guadagna 80 dollari alla settimana ed è molto felice; spera di prendere una [*disegno di un'auto*], o meglio una [*disegno di un'auto sportiva*] molto presto.

Quindi, forse, un giorno ci faremo una gita [*quattro persone su una macchina decappottabile: si veda la pagina seguente*].

Con grande amore da
Maggot

Attenta ai banditi
[*disegno di un bandito e di una giovane donna; si veda p. 87*]

A VIVIAN GREEN

Yew Place
Farnham Royal
Bucks.

Inoltrato da: 11 Lincoln Road
Oxford

7 aprile 1954

Caro Mr Green,
sono andato a trovare mio padre e gli ho detto tutto ciò che mi aveva riferito di importante mia madre, ovvero più o meno ogni cosa a parte le reali circostanze del suo primo matrimonio. Dopo abili e ripetuti aggiramenti e digressioni emotive, alla fine ha commentato: «E quindi?». Gli ho detto che volevo rendermi indipendente da lui, almeno per qualche anno, e che ritenevo che questo significasse anche indipendenza economica. È rimasto terribilmente sconvolto, e ha detto che l'ironia della sua vita era che tutto quello che aveva fatto per noi (mio fratello & me) ci

YEW PLACE
FARNHAM ROYAL, BUCKS.
FARNHAM COMMON 102

Darling

Staying with Nigel Altham in a big and beautiful with trees, and a farm with sleepy pigs. We play in the and it has been raining jolly hard, too.

A long letter from Tom saying that he is doing much much better, earns 80 £ a week and is very happy – hopes to have a or rather a very soon.

So perhaps we'll all go out in it one day

So very much love from

Maggot.

Beware of the bandits

aveva ulteriormente allontanati da lui e, proprio nel periodo della sua vita in cui aveva più bisogno della mia compagnia, e questa gli veniva negata, eccetera eccetera...

In ogni modo, se decidessi di andarmene da casa, lui venderebbe la tenuta e divorzierebbe dalla mia matrigna. La seconda di queste minacce è stata solo insinuata: «E anche Jean se ne deve andare, David, se ne deve andare».

Gli ho detto che a mio parere il fallimento dei suoi due matrimoni era il risultato delle sue stesse azioni, e che non poteva appoggiarsi a me per tenere insieme il secondo.

Adesso la mia posizione è che accetterò qualsiasi somma mi voglia dare per restare a Oxford, ma senza alcun obbligo. Non credo che durerà a lungo, ma non penso neppure che azzarderà qualche mossa troppo rischiosa per farmi tornare a casa. Quello che lo ha davvero fatto vacillare è stato il mio evidente disinteresse per l'ennesima promessa di ricchezza, il fatto che io abbia trattato con Kemsley[13] e che fossi pronto ad andarci immediatamente se non avessi avuto modo di restare a Oxford anziché arrivare alla disperazione.

Al momento, quindi, la situazione è ancora incerta, ma è molto più chiara e migliore di prima e vedo – con tristezza – la possibilità di vivere lontano da casa con un fondo di denaro fino a quando terminerò gli studi a Oxford.

Suo per sempre
David

P.S. Sento di dover esprimere nuovamente la mia gratitudine per tutto l'aiuto e i consigli che mi ha dato. Davvero non so cosa avrei fatto senza l'assistenza sua e di Sir James Barnes.[14] Credo di vedere un po' di luce filtrare tra gli alberi e che ben presto la situazione si assesterà, almeno per il prossimo futuro. Quindi grazie davvero di tutto. D.

[13] Kemsley Press, il gruppo editoriale che comprendeva il "Sunday Times". Le Carré era stato presentato dall'MI5.

[14] Sir James Barnes, che aveva interessi comuni con Ronnie nell'Arsenal Football Club, aveva contribuito a trovare a le Carré un posto al Lincoln College.

Nel luglio 1954 Ronnie finì in bancarotta in maniera spettacolare e del tutto pubblica. Il "London Evening News" titolava: Guadagnava 15.000 sterline al giorno. Adesso un uomo ha debiti per 1.359.000 sterline. *«Un immobiliarista di Londra, 48 anni, che ha fondato sessanta aziende e acquistato circa quattromila proprietà, ha ammesso oggi davanti al tribunale fallimentare di avere sopravvenienze passive per 1.359.000 sterline.»*

A VIVIAN GREEN

Intelligence Corps Centre
Maresfield Camp
Nr Uckfield
Sussex

[s.d. ma probabilmente ottobre 1954[15]]

Caro Vivian,
mille grazie per il suo biglietto e per aver accettato di celebrare il mio matrimonio con Ann.

Ho appena trascorso quindici terribili giorni a casa, al punto che mi sento decisamente sollevato di ritrovarmi nell'esercito per due settimane. Non la tedierò con i particolari, ma sono giunto alle seguenti conclusioni.

Se dovessi rimanere a Oxford per un altro anno, in certa misura dovrò dipendere da mio padre, almeno durante le vacanze. Ogni volta che accetto denaro da lui, o persino un pasto, è come se avallassi il suo modo di vivere e indebolissi la mia posizione. Fino a quando resterò in Inghilterra, non sarò in grado di allontanarmi da lui. Nessuna persona che *abbia* dei convincimenti – comunista, cristiano o quello che vuole – può vivere con lui, perché la sua stessa esistenza è una totale beffa di qualsiasi considerazione etica. E questo è certo innegabile. Siamo en-

[15] Nell'ottobre del 1954, le Carré teneva conferenze all'Intelligence Corps Centre di Maresfield Camp sui servizi di intelligence tedeschi dal 1939 al 1945 e sulla Germania e i tedeschi in generale.

trambi consapevoli della dubbia moralità di rimandare questo problema.

Ma ciò che mi turba non è tanto l'ultimo punto, quanto il fatto che, se dovessi vivere con lui o sotto di lui per un altro anno, diventerei del tutto incapace di raggiungere una qualsiasi decisione morale. Ed è stato lei – la cui saggezza rispetto più di quella di chiunque altro – ad affermare nella sua ultima lettera che Ann & io potremmo dare ai nostri figli ciò che a entrambi è stato negato. Avendo preso una posizione, e avendo provato a scuotermi da uno stato di indifferenza, scopro di essere nuovamente scivolato in quella condizione orribile nella quale non sono più in grado di resistere alle sue richieste o al suo modo di vivere. Che fare se mi offre cinque sterline, sapendo che non solo le ha chieste in prestito ad altri, e che ha debiti mille volte superiori con persone ben più meritevoli di me, ma anche che ha rifiutato quella stessa somma alla mia matrigna per le spese di casa?

Immagino di crearmi problemi per cose sulle quali non ho alcun controllo, ma dico davvero: se una persona dovesse agire in base a ciò che prova, e come ritiene giusto, allora perché non in questo caso? Se devo essere sincero, niente vale il prezzo, eppure che altro posso fare? Non sto esagerando, la situazione a casa è terribile: una delle zie della mia matrigna si è vista respingere l'incasso di un assegno da 1000 sterline – "conto chiuso" – che avrebbe dovuto essere il rimborso di un prestito non garantito di tutti i suoi risparmi. Le sono rimaste 28 sterline. Il prestito era stato fatto in primavera & avrebbe dovuto essere interamente rimborsato entro la fine di settembre. Gli Ansorge, che vivono di fronte, vantano un credito di 2500 sterline. Lui è un ICS[16] in pensione, ha prestato servizio nelle colonie, e quella cifra rappresenta gran parte del suo capitale. Lui (papà) ha impegnato la lavanderia di famiglia della mia matrigna all'insaputa dei proprietari, che avevano dato in gestione la cosa. Lei lo ha scoperto per caso tre o

[16] Indian Colonial Service.

OXFORD LEFT

SPECIAL PEACE ISSUE

TRINITY 1954 | **1,000 PRINT** | **SIXPENCE**

1,500 SIGNATURES TO OXFORD APPEAL

THE Oxford Appeal for disarmament and the abolition of the Hydrogen Bomb is now gaining momentum. As we go to press about fifteen hundred signatures have been collected. So far the best response has come from St. Hilda's, Exeter, St. Cath's, Ruskin, Somerville, Jesus, Lincoln—and Balliol.

Since the beginning of term there has been widespread support in the University for an Oxford contribution to the world-wide efforts to preserve world peace. The very broadness of the movement in Oxford is an indication that new sections of opinion have become aware of the great danger to peace and the necessity for unified action —the only way by which peace can be preserved. And unity of action has been achieved. A mere catalogue of the O.U. Hydrogen Bomb Campaign Committee will demonstrate this: Charles Taylor (Chairman, Oxford Secretary, World University Service); Michael Pike (Ex-Editor of "Cherwell"); Anthony Thwaite (Editor of "Isis"); Nicholas Waterhouse (Ex-Editor of "Oxford Tory"); Jeremy Isaacs (Chairman, O.U. Labour Club); Ralph Samuel (Ex-Secretary, O.U. Communist Club); Donald Matthew (Chairman, O.U. Student Christian Movement); Raghavan Iyer (President of the Union); Gordon Snell ("Isis" Editorial Staff); Adrian Mitchell (Secretary, O.U. Poetry Society); Stella Aldwinckle (Chairman, O.U. Socratic Club). Further, the actual text of the petition was proposed by Mr. Michael Heseltine, a prominent member of OUCA. The desire from all sides for a common point of action was shown by the compromise reached which resulted in the present text. Indeed the only real opposition has come from New College's extreme Right-Wing clique (Bingham, MacBeth, Hall) and their satellites.

The most hopeful effect of the campaign has been the sudden realisation among undergraduates that politics is not another (and a nastier) game, but must be the concern of every human being, if we are to escape universal catastrophe. The petition and the meeting, the articles and the editorials upon the issue, the discussions in J.C.Rs and bars, have welded the campaign firmly into Oxford's consciousness. Cynicism, that greatest threat to the intellectual integrity and the future of Oxford, is on the retreat. Anthony Thwaite wrote in "Isis": ". . . no longer is it true that 'the best lack all conviction,

"the natural but unreasoning fear" (the counter-petition leaflet).

1

Le Carré creò illustrazioni per la rivista "Oxford Left" mentre cercava di infiltrarsi e fornire informazioni sui simpatizzanti comunisti di Oxford, compreso Stanley Mitchell, suo amico e direttore, con il quale tentò di riconciliarsi quarant'anni più tardi.

quattro settimane fa, e ce ne sono ancora & ancora & ancora. Quindi, dopo aver troppo pensato e aver fatto troppo affidamento sul futuro, ho scritto a Kaspar[17] e Lothar Schreuers[18] chiedendo loro di trovarmi un posto da insegnante in Svizzera. Se ce ne fosse uno che possa offrire una prospettiva qualsiasi, me ne andrò da Oxford, insegnerò, disegnerò ed eventualmente prenderò un dottorato a Berna.

Sono fin troppo consapevole dell'enorme svantaggio di non avere un titolo di studio, ma Oxford non è tutto: per me *tutto* è l'attuale situazione in casa e devo fare qualcosa in proposito se non voglio affondare. Ho sempre desiderato diventare cristiano, cerco di esserlo & di vivere come tale. Ann è una ragazza molto religiosa e credo che insieme ce la potremo fare. So che tutto questo è molto impulsivo e sciocco, e probabilmente anche da persona immatura, ma che altro potrei davvero fare? C'è l'ulteriore tentazione di questa offerta di Kemsley ma, ancora una volta, mi impegnerei per qualcosa che non desidero davvero fare. E infine, se adesso non mi muovo come meglio ritengo, non lo farò mai più.

Quindi, Vivian, la prego di perdonarmi dopo tutto quello che ha fatto, e di cercare di capire. In ogni caso ho sempre pensato che lei fosse comunque in una posizione falsa: consigliare da tutor e aiutare da cristiano, se capisce ciò che intendo. Potrà anche sembrare sgarbato, ma non intende affatto esserlo, anzi direi l'opposto.

The Bears[19] non ne soffrirà comunque. Ho già realizzato diverse illustrazioni e, ovunque mi dovessi trovare, di certo terminerò i disegni nel più breve tempo possibile. Ho letto la storia ai 2 bambini (5 & 8 anni), e a entrambi è piaciuta molto. Anche a me. Charlotte ha detto che le silhouette dei miei orsi sembrano quelle dei canguri, ed è abbastanza vero, quindi li ho leggermente modificati.

[17] Kaspar von Almen, il suo amico di Berna.

[18] Lothar Schreuers viveva sopra le Carré a Berna.

[19] Le Carré stava lavorando alle illustrazioni di un libro di Green non pubblicato dal titolo *The Bears*, nel quale gli orsi delle Alpi sventano il piano di un capitalista sfruttatore per costruire una diga in una splendida vallata.

Le farò sapere qualcosa non appena avrò notizie da Kaspar o Lothar. Fino a quel momento non vedo il senso di comunicarlo al college: di sicuro non farò il versamento del trimestre e provocherò mille inconvenienti se troverò un lavoro, ma temo di non poterlo impedire. Però, fino a quando non avrò la certezza al 100% di ritirarmi questo trimestre, non vedo che vantaggio potrei trarne informando chi di dovere. Allo stesso modo i nostri preparativi per il matrimonio sono finiti nel calderone, e sarebbe meglio venirla a trovare prima o poi.

Io sono qui fino a sabato mattina, quando partirò per Oxford.

Suo per sempre,
David

La famiglia di von Almen era proprietaria di alberghi nella zona di Wengen.

A KASPAR VON ALMEN

Intelligence Corps Centre
Maresfield Camp
Nr Uckfield
Sussex

3 ottobre 1954

Mio caro Kaspar,
l'estate scorsa, quando ero in Svizzera, abbiamo accennato alla possibilità di trovare per me un lavoro da insegnante da qualche parte in Svizzera. La situazione a casa è diventata insostenibile al punto che sto seriamente pensando di trasferirmi in Svizzera con la mia amata (ci siamo fidanzati due settimane fa. Temo che tu non la conosca). Anche se mio padre ha fatto bancarotta per 1 milione e ¼ di sterline, noi due – Ann e io – abbiamo mezzi sufficienti per vivere in Svizzera per almeno tre mesi e, se si dovesse ar-

rivare a questo, anche qualcosa di più. Penso che potremmo vivere a Berna, poiché credo sia il posto dove trovare lavoro più facilmente.

Tu mi avevi detto che potresti presentarmi qualcuno che potrebbe aver bisogno di un insegnante di inglese (un'altra possibilità è la letteratura europea, in particolare quella tedesca). Se fosse ancora realizzabile, ti sarei estremamente grato se potessi fare qualcosa.

La mia non è una fuga, senza pianificazione e sciocca, ma un progetto accuratamente ponderato per scappare una volta per tutte da quello che accade qui e cominciare una nuova vita. Per iniziare accetterei *qualsiasi* lavoro accademico mi venisse offerto. Tu, poi, sai che posso fare anche altre cose: insegnare disegno, scrivere testi per spettacoli in inglese, partecipare all'organizzazione degli eventi sportivi o cose del genere. Anche la mia fidanzata potrebbe insegnare se necessario, e so che potremo cavarcela.

Il prezzo che sto pagando va soppesato contro tutto questo: non avrò il diploma universitario *ma*, dopo due anni a Oxford, penso che sarò in grado di laurearmi a Berna. Avrò le conoscenze preliminari e il tempo per farlo.

Kaspar, se potessi aiutarmi a trovare un lavoro per tre anni, credo che tutto potrà andare bene. Il denaro *non* è il problema, il problema è vivere felice con mia moglie lontano dalla degradante pubblicità del caso che viene discusso in tribunale, vivere una vita intelligente. Non ne posso più di cercare di vivere per il futuro indefinitamente, voglio vivere per il presente.

Non ti tedierò con teutoniche grida di protesta sull'amicizia. Se puoi aiutarmi a trovare un lavoro, sai che avrai la nostra gratitudine.

E quando voi due avrete incontrato e conosciuto Ann, forse avremo la possibilità di ospitare te & Erica in Svizzera, un pensiero piacevole.

Se non fossi in grado di aiutarmi, ti prego di non preoccuparti e in un modo o nell'altro troverò qualcosa. Anche Vivian Green credo possa consigliarmi in proposito.

Al momento sto tenendo un corso di 2 settimane in un

campo, una croce annuale da sopportare, perché l'oro ha perduto ormai da tempo il suo splendore.

Scrivimi appena possibile al

Lincoln College
Oxford
England

Come sempre
David

A seguito della bancarotta di Ronnie, le Carré cercava la sicurezza nel matrimonio con Ann, i cui genitori avevano divorziato perché il padre era un dongiovanni. «Non credo che ci sia qualcuna ben attrezzata come te ad abbinare il compito di amante e moglie per D» le scrisse da Maresfield. «Ti adoro, topolina, e sei bellissima.» Con l'aiuto di Green prese la decisione di lasciare Oxford per un anno e insegnare a Edgarley Hall, vicino a Glastonbury che, dal 1945, era la junior school della Millfield School.

A VIVIAN GREEN

9 St John Street
Oxford

29 ottobre 1954

Caro Vivian,
sento di doverle scrivere e farle sapere che, se non fosse stato per il suo aiuto e la sua amicizia, non credo avrei trovato altrove una risposta altrettanto soddisfacente all'attuale problema. Non indulgerò in uno di quei terribili elogi teutonici, ma sento profondamente quanto le devo per il suo aiuto e la comprensione, e desidero ringraziarla moltissimo.

So che Ann e io troveremo la pace che stiamo cercando e, benché possa essere un brutto modo per diventare cristiano – ovvero aspettare fin quando la situazione si risolverà, poi considerare con tranquillità tutto il problema –

questo metodo avrà forse un effetto più permanente di una teatrale conversione in tempi difficili.

Ma "sento" meglio di come "penso" e, quando la pace e la libertà che credo ci porterà il prossimo anno avranno lasciato il segno, credo che sarà rinata anche la fede. Tutto questo è espresso in maniera orribile e, rileggendolo, comunica un'impressione sbagliata.

In ogni modo sono molto, molto contento che sarà lei a celebrare il matrimonio. Incidentalmente, per lei sarà anche l'occasione per incontrare papà! È esasperante: la madre di Ann insiste per un "matrimonio in pompa magna", e la sola speranza è che non se lo possa permettere, visto che né Ann né io desideriamo altro se non *essere sposati*. Per come stanno le cose, considero un grande pericolo andarmene da [un] ricevimento con 100 ospiti, con coriandoli e urla ebbre di "arriva la sposa" ecc., che ci inseguono da lontano. Dio non voglia. Ma gli orribili ricevimenti di nozze sono una *déformation professionnelle*[20] di tutti, anche delle migliori suocere.

A quel che sento, la segretaria privata del maragià di Baroda è stata per molti giorni addosso a papà, che domani sarà a cena con lui. Mi aspetto che abbia a che vedere con i gioielli di sua moglie.[21] Ma quali? Non dimentichi di leggere la prossima puntata della "Carriera di un libertino: La strana missione della maharani".

Saluti agli orsi. E molte, molte, molte grazie ancora.

Suo per sempre
David

[20] In originale scritto con una sola "n", *professionelle*. [*N.d.T.*]

[21] La maharani di Baroda, Sita Devi, era diventata famosa per il suo lussuoso stile di vita e per i favolosi gioielli: era conosciuta come la "Wallis Simpson indiana". I suoi dispendiosi viaggi con il maragià – che era stato deposto nel 1951 dal governo indiano – venivano ampiamente documentati dalla stampa: soggiornavano al Waldorf Astoria di New York o al Dorchester di Londra. Il tesoro di Baroda, dal quale la coppia aveva prelevato diversi oggetti, comprendeva il tappeto di perle del diciannovesimo secolo, realizzato con 2,2 milioni di perle, e la collana con il diamante rosa brasiliano Stella del Sud; la collezione personale della maharani conteneva gli oggetti più disparati, come cavigliere gioiello e un portasigarette del 1948 in oro, rubini, zaffiri, smeraldi e diamanti.

Le Carré e Ann si sposarono sabato 27 novembre 1954 nella chiesa di St Luke ai Redcliffe Gardens di Londra.

A VIVIAN GREEN

Cumhill Farm
Pilton
Nr Shepton Mallet
Somerset

13 dicembre 1954

Caro Vivian,
sono passate due settimane da quando lei ha celebrato il mio matrimonio con Ann e non le ho ancora scritto per ringraziarla. Non è facile trovare parole adeguate a esprimere il nostro apprezzamento per come ha condotto il rito, tanto da renderla una giornata davvero memorabile per noi, e sia Ann che io abbiamo avuto la netta sensazione di essere diventati parte di un'unione fra tre persone, non solo due. Dal momento in cui ha cominciato, ci è parso di essere soli in chiesa con lei: Ann, io e lei come ministro di Dio. Così quella che eravamo certi sarebbe stata una situazione snervante e spaventosa ha assunto un carattere molto diverso.

Va tutto bene in maniera quasi allarmante. Quella sera siamo andati a Bristol, e la domenica pomeriggio abbiamo proseguito per Pilton, solo per scoprire con grande delusione che non c'era neppure un mobile dato che il furgone – che avrebbe dovuto arrivare il mercoledì precedente ed era stato poi promesso per il venerdì – non era ancora arrivato. In ogni modo, il nostro padrone di casa ci ha fornito l'essenziale e, mercoledì mattina (mentre io ero a scuola), il furgone è arrivato da Londra via Exeter: so persino io che è una deviazione sorprendente. A parte l'aver dimenticato la parte centrale del letto degli ospiti (molle, materasso e struttura), una serie di tavolini e una lampada standard, e il non riuscire a trasportare sulla scala il letto matrimoniale (che, per inciso, hanno lasciato smontato nell'ingresso), il lavoro è stato efficiente e rapido. Ann aveva cucinato su un fornello elettrico mezzo rotto, ma poi siamo riusciti a farcene prestare uno a olio dal fattore e ci siamo modernizzati. La nostra dieta consisteva in zuppa, stufato e uova à la coque. Posso consigliarle questo abbinamento.

Alla fine della settimana è arrivato un fornello & è stato installato, il tutto condito dal fatto che i piedi degli operai in pratica affondavano nella pittura semiliquida del pavimento della cucina, applicata dieci giorni prima e consigliata dal ferramenta perché, a suo dire, asciuga rapidamente sulle superfici di pietra.

Adesso, all'improvviso, tutto è tranquillo e in brevissimo tempo abbiamo scoperto di avere una casa deliziosa a un costo minimo, uno splendido villaggio dove vivere con quella che, almeno dall'esterno, deve essere una bella chiesa come tante in Inghilterra.

Ieri ho visto Robin! Era in piena forma, molto da Cooke. Ha notato quanto somigli a Clovis Sangrail?[22] Robin era ospite della sorella Rosemary e di Percy, il cognato psichiatra, a Wells (Manicomio di Mendip). È già la seconda volta che lo vedo quaggiù, ma la prima dopo il matrimonio.

Abbiamo un letto per lei quando vorrà venire – a dire il vero due, entrambi completi – e la cucina di Ann, benché non paragonabile a quella di Madame de La Gouille, è sicuramente passabile. Qui la campagna è molto bella e si possono fare diverse passeggiate. In ogni caso, spero di vederla in qualche momento delle vacanze di Natale: come le ho già detto, per la Vigilia, prima di pranzo, abbiamo organizzato un piccolo wine party e lei e la sua famiglia sareste più che benvenuti. Penso che prepareremo anche un pranzo leggero, quindi non ci saranno difficoltà. D'altra parte, se ben ricordo, lei a Natale ha un calendario di impegni molto intenso, quindi forse le andrebbe meglio un'altra volta: noi non ci saremo a Capodanno, ma per il resto siamo qui per gran parte del tempo.

Sarà felice di sapere che ho in programma di tornare a

[22] Robin Cooke aveva un senso dell'umorismo molto maligno. Qui le Carré lo paragona a Clovis Sangrail, un giovane inglese languido, acido e calcolatore dei racconti satirici macabri di Saki, pseudonimo di H.H. Munro.

Oxford se fosse possibile; non vedo cosa lo potrebbe impedire, a meno che non ci sia un arrivo inaspettato in famiglia o qualcosa di simile!

Ann si unisce a me nel mandarle i saluti e nel ringraziarla dal profondo del cuore per il meraviglioso inizio della vita matrimoniale. E insiste che dovrebbe venire presto a trovarci!

Devo confessare che siamo davvero molto felici e non vedo una ragione per cui questo stato di cose non debba continuare.

Suo per sempre
David

Le Carré scriveva a von Almen sia in inglese che in tedesco, e le due lingue venivano usate in paragrafi diversi. Quando usava il tedesco, scriveva Kaspar con la K, mentre se ricorreva all'inglese, lo scriveva con la C.

A KASPAR VON ALMEN

Bread Street
Pilton, Shepton Mallet
Somerset

[s.d. ma probabilmente inizio del 1955]

Mio caro Kaspar,
mi ha fatto molto piacere ricevere la tua lettera stamattina e ho deciso di risponderti subito, e in tedesco, anche se questa lingua che mi è diventata aliena non fluisce più dalla penna come un tempo.

La mia risposta sarà lunga e scaverà nel profondo. Cercherò di raccontarti per la prima volta, e in tutta serietà, gli eventi degli ultimi due anni e, se alcuni li hai già sentiti, ti prego di sopportarlo perché fa tutto parte dell'insieme.

Sembra un modo assurdamente pomposo e *molto* egoistico di condurre una corrispondenza, ma poiché in passato sei stato tanto gentile da asciugare le mie lacrime così poco britanniche e ascoltare le narrazioni della mia sfortuna – e soprattutto darmi il tuo impagabile sostegno e consiglio – ti devo almeno questo. In particolare se consideri che la storia è a lieto fine!

Anzitutto ti devo ringraziare per la tua lettera [*in inglese*] (passare al tedesco è come indossare il frac) [*torna al tedesco*] e ti assicuro che tutto il tempo che l'ho attesa ha solo accresciuto la mia gioia al suo arrivo. Non posso però credere che sia stato quel tuo senso di colpa a indurti a scriverla: il cane bastonato spesso non ha la forza per un simile opus. [*in inglese*] (Quanto al tema della nostra corrispondenza non riesco a concepire nulla di più monotono: ma ti rendi conto che tu e io siamo i due argomenti più interessanti del mondo?) Adesso sceglierò uno dei due – temo non il *più* interessante – e, per rispondere alle tue domande, ne devo discutere per il resto di una lettera molto lunga.

Ora ascoltami attentamente, Caspar, perché sto per fare qualcosa che non solo è non-britannico, ma anche unico e molto intimo. Quelle lettere disordinate, frutto di una penna disordinata, che ti sono piombate addosso come i grandi sbuffi di fumo nero a Scheidegg e rivendicavano un diritto assoluto sul tuo buon cuore (più che sulla tua disponibilità) rappresentano una "crise" – una "crise" emotiva – frutto di circostanze delle quali non hai idea. [*torna al tedesco*] Basti dire che mio padre si è rivelato, nelle sue faccende con la polizia così come in quelle private, un truffatore senza limiti e malvagio. [*in inglese*] Gli abiti che indossavo, il cibo che mangiavo e i libri che leggevo erano acquistati con i frutti di tutto questo. Vecchiette delle Midlands avevano dato ogni centesimo dei loro risparmi per qualche progetto folle e mai esistito, onesti e bravi *Bürgers* [cittadini] *legalmente* derubati e rovinati mentre io ingrassavo e brucavo sul loro pascolo. So che si tratta di un punto di vista emotivo, ma ci sono momenti in cui è più saggio piangere, e io l'ho fatto (sulla spalla di Ann, grazie a Dio). Non mi sentivo tanto umiliato, quanto socialmente in debito con coloro che erano rimasti danneggiati dalla spaventosa onda di mio padre. Devi cercare di capire la realtà fondamentale di questa sensazione e renderti conto della portata delle malefatte di mio padre. A questo aggiungi il fatto che sono privo delle armi morali per affrontare questo choc e che sono, come avrebbe detto Grillparzer,[23] troppo piccolo per amare o odiare e troppo grande per non sentire. Quindi ho girovagato, sono andato alla deriva, da un letto da campo all'altro, da un amico a un conoscente, fino alla "lunga vacanza" (giugno-ottobre) del 1954. (In quel periodo è arrivato qui Roland Reinacker & l'ho frequentato per un po' a Londra.[24]) «Una parola di tuono mi ha schiacciato», come disse Faust[25] e, come lui, mi sento «un nano nel mondo». Vivian Green, cappellano e *senior tutor* del mio college, mi è stato di enorme aiuto e, grazie a Dio, è rimasto in contatto con me al nostro ritorno dalla Svizzera (è stato mentre eravamo lì che la faccenda della bancarotta di mio padre è diventata pubblica). Ann e io, che avevamo intenzione di aspettare che finissi Oxford, alla fine abbiamo deciso che, ovunque l'incertezza del momento ci potesse portare, ci saremmo sposati subito e al diavolo tutto finché non lo avessimo fatto. Sono riuscito a ottenere un prestito di 300 sterline per saldare i miei debiti a Oxford, ci siamo sposati il 27 novembre, la nostra luna di miele è durata una notte e, il lunedì, sono tornato alla scuola dove insegno con il nostro problema risolto per un

[23] Il drammaturgo austriaco Franz Grillparzer.

[24] Le Carré conobbe Roland Reinäcker – i cui genitori vivevano a Essen – quando studiava all'Università di Berna.

[25] Una lettera successiva a von Almen, spedita da Oxford, è costellata di riferimenti a scrittori che le Carré aveva studiato nei quattro anni di letteratura tedesca, e Goethe occupa un posto di primo piano. Nel 2020 dichiarò che il «miglior film della mia vita» era il dramma faustiano *Mephisto*, diretto da István Szabó, che aveva per protagonista Klaus Maria Brandauer nei panni di un attore tedesco che, sotto il nazismo, baratta l'onestà per la fama. I fan hanno fatto ipotesi sulle origini dello pseudonimo di le Carré, con scarsi risultati, dato che lui diceva di averlo dimenticato. Michel Carré, uno scrittore francese del diciannovesimo secolo, scrisse il libretto del *Faust* di Gounod basandosi sul proprio *Faust et Marguerite* e facendo ipotizzare un debole collegamento con Goethe.

aspetto e le nostre fortune, nel bene e nel male, unite. Da allora siamo molto felici.

Adesso le novità. Una borsa di studio (County Scholarship) ci permette di avere denaro a sufficienza per l'ultimo anno a Oxford in ottobre, ammesso che Ann lavori un po'.

Abbiamo un piccolo cottage nel Somerset che prendiamo in affitto per una somma molto bassa, la campagna è bellissima e c'è posto per voi due quando verrete. Disponiamo anche di stanze a Oxford quando verrete anche lì, se mai la cosa vi possa essere utile.

Apprezziamo moltissimo il tuo invito a venire da te in primavera o in autunno, e in cambio suggeriamo che tu venga prima da noi così possiamo tornare *con* te, magari nell'autunno '56. Mi sono messo a dipingere a livello commerciale e ho guadagnato qualcosa che ci aiuta ad andare avanti. Dopo Oxford vorrei trovare un posto da professore & insegnare disegno e lingue.

Ti manderemo una foto del matrimonio. È stata ordinata e credo sarà pronta fra circa quindici giorni. Nonostante le tue proteste, ho pensato che una bella foto lucida in stile "Tatler" era quella sulla quale avevi davvero messo gli occhi.

I nostri migliori auguri a entrambi e per te, Caspar, comportati bene.

Come sempre
David

P.S. Diciamo che questa lettera è la «confessione di un'anima poco attraente» da Wilhelm Meisters Wande*l*jahre.[26]

[26] Probabilmente qui le Carré fa un gioco di parole. Il titolo originale de *Gli anni di apprendistato di Wilhelm Meister* è *Wilhelm Meisters Wanderjahre* (alla lettera gli "anni di vagabondaggio"). Le Carré sembra averlo scritto volutamente sbagliato, ovvero *Wandeljahre*, evidenziando la "L" e alterando il significato in "anni del cambiamento".

Cooke e le Carré erano amici dai tempi di Sherborne, dove si chiamavano reciprocamente "Tig" su insistenza di David.

A ROBIN COOKE

52 Beechcroft Road
Oxford

7 ottobre 1955

1 Malta Cottages
Bread Street
Pilton
Nr Shepton Mallet

Mio caro amico, come stai?
Finalmente ho ricevuto una tua lettera a Bread Cottage (testa di rapa)[27] che è stata inoltrata dall'intero servizio postale del Somerset, e ti scrivo per dirti che siamo a Oxford a faticare, mio caro, per finire il mio corso accademico tristemente trascurato prima di tuffarmi in luglio nel mondo dell'arte commerciale. Ho incontrato editori & persone, & gente senza pregiudizi mi ha assicurato che le mie illustrazioni per libri sono molto al di sopra della media & mi permetteranno di guadagnarmi da vivere. Grazie a una fortunatissima presentazione sto assumendo un agente di buona reputazione. Insegnerò part-time nell'eventualità che le cose andassero male, ma sono tranquillamente ottimista sull'esito. La Piccola Donna (o la mia Signora Moglie, quello che preferisci) è in ottima salute & abbiamo un paio di stanze (& un letto in più in una di queste per te, mio caro), & in qualche modo ci arrangiamo, come ha detto il vescovo. Mio caro, vieni qui per un weekend, non ti costerà nulla per vitto&alloggio, & ci farebbe piacere vederti. Che ne dici?

Se vuoi usare il nostro cottage nel Somerset per una notte, un weekend, una settimana, un mese, è completo e at-

[27] Un termine affettuoso.

trezzato con tutto ciò che vuoi, ma fammelo sapere con un giorno o due di anticipo in modo da poter arieggiare le stanze. Puoi portare l'ospite che preferisci, ti garantisco una completa privacy...

Ti prego, vieni a trovarci o qualcosa di simile: è *davvero* ora che ci rivediamo. Vieni a trovarci o qualcosa di simile.

Ann ti manda tutto il suo affetto & spera di vederti presto. Scrivi scrivi scrivi.

Con affetto
Tiggy wig

A KASPAR VON ALMEN

13a Polstead Road
Oxford

Dopo il 20 agosto:
Wheatbutts
Eton Wick
Eton
Windsor

[s.d. ma probabilmente giugno 1956]

Caro Kaspar,
[*in tedesco*] mille grazie per la tua lettera, o meglio per la tua cartolina decorata. Ho infine terminato i miei esami finali, ma questa volta non ho bisogno del tuo sempre gradito aiuto perché – Dio sa come – ho trovato lavoro a Eton, e come insegnante di tedesco. Il trimestre comincia il 20 settembre ma, ovviamente, dobbiamo arrivare molto prima perché c'è la nuova casa da arredare e attrezzare.

Fino al 28 luglio, dopo l'orale, non saprò i risultati degli esami finali.

Se potessi mettere da parte per un paio di settimane la tua anglofobia estremamente sviluppata, e pensare a una vacanza con la tua Erika, dovresti davvero venire qui e vedere come vengono cresciuti i lord britannici dal naso a punta, senza mento e con gli occhi grandi e spenti.[28] Sai che Eton e Windsor sono vicine e ci sono molte cose splendide in maniera inesprimibile. E molte, come è ovvio, sono pessime.

Le foto di noi due insieme sono sparite. Ma un giorno...

È buffo, ho studiato la vostra letteratura per quattro anni, ma alla fine riesco a immedesimarmi solo in tre scrittori: Goethe, Kleist e Büchner. Keller e Storm solo a piccole dosi. Credi forse che sia dovuto a una comprensione non perfetta della lingua, a una mancanza di sensibilità? Tu, per esempio, riesci a entusiasmarti per Hebbel, Grillparzer, Hautpmann e Fontane? Devo conservare la mia naturale arroganza e ammettere che ben poco della poesia tedesca mi tocca, se non fosse per l'anima stessa che esala dai romantici puri (Novalis, Heinrich von Ofterdingen) così come dai più severi classici (Tasso o Ifigenia);[29] una cupa, inconfondibile e diabolica serietà, che è sostanzialmente pericolosa e ha effetti suicidi, una malattia che è probabile raggiunga la febbre più alta con Nietzsche.

[*in inglese*] Basta con i teutonici. Mi sembra di aver assunto la loro abitudine alla critica tediosamente introspettiva. Ho anche deciso che l'unico ruolo per un germanista britannico sia quello di salvare i tedeschi dai loro stessi critici.

Abbiamo pensato vagamente di venire in Svizzera all'inizio di settembre, nel qual caso ti verremo di certo a trovare: è ancora alta stagione per voi?

Il mio affetto a Erika e ai vostri splendidi bambini, dei quali Ann ammira molto la stoica buona salute. Sono sicuro che troverai Ann fin troppo carina per me.

Io sto solo diventando sempre più sgradevole.

Salutations,
come sempre
David

[28] In tedesco suona: "*spinatnasigen, kinnlosen, stachelbeeräugigen britischen Lords*".

[29] Si riferisce a *Torquato Tasso* e *Ifigenia in Tauride*, entrambi di Goethe.

ETON

E dopo Oxford, nel tentativo di raddrizzare le cose, ho trascorso un paio d'anni insegnando tedesco a Eton.

An Evening with George Smiley, Southbank Centre, 7 settembre 2017

L'incontro più bizzarro con un ex allievo è stato quando mi sono imbattuto in lui, ubriaco fradicio, su un angolo di strada a Pimlico, dove aveva esposto l'argenteria di famiglia su un tavolino pieghevole e cercava di venderla ai passanti.

Le Carré al dottor Hugh Cecil, suo ex allievo di tedesco, 12 marzo 2009

«Suo padre lo aveva destinato al Foreign Service» scrisse Vivian Green ma, mentre si preparava ad andarsene da Oxford, le Carré «fu attratto dalla possibilità di insegnare, più in particolare se aveva a che fare con l'arte».[1] Dopo che Sir Walter Oakeshott, il rettore del Lincoln College, scrisse per suo conto a diverse scuole, Eton gli offrì un posto di insegnante nella classe più avanzata per il tedesco e in una di grado inferiore per il francese. Quattro mesi di vacanza all'anno, dirà sua moglie Ann a un parente, gli avrebbero permesso di «dipingere quello che vuole, e non solo per guadagnare».[2] I pochi quadri di le Carré rimasti comprendono un ritratto di Ann a colori vivaci.

L'atmosfera claustrofobica e dominata dalle differenze di classe sociale della immaginaria Carne School fu in seguito l'ambientazione di *Un delitto di classe*, in cui George Smiley indaga sul brutale omicidio della moglie di un professore. «Avevo iniziato un romanzo ambientato in una scuola privata» scriverà le Carré in *Tiro al piccione*. «Per creare il contesto avevo usato Sherborne, che avevo frequentato come allievo, e Eton, dove avevo insegnato.» Di sicuro alcuni membri del corpo docente di Eton hanno pensato che le Carré avesse modellato i personaggi più sgradevoli del libro su persone che non gli erano simpatiche, in particolare durante il periodo trascorso lì.[3]

[1] *A Perfect Spy: A Personal Reminiscence* di Vivian Green, in Alan Bold, *The Quest for le Carré* (1988).
[2] Ann Cornwell a Lynn Sharp, 2 maggio 1956, archivio privato di Tim Cornwell.
[3] William Waldegrave, barone Waldegrave di North Hill, rettore dell'Eton College, a le Carré, 18 settembre 2017.

A VIVIAN GREEN

13a Polstead Road
Oxford

26 giugno 1956

Caro Vivian,
molte grazie per la sua lettera e per i ritagli di stampa, cui risponderò. Ann e io siamo andati a vedere il nostro "cottage" a Eton. È incredibilmente carino, con 5 stanze da letto, 2 bagni e tre salotti, due piccoli e uno molto grande. È un cottage del 17° sec, indipendente, con un grande giardino e un doppio garage. Ristrutturata da capo a piedi, con gli imbianchini che hanno appena finito, c'è una grande cucina con 2 lavandini, un nuovo boiler e il fornello a gas! L'affitto è di 90 sterline all'anno, trattenuto direttamente dallo stipendio. Quindi a parte arredarlo e prendere d'assalto il giardino invaso dalle piante, non c'è nulla da fare. Il cottage affaccia su un green, e potrebbe trovarsi in piena campagna: stagni & paperi e mucche al pascolo.

Quindi siamo piuttosto fortunati: il tesoriere mi ha detto che alcuni professori sposati vivono in case bifamiliari di mattoni rossi, con un giardino molto piccolo oppure senza.

Il nostro denaro è arrivato & è stato versato sui conti ma, se eccettuiamo che mi sono fatto prendere le misure per un abito da Hall's e che Ann si è concessa un paio di "follie", non abbiamo fatto niente in maniera affrettata. In realtà siamo un po' nervosi. Ci sembra irreale avere sul conto 2000 sterline e non 20. [...]

Che benedizione è stata tornare a Oxford! Spero di vederla a inizio agosto. A Eton ho incontrato i Marsland:[4] lui sembra un uomo nuovo. Grazie al cielo sua moglie odia il cricket!

Come sempre,
David

[4] Geoffrey e Fiona Marsland. Lui giocava nella squadra di *First Class Cricket* per l'Università di Oxford.

A VIVIAN GREEN

Wheatbutts
Eton Wick
Windsor

24 ottobre 1956

Caro Vivian,
molte grazie per la sua lettera. Mi dispiace non averle risposto prima, ma la vita qui è terribilmente movimentata e molto snervante. Non sono affatto sicuro di riuscire a reggere il passo di Eton! Non credo di essermi mai imbattuto in *tanta* arroganza. In ogni caso va tutto bene, ammesso di conservare le forze per resistere. Sotto altri punti di vista, quello sociale e l'alloggio, siamo molto fortunati. Ci sono *alcune* persone davvero appiccicose, ma anche molte terribilmente gentili e, come è ovvio, ti puoi scegliere la compagnia. Nel complesso i ragazzi sono temibili e, a livello individuale, variabili e piuttosto snervanti.

[...]

Geoffrey e Fiona [Marsland] sono stati davvero gentili con noi, e mi pare che lui sia molto migliorato. Qui è straordinariamente "entusiasta" e partecipa a ogni genere di giochi, oltre a essere molto ammirato dai ragazzi. Credo che trovino la vita molto costosa – come noi – e sono sempre "in rosso".

Io ho alcune classi valide e altre di livello bassissimo. Ma con il 50% di francese & il 50% di tedesco, le classi di tedesco sono piuttosto buone. Il mio grande piacere è la divisione dei principianti assoluti, che vengono scelti e ordinati per intelligenza. Io ho i più brillanti, che sono *molto* bravi & sembrano imparare da soli. Una volta alla settimana ho anche i 6 migliori allievi di tedesco e correggo i loro elaborati, che sono intelligenti, intelligenti e zeppi di stupidi errori di distrazione. Sono brillanti in letteratura e indietro senza speranza per la lingua, con qualche eccezione.

Ann le manda i suoi saluti affettuosi: sta bene ed è molto felice. Abbiamo uno splendido cane che deve conoscere.

Le scriverò di nuovo presto, ma devo imbucare questa prima di andare a scuola.

Come sempre
David

In questa lettera le Carré sembra provare la scrittura in corsivo.

A VIVIAN GREEN

Wheatbutts
Eton Wick
Windsor

[s.d. ma febbraio 1957, quattro settimane prima della nascita di Simon]

Mio caro Vivian,
mi deve perdonare il lungo ritardo nello scrivere: di recente siamo stati molto impegnati con la visita di mio fratello Tony e i preparativi per l'arrivo del bambino al punto che la mia corrispondenza è tristemente in arretrato. Il bambino di Ann dovrebbe nascere fra quattro settimane e abbiamo preparato una stanza per accoglierlo. Vorrebbe fargli da padrino (insieme a Robin)[5] e battezzarlo? Entrambi speriamo che i suoi impegni glielo consentano. Temo, incidentalmente, di non aver spedito gli auguri di Natale a causa dell'arrivo di Tony due giorni prima del previsto, e a poco a poco stiamo scrivendo a tutti per scusarci!

Il trimestre di Pasqua è cominciato il 22 genn., e per me si distingue per aver acquisito degli "allievi", ai quali faccio da mentore e così via, e visto che ne ho solo tre, ho molto tempo per ascoltare le loro lamentele! Dei miei

[5] Robin Cooke.

tre ragazzi, due, interrogati sulla loro futura carriera, hanno risposto che avrebbero "gestito il patrimonio"! L'altro va nell'azienda di papà (*suo* padre, non il mio!). Birley,[6] inoltre, ha resuscitato la riunione *Reheboamite* per i professori junior e per sé e ha già tenuto la prima all'inizio del trimestre. Quindi molti professori junior – in particolare quelli che sono qui da 6 o 7 anni – sembrano avere lamentele (ma è sempre così?) e Birley (che ammiro *moltissimo malgré tout*) è stato davvero paziente e tollerante anche se, come lei probabilmente sa, la sua grande e probabilmente unica pecca è di parlare senza sosta e a sproposito non appena ne ha l'occasione. Come è ovvio, in quanto preside ne ha un buon numero, in particolare durante le pause tra le lezioni.

Sotto molti aspetti, e senza il nervosismo di cominciare da zero, l'inizio del trimestre è stato molto gradevole. La cosa che non riesco a digerire, però, è la dottrina dell'*Herrenvolk*, la razza superiore, che il corpo docente incoraggia nei ragazzi, il libero uso del paragone con le classi *oik*[7] e così via, e l'idea da 19° sec. dell'efficacia in ogni senso della "dottrina del pugno di ferro". Al contempo, qui c'è un curioso abbassamento degli standard tra l'aristocrazia, p. es. Lord C. Spencer Churchill (16 anni) mi dice che trascorre le serate con suo padre incollato alla televisione a guardare giochi di società, e un mio coetaneo dello staff che ha passato le vacanza facendogli da tutor a Blenheim dice che, alle cene di famiglia, i domestici servono i piatti a un capo della tavola perché all'altro è piazzato il televisore in modo che il duca possa "guardarla".[8] (Immagino che, inevitabilmente, sia palese anche una notevole perversione, e ho persino sentito un direttore di convitto

[6] Sir Robert Birley, nominato preside a Eton nel 1949, acceso sostenitore dell'anti-apartheid e soprannominato "Red Robert", ovvero Robert il Rosso.

[7] Nell'ultima lettera di questo volume, le Carré definisce Boris Johnson un "Etonian oik", un burino etoniano.

[8] Dopo questi inizi poco promettenti, Charles "Nutty" Spencer-Churchill, il più giovane dei cinque figli del decimo duca di Marlborough, ha allevato cavalli da corsa, prestato il proprio nome a una linea di abiti da uomo e gestito la pubblicità per Blenheim. È morto nel 2016.

Illustrazione giovanile e senza data dall'archivio di le Carré.

parlarne scherzando a proposito del suo convitto! Nigel Althaus, un vecchio etoniano che ha la mia età, mi dice che esiste una "tradizione" vera e propria che, su questo fronte, le necessità dei "sangueblu" devono essere soddisfatte dai ragazzi più piccoli.)[9] D'altra parte, sotto molti aspetti c'è grande liberalismo, non ultimo nel numero dei ragazzi pessimi nei giochi al punto che a Sherborne si sarebbero infuriati, ma le cui vite non vengono toccate da questo handicap.

Qui per tradizione non ci si entusiasma né ci si sorprende per nulla, e questo mi esaspera. E quindi i dibattiti, per esempio sulla pittura, sono in un certo senso limitati dalla misura in cui un ragazzo ammette di esserne colpito. E restare colpiti da qualcosa che fa un *beak*[10] è comunque abbastanza *wet*[11]. I direttori di convitto mi dicono che i genitori ex etoniani esortano in effetti i ragazzi a ribellarsi ai professori quando vengono qui a mostrare qual è il loro posto & a insegnare loro a guardare le cose in prospettiva.

[...]

La paternità incombente mi trova confuso, apprensivo e molto nervoso. Speriamo che lei possa celebrare il battesimo, io cercherò di venire a Oxford mentre Ann sarà in clinica in modo da decidere il giorno. E speriamo anche che voglia essere il padrino.

Ann le manda il suo affetto.

Suo come sempre,
David

[9] Nel 2016, le Carré raccontò a Julie Kentish-Barnes di essere stato avvertito da uno «strano» collega professore «che i ragazzi avrebbero flirtato con me, ma io non li dovevo ricambiare: mi ero appena sposato!».
[10] "Insegnante" nel gergo di Eton.
[11] "Da rammolliti." [*N.d.T.*]

Quando frequentava la Sherborne, le Carré aveva già visitato il convento di San Francesco a Cerne Abbas. L'artista John Miller – suo caro amico ed ex agente dell'MI5 – in seguito terrà lì ogni anno un corso di disegno dal titolo "Guardare, vedere e disegnare". Qui le parole di le Carré sono in netto contrasto con quelle che saranno le sue opinioni successive sulla fede, compresa la lettera con la quale esprimerà le proprie volontà per il suo funerale che escludeva esplicitamente qualsiasi cerimoniale astruso.

Ronnie aveva scatenato un'altra crisi emotiva in le Carré. «A dire il vero, la mia reazione a lui (con l'aiuto di Ann) è stata così forte da spingermi, al terzo anno di matrimonio, a cercare sostegno e l'assoluzione in un monastero anglicano, dove ho ricevuto solo i consigli più sciocchi» scriverà le Carré al dottor Bockner, uno psichiatra che consultò nel 1968. «All'epoca tentavo, come ho fatto a fasi alterne per tutta la vita, di abbracciare la religione. E, ancora una volta, il modello era Ann. Il monaco che allora mi consigliò nel frattempo è andato fuori di testa.»

AD ANN CORNWELL

The Friary
Cerne Abbas

lunedì sera
[s.d. ma probabilmente inizio del 1957[12]]

Cara,
è terminato il primo giorno qui e ti scrivo di nuovo tanto presto perché sono già in uno stato mentale difficile da esprimere: una sorta di allerta spirituale, non necessariamente entusiastica né necessariamente cristiana, benché in gran parte lo sia. Quindi sfrutto te, mia cara, come una sorta di diario e, sebbene sia molto egoistico, almeno lo potrai leggere. E se divaga & non ha una vera forma, perdonami.

[12] Senza data, ma durante il periodo in cui le Carré era a Eton, dopo la nascita di Simon avvenuta il 7 marzo 1957; si riferisce infatti a "voi due".

Sento la necessità di condividere subito con te ciò che provo, anche se non quella di discuterne.

Le funzioni – sinora ho assistito a 3 – sono di straordinaria bellezza, molto semplici eppure molto da Chiesa Alta, con intonazioni medievali – o almeno come immagino fossero quelle medievali – di salmi & inni. Padre Gregory ha cominciato a parlare con me dopo la preghiera della sera, quella delle 19, e abbiamo fatto una passeggiata tutto intorno al convento nella foschia. Ha cominciato a spiegarmi la natura della fede: «Padre, io credo, aiutami nella mia incredulità» e il rapporto tra preghiera e Chiesa. Ha fatto sembrare logico che colui che non ha fede debba pregare per averla. Proprio la sensazione di inadeguatezza & spreco (che ho sentito molto forte) è un aiuto in questo genere di preghiera e spesso precede una vocazione apostolica. «Alcuni cristiani muoiono a 90 anni senza *fede*.»

Padre Gregory è molto intelligente e simpatico e (da laureato in matematica a Cambridge) ha un cervello notevole, che non gli consente di fare sciocche generalizzazioni. Credo sia ebreo, deve avere circa 28 anni, è molto umile e tremendamente cortese. Domani andrà in vacanza per due settimane (tutto quello che spetta loro in un anno), ma verrà assegnato a Cambridge & da là ci verrà a trovare. Incidentalmente, dice che una persona *ha* il diritto di frequentare la chiesa che le è congeniale (visto che alcune sono spiritualmente "morte"), anche se in seguito potremmo prendere in considerazione l'idea di tornare a una chiesa "morta" con una missione consapevole. Dice che spesso la si deve cercare a lungo! Inoltre ha l'impressione che, se provo davvero ciò che provo per Eton, forse dovrei restare per cambiarlo, o almeno prenderla in considerazione come linea di pensiero. Pensa anche che potrei provare con i ragazzi del riformatorio Borstal, ma ne parleremo dopo.

Ci sono molti bambini, ma se ne andranno domani, quando vedrò padre Denis Marsh.

Abbiamo un lavoro da fare per tutta la mattina o nel pomeriggio. Spero che mi assegneranno alla stamperia, ma temo che possa trattarsi di giardinaggio...!

Cara, non sono diventato religioso all'improvviso & non mi farò monaco lasciando voi due nelle peste. Forse per la prima volta ho la sensazione di essere vicino a trovare un modo di vivere e una vera fede. Qualsiasi cosa accada, condividerò tutto con te, & sarà una delle mie gioie più preziose.

Dio ti benedica
David

[*Le Carré ha illustrato l'ultima pagina della lettera*]

Accidenti, *piove a catinelle*. Come hobby mi sono dedicato al linocut: potrò sempre continuare a casa & farli stampare qui per me dal fratello stampatore.

Ho dimenticato le forbicine per le unghie, sono riuscito a farmene prestare un paio solo l'altra sera & adesso che le ho tagliate mi sembrano strane.

Ho ho, po.

Tutto il mio amore sempre a te e Flea.[13]

David

[13] "Flea", pulce, era il soprannome che le Carré aveva dato a Simon.

È morta Bessie, la madre di Ronnie.

A VIVIAN GREEN

Wheatbutts
Eton Wick
Windsor

29 novembre 1957

Caro Vivian,
mi dispiace averla sottratta l'altra sera ai piaceri dell'SCR[14], dopo che ho chiamato lei, mi ha telefonato Jean e mi ha messo una forte pressione addosso, pur girandoci attorno al punto che mi ha lasciato confuso. «Che intendi fare con tuo padre? Magari pensi di scrivergli?» al che ho risposto «Sì, io gli scriverei una lettera di conforto» e l'ho fatto. Gli ho detto che vorrei partecipare al funerale lunedì, ma che dubito di potermi allontanare da qui, ed è vero perché sono in corso le prove di ammissione. E in realtà penso che non andrò, non ho alcun incentivo per farlo. Ero molto affezionato alla vecchia signora ecc., ma credo di riuscire a renderle omaggio a distanza.[15] Senza dubbio è una cosa molto insensibile, ma in effetti, fino alla prossima crisi, immagino che non ci saranno problemi e che non correrò il pericolo di vedere mio padre.

[...]

La crisi precedente è stata più o meno il limite. Lui era andato in nave negli USA a trovare Tony (*non è ancora* stato riabilitato dopo la bancarotta) &, due giorni prima della partenza, un suo amico ha consegnato una Ford Popular nuova – costo circa 500 sterline – & l'ha lasciata in garage. Quando ho ricevuto le carte & tutto il resto, con una lette-

[14] Senior Common Room al Lincoln College di Oxford.

[15] Bessie, la madre di Ronnie e nonna di le Carré, era morta. Come ricorderà Tony Cornwell era «irlandese al cento per cento e, per quanto possa suonare come uno stereotipo, è corretto affermare che è da lì che venivano i Blarney». Le origini di Bessie avrebbero dato a le Carré il diritto alla cittadinanza irlandese che ottenne in tarda età.

ra d'accompagnamento, ho scoperto che era intestata a me tranne l'acquisto, che risultava a nome della sua segretaria & era stata comprata a rate in Galles!

La targa era R.C.4! (La nuova Hillman di Jean è targata R.C.3, & le due Ford Zephyr di mio padre sono 1 & 2.)

Il pomeriggio seguente l'ho riportata a un garage di Henley, poi gli ho scritto dove si trovava. Mi ha risposto disperato ecc. dalla *Queen Mary* perché non avevo accettato quel dono «incondizionato e privo di implicazioni, ma è qualcosa che voleva fare da *sempre* & non era mai riuscito a concludere, ecc., ecc.».

Mi chiedo quale sarà la prossima. Mi *aspetto* una malattia o un crollo nervoso e il padre malato che manda a chiamare il figliolo errante.

Mi sento come l'uomo di *Jim il fortunato* con tutti quei volti diversi,[16] e non riesco più a provare per lui alcun entusiasmo, rimorso, affetto o *alcunché*.

Spero di vederla presto – Simon cresce a vista d'occhio & Ann è radiosa & felice.

Con grande affetto da tutti noi. Scappo.
Come sempre
David

P.S. Eton ci sta praticamente uccidendo: ancora costosissima ed etoniana da impazzire. Siamo tutti troppo in bolletta, troppo comodi, troppo rispettabili. Bah!

[16] Jim Dixon, il personaggio che dà il titolo al libro *Jim il fortunato* di Kingsley Amis.

LONDRA

E non so come, invece di leggere quegli enormi giornali sul treno avanti e indietro da Londra, ho cominciato a scrivere su un taccuino.

Sessione di domande & risposte per Scribner,
l'editore americano di le Carré, 6 gennaio 1999,
in occasione dell'uscita di *Single & Single*

Le testimonianze scritte nelle lettere di le Carré a proposito degli anni trascorsi nei servizi di intelligence sono scarne per ovvie ragioni. Ci sono soltanto velati riferimenti nelle lettere ad Ann e poco più. In una lettera a Jeannie Cornwell, che in tempo di guerra aveva letto messaggi in codice alla BBC, le parla della possibilità di un lavoro da segretaria presso persone che conosceva.

Le Carré prestò servizio in un'epoca di oscuri tradimenti, caratterizzata dagli scandali della defezione in favore di Mosca di Guy Burgess, Donald Maclean, George Blake e Kim Philby, che fuggirono oltrecortina dopo aver passato segreti britannici ai russi. Ricordo nitidamente mia madre a cena mentre afferma con insistenza, infuriata, che era stato Donald Maclean a far saltare la copertura di mio padre, e non Kim Philby, come è comunemente noto. Forse era più polemica che accurata: dalla sua posizione nel Foreign Office, Maclean non conosceva il personale dell'MI6, diversamente da Philby, che faceva parte del servizio. In un'intervista del 2010, le Carré affermerà che il tradimento da parte di Philby fu uno dei motivi per cui evitò di incontrarlo durante la visita in Unione Sovietica del 1987.[1]

Fino a metà degli anni Settanta e oltre, mio padre continuò

[1] L'atteggiamento di le Carré nei confronti di Blake e Philby si nota in una sua lettera a Roger Hermiston del 12 aprile 2012.

a fingere di essere stato, in quegli anni, unicamente un professore e un diplomatico. Solo molto più tardi scriverà, per esempio, a Tom Bower di aver «vissuto i grandi tradimenti mentre ero ancora dentro la tenda, e la tenda stessa era in stato di decadenza».[2] Il problema di le Carré, farà notare un collega dell'MI6, era non aver mai vissuto un'operazione coronata dal successo mentre era nel servizio.

Laddove non c'era tradimento, c'erano sospetti, rivolti al capo di le Carré, Sir Roger Hollis, e al suo controllore e collega George Leggett; entrambi vennero interrogati durante la caccia alla talpa sovietica all'interno dell'MI5. Leggett fu assolto, ma quell'esperienza lo traumatizzò al punto che lasciò il servizio in anticipo: in seguito le Carré lo assumerà per verificare dati e informazioni.[3]

Dopo quello che sembrò un improbabile interludio a Eton, le Carré tornò al mondo dei segreti e, nella primavera del 1958, si unì all'MI5 poi, due anni dopo, entrò nell'MI6. La famiglia Cornwell visse per un anno a Great Missenden, nel Buckinghamshire, prima di trasferirsi a Londra. Le Carré cominciò a scrivere quando faceva il pendolare con Londra.

«La stanzetta sul retro conteneva sei scrivanie e veniva chiamata F4. Il numero 4 indicava che gestivamo delle spie.» Le Carré descriverà così il suo ufficio all'MI5, al terzo piano di Leconfield House, in Curzon Street, nel West End di Londra. «La lettera F indicava che il nostro obiettivo era la sovversione comunista in tutte le sue varianti note o presunte. L'ambito di competenza dell'F4 era reclutare spie di entrambi i sessi, motivarle, farsele amiche, informarle, consigliarle, fare i debriefing, pagarle e controllare che stessero bene.»[4]

Tradimenti a parte, il periodo che trascorse là gli lasciò ricordi e amicizie durevoli. Anni dopo dichiarerà che era stata la disciplina dei rapporti del Foreign Office che gli aveva insegnato

[2] E-mail a Tom Bower, 29 giugno 2019.
[3] A metà degli anni Sessanta, la scoperta dei Cinque di Cambridge alimentò le paure che vi fossero altri agenti sovietici penetrati sia nell'MI5 sia nell'MI6. Peter Wright fu presidente del FLUENCY Working Party, un comitato che mirava a stanarli. Scrisse della sua indagine su Hollis e su altri operativi di medio livello nel suo libro *Spycatcher*, che il governo britannico tentò di sopprimere.
[4] *An Evening with George Smiley*, Southbank Centre, 7 settembre 2017.

a scrivere. «Mi manca l'Office, mi è sempre mancato – entrambi gli Office – a loro modo. In un certo senso si tratta degli unici luoghi che mi appartengono, a parte la scrittura» scriverà sessant'anni più tardi.[5]

Nell'MI5, le Carré lavorò per due anni con John Bingham, Lord Clanmorris, a sua volta scrittore di gialli pubblicati. «Se devo ricondurre Smiley a qualcuno, fisicamente era un uomo con cui ho lavorato quando gestivo gli agenti dell'MI5 che si chiama John Bingham» ricorderà. «In realtà John era il mio controllore, una vecchia spia molto esperta e io gli devo tanta gratitudine per la sua guida.»[6] Bingham era pubblicato da Victor Gollancz, l'editore al quale le Carré portò il primo romanzo, *Chiamata per il morto*. Bingham scrisse un blurb per il libro: «Le Carré è un giallista esordiente e di talento, con la rara abilità di creare eccitazione, interesse, compassione».

Nel 2000, le Carré scrisse l'introduzione alla ristampa del primo romanzo di Bingham, *Mi chiamo Michael Sibley*, pubblicato per la prima volta nel 1952. Bingham, disse, era giunto a considerare le opere di le Carré come un tradimento, nel quale i servizi segreti britannici venivano ritratti ora come «cinici assassini, potenti e doppiogiochisti» ora come «sfaccendati confusionari e falliti».

La famiglia Clanmorris conserverà uno schizzo di Bingham disegnato da le Carré quando i due lavoravano insieme. «Quando ho scritto di Smiley, ho cercato di dargli la stessa, lieve aria di perdita che John portava con sé» scriverà. «In lui c'era qualcosa di donchisciottesco e astuto... Era un eccellente ascoltatore.» Bingham, scriverà le Carré «comprendeva e amava il lavoro di polizia»: in *Chiamata per il morto*, Smiley trova nell'ispettore Mendel «le stesse riserve di pazienza, di amarezza e di collera» che lui ha visto nei poliziotti «in tutte le parti del mondo».

[5] Ad Alan Judd, 18 maggio 2019.
[6] Al Berliner Salon, residenza dell'ambasciatore tedesco, Londra, 3 marzo 2020.

Schizzo di le Carré che ritrae John Bingham, suo collega dell'MI5.

*In un gruppo di lettere scritte frettolosamente e contenute in una busta con l'indicazione "6 maggio 1959", le Carré, adesso alle dipendenze dell'*MI5 *a Londra, scrisse ad Ann nel Buckinghamshire di sentirsi «assurdamente sradicato». Era molto impegnato a «cercare di chiudere un grosso caso» e aggiungeva: «A volte vorrei che tu potessi vedere qualcosa del mio lavoro. Oggi ho finito un rapporto lunghissimo di cui ero piuttosto soddisfatto. Amore mio, sono vanitoso!». In un'altra lettera scriveva: «Oh, caro cuore, dove sei andata? Sento sempre una grande e profonda ferita».*

AD ANN CORNWELL

[Timbro postale] 6 maggio 1959

Mia carissima, piccola Ann,
questa è la lunga lettera di cui parlavi. Me ne sto seduto da solo nel salotto piuttosto cupo di Peter[7] a contemplare il fornello a gas con l'acqua per prepararmi un po' di Nescafé. Ti ho appena parlato al telefono & mi sento GIÙ. Ho mangiato in un caffè fané qui vicino, con poca gioia, ma qualche effetto, e ho pensato molto a To [Tony] & a quanto si debba essere sentito solo: tutti quei pasti da solo, con poco da dire o di cui parlare se non del suo bisogno d'amore. Mi chiedo come facciano molte persone a essere *davvero* indipendenti & autosufficienti: i perfetti personaggi estroversi da thriller.

Mi chiedo come stia andando la commedia.[8] È stato abbastanza divertente osservarti alternare piacere spontaneo e rabbia dietro mio suggerimento! Tra quelle antichità e cose preziose, mi sento un po' come Dorian Gray! Intervallo caffè. Il bollitore ha finito.

Questa mattina sono andato con Peter da Sotheby's e mi è sembrato di entrare al Louvre: domani ci sarà un'a-

[7] L'ex comandante di squadriglia Peter de Wesselow, un collega dell'MI5 con un'onorevole carriera come pilota del Comando bombardieri.

[8] Da sempre Ann voleva fare la scrittrice di racconti e poesia e, probabilmente, qui di una commedia; a volte i suoi scritti venivano revisionati da le Carré. La coppia, inoltre, aveva recitato in drammi amatoriali nel Somerset.

sta sbalorditiva di opere di Utrillo, Picasso e impressionisti del 19° sec. (principalmente Degas, Monet e Vlaminck). Peter annusa in giro come un piccolo segugio: a nessuno dei due sono piaciuti i Rouault e i Dufy, grazie al cielo e Peter, come è ovvio, ha dovuto dire a tutti che stupidaggini erano! Il catalogo costava solo 3 pence – ingresso libero – & c'era una *gran quantità* di oggetti raffinati (mobili, argenteria e anche curiosità).

Dopo pranzo siamo tornati in ufficio e abbiamo trovato il pandemonio, e mi sono dovuto rinchiudere con gli F in assenza di Philip.[9] Conferenza questa mattina sul sei.

Ieri sera, quando sono arrivato, Peter ha detto che sembravo schifosamente infelice e mi ha subito portato a cena al Bicyclette (ha offerto lui), poi da TM, ex membro dell'Office che adesso è in pensione[10] & è un pittore amatoriale molto alla Oliver[11] che adesso è diventato prof., ma è ricco. Suo fratello Guy era a capo della sezione operazioni durante la guerra ed è morto di recente, ricordi? Ha un Poussin appeso alla parete del salotto con stupefacente semplicità: osservi quell'immagine familiare, poi ti rendi conto che non si tratta di una riproduzione. La sua signora (un'anziana dama austriaca) ricama pale d'altare! Insomma, come coppia si combinano molto bene...

Quando faccio tutte queste cose e vedo quanti luoghi & persone affascinanti, vivaci e stimolanti ci sono in giro, ho una gran voglia di portarti a vivere a Londra, prendere un appartamentino non ammobiliato e avere nuove prospettive di energia giovanile. So che hai avuto cura di me in un periodo di stagnazione, pessimismo & inerzia e che, per rimediare al fatto di essere stato così a lungo un vecchio orso infuriato, dovrei farti venire qui per tornare giovani e allegri. Cara, non è soltanto la primavera: tu che ne pensi? Ho voglia di andare con te in tutti i teatri più nuovi ed

[9] La divisione F dell'MI5 si occupava di contro-sovversione in patria. Philip non è stato ancora identificato.

[10] Nome editato.

[11] Il loro amico di Eton, Oliver Thomas, che dipingeva paesaggi e ritratti impressionisti e divenne direttore delle arti a Eton nel 1959.

eccentrici, in piccoli e brutti night club, ad ascoltare i matti a Hyde Park. Per la prima volta da quando è accaduta la vicenda di papà sento che il mondo è la nostra ostrica e che dovremmo alimentare i cancri della mente e dell'immaginazione con tutta l'eccentricità e la saggezza di Londra: cara, non si tratta di sciocchezze alla To,[12] ma è quello che desideravo dirti da qualche tempo, in breve, diamo un taglio al fatto di tirare avanti & chiedere aiuto. Siamo troppo giovani e, diciamolo, intelligenti per seppellirci e fare muffa: non sei d'accordo?

Mi piacerebbe che Flea partecipasse a tutto questo, e vorrei avere altri orsi all'estero. Dimmi che ne pensi. Non dobbiamo traslocare domani ma, se accetti, magari la primavera prossima. E non dobbiamo per forza avere una data del trasloco. *Parliamone* continuando a dire sciocchezze in proposito fino a quando avremo pensato meglio.

Cara, ti amo
Napiolion[13]
D

AD ANN CORNWELL

[Timbro postale] 20 luglio 1959

Caro piccolo cuore,
ti chiederai come mai non ti ho scritto nel weekend. Ero di servizio e in effetti ho lavorato senza sosta dalle 10 di sabato alle 12 di domenica a uno dei maggiori fiaschi che l'ufficio abbia dovuto affrontare dopo la grande defezione.[14]

[12] Le Carré aveva dato da leggere ad Ann, a Eton, il romanzo di Tony *The Tree Farm*, molto in stile flusso di coscienza, e non era piaciuto a nessuno dei due.
[13] In un periodo successivo della vita, le Carré fu abbastanza affascinato da Napoleone e acquistò libri sull'esilio a Sant'Elena e sulla ritirata da Mosca, oltre ad almeno un busto. Per due volte firmò lettere a Jeannie come "Napoleon D".
[14] Le Carré era di turno quando un leader del Commonwealth ha pubblicamente rivelato un rozzo approccio da parte di un funzionario dell'MI6.

Sono riuscito a svegliare il DG[15] all'1 di notte di domenica e verso le 4 del mattino l'ufficio lavorava a pieno regime. Poco ci è mancato che dovessi andare a Chequers a cercare il Col. off. rep![16] Non ho dormito, poi a cose finite sono andato a pranzo da Christopher,[17] ho dormito un po' nel pomeriggio, poi sono andato a vedere l'appartamento che è enorme & straordinario & sul quale ho messo un'opzione: con i tributi locali viene 7 sterline a settimana, ma possiamo avere un inquilino se non facciamo troppa pubblicità: sono sicuro di riuscire a convincere una ragazza dell'ufficio. Le stanze sono grandi & sono 7. Una casa enorme e carina. Il resto quando ci vediamo.

Ricordi quel folle progetto con Reggie?[18] È sfumato perché l'ultima volta che sono scesi in riva all'acqua hanno fracassato le macchine fotografiche!

Ieri qui faceva un *caldo terribile*, e oggi anche. Spero che da te il tempo sia bello. Oh, mi manchi *tantissimo*, mi mancate entrambi.

[...]

Dopo questa settimana sarò sfinito, qui è scoppiato l'inferno... [...]

D.

15 Direttore Generale. [*N.d.T.*]
16 Colonial Office representative, il rappresentante dell'ufficio coloniale.
17 Non ancora identificato.
18 Non ancora identificato.

*Nel 1960, le Carré "attraversò il parco": in altre parole, dall'*MI5 *"si unì alla concorrenza", ovvero all'*MI6, *come avrebbe detto lui. Ufficialmente entrò al Foreign Office.*

A JEAN CORNWELL

62 Overstrand Mansions
Prince of Wales Drive
London, SW11

21 maggio 1960

Carissima Jeannie,
mille grazie per la cartolina, spero che tu abbia trascorso una bella vacanza. In agosto Ann e i bambini[19] andranno a stare da una zia di Ann a Weston Super Mare e credo che sarà la cosa più simile a una vacanza che avremo quest'anno, poiché sono appena stato assegnato al Foreign Office dalla fine del mese prossimo. Dovrò frequentare una scuola di fascino,[20] imparare a passare rapporti, poi speriamo nell'assegnamento a un'ambasciata più o meno per aprile del 1961. Tutto molto entusiasmante, ma niente ferie.

In una lettera recente papà ha scritto che sarebbe partito per l'America giovedì scorso (?). Non so quanto starà via, ma ci chiedevamo se ti farebbe piacere trascorrere qualche giorno con noi se non hai altro da fare. Ci piacerebbe che venissi e martedì prossimo Michael Scott[21] parlerà alla Battersea Town Hall e pensavamo di andare tutti

[19] Stephen Cornwell è nato il 29 marzo 1960. Simon aveva tre anni.

[20] "Scuola di fascino" si potrebbe riferire all'addestramento SIS di le Carré a Fort Monkton. «Un corso di nove mesi in arti oscure in un castello isolato nel Sud dell'Inghilterra.» Così lo descrisse in un brano non pubblicato di *Tiro al piccione*. «Giocavamo con radio, codici, inchiostri simpatici, coltelli e pistole. Abbiamo esplorato fino alla nausea le menti dei traditori, ci siamo avvinghiati tra noi in combattimenti senz'armi e abbiamo condotto finte operazioni in strane città.»

[21] Guthrie Michael Scott era un prete anglicano, simpatizzante del Partito comunista d'anteguerra, importante attivista anti-apartheid in Sudafrica e tra i primi a sostenitori del disarmo nucleare della Gran Bretagna. Nel 1960, insieme a Bertrand Russell e altri, fondò il gruppo britannico Comitato dei 100, contrario alla guerra.

Stand for a Macaw

Illustrazione di David da *Talking Birds* di Maxwell Knight.

a sentirlo. A-mouse[22] sta diventando, con mio grande imbarazzo, una militante del bando alle bombe![23]

Stephen Mark prospera, e così Flea. Ho appena ottenuto da Bell's l'incarico per illustrare un libro sugli uccelli parlanti (non di Quel genere)[24] e, quando Simon toglierà i piedi dalla mia scatola dei colori, potrei mettermi a disegnare.

Potresti telefonare ad Ann lunedì per dirle se c'è qualche possibilità che tu venga? E ti prego, scrivimi per congratularti con me per il F.O.

Non ho idea di che intenzioni abbia To: la sua ultima lettera (ric. la scorsa settimana) non parlava affatto di *non* tornare all'università e di cercarsi un lavoro, ma sembrava piuttosto allegro a proposito della *vie maritale*.

tanto affetto da noi tutti
Napoleon D

Hilary Rubinstein, direttore editoriale di Victor Gollancz, aveva sollevato possibili problemi legali per il primo romanzo di le Carré, Chiamata per il morto, *compresa la possibilità che qualcuno vedesse la somiglianza del superiore di le Carré con Maston, un "pezzo di stronzo". In alto alla lettera di risposta di le Carré, scritto in rosso, c'è l'appunto; "Wolf cambiato in Mundt". Il cattivo assassino della Germania dell'Est di* Chiamata per il morto *e* La spia che venne dal freddo *inizialmente portava il cognome del capo delle spie della Germania dell'Est, Markus Wolf, un uomo che le Carré rifiutò recisamente di conoscere. In seguito dirà di essersi ispirato per il nome al suo tagliaerba.*[25]

22 Mouse è il nomignolo che le Carré usava per la moglie Ann. [*N.d.T.*]

23 Ann si era unita alla campagna per il disarmo nucleare dopo aver visto il film post-apocalittico del 1959 *L'ultima spiaggia*.

24 *Talking Birds* era un libro di Maxwell Knight, celebre agente-supervisore che ebbe una seconda carriera di successo come naturalista alla BBC. Le Carré realizzò dodici illustrazioni per quaranta ghinee. «Questo libretto intende aiutare chi è interessato agli uccelli che parlano a imparare qualcosa di più su di loro e sulle loro diverse abilità» scrisse Knight nell'introduzione. C'erano capitoli dal titolo *Perché e in che modo gli uccelli imitano?* e *I pappagalli e la legge*.

25 Markus Wolf intitolò la propria autobiografia *L'uomo senza volto*, per la sua presunta abilità a evitare di essere fotografato.

A HILARY RUBINSTEIN

62 Overstrand Mansions
Prince of Wales Drive
London, SW11

21 gennaio 1961

Caro Mr Rubinstein,
la ringrazio per la sua lettera del 13 gennaio con la copia della relazione del vostro avvocato. Come prima cosa, mi scuso a nome di mia moglie per essersi rivolta a lei come Miss Rubinstein.

Posso esaminare le domande del vostro avvocato una per una? I personaggi *sono* del tutto di fantasia, così come l'ambientazione nel Servizio segreto: a quanto posso giudicare, non conosco nessun ufficio governativo a Cambridge Circus o nei pressi, ma immagino che il Servizio segreto non renda di pubblico dominio l'ubicazione dei propri uffici. Le mie letture in proposito mi hanno sempre portato alla convinzione che il lavoro di intelligence sia suddiviso tra servizi separati, e noterà come nel mio libro ce ne sia invece uno solo, il che immagino riduca il rischio di una somiglianza casuale. Non conosco nessuno che si chiami Maston o con un nome simile ma, ancora una volta, immagino che non esista un modo di tutelarci, nessun elenco da consultare e così via. Potrebbe valer la pena di cercare Maston nelle liste del Civil Service, ma ne dubito.

A Londra sembra che esista una Missione commerciale della Germania Orientale (Kammer für Aussenhandel), che ha sede in Albemarle Street e il cui direttore, purtroppo, si chiama Wolf. Personalmente, trattandosi di un nome comune e di un collegamento remoto, ritengo sia preclusa la possibilità di un reclamo in proposito.

Il caffè La Fontana e la sua proprietaria, a quanto ne so, sono del tutto di fantasia.

Mi vengono in mente altri due punti che il vostro avvocato non ha menzionato: il Weybridge Repertory Theatre: non so se ne esista uno, ma se necessario immagino potremmo sostituirlo con Weystock. *Esiste* un pub che si chiama Balloon in Lots Road, e un altro che si chiama Prodigal's Return a Battersea.[26]

Mi scuso per la confusione di date nel testo, avrei dovuto esaminarle con maggiore attenzione prima di presentare il manoscritto. Lunedì restituirò le bozze e, a quanto so, nulla di quanto ho fatto richiede spostare il testo da una pagina a un'altra. Grazie molte per volermi inviare una seconda copia delle bozze.

Cordialmente,
David J.M. Cornwell

P.S. Vuole che restituisca il dattiloscritto?

[26] In *Chiamata per il morto*, il pub di Battersea è diventato il Prodigal's Calf.

GERMANIA

Ho buttato giù il libro in gran fretta nel giro di circa cinque settimane. Scrivevo alle ore piccole del mattino, nell'appartamento affittato dall'ambasciata britannica a Königswinter, nei momenti morti alla mia scrivania in ufficio, e persino dietro al volante della mia macchina mentre attraversavo il Reno sul traghetto, a volte accanto all'enorme Mercedes blindata del cancelliere Adenauer che si recava solennemente al lavoro.

Nella prefazione all'edizione Hodder Lamplighter
de *La spia che venne dal freddo*, 1989

L'influenza tedesca nei romanzi di le Carré si percepisce dal primo all'ultimo libro. In *Chiamata per il morto*, George Smiley duella con un suo ex studente dell'università tedesca dove lavorava e svolgeva le sue attività di spionaggio. Lungo il Muro di Berlino comincia e finisce *La spia che venne dal freddo*. George Smiley apprezza le opere del poeta secentesco Hans Jakob Christoffel von Grimmelshausen; ne *La spia perfetta*, *L'avventuroso Simplicissimus* di Grimmelshausen è la chiave per il cuore segreto di Magnus Pym. E nell'ultimo romanzo di le Carré, *La spia corre sul campo*, Ed, il protagonista, ritiene di avere un cuore tedesco.

Le Carré si recò alla nuova sede di lavoro in Germania prima della famiglia. Ann e i bambini rimasero a Londra.

AD ANN CORNWELL

Ambasciata britannica
Bonn
Germania

[Timbro postale] 7 giugno 1961

Cara,
sono partito alle 5 di questa mattina da Bruxelles dopo aver trascorso una notte piuttosto scomoda in un alberghetto esattamente come quello de *La rivale di mia moglie*.[1] Ti ricordi? L'orologio batteva le ore, le tubature non funzionavano e, soprattutto, faceva talmente *caldo* che, per la disperazione, alla fine sono saltato in macchina & me ne sono andato.

Ma cominciamo dall'inizio: ero lanciato su un'enorme *Autobahn* a Ostenda, che, vivo o morto, ti porta rapidamente verso Bruxelles. Sono uscito a Gand (avevo superato Bruges prima di cominciare a guardarmi intorno) e, mentre svoltavo, mi sono reso conto che lo sterzo si comportava in modo strano: avevo forato. Sono riuscito a cambiare la ruota con l'aiuto di un ingegnoso motociclista belga che mi ha svitato i bulloni, e mi ero appena messo a cercare un alberghetto quando mi ha avvicinato un prete cattolico: era in panne e doveva a tutti i costi arrivare a una riunione a Bruxelles per le 19.30. Ovviamente l'ho dovuto accompagnare a Bruxelles, con lui che continuava a sollecitarmi «Più veloce, più veloce» fino a quando mi sono seccato & gli ho chiesto di star zitto. Ci siamo salutati in centro a Bruxelles in quella che, evidentemente, era l'ora di punta: è saltato su un taxi e io ho cominciato a cercare

[1] *La rivale di mia moglie* era una commedia inglese del 1953 ambientata intorno a una gara di macchine d'epoca. Una giovane coppia di sposi, interpretata da John Gregson e Dinah Sheridan, alloggia in una decrepita stanza d'albergo situata davanti a un enorme orologio con il meccanismo che stride e una campana da svegliare i morti.

un posteggio. Non puoi immaginare a quel punto la confusione, sia in città sia nella mia testa.

Alla fine ho trovato un buco per la macchina sulla rue Neuve & ho chiesto a un poliziotto se la potevo lasciare lì per tutta la notte. Mi ha detto che non ci *sarebbero* stati problemi a patto che l'avessi spostata sull'altro lato a mezzanotte. Poi sono andato in cerca di un albergo non lontano dalla macchina & ho scovato l'hotel Oxford, che è da evitare. Ho mangiato uno splendido piatto freddo di roastbeef con patate, tanta birra, & mi sono sentito meglio, quindi sono andato a letto (dopo aver spostato la macchina a mezzanotte!), e ho trascorso 5 ore senza dormire fino a stamattina. Nebbia fitta prima e dopo Liegi, poi pioggia tiepida fino ad Aquisgrana. La strada da Bruxelles ad Aquisgrana era pessima, piena di buche e spesso acciottolata (neanche a dirlo, la mia ruota di scorta non è stata riparata) e con molti trasporti pesanti che gareggiano tra loro. In ogni modo, Nap. D[2] non ha abbandonato il campo di battaglia. Dopo Aquisgrana (dove il mio visto diplomatico ha causato una comica scena di deferenza) sono entrato sull'*Autobahn* per Colonia che era meravigliosa, mai visto niente di simile. Puoi davvero percorrere 50 miglia in un'ora semplicemente guidando a 50 miglia orarie per un'ora: non ci sono ostacoli, semafori, niente, ma è tremendamente noiosa.

Arrivato in ambasciata prima di pranzo (avevo fatto colazione poco dopo Aquisgrana) ho incontrato H della cancelleria (Tim Marten), che è un tipo tranquillo alla Reggie, un ex allievo del Winchester college, e circa altre 50 persone. Invece di spedirmi direttamente in albergo, ha insistito per presentarmi a mezza ambasciata, ancora stanco & sporco per il viaggio. Poi sono andato al mio hotel a Bad Godesberg, che direi è ottimo; bagno in camera & così via. Stanza piccola, ma molto bella. Oggi pomeriggio sono tornato con l'abito marrone, dopo essermi lavato & rinfrescato. Ho un bell'ufficio che guarda su un campo aperto.

Si danno *davvero* un gran da fare per trovarci una siste-

[2] Napoleon D, per David.

mazione, e questa è la prima volta che non ci sono riusciti in tempo utile. Stasera andrò a vedere quella che viene descritta come una mezza casa (presumo una *maisonette*) con giardino & garage che si trova sulla collina di Bad Godesberg. *Potrebbe* essere disponibile, ma non sono sicuri. Se lo fosse, mi troverò di fronte a una decisione molto difficile, ovvero se prenderla o sperare in qualcosa di più grande & migliore: quasi tutte le case dei diplomatici *sono* più grandi di questa, & loro si profondono in scuse ecc. & mi lasciano la scelta se accettarla o scommettere che arrivi qualcos'altro. *On verra*. Se questa dovesse andar bene eccetera, è libera da fine luglio. Nel frattempo, mi guarderò intorno alla ricerca di una pensioncina per noi per il mese di luglio.

Domani sera ceno con Marten e giovedì ci sarà un garden party in ambasciata, al quale sono stato invitato con un cartoncino delle dimensioni di un manifesto. Adesso devo concludere & portare la lettera in posta.

Con tanto amore
D

Le Carré arrivò in Germania mentre stavano approntando la pubblicazione del suo secondo romanzo, Un delitto di classe.

A MIRANDA MARGETSON[3]

Ambasciata britannica
Bonn
Germania
[s.d.]

Cara Miranda,
molto gentile da parte tua. Sono contento che tu abbia apprezzato. Per favore, vieni a trovarci qui: la nostra casa è

[3] Miranda Margetson, figlia minore dei pittori Sir William Coldstream e Nancy Sharp (in seguito Spender), sposò nel 1963 John Margetson, uno dei sei uomini che fecero il corso di addestramento dell'MI6 con le Carré.

room for one guest

Love

The Author

I have decided to cultivate that intense, worried look and to start writing brilliant, untidy letters for future biographers. This is one.

piccola, ma gradevole. La cosa più importante è il garage, ovviamente, e sono contento di poter dire che la macchina sarà ben protetta dai cambiamenti del tempo, dagli insetti e da altri fenomeni atmosferici che potrebbero danneggiare la vernice. Ann arriverà sabato. Per fortuna.

Ti ringrazio di nuovo e *ti prego*, vieni, abbiamo posto più che sufficiente per un ospite.

Con affetto
L'Autore

Ho deciso di coltivare quello sguardo intenso e preoccupato e di cominciare a scrivere lettere brillanti, disordinate, per i futuri biografi. Questa ne fa parte.

AD ANN CORNWELL

Ambasciata britannica
Bonn
Germania

9 giugno 1961

Cara,
dieci minuti per scriverti una lettera migliore di quella che ho imbucato prima. Ho finito il libro sul caso Evans-Christie di L. Kennedy e si tratta davvero di una faccenda straziante (anche se scritta male e in maniera isterica).[4] Non leggerlo. Roland[5] mi ha telefonato oggi da Essen: ci vedremo domani sera a cena, e avrò qualche spiegazione da dargli!

[4] Il libro di Ludovic Kennedy *Ten Rillington Place* indagava sul caso di Timothy Evans, impiccato per l'omicidio della figlia neonata il 9 marzo 1950, e accusato inoltre di aver ucciso la moglie. Il serial killer John Christie, che viveva nello stesso palazzo, venne arrestato il 31 marzo 1953 dopo il rinvenimento in quel luogo dei corpi nascosti di altre sei donne.
[5] Roland Reinäcker, i cui genitori vivevano a Essen.

Provo a descriverti meglio la casa. È molto comoda per il NAAFI[6], che si trova a Godesberg e dove puoi acquistare molte cose a un prezzo decisamente inferiore a quello dei negozi tedeschi, ma già so che questo non ti impedirà di andare a rovistare sul mercato tedesco, o quantomeno spero che non te lo impedisca! Per esempio, il latte tedesco fa schifo e va a male molto rapidamente, ma il NAAFI ha quello svedese che, a quanto sembra, è eccellente. La casa ha un minuscolo giardino davanti e un altro chiuso sul retro: insieme sono più e meno delle dimensioni del nostro giardino posteriore di Missenden. Andrò a rivederla fra un giorno o 2 e disegnerò una piantina. Cyril Whitworth, il consigliere (amministratore), è un tipo *molto* gentile ed efficiente. I pavimenti dabbasso sono in legno, e sia quelli che le pareti vanno ristrutturati.

Incidentalmente, in ambasciata c'è un "fondo" di bicchieri e posate, quindi non è fondamentale averne. Qui mi piacciono moltissimo le porcellane di Rosenthal[7] – in ogni caso quelle senza decorazioni, anche se i motivi tendono a essere fiori delicati – ma immagino non siano migliori delle Wedgwood e ci sono alcuni begli oggetti a smalto lucido in colori pacati. Ho conosciuto il medico di zona, un tedesco molto gradevole che, a quanto pare, non ha problemi a far visite di notte (altro motivo per vivere su questa sponda del fiume) e gode di ottima reputazione. C'è anche un cappellano d'ambasciata, giovane e gentile. Ieri la festa di HE[8] è stata molto elaborata: ti racconterò di più quando ci vedremo.

Dovrei telefonare a Andrews e Salmon's il 12 o 13 circa e confermare le date delle loro visite, come anche il Pall Mall.[9] Se Jones del reparto viaggi ti dovesse creare *proble-*

[6] NAAFI (Navy, Army and Air Force Institutes): gli istituti di Marina, Esercito e Aeronautica che gestivano empori e altre strutture per le forze armate britanniche.

[7] Fabbrica bavarese di porcellana. Negli anni Cinquanta, Rosenthal commissionò progetti a Henry Moore e alla ceramista tedesca Beate Kuhn.

[8] Abbreviazione di "His Excellency", Sua Eccellenza, riferito all'ambasciatore britannico Sir Christopher Steel.

[9] Non identificato. Un diplomatico amico dei Cornwell suggerisce agenti immobiliari di Londra, con una pubblicità sulla "Pall Mall Gazette".

mi per qualsiasi motivo, non dimenticare che puoi andare a *trovarlo*, e spesso è una mossa efficace! Ma io dovrei restare a stretto contatto con [*illeggibile*] & co.

Ti amo
D

AD ANN CORNWELL

Ambasciata britannica
Bonn

[Timbro postale] 16 giugno 1961

Cara –
mi chiedi quale copertura stia dando la stampa tedesca a Eichmann. La televisione ha trasmesso un programma in 5 puntate sui crimini del Terzo Reich, e i giornali validi – "Die Welt", "Frankfurter Allgemeine" ecc. – ne hanno scritto parecchio, e continuano a farlo, come il "Telegraph" o il "M. Guardian".[10] Tra la giovane intellighenzia, si dice che la lezione è stata davvero appresa bene, e questa è di sicuro l'impressione che si ricava dai giovani funzionari tedeschi del FO & così via. In generale, però, il *Volk* è così incredibilmente prospero da restare abbagliato dai propri gioielli, e di disposizione pacifica: la guerra significa niente denaro, tante tasse & cibo pessimo, e per l'uomo tedesco della strada, ammesso che esista, queste cose sono più che una realtà, e più da aborrire, rispetto alla sua controparte britannica. Da *quel* punto di vista non ho trovato molto di cui preoccuparmi. Sotto altri aspetti, loro *sono* preoccupanti, ma no[n] esattamente nel modo

[10] Il processo a Adolf Eichmann, che supervisionò la deportazione degli ebrei europei verso i ghetti e i luoghi dove venivano uccisi, ebbe inizio davanti a un tribunale speciale della Corte distrettuale di Gerusalemme l'11 aprile 1961. Uno dei primi processi ampiamente trasmessi in televisione, rese noti a un pubblico globale i dettagli dell'Olocausto, comprese le testimonianze dei sopravvissuti.

che tu temi. Questo è almeno il mio giudizio immaturo dopo 10 giorni qui!

Oggi nessuna lettera da te. Tristezza. Qui il tempo è meraviglioso. Ho messo il portabagagli sul tetto della macchina & è orribilmente costoso, ma adesso è pronto.

Ti amo ti amo ti amo
marito D.

John Margetson, uno dei sei uomini che presero parte con le Carré al corso di addestramento per l'MI6, prestava servizio sotto copertura a L'Aia per il SIS. In precedenza era stato in Palestina con le Life Guards e in Tanganica con il Colonial Service. I due erano insieme quando le Carré ebbe la notizia che Chiamata per il morto *aveva trovato un editore; rimasero amici per tutta la vita.*

A JOHN MARGETSON

Ambasciata britannica
Bonn
Germania

5 luglio 1961

Mio caro John,
intendevo scriverti da quando sono arrivato, ma non so come non ci ero ancora riuscito. Alla fine l'arrivo di Ann, e i racconti sulla tua ospitalità, mi hanno costretto a farlo. Sono arrivati sani e salvi sabato con la bizzarra calura che abbiamo qui e che, nel clima umido e appiccicaticcio di Bonn, era quasi intollerabile. I bambini erano sovraeccitati e sono stati terribili per 2 o 3 giorni, ma adesso si sono calmati, Simon è iscritto a una *Dame school*[11] della colonia britannica fino alla fine di questo trimestre (e sta facendo un putiferio) e le aspettative sono davvero piuttosto rosee. La

[11] Le Dame school erano piccole scuole private per bambini tipiche delle cittadine della Gran Bretagna e delle sue colonie. Una signora del posto fungeva da insegnante. [*N.d.T.*]

mia vita sociale è frenetica, e di sicuro Ann non potrà uscire molto fino a quando non arriverà la ragazza.

Ho da riferire notizie buone e cattive: il lavoro è interessante e di sicuro non sono legato a una sedia. D'altra parte i colleghi della cancelleria sono piuttosto severi e molto inospitali: nessuno si è offerto di mostrare ad Ann il posto, né altro del genere. Credo tu possa immaginare il quadro.

Il libro sembra guadagnare bene, il che non è da disprezzare, ma in ogni caso le nostre diarie sono adeguate e corre voce che aumenteranno, visto che gli ispettori se ne sono appena andati e il marco è salito di valore, o come diavolo si dice. Dal punto di vista culturale qui è un mortorio, a meno che tu non riesca ad andare a Colonia, Düsseldorf o a scendere a Monaco. Il paesaggio, invece, è piuttosto bello: molte colline del Rheinland[12] con castelli e ombre di Wolfram von Eschenbach.

Ann ti sta scrivendo separatamente. Io voglio dire solo "grazie", ancora una volta e molto sinceramente, e sollecitarti a venire da noi e restare quanto ti è possibile.

Come sempre,
David

A RONNIE E JEAN CORNWELL

Ambasciata britannica
Bonn

8 agosto 1961

Carissimi Jeannie e papà,
Ann e i bambini sono arrivati all'inizio di luglio, ma stiamo ancora aspettando i muratori per finire la nostra casa. La data del trasloco adesso è il 16 agosto, ma siamo scettici. Siamo stati in albergo, ma i bambini (Stephen

[12] Renania. [*N.d.T.*]

in particolare) si sono comportati così male che ci hanno buttati fuori. Gli alberghi tedeschi non hanno stanze comuni come le intendiamo noi, quindi eravamo piuttosto accampati.

Trovare un alloggio qui è molto difficile: l'ambasciata ci ha scovato una casa moderna, molto piccola ma carina, con garage e giardino, e abbiamo deciso di prenderla anziché aspettare invano qualcosa di più grande. Ma avremo sempre spazio per gli ospiti!

Direi che la crisi di Berlino[13] domina la vita e tende a interferire con il tempo libero, ma il Rheinland che abbiamo intorno è splendido, e ieri abbiamo fatto una bella gita a un monastero dell'undicesimo secolo e a uno *Schloss*[14] spettacolare, e abbiamo bevuto parecchio vino del Reno spillato dalla botte, il tutto allontanandoci meno di quaranta chilometri da Bad Godesberg, che è una sorta di dormitorio termale di Bonn. La cugina di Ann, che ha diciassette anni, è qui a fare da tata per i bambini e, fino a questo momento, sembra abbastanza ragionevole. Simon ha un bel monopattino tedesco con le ruote gonfiabili, il che alza un po' l'asticella dei premi. A proposito di premi, le strade qui sono straordinariamente pericolose: 1000 morti in un mese. La mia soc. di assicurazione inglese addebita 62 sterline/anno per una polizza mondiale basata sulla Germania.

In genere la vita qui è molto cara, ed è facile esaurire quasi del tutto il salario & le indennità solo per intrattenere e mantenere la famiglia, ma abbiamo istituito un salvadanaio per gli sport invernali. D'altra parte il whisky costa 10 scellini la bottiglia e le sigarette acquistate in quantità

[13] Circa quattro giorni dopo aver scritto questa lettera, le Carré era a un raduno a Norimberga, dove Willy Brandt, il sindaco di Berlino Ovest, aveva parlato di un *Fingerspitzengefühl*, letteralmente una "sensazione sulla punta delle dita", ovvero aveva avuto delle intuizioni a proposito degli eventi nella sua città. Rientrato tardi in ambasciata per stendere il suo rapporto, le Carré aveva trovato tutte le luci accese. La mattina del 13 agosto, la frontiera con Berlino Ovest era stata chiusa, e i soldati della Germania dell'Est avevano cominciato a erigere staccionate con filo spinato lungo il confine tra Berlino Ovest e Berlino Est. Ben presto seguiranno i primi blocchi di cemento.

[14] Castello. [*N.d.T.*]

sono a 6 pence per 20, quindi possiamo sempre ripiegare sulle cose semplici della vita.

Tony, a quanto capisco, viene prima in Inghilterra & poi qui. C'è stata qualche discussione, dato che Anna non vuole venire in Germania perché le dà i brividi. A dire il vero, a volte li fa venire anche a noi![15]

Simon si dà arie da mago del tedesco, ed emette tremendi suoni gutturali quando gioca con i bambini tedeschi, affermando poi tutto orgoglioso «e hanno capito cosa *volevo dire*». I passaggi a livello, con i grandi bracci bianchi & rossi, e i tram con i «vagoni» sono tra le sue maggiori fonti di divertimento. A volte vorrei che fossero anche le mie.

Con affetto
David

Lo stesso giorno, le Carré scrisse a Dick Edmonds scusandosi per la lenta consegna degli ultimi disegni per il "Downhill Only Journal".

A DICK EDMONDS

[carta intestata con lo stemma HM[16]]

8 agosto 1961

Caro Dick,
grazie per la tua lettera. Comprendo la situazione & farò del mio meglio per farti avere tutto al più tardi entro la fine di agosto. Al momento siamo senza casa e viviamo come zingari in albergo: questo mi rende molto difficile trovare un posto per la mia tavoletta da disegno. Forse avrai notato che al momento c'è una certa preoccupa-

[15] Anna Christake Cornwell, la moglie di Tony Cornwell, da ragazza aveva vissuto l'invasione tedesca della Grecia. Dopo che la sua casa era stata bombardata, la famiglia era fuggita sulle montagne e lei si era unita alla Resistenza contro i nazisti.
[16] *Her Majesty*, "Sua Maestà". [*N.d.T.*]

zione a proposito di Berlino, & questo tende a interferire con il tempo libero. In ogni caso, russi & alloggio permettendo, mandami gli articoli (o le copie), dammi una scadenza & vedremo.

Con affetto
David

A HILARY RUBINSTEIN

Fino a venerdì:

c/o J.W. Margetson
Ambasciata britannica
L'Aia
Olanda

28 aprile 1962

Caro signor Rubinstein,
le ho appena spedito le bozze corrette. Le ho mandate con posta non registrata e come stampe in modo da evitare ogni possibile ritardo, e spero che le riceverà entro martedì mattina. Non ci sono modifiche sostanziali, tranne il fatto che ho riscritto otto righe a due pagine dalla fine, tagliato il secondo paragrafo dell'introduzione e inserito una dedica "Ad Ann". Per il resto in gran parte si è trattato di correggere errori di stampa & standardizzare la punteggiatura.

Per anticipare alcune preoccupazioni dei suoi legali, potrei forse fare qualche commento. Non so se esista un'organizzazione come il Comitato Interscolastico per l'Assistenza ai Profughi. Credo sia altamente improbabile, ma potrebbe dare un'occhiata alla guida telefonica di Londra per precauzione? Se dovesse esistere qualcosa di simile, la prego di voler cambiare il nome come meglio ritiene. Ho cambiato *Vivat Rex Eduardus Sextus* in *Ave Rex Eduardus Sextus* (lo stemma sotto il delfino al, credo, Cap. III) perché a quanto capisco la Sherborne School canta ancora *Vi-*

vat Rex Eduardus Sextus nell'inno scolastico, ed è uno dei motti della scuola. Se *Ave...* dovesse essere ancora troppo vicino alla realtà, suggerirei *Regem defendere diem videre*.[17]

Non sono ancora riuscito a far approvare il libro dal FO, ma si tratta di una pura formalità. Se lei potesse prestarmi o lasciarmi una bozza in più a questo scopo, le sarei molto grato.

Come sempre suo
David Cornwell

A JEAN CORNWELL

Ambasciata britannica
Bonn

16 maggio 1962

Carissima Jeannie,
molte grazie per la tua lettera: ci vergogniamo molto per le nostre omissioni. In questo momento Ann ti sta scrivendo e borbotta tra sé e sé «carboni ardenti».[18] Non è una scusa dire che siamo impegnati – anche se è vero –, che siamo appena tornati dall'Olanda o che A-mouse è di nuovo incinta (che è vero). Avremmo dovuto scrivere e basta.

Ci siamo ricordati del compleanno di Charlotte al nostro ritorno dall'Olanda: allego un bigliettino per lei che contiene umilissime scuse e un assegno non troppo umile che spero possa rimediare alla nostra apparente indifferenza.

Il mio nuovo libro uscirà il 16 luglio e avrà per titolo *Un delitto di classe*. Il primo è andato piuttosto bene e ho appena ricevuto una lettera (che probabilmente finirà in niente)

[17] Le parole *Vivat Rex Eduardus Sextus* (Lunga vita a re Edoardo Sesto), presenti in un coro travolgente dell'inno scolastico della Sherborne School, celebrano la sua fondazione da parte di re Edoardo nel 1550. Nel libro è stato utilizzato il motto *Regem defendere diem videre* (Difendere il re significa vedere la luce).
[18] Si tratta di un'immagine biblica (*Proverbi*, 25,22) per indicare vergogna ("ammasserai carboni ardenti sul tuo capo"). [*N.d.T.*]

dall'agente di Alfred Hitchcock che dice che A.H. *vorrebbe* ricavarne un film. Incidentalmente, hai visto che *Chiamata per il morto* ha ottenuto il 2° premio agli Annual Awards of the Crime Writers' Association? Una giuria di critici (Symonds, Gielgud & co) ha consegnato a J le Carré un pugnale placcato oro. *Hio, hio.*[19]

Probabilmente Ann verrà in Inghilterra in giugno-luglio a fare compere & starà nel cottage di sua madre nel Somerset. Credo che porterà anche i bambini. Se avrà tempo, dovrebbe prendere qualche lezione di guida, poiché speriamo di acquistare per lei una macchina piccola quando, alla fine di luglio, traslocheremo in una casa più grande sull'altra riva del Reno. Andrà anche in cerca di una tata, visto che in giugno Wendy tornerà a casa e vorremmo qualcuno di più adulto per il bambino in arrivo.

Tony ha scritto solo una settimana fa – per la prima volta in 6 mesi, credo – per dire che forse sarebbe venuto in Europa in settembre con Anna & Alex.

Spero che la prossima volta che verrai a trovarci saremo in una casa con sei stanze da letto e acqua calda & fredda, e che potremo ospitarti con tutte le comodità.

Al momento Alison[20] è qui, & lei & Ann andranno in Lussemburgo domani. Io domani sera terrò una conferenza sulla politica estera britannica davanti a un pubblico di 700 persone a Oberhausen: studenti adolescenti. Devo tenere a bada la mia cattiveria.

Simon si sta riprendendo da una brutta influenza gastrica & da un attacco anche peggiore di collera, la coscienza sociale di Ann mouse è come dovrebbe, e Stephen è incredibile. Ti manderemo qualche foto.

Con tanto, tanto affetto.
D

[19] Potrebbe essere una abbreviazione per *Hole in one*, "in buca al primo colpo", un modo di dire del golf usato anche come espressione per celebrare un successo. [*N.d.T.*]
[20] La madre di Ann, Alison Shacklock.

A JEAN CORNWELL

[? gennaio 1963]

Carissima Jeannie,
mille grazie per i meravigliosi regali: il mio è stato particolarmente gradito perché, di recente, sono diventato abbastanza maniaco della frutta e studio queste cose. Ho scritto il mio terzo (e ultimo giallo),[21] che Gollancz ha accettato con molta gioia, ma sono ancora in attesa dell'approvazione del FO, che è piuttosto lenta ad arrivare. Al momento sto buttando giù una cosetta su Oxford, una storiella, mia cara.

Il nuovo arrivato[22] è in gran forma, mangia le sue pappe senza lamentarsi e prospera nella mente & nel corpo. Mi sono imbarcato nella pericolosa avventura di avviare una scuola per bambini all'ambasciata – portando qui un insegnante & tutto il resto – e rischio di perderci parecchio, ma sembra vada bene. Non ne ricavo nulla, se non un O.B.E.[23] o un licenziamento. Ho viaggiato spesso in Germania tenendo conferenze sul Mercato Comune e così via, un gran divertimento. Crucchi avidi di conoscenza, D con pomposa foto ufficiale che influenza amici e li perde. *Hio hio.*

A-mouse passa così tante ore a rotolarsi con i bambini sui tappeti offerti dal ministero del Lavoro che ormai li sta logorando. Se solo quelli del ministero potessero vederla mentre, mezza vestita, picchia il didietro sul ricciuto Wilton.[24]

Per Natale ho regalato a Flea una bicicletta: sta diventando enorme. Ann gli fa da insegnante, & sta imparando rapidamente a leggere & scrivere. È molto riflessivo e appassionato. Stevie è più o meno l'opposto: gli abbiamo dato un telefono funzionante («NON tu parli! ME parlo, TU ascolti!»). Stevie ha qualcosa di Napoleone.

Ci piacerebbe molto rivedervi tutti. Probabilmente in

[21] *La spia che venne dal freddo.*
[22] Timothy, il terzo figlio di le Carré, nato l'8 novembre 1962.
[23] Order of the British Empire, Ordine dell'Impero Britannico. [*N.d.T.*]
[24] Tipologia di tappeto. [*N.d.T.*]

febbraio accompagnerò una delegazione di parlamentari tedeschi lassù: in tal caso vi scriverò & verrete tutti per un pranzo?

Grazie ancora e tanto, tanto affetto a tutti
D

A JEAN CORNWELL

[s.d. ma probabilmente primavera 1963]

Carissima Jeannie,
mille grazie per la tua lettera. Da allora ho ricevuto una super-lettera da Rupert: mi dispiace molto, ma i bambini non sono stati bene. Sabato andremo a Rheinbach, dove fabbricano vetro, a comprare qualcosa per il compleanno di Elizabeth[25]: probabilmente arriverà un po' tardi, quindi le vorresti chiedere di avere pazienza? Domani pomeriggio la loro mamma porterà Stevie e Simon al circo: grande entusiasmo.

Nella sua lettera, Rupert ha accennato che accarezzavi l'idea di mandare qui Charlotte per un periodo durante l'estate: perché non mandarli entrambi?[26] Ci farebbe molto piacere averli qui. Mouse e io ce ne andremo da soli in Normandia e Bretagna in maggio mentre la madre di Ann baderà ai bambini e alla tata – (la scorsa settimana ho superato l'esame di tedesco avanzato del F.O., più o meno equivalente a un interpretariato, e questo mi dà diritto a un'indennità: grande gioia, *non sequitur*) – ma, per quanto ne so, giugno, luglio e agosto sono liberi. Fammi sapere abbastanza in fretta se ce la potresti fare in modo da chiedere qualche giorno di ferie. Non lontano da noi c'è una bella piscina riscaldata, dove potrebbero andare a divertirsi. Ci sono anche ragazze per Rupert.

[25] Non identificata.
[26] Figli di Jeannie e fratellastro e sorellastra di le Carré: Rupert Cornwell, che allora aveva circa diciassette anni, e Charlotte Cornwell, quasi quattordicenne.

Io sto continuando un nuovo romanzo su Oxford – niente cadaveri in questo –, ma credo di poter finalmente rischiare qualcosa di non commerciale.[27] Gollancz sembra davvero pensare che quello che uscirà in agosto farà il botto.[28] Io lo spero *proprio*: penso che sia *davvero molto* valido, naturalmente, ma credo ancora che i miei primi due siano da leggere tutti d'un fiato. Li preferisco a Dickens, per esempio, e ad altri che hanno scritto del loro anziché leggere (acquistare) i miei.

Perché non saltate in macchina un fine settimana e non venite a trovarci? Potrei dare un suggerimento concreto? Che ne direste del 19-20-21 aprile? Avete ancora denaro oppure ve ne serve un po'?

Con tanto affetto,
D

A VIVIAN GREEN

Ambasciata britannica
Bonn

7 luglio 1963

Mio caro Vivian,
penso che le faccia piacere sapere che la Paramount ha acquistato il mio nuovo libro (che uscirà in settembre) per (qui mi esprimo con ritrosia) un importo a cinque cifre, e la Book Soc.[29] lo ha scelto per il mese di settembre. Il tito-

[27] Se le Carré ha scritto un romanzo su Oxford, citato in quelle due lettere a Jeannie, non è stato rintracciato. In una lettera del 1963 alla madre di Ann scrisse inoltre di aver cominciato un "non-giallo" su Oxford e uno studente ("il nobile D [David] sotto mentite spoglie") che si chiamava Ogilvie. Ogilvie non appare come personaggio in alcun libro di le Carré fino all'Ogilvy de *Il direttore di notte*. Ne *La talpa*, Bill Haydon raccomanda l'amico Jim Prideaux come recluta per il Circus quando entrambi sono a Oxford.
[28] *La spia che venne dal freddo*, il suo terzo romanzo.
[29] Fondata nel 1921, la Book Society era l'equivalente britannico dell'American-Book-of-the-Month Club. Ogni mese una giuria sceglieva i libri creando vendite di massa.

lo è *La spia che venne dal freddo*, ed è una specie di storia da americano tranquillo ambientata a Berlino. Coward Mc-Cann, l'editore americano,[30] ha anche pagato una piccola fortuna per i diritti & mira alla pubblicazione in contemporanea. Quindi, se avesse la possibilità di venirci a trovare, lo faccia presto, perché potremmo abbandonare il FO per i pascoli più verdi della Perfecto-Zizzbaum Corporation (P.G. *Wodehse*).[31] Per questo motivo, tutto quanto sopra non va pubblicizzato.

In secondo luogo, sarò a Londra dal 21 luglio al 1° agosto, e visiterò *Oxfd* per parte di quei giorni insieme a 4 celebri giornalisti tedeschi. È possibile che lei ci sia? Il COI,[32] senza dubbio, sarà lieto di intrattenerla, diversamente provvederà la P-Zizzb'm. La confusione, lo scandalo e la regale indifferenza per l'interesse comune sembrano la caratteristica della scena nazionale al momento. O forse sono io che leggo i giornali sbagliati?

La prego di scriverci & comunicarci i suoi progetti per le vacanze. E venga a trovarci, se possibile.

Con affetto da entrambi
Come sempre
David

[30] Coward, McCann & Geoghegan, un marchio di G.P. Putnam's Sons. Jack Geoghegan fu il primo editore americano di le Carré.
[31] Un finto studio cinematografico satirico nelle storie di Hollywood di P.G. Wodehouse, narrate da Mr Mulliner.
[32] Central Office of Information, Ufficio Centrale Informazioni, l'agenzia di marketing e informazioni del governo britannico.

A JEAN CORNWELL

Amburgo

[s.d. ma probabilmente 15 ottobre 1963]

Carissimo Vecchio Cavallo,[33]
dopo tanto, tanto tempo ho avuto notizie di To che ha un nuovo indirizzo (che ha omesso di comunicarmi e dove, a quanto pare, non riceve la posta spedita all'appartamento precedente). Dice che papà copre grandi distanze in aereo, appare di rado, dà la sensazione di essere vicino allo stremo, non ha soldi & così via. Solite cose da To, cariche di sfumature apocalittiche. Temo solo che To ci rimetterà l'anima con la sua ossessione alla Ibsen. Papà, a quanto dice, è "povero & triste da vedere". Riesci a crederlo? Sente di non poter girare a testa alta perché non ha denaro ecc., D senza cuore. Caro To.[34]

[...]

Ho pensato che ti piacerebbe sapere come va il libro. Ha ricevuto recensioni molto buone (a parte quelle di qualche scimmia inesperta del "Times Literary Supplement" che lo ha stroncato, e di M. Richardson, ma vado oltre. Sta perdendo il suo smalto. Povero Richardson, sull'"Observer" era in gamba)[35].Ma il "Times", il "Sunday Times", il "Mail", lo "Standard" & compagnia bella mi hanno inorgoglito, e nella sola Inghilterra abbiamo già venduto 20.000 copie, che è un ottimo risultato. Dell's, l'editore americano di economica, ha pagato un anticipo di 25.000 dollari, che è un record assoluto per un giallo; verrà presentato a puntate negli Stati Uniti, in Canada, Australia, Norvegia e così via. Virtualmente ha venduto in tutti i paesi europei, con l'eccezione della Finlandia, &

[33] Un appellativo usato da Ukridge, un personaggio di Wodehouse.

[34] Il tono di le Carré quando descrive il fratello rammenta quanto lui disse nel 1968 al dottor Bockner, lo psichiatra: che l'esempio dell'influenza maligna di Ronnie su suo fratello maggiore lo aveva convinto a tagliare i ponti con il proprio padre.

[35] Maurice Richardson recensì *La spia che venne dal freddo* sull'"Observer", 15 settembre 1963.

i Frogs[36] pubblicheranno immediatamente l'edizione economica in 33.000 copie. Il risultato netto è che abbiamo guadagnato alla grande e, ammesso che io resti alla larga dall'Inghilterra fino all'aprile '66, ho discrete possibilità di tenermene 2/3. Non sono D intelligente, ma D. fortunato. A.T.V.[37] voleva fare una serie su Smiley scritta da J le C, ma io davvero *non potrei*. Te lo immagini?

Spero che il trasloco stia andando/sia andato/vada bene e che tu non ti senta troppo esausta a cose finite. Jeannie, vorresti un lavoro? Credo che potrei procuratene uno o due interessanti, non con grandi guadagni, ma abbastanza divertenti. Non preoccuparti di rispondermi se lo hai già trovato.

Ann mouse è diventata molto severa da quando ha scoperto che ha sposato un uomo ricco. Non sono del tutto sicuro che approvi. Immagino che vada tutto bene fin quando non ne godi. Come il sesso fatto la domenica.

Con affetto, affetto a tutti,
D

In una successiva lettera a Jeannie, senza data, le Carré scrive da Amburgo: «Ho ricevuto una lettera da To che dice che papà è completamente fuori combattimento, e che lo è anche mia madre, e mi chiede (caro To) di dividere le spese per comprarle una casa. Visto che To non ha denaro, credo che verrò indotto a fare tutto io...». A quanto sembra, la madre gestiva un negozio di ortopedia, e la sua casa era di proprietà di un'azienda il cui direttore era uno degli amici di lunga data di Ronnie. Le Carré chiedeva a Jeannie se avesse l'indirizzo «per poter andare a vedere che succede».

[36] Nomignolo per "francesi". Si veda la nota 30 a p. 205. [*N.d.T.*]
[37] Associated Television.

A VIVIAN GREEN

Consolato generale britannico
2 Hamburg 13
Harvestehuderweg 8a

14 novembre 1963

Mio caro Vivian,
verrò a Londra per una settimana, arrivando domenica con un gruppo di tedeschi e soggiornando all'Hyde Park Hotel. C'è qualche possibilità di vederla? *Penso* che potrei venire a Oxford venerdì sera, eventualmente trascorrervi la notte & tornare sabato sul presto, ma dovrò verificare al mio arrivo.

Tra le altre cose, sono in cerca di un lavoro, dato che sono stanco del FO, e stanco di vivere all'estero. Non ho realmente bisogno di guadagnare molto, ma ci piacerebbe acquistare una casa gradevole in un bel posto in campagna e fare qualcosa che sia minimamente utile. So che sembra tremendamente campato in aria. Avevo in mente una delle nuove università e mi chiedevo se lei sapesse qualcosa in proposito. Non credo di avere le qualifiche per insegnare a Oxford, dato che è molto tempo che non tocco la mia materia e non ho fatto ricerca né alcunché. Prendo davvero in considerazione qualsiasi cosa, ammesso che mi permetta di sistemare Ann e i bambini in una casa dignitosa e permanente, non troppo lontana dal mio lavoro, e di potermi sfogare sulla politica senza offendere nessuno, ovvero chiunque mi dia un lavoro. Ovviamente avrei bisogno di tempo per scrivere.

Potrebbe spedire un biglietto all'Hyde Park Hotel con il suo numero di telefono?

Ann e i bambini stanno bene e le mandano i loro saluti.

C'è qualche possibilità di poterle offrire una cena a Londra domenica sera?

Con i migliori saluti – come sempre
David

VAGABONDAGGI

Colleghi, chiacchiere, crisi, il calore del contatto umano: tutta acqua al suo mulino, ne sono sicuro; & lei *potrebbe* facilmente restare in panne & avere paura senza di loro, come è successo a me.

Le Carré allo scrittore Yassin Musharbash, nel 2017,
quando lo invita a continuare il lavoro di giornalista
fino al successo dei suoi romanzi

Il successo de *La spia che venne dal freddo* – e lo stravolgimento che portò nella vita di le Carré – è quasi insondabile. Da spia sotto copertura, e con lo stipendio da giovane diplomatico, divenne uno scrittore celebrato in tutto il mondo che cenava a New York con Richard Burton ed Elizabeth Taylor.

«Non riuscivo a gestire la situazione dal punto di vista emotivo o da qualsiasi altro» dirà. «Non ero mai stato ricco prima e all'improvviso il denaro mi pioveva addosso. Avevo vissuto nell'ombra, davvero nell'ombra, e di colpo mi trovavo i riflettori puntati addosso, e tutto questo logorò il mio matrimonio, che non si sarebbe più ripreso... Fu qualcosa di estremo rispetto alla vita discreta e ritirata che avevo condotto, quella vita inespressa che era stata la mia.»[1]

L'amicizia di le Carré con lo scrittore James Kennaway e sua moglie Susan segnò un punto di svolta nella sua vita personale mentre faticava a trovare un degno seguito al suo romanzo epocale sulla guerra fredda.

Il romanzo che seguì *La spia che venne dal freddo* era *Lo specchio delle spie* che «per me rimarrà sempre molto più coraggioso e migliore e, come è ovvio, venne denigrato». Dopo il successo de *La spia* – e quello ottenuto a caro prezzo dalla missione che narra –, nel nuovo romanzo le Carré parlò volutamente di un fallimento, una futile missione di intelligence lanciata dal "Dipartimento" nel tentativo di far rivivere le glorie del tempo di guerra.

[1] Al Berliner Salon, residenza dell'ambasciatore tedesco, Londra, 3 marzo 2020.

Dick Franks fu il secondo capo di le Carré alla stazione del SIS *di Bonn, dove prestò servizio dal 1962 al 1966. Sua moglie Rachel accompagnò in macchina la famiglia Cornwell da Bonn ad Amburgo quando le Carré fu riassegnato là a seguito della pubblicazione de* La spia che venne dal freddo. *Quando le Carré se ne andò da Amburgo e dal Foreign Office, il suo commercialista gli disse che, se fosse rientrato in Gran Bretagna, avrebbe rischiato di pagare un'enormità di tasse. Il 23 marzo 1964, la famiglia si imbarcò da Ancona su una nave per Creta; le Carré aveva sentito parlare di Agios Nikolaos, sulla costa orientale dell'isola, da un uomo che aveva conosciuto in piscina.*

A DICK E RACHEL FRANKS

Hotel Lato
Agios Nikolaos
Creta
Grecia

Sulla spiaggia

Giovedì
[s.d. ma probabilmente primavera 1964]

Miei cari Dickie e Rachel,
la Germania sembra già lontana anni luce. Il viaggio fino a qui è stato un incubo sotto controllo, vi *sarebbe* piaciuto. Avevamo 22 bagagli al seguito. I tre più importanti contenevano gli oggetti di immediata necessità per le prossime settimane e sono rimasti bloccati ad Ancona perché un doganiere era *in sciopero* & si è rifiutato di lavorare il sabato pomeriggio. Quando tutto il resto non ha avuto successo, ho proposto di pagargli gli straordinari. Se mai doveste andare da quelle parti, sappiate che il prezzo di un doganiere (tariffa di bassa stagione) è di 3500 lire. Ad Ancona, poi, ci hanno anche negato il permesso di salire a bordo del traghetto (siamo arrivati all'ora di pranzo) fino alle 20. Pioveva forte e non avevamo un posto dove lasciare i bagagli. È sorto un interessante problema di gestione umana, ma

lo abbiamo risolto affittando (a più di 3500 lire) il muletto elettrico che trasporta le valigie schizzando su e giù lungo i binari. Questo mezzo ha seguito i 2 taxi con i bagagli più pesanti & un gruppo di volubili consiglieri, specie di *caddie* del golf che non trasportavano nulla e sono venuti in parte per farsi un giro & in parte – come ho saputo in seguito – per vedere che ne era stato del carrello dei bagagli, visto che la sua licenza prevede soltanto che percorra i marciapiedi della stazione.

Siamo arrivati a Heraklion ieri alle 5.30 sotto un diluvio e ci hanno mollati, senza un facchino in vista, all'estremità verso il mare di un enorme frangiflutti. La città incombeva sullo sfondo, mezza oscurata dalla pioggia battente. Eravamo circondati da tutti i nostri bagagli. 78 chilometri ci separavano da Agios Nikolaos & non avevamo ancora avuto conferma della prenotazione dell'albergo. Finalmente sono stati trovati 2 enormi taxi americani, e abbiamo riempito il primo con Rhona & i bagagli (un bagagliaio onnivoro) & il secondo con *Kinder, Kirche und Küche*,[2] me & madre & siamo partiti, senza fare colazione, con i bambini che facevano i capricci. Dopo mezz'ora di strade di montagna, Timothy ha iniziato a stare meravigliosamente, gloriosamente e rumorosamente male.

Quindi siamo arrivati. L'albergo, che aveva ricevuto 2 lettere & 2 telegrammi, era acquattato accanto al porto (avvolto dalla nebbia) & nessuno aveva mai sentito parlare di noi. Oh, sì, le nostre lettere erano arrivate (ci hanno mostrato orgogliosi la cartelletta), ma a che serve una lettera? Sì, certo, avevano camere libere e sarebbero state preparate. Tragico destino, sorte avversa. Adesso i bambini sono in quarantena per gli orecchioni.

Ora è uscito il sole, abbiamo una casa (6 stanze sulla spiaggia, tutte le comodità moderne, 18 sterline al mese, un vero furto, e una splendida piccola insenatura), una cameriera, qualche mobile, i bambini hanno nuotato e abbia-

[2] Il tradizionale motto tedesco che significa "bambini, cucina e chiesa". Le Carré inseriva spesso frasi in tedesco nelle sue lettere a Franks.

mo persino conosciuto la comunità inglese, dove in gran parte la gente somiglia a Fred Clarke.[3] Ricordiamo anche la vostra gentilezza e, con sincero apprezzamento, un sacco di altre cose. Grazie per averci telefonato venerdì: mi dispiace che non ci abbiate trovati.

Incidentalmente ho telefonato a Colchester[4] da Atene per salutarlo. Le Schönheitsrep.[5] per la casa di Amburgo non sono un problema: non sembrano essercene di necessarie & se ce ne fossero, saranno a carico mio.

Il 16 aprile parto per gli USA per una settimana/10 giorni: ospite in televisione, un premio di qualche genere ecc., ho firmato quel contratto televisivo e faranno anche un film di *Chiamata per il morto*, non so con chi.

Una casa qui sulla costa con 4/5 stanze, acqua calda e fredda, comodità moderne, al momento costa circa 1500 sterline. Pensiamo di investire. Perché non lo fate anche voi? *Venite* a trovarci, qui è un paradiso.

Con affetto da tutti noi & grazie
David

Le Carré e Ann avevano conosciuto a Oxford lo scrittore scozzese James Kennaway e la moglie Susan, ma nei primi anni Sessanta le Carré, ormai romanziere di successo, rivide la coppia a Londra. Nel 1964, le Carré invitò Kennaway a Parigi per lavorare alla sceneggiatura di un film tratto da Lo specchio delle spie. *Nelle lettere ai Kennaway, le Carré si firmava in maniera diversa: Corncrake, Cornflake e Cornguilt.*[6]

[3] Fred Clark era un caratterista americano con la testa grossa e pelata, i baffetti sottili e un talento per la cattiveria acida e comica. (Le Carré scrive erroneamente il cognome.)
[4] Halsey Colchester; diplomatico, funzionario dell'intelligence e sacerdote, gestiva il dipartimento del personale all'MI6 e divenne vicario di Bollington, nel Cheshire, quando andò in pensione.
[5] *Schönheitsreparaturen*, "riparazioni estetiche". Viene detto dei lavori che si fanno sulle case ma che non sono strutturali. [*N.d.T.*]
[6] In una lettera successiva a Buzz e Janet Berger, definirà se stesso e Ann i Corncrows (corvi del grano).

A JAMES KENNAWAY

Hotel Ambassador Wien

[s.d. ma probabilmente 1964]

Jum,
questa ti arriverà probabilmente prima della lettera che ho imbucato da Atene. Adesso ho letto *Whisky e gloria*[7] & *The Bells*[8]. Non credo che la mia missiva da Atene fosse abbastanza entusiastica. Non ricordo davvero. Continuo a pensarci e li ho sempre in testa: l'ultima scena tra Jock & la sua attrice mi ha fatto piangere a lungo. Oh, diavolo. Mio caro Jum, ci hai proprio preso in pieno. E alla grande, molto più alla grande di tutti noi. Quindi, per *amor* di Dio, prendi in mano la penna e dacci dentro. Scrivi libri più lunghi, con dentro più robaccia: anche la robaccia è meravigliosa (l'ultima scena in *Whisky e gl.*: gloriosa, superbamente romantica, è il miglior primo romanzo d'esordio di sempre) ma senti, Jim, se ci vuoi bene, *scrivi.*

La tua vecchia ala
D

A JEAN CORNWELL

Kytroplatia
Agios Nikolaos
Creta, Grecia

15 maggio 1964

Carissima Jeannie,
Rupert[9] in particolare mi ha chiesto, quando fossi tornato

[7] *Whisky e gloria* è il primo e più celebre romanzo di Kennaway. L'autore ebbe una nomination agli Oscar per la sceneggiatura del film del 1960, che vede protagonista Alec Guinness nel ruolo del maggiore scozzese Jock Sinclair.
[8] *The Bells of Shoreditch*, non tradotto in italiano. [*N.d.T.*]
[9] Rupert Cornwell, il fratellastro di le Carré, figlio di Jeannie, diciottenne.

dall'America (dove il mio libro è *ancora* in testa alla classifica dei bestseller, hio hio), di scrivergli che cosa sapevo di papà. Tony[10] e Anna lo hanno visto spesso: Tony gli ha prestato 1000 dollari che non ha ancora restituito, limitandosi a un assegno a vuoto. Io l'ho incontrato una volta a NY e ho preso accordi per una cena con lui, ma non si è presentato: ha solo mandato un messaggio per dire che stava andando fuori città, ma ho saputo da Tony che non era vero. Probabilmente è stata colpa mia – ci siamo incontrati (che tu ci creda o meno) per puro caso: lui cenava nello stesso ristorante dove io stavo dando una festa per il mio editore, e dopo cena ho invitato al nostro tavolo lui & la sua compagna. Ero particolarmente seccato per tre motivi: il fatto che dovesse dei soldi a To, che avesse firmato i miei libri "Dal padre dell'autore" e che avesse *ordinato* i miei libri a credito presentandosi come mio padre e non saldando il conto, finendo in un paio di casi per provocare attriti con il mio editore. Quindi sono stato piuttosto brusco con lui (avevo il sacro terrore che sfruttasse un'idea, decisamente di alto livello, che coinvolgeva E. Taylor, Burton & co)[11] e anche perché avevo trovato la sua amica decisamente sgradevole. Mi sono comportato come un moralista, quindi, & lui era esattamente come al solito! L'ho pregato di scrivere a Rupert, & gli ho detto di te & della situazione con mia madre. È stato evasivo sui suoi affari, ma da quanto capisco da To è rimasto in bolletta più di una volta. Ha un aspetto abbastanza male in arnese, temo. Nessuno di noi è riuscito a capire di cosa viva o come speri di cavarsela: ha un appartamento, ma senza mobili, e praticamente non è mai in casa, c'è solo una donna che riceve i messaggi. Tony crede che sia sull'orlo di qualche problema di credito, ma quando non lo è? A quanto pare, quando è arrivato a NY, era armato di grandi presentazioni & ha cominciato al Plaza: da allora contatti &

[10] Tony Cornwell lavorò a New York per varie agenzie di pubblicità, e in seguito entrò come direttore creativo da Needham & Grohmann, un'agenzia specializzata in pubblicità di alberghi, resort e viaggi.

[11] Elizabeth Taylor e Richard Burton, con quest'ultimo che doveva essere il protagonista de *La spia che venne dal freddo*.

indirizzi sono diventati sempre più modesti. Più nei dettagli, non ha un permesso di lavoro, quindi secondo To potrebbe trovarsi nei guai se dovessero cominciare a esaminare la sua situazione. L'idea di vedermi da solo lo metteva in un terribile stato di agitazione, e per questo motivo avevo suggerito una cena, ma come ho detto non si è presentato. Avrei cercato di fare qualcosa di più se non fosse stato per i miei impegni e le complicazioni nate a proposito del film *Chiamata per il morto*, per il mio stato di immigrato dal punto di vista delle apparizioni televisive & infine per l'imposta sui redditi americana!

Ti è arrivata la torta da Fortnum's? Grazie mille per avermi ospitato.

Per quanto ci riguarda, Rupert può venire quando vuole. Mi piacerebbe che fosse qui per il 1° luglio, perché devo andare a Londra & in Danimarca, & A-mouse gradirebbe la sua compagnia. Ti scrivo tutto questo perché ritengo che tu debba decidere come e cosa dirgli di papà. Ha un aspetto davvero tragico e, direi, anche piuttosto disperato: Tony, che vuole bene a papà più di me, è abbastanza amareggiato nei suoi confronti, a proposito di come sfrutta l'affetto e tutto il resto. Personalmente – ma io sono prevenuto – credo che Rupert dovrebbe andare avanti con la sua vita e con il corso universitario, che per lui è di vitale importanza, e affrontare papà quando sarà un po' più forte. In questo momento credo che nessuno di noi possa fare qualcosa. Sembra avere delle amiche, ma io non so chi sono. Non penso che l'affetto di Rupert possa fare molto a parte sconvolgere Rupert.

La mia impressione di papà è stata che per lui, laggiù, noi non esistiamo davvero. Non ha chiesto di nessuno, e io gli ho comunicato le notizie che sapevo.

Ho chiesto a To di scrivere a Rupert. Sembrano piuttosto felici. Per me è stato molto difficile comportarmi normalmente perché ero molto ricercato & tutto è stato davvero rapido.

Con affetto a tutti. Venite a trovarci.
D

Ann stava battendo a macchina Lo specchio delle spie, *un romanzo amaro su tentativi falliti di spionaggio e matrimoni in crisi. Un'agenzia dell'intelligence britannica, il Dipartimento, si aggrappa a glorie sbiadite dell'ultima guerra e organizza una missione suicida per inviare un agente nella Germania dell'Est sulle tracce di rapporti poco convincenti riguardo un presunto potenziamento missilistico sovietico.*

A VICTOR GOLLANCZ

Kytroplatia
Agios Nikolaos
Creta, Grecia

30 maggio 1964

Caro V.G.,
la ringrazio per la sua lettera del 26 maggio. Spero che le presenteremo un manoscritto entro metà luglio. Il libro è finito, è in uno stato caotico e Ann lo sta battendo con cura a macchina mentre le scrivo.

Quando il libro verrà accettato, dovrò fare un breve viaggio in Scandinavia e (se riesco a entrarci) in Germania dell'Est, ma non ci vorrà più di una settimana. Inoltre devo fare qualche ulteriore ricerca sulla missilistica e sulle trasmissioni senza fili, ma niente di questo inciderà su più di trenta o quaranta righe di stampa, e ritengo legittimo presentare il libro mentre compio ulteriori ricerche.

Quando Ann avrà terminato di trascriverlo, la copia andrà al Foreign Office per l'approvazione formale – una cortesia che ritengo necessaria – e poi passerà a un'agenzia per essere dattiloscritto – questa volta vorrei diverse copie – e a Peter.[12] Poi noi (Ann e io) tireremo un sospiro di sollievo e faremo il giro della Grecia troppo a lungo ritardato.

Se lei potesse comunicarmi il suo itinerario, sarebbe mol-

[12] Peter Watt, l'agente di le Carré.

to piacevole organizzare un incontro da qualche parte: ci farebbe piacere offrire a entrambi ospitalità qui, ma temo che la nostra vacanza coincida con la vostra.

Cordiali saluti –
Suo come sempre,
David

Il 10 giugno 1963, Victor Gollancz, l'editore di le Carré, aveva contattato sia J.B. Priestley sia Graham Greene con l'idea di ottenere dei blurb per La spia che venne dal freddo. *«Penso che lo troverà autentico in maniera inequivocabile (e davvero terribile)» scrisse.*

La risposta di Priestley finì in copertina: «Una storia costruita in maniera superba con un'atmosfera da inferno gelido». Fu tuttavia Greene che consegnò la frase che avrebbe accompagnato il libro nei decenni a seguire: Josephine Reid, la sua segretaria, trasmise il messaggio di Green, ovvero «La migliore spy story che abbia mai letto».

Quando le Carré lasciò la casa editrice dopo la pubblicazione de La spia, *Gollancz si infuriò dicendo che era stata la citazione di Greene a dare al libro la "grande occasione". Greene venne a sapere della mossa di le Carré e gli scrisse cercando di reclutarlo per la Bodley Head, dove era direttore.*

Il rapporto letterario di le Carré con Greene si delinea attraverso la sua corrispondenza e passa dalla venerazione mostrata qui alle successive osservazioni feroci sulle opinioni politiche di Greene.

A GRAHAM GREENE

Kytroplatia
Agios Nikolaos
Creta
Grecia

4 agosto 1964

Caro Mr Greene,
la ringrazio per la sua lettera del 17 luglio, che mi è arrivata oggi dopo un lungo viaggio.

Vorrei poter rispondere al suo gentile suggerimento. Nella mia ignoranza non sapevo neppure che lei fosse Direttore della Bodley Head, ma temo che sia troppo tardi. Posso solo prometterle che, se gli attuali negoziati dovessero fallire, mi metterò in contatto con lei.

Mi ha dato l'opportunità di scriverle, una cosa che volevo fare da tempo, per ringraziarla molto cordialmente per il suo sostegno. Non ho bisogno di dirle quanto questo abbia significato per me, sia a livello pratico – avendo contribuito in maniera incommensurabile al successo del mio ultimo libro –, sia a livello morale perché sono ben pochi gli scrittori, viventi o meno, il cui sostegno apprezzerei maggiormente. Ho appena terminato un altro libro che, temo, non uscirà molto prima dell'autunno del prossimo anno. Se mi permette, le invierei una copia, non per sollecitare un altro commento, ma perché gradirei moltissimo sapere cosa ne pensa.

Mi dispiace non poter prendere in considerazione al momento l'idea di venire in Bodley Head.

La prego, non si disturbi a rispondere.

Cordiali saluti,
David Cornwell

A JAMES KENNAWAY

[s.d. ma probabilmente 1964, da Atene]

Cher St Jum,
ho appena finito *The Bells*: mi sembrava adeguato cominciare dal tuo ultimo libro e, senti, sei fantastico. Sono del tutto d'accordo con la "Hudson Review".[13] Sei Dio.

Ma: mi pongo una sola domanda, se un grande scrittore

[13] *The Bells of Shoreditch* di Kennaway figurava in una "Fiction Chronicle" di Patrick Cruttwell sulla "Hudson Review" dell'estate 1964. Kennaway era il nuovo romanziere «più interessante» pubblicato in Gran Bretagna negli ultimi anni, scriveva. *The Bells* era un «vero romanzo» che condivideva alcune qualità con Jane Austen. Parla di Stella Vass, una socialista di Glasgow, che ha una relazione con J.T. Sarson, un finanziere amorale capo di Andrew, il marito di lei.

ha scritto o meno un grande libro. Mi vorresti ascoltare mentre passo alla mia superficiale critica? Come nel tuo dramma, tiri fuori un coltello così tagliente che gli altri perdono in parte il filo: Stella, la tua persona speciale. Credo che tu sia geloso dei tuoi personaggi: «Nessuno conosce Stella quanto Big Jeem, nessuno scopa Stella come fa Big Jeem». Se le dai tanta forza, non possiamo credere (io di certo non posso) che arrivi al capolinea. Se dai ad A quel genere di debolezza, è difficile da credere, ecc., noto, con l'occhio perfido e corrosivo dello scrittore, gli *ingredienti* di Stella che non ritengo necessari: lei è completa anche senza. Uno di questi è il suo socialismo, che non è reale per te, visto che non credo che lei (o tu) si interessi minimamente di politica, ma solo di classe e atteggiamenti: quindi ritengo che il risentimento dovrebbe derivare dalle sue origini, e non dall'intelletto, come probabilmente è il caso. Travisato, Cornwell. Ci sono due scene che non ho approfondito: l'avvocato (occupa la ribalta, uomo costruito; nervi da scrittore. Una scena superba senza un Big One lì) e il pezzo della conferenza di Sarson. Tipicamente, entrambe le scene sono scritte in maniera superba.

Summa summarum: poesia brillante, visioni brillanti, persone brillanti, Jum brillante. La sovrastruttura (armatore di Edimburgo, frode valutaria, politica, elegante ufficio del Trust) ha poco interesse, scricchiola, ma a chi importa? Io trovo incoraggiante & splendido che, dopo tutte le tue esagerazioni, tu esageri così male; e tu sia così *tanto*, tanto bravo a scrivere. Le persone, la poesia e il dramma sono magnifici. È bello quanto mi aspettavo. Forse più insolito. E meno esperto di quanto credessi: stupefacente. Credo che tu abbia dimostrato che cosa si deve accettare per forza: e ne hai in grande quantità. Sono convinto che tu (se superi un paio di ostacoli) scriverai qualcosa molto presto che sopravvivrà a G. Green, C. Snow, Monica Dickens e al tuo amico che ti ammira

John le Carré[14]

[14] Nel momento in cui scrivo, le sole copie disponibili su Amazon di *The Bells of Shoreditch* sono quelle di seconda mano, comprese diverse prime edizioni del 1963 a un prezzo molto modesto.

Senza data, ma con un riferimento allo sciopero di 24 ore in Austria del 13 febbraio 1965. I Cornwell si trovavano a Vienna; i Kennaway avevano preso una casa a Zell-am-See, in Austria. Le Carré diede istruzioni di inviare telegrammi firmati "Tuo Peter" per depistare i sospetti. All'inizio del 1965 avrebbe confessato alla moglie Ann che lui e Susan avevano una relazione che, secondo quest'ultima, era cominciata nel novembre 1964.[15]

A SUSAN KENNAWAY

[s.d.]

Cara,
sa il cielo quando questa ti arriverà: l'Austria è preda di uno sciopero che coinvolge Posta, telegrafo, telefono, ferrovie e aerei; e qualsiasi altra cosa riescono a pensare. Al momento è provvisoriamente per 24 ore, ma sperano in ogni modo di prorogarlo.

Perdo sempre più le speranze per te, sai? Cuore mio, cerca di capire una talpa troppo abituata all'oscurità per credere nella luce; se vivi tanto a lungo nel buio, come ho fatto io, non puoi avere sempre fiducia nella luce. Quando mi impongo di pensare a quanto abbiamo fatto fino a adesso insieme, i pasticci, le risate e il cameratismo, l'assoluta facilità e il calore dell'essere in tua compagnia, mi diventa insopportabile la completa futilità della mia vita; poi urlo il tuo nome dentro di me, stringo il tuo corpo al mio, e rido e mi rilasso, e vivo; e anche i miei figli, che mi girano intorno come fantasmi dall'espressione indecifrabile, non sono un rimprovero a quella felicità. So quanta poca fiducia hai in me – scusami, ma l'hai detto molto

[15] La relazione tra le Carré, James e Susan Kennaway avrebbe ispirato due romanzi: *Some Gorgeous Accident* di Kennaway, nel 1967, e *Ingenuo e sentimentale amante*, pubblicato nel 1971. Nel 2013, il Fringe di Edimburgo vide una messa in scena senza successo di *Some Gorgeous Accident*. Le Carré, in una lettera ai produttori, declinò la loro richiesta di contribuire alla pubblicità, ma aggiunse: «Ho chiarito da tempo la mia ammirazione per la scrittura di Kennaway e, se avessi altro da dire, lo farò con la mia tempistica e a modo mio».

spesso – e so quanta poca fiducia merito; ma se posso ancora esistere per te, tienimi, tienimi, perché ti amo.

David

P.S.: Telefonerò DOMENICA prossima al numero di *Hillie* alle 10, se potrò. (Saremo a Bonn.) Se non ci fossi, lascia un messaggio su dove ti posso chiamare (sarà una telefonata personale). In caso di emergenza, io soggiorno all'Hotel Cäcilienhöhe, Bad Godesberg, vicino a Bonn, Germania Ovest; n. di telefono Bad Godesberg 62733. Qualsiasi telegramma firmato «il tuo Peter» può arrivare direttamente lì. Io sarò lì da venerdì.

L'unica lettera a Ronnie Cornwell giunta sino a noi è stata inviata a Jeannie Cornwell insieme a un appunto scritto a mano.

A JEAN CORNWELL

Jeannie –
ho ricevuto una lettera furiosa da papà – ho mandato questa. Ho pensato che ti avrebbe fatto piacere vederla.

Con affetto D

Wien XIX
Hohe Warte 29
Austria

20 marzo 1965

Caro papà,
grazie per la tua lettera e per la copia della lettera che hai spedito a Pitman dell'"Express". Mi dispiace davvero che l'articolo ti abbia turbato. Devi capire che sono molto in difficoltà nel rispondere alle domande dei giornalisti a proposito delle mie origini familiari e di te. Tutti i giornali

hanno in archivio articoli sufficienti su di te per costruire un'immagine ben più imbarazzante di quella dipinta da me. Non va attribuita a Robert Pitman la colpa di tutto ciò che trovi poco accurato; l'articolo riferiva in maniera precisa quanto gli ho detto io. D'altra parte, va ringraziato calorosamente per non aver utilizzato materiali ben più dolorosi che aveva già a disposizione.

In questi casi la scelta è spiacevole. Se non dici niente, crei illazioni e rivelazioni sgradevoli; se fai la scelta opposta, come me, corri altri rischi.

Quando Pitman è partito da Vienna, ho telefonato a Jean e le ho chiesto di avvisare chiunque potesse – in particolare le tue sorelle, Rupert e Charlotte – dell'uscita dell'articolo dicendo che rappresentava il meglio che potessi trarre da una situazione incerta. Non potevo fare di più.

Se sei diventato schivo alla pubblicità, ti suggerisco di astenerti dallo scrivere lettere provocatorie a testate qualificate come l'"Express".

Non dici nella disapprovazione di chi sono incorso. Le uniche reazioni che ho ricevuto sono di Rupert e G.P. Ellard. Il primo era sollevato, il secondo prodigo di lodi.

Come te, spero che ti verranno concessi altri lunghi anni su questo pianeta. Di certo sarebbe più povero senza di te, e credo che questo sia qualcosa che il lettore medio possa aver dedotto dall'articolo di Pitman.

Tuo come sempre,

L'intervista di Robert Pitman sul "Sunday Express" del 14 febbraio 1965 non citava il nome di Ronald Cornwell, ma conteneva dettagli che sarebbero diventati un pilastro dei futuri scritti di le Carré su suo padre.

Tra le mani di un abile intervistatore, le Carré aveva indicato una dettagliata cronologia della sua vita a Sherborne, Berna, Oxford ed Eton. Aveva incluso i tentativi di Ronnie di diventare deputato, detto che possedeva cavalli da corsa e che aveva ospitato la squadra australiana di cricket, insieme al leggendario fantino Gordon Richards.

Pitman, un commentatore dell'"Express" e ospite abituale dei dibattiti televisivi, intervistò le Carré a Vienna, dove visse con la famiglia prima di tornare nel Regno Unito. Forse il senso di sicurezza che l'Austria dava a le Carré, oppure la prospettiva che l'"Express" avrebbe pubblicato a puntate Lo specchio delle spie, *lo incoraggiarono ad aprirsi.*

«Quando guardo indietro alla mia vita, resto inorridito al punto che vorrei tenere chiuso il coperchio» disse a Pitman. Parlò del severo nonno cristiano, il sindaco di Poole, e suggerì che quella di suo padre fosse una reazione al nonno: fece un resoconto velato degli affari di suo padre, citando una serie di grandi case nel Buckinghamshire; riferì come «abbiamo avuto ricchezza e povertà... meno avevamo, più sembrava spendessimo». Da anni quasi non vedeva suo padre, disse infine, ma sapeva che aveva firmato i libri di le Carré "Dal padre dell'autore".

Pitman descrisse le Carré come uno dei pochi autori mondiali che potesse guadagnare 500.000 sterline per un libro. Si possono solo immaginare le reazioni di Ronnie nel leggere che suo figlio stava diventando favolosamente – e legittimamente – ricco.

In seguito le Carré suggerì che l'effetto principale del suo successo sul proprio padre fu quello di far nascere in lui «la convinzione di avere dei diritti». In un incontro a Vienna al celebre Hotel Sacher, ricordò, Ronnie chiese per prima cosa al figlio una notevole somma di denaro come rimborso delle rette scolastiche, e poi di comprargli un allevamento di maiali e bovini nel Dorset. Le Carré rifiutò.

A SUSAN KENNAWAY

[s.d. ma probabilmente metà 1965]

Ho aspettato fino a oggi per scrivere. La notte restavo sveglio e speravo che il giorno sarebbe arrivato; quando andavo a letto, ti davo la buonanotte come fosse una preghiera, e quando arrivava il mattino recitavo di nuovo la preghiera, mi alzavo & trafficavo in cucina, ancora ubriaco d'amore e profondamente ferito dal dolore. Voglio scriverti questa, amore mio, non dopo averti vista, non di notte o di prima mattina, ma sotto un cielo vero, e tutto quello che riesco a vedere è il tuo viso, e le rughe che penso di aver disegnato, e gli occhi che ho reso tristi; amo tutto questo. Senti, quello che dirò è la verità. Il tuo matrimonio è sano e reale; amo il tuo matrimonio, e amo James quasi quanto te, perché amo il vostro modo di vivere e di capire, disprezzo ciò che disprezzi tu, e se tu avessi fatto un matrimonio stupido, come me, non saresti Susie.[16] Io ho fallito dove tu sei riuscita, voglio quello che hai tu, ma non te lo voglio portare via, niente. Non bramo, te lo giuro; forse lo avrei fatto sei mesi fa, ma non adesso; era l'anno di James. Nulla che tu abbia mai detto o fatto, non un sorriso né l'esitazione di un istante mi ha contrariato da quando mi sono innamorato di te. Non posso fingere di non aver invidiato James, ma non sono geloso di lui; mi piacciono i luoghi dove vivete, i vostri figli e il vostro coraggio, e credo nel vostro matrimonio. Visto che ho fatto un pasticcio con la mia vita, e sono disponibile, temo che le mie stesse infezioni si diffondano. Non *voglio* turbarti, spezzarti o ferirti; ascoltami, qui non di tratta di colpa, o di amore, ma di osservazione: tu hai creato qualcosa di reale e buono. Non farmi entrare. Voglio prendere la decisione per te. Ti ho avvisata fin dall'inizio: ho dentro troppe cose da scaricare. Non farlo.

A causa di tutto, però, non ti lascerò la scelta. Ti amo oltre ogni cosa: lo penso. Ma quando abbiamo cominciato eravamo così terribilmente diversi per esigenze e obblighi che non riesco a vedere come poter esprimere il mio amore in maniera da non distruggere ciò che costituisce la tua vita. Sai che ti venero: penso davvero di amarti abbastanza da avere il coraggio di lasciarti. Ci credi? Ti prego, non dubitare di me adesso. I pochi giorni con te, con tutti noi insieme, devono avertelo segretamente chiarito. Hai detto di sentirti meno in colpa adesso che avevi conosciuto Ann. Tu credi davvero che io mi sentissi così? Susie, amor mio, non piangere. Hai il mio cuore, tutto il mio amore; non penso che tu possa dubitarne. Trova un altro amante, oppure no. Non filosofeggiare in proposito (è

[16] Nel 1981 Susan Kennaway, in seguito Vereker, pubblicò *The Kennaway Papers*, con taccuini, lettere e diari a proposito dell'amicizia di James Kennaway con le Carré e la relazione con Susan che seguì. Scrisse che lei e le Carré avevano concordato di non poter sfasciare due famiglie e vivere insieme, anche se ci furono scenate drammatiche quando James scoprì la relazione. James Kennaway ebbe un attacco cardiaco e morì a quarant'anni in un incidente automobilistico nel dicembre 1968.

stata colpa mia, cara), ma per l'amor del cielo, sappi che cosa hai in James. Io ti sposerei, ti porterei via, farei tutto ciò che volevi; ma non lo farò mai, e devi saperlo adesso. Caro cuore, mia cara Susie, non provarci più. Scrivimi; ti amo oltre ogni cosa; scrivimi. Senti, sto scrivendo la lettera che quasi hai scritto tu, oppure hai scritto e hai strappato. Non funziona per me; tu non avresti voluto che accadesse e io sì. Questa è la verità che ci viene sempre detta, non mi sono mai sentito più vicino a te di adesso. Senti, ti sto stringendo, come farò sempre nel mio cuore, vicina a me. Sto cercando di amarti più di così e di mandarti via. Voglio dare: questo è amore. Non voglio prendere o distruggere. Voglio dare. Ti amo. Se tu vedessi un qualsiasi altro modo, se potessi onestamente vedere una qualsivoglia speranza, dimmelo. Ma io *non* distruggerò quello che hai. Ti amo. Non scrivere una lettera scontrosa. Scrivi. Io tornerò il 9.

A JEAN CORNWELL

British Consulate General
200 S. Michigan Avenue
Chicago, USA

[Timbro postale] 29 settembre 1965

Jeannie, tesoro,
immagino che tu abbia saputo da Ann – in caso contrario te lo devo dire adesso – che almeno per il prossimo futuro non tornerò in Inghilterra. Non ci sono altre persone coinvolte – non ho un'altra ragazza o niente di simile – ma le tensioni tra noi sono diventate intollerabili e temo di essere scappato. Non posso aspettarmi da te – tu, che non hai idea che le cose non erano perfette tra noi – altro che choc e sorpresa. Nell'ultimo anno o due, però, sono stato molto infelice &, all'improvviso, non l'ho più sopportato. Non credo che i ragazzi (i tuoi) debbano saperne niente a parte il fatto che sono all'estero a scrivere per un lungo perio-

do, a meno che la cosa non finisca sui giornali, come ovviamente è possibile. Ti prego, telefona ad Ann se puoi: i bambini mi mancano terribilmente, e sono piacevolmente infelice. Non scrivermi per dirmi che sono un maiale, lo so. Ma non posso cambiare adesso.

Nel caso tu non ne abbia abbastanza, il FO ha raggiunto papà, che è riuscito a entrare nel giro dell'ambasciata accumulando un enorme conto a Giacarta, si è visto confiscare il passaporto & ha detto all'ambasciatore di avere un problema temporaneo di liquidità. Vogliono "rimpatriarlo" fino a Bangkok perché gli indonesiani sono furiosi con lui. Sto cercando di scoprire cosa sia successo.

Povera, povera Jeannie, ti voglio molto bene & mi dispiace causarti tutto questo dolore. Per un po' non mi farò sentire. Davvero, *non* sono una cattiva persona, non è sciocco? E adesso ho fatto una cosa orribile.

D

A STEPHEN CORNWELL

12 ottobre 1965

Mio caro Stevie,
ti voglio tanto bene. Come stai? Ho saputo che la tua nuova scuola non è *proprio* bella come quella a Chew Magna, ma non ti preoccupare perché presto saremo tutti alla Forever House come vecchie talpe in un buco profondo e sicuro. A quanto sembra io non faccio altro che volare intorno al mondo con gli aeroplani per scrivere il nuovo libro. Ma presto sarà finito e potrò venire a festeggiare con tutta la famiglia il Natale, e divertirmi con tutti i ragazzi. Sai che cosa ho visto stasera? Un suonatore d'organetto che girava la manovella dell'organo e una scimmietta con una catena che ballava al suono della musica. Non credevo che queste cose si potessero ancora vedere a Londra. Ecco il disegno della scimmia: e dell'uomo dell'organetto. Se vuoi, lo puoi colorare.

player turning his organ and a little chained-up monkey dancing to the music. I didn't think such things were to be seen in London any more. Here is a drawing of the monkey and of the organ grinder. You could colour it.

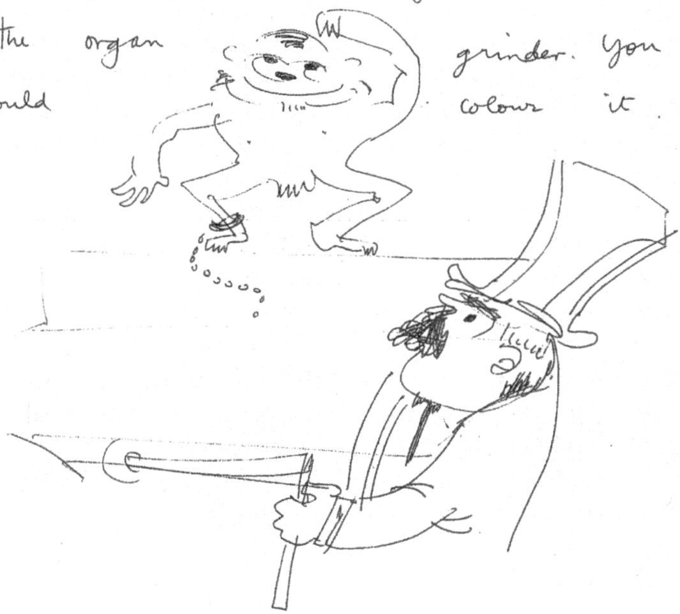

Darling Stevie, take care of Timo and Mummy, and be as dear as always. Back soon

Daddy.

Caro Stevie, abbi cura di Timo e mamma, e sii bravo come sempre.[17] Torno presto.

Papà

A JEAN CORNWELL

[Timbro postale] 14 ottobre 1965

Cara Jeannie,
è stata la lettera più bella che tu abbia mai scritto e ti voglio molto bene. *Ti prego,* abbi cura di lei perché naturalmente la amo e, anche se tutto è diventato più complesso, in qualche modo le voglio bene e sono disperato per i bambini. *Devo* ancora stare lontano da lei, sia per scrivere, sia per dare a tutto profondità e un significato durevole: credo che sia ora o mai più. *Non* potevamo andare avanti così. Ci sono momenti in cui chiamerei una macchina per precipitarmi da lei & dai bambini, ma devo resistere e resisterò. Non dirle tutto questo perché è solo doloroso & difficile da capire. Non sono Dio, ma lei *era* stufa e ha sbagliato, ne sono certo. Mi crede forte & sicuro di me stesso & tu sai quanto io sia spaventato & insicuro, e come scrivere o dipingere o avere figli equivalga a creare l'ordine dal caos: è quello che tutti facciamo ogni giorno.

Cara, cara Jeannie, bada ai tuoi figli cresciutissimi & ad Ann e ai miei figli & io ti voglio molto bene.

D

[17] Stephen aveva cinque anni e Timothy quasi tre.

A JEAN CORNWELL

Coxley House
Coxley
Nr Wells
Somerset

30 aprile 1966

Carissima Jeannie,
come va? Ho saputo per caso che stavi divorziando da papà, e questo mi ha reso *molto* felice: spero che tutto finisca senza chiasso.

Io sono piacevolmente infelice e mi piacerebbe cenare presto con te una sera. Riusciresti a organizzare qualcosa a Londra? Potremmo accordarci con un certo anticipo? Per esempio per lunedì 16 maggio? Vieni a casa mia dopo il lavoro, beviamo qualcosa poi ti porto al Savoy.

Sono certo che tu non desideri commenti a proposito della tua situazione & non ne parlerò ai bambini.

Con affetto,
David

«Fin dall'uscita de La spia che venne dal freddo*» come ricorderà in* Tiro al piccione, *le Carré era stato «bersagliato dalle invettive letterarie sovietiche, sia per aver elevato a eroe la figura della spia [...] sia per aver percepito in modo corretto la guerra fredda, ma per aver tirato le conclusioni sbagliate...»*

«Ci scambiavamo diligentemente le nostre bombe letterarie dalla trincea della "Soviet Literary Gazette", controllata dal KGB, *e da quella dell'"Encounter Magazine", controllato dalla* CIA, *consapevoli del fatto che nella sterile guerra ideologica delle parole, nessuno avrebbe vinto.»*

Alla Russia con i miei saluti, *una lettera aperta alla "Moscow Literary Gazette", venne pubblicata sul numero di "Encounter" di maggio 1966. Il periodico era stato fondato da Stephen Spender e Irving Kristol; nel 1967 si venne a sapere che era finanziato dalla* CIA.

AL DIRETTORE, "LITERATURNAJA GAZETA"

maggio 1966

"Alla Russia con i miei saluti"

Signore,
dopo la pubblicazione de *La spia che venne dal freddo* in molte lingue e paesi, ho atteso speranzoso una reazione del blocco comunista. Tanto più, forse, a causa delle reazioni molto diverse che avevo già ricevuto dai lettori americani, alcuni dei quali mi avevano accusato di aver scritto un libro "filocomunista". Ho dovuto usare l'arma della persuasione con il mio agente letterario prima che approcciasse l'Unione Sovietica e altri paesi dell'Est europeo. Per la cronaca: Romania, Bulgaria, Cecoslovacchia e Ungheria hanno rifiutato il libro senza commenti. La Polonia ha persino preso la precauzione di proteggere le case editrici dalle odiose caratteristiche del mio romanzo: un editore polacco ha riferito per due volte di non aver ricevuto la copia del mio agente, aggiungendo nella seconda lettera l'ingiunzione: «Immaginiamo sia meglio non rischiare un altro invio». Una casa editrice dei Balcani ha tagliato le pagine ritenute più biasimevoli e ha restituito le altre. È stato un po' come tirar fuori la camicia da una lavatrice guasta.

E quindi ho letto con grande sorpresa l'articolo sul vostro numero del 14 ottobre 1965, nel quale un critico russo parla della mia opera. Avrei molte domande da fare al vostro collaboratore, Mr Voinov, tanto quanto lui – a giudicare dal suo sconcerto – vedrebbe con piacere i miei chiarimenti. Immagino che mi piacerebbe chiedergli a che serva recensire libri che i suoi lettori non avranno mai il permesso di vedere. Che scopo ha nel metterli in guardia contro un male di cui, diversamente, non sarebbero al corrente? Forse, però, sarebbe meglio esprimere la mia gratitudine per il fatto che la mia opera è stata notata e limitarmi al contenuto dell'articolo di Mr Voinov.

Mr Voinov osserva, ritengo giustamente, che ho ben poco di buono da dire sulla struttura del potere britannico o sulla morale dell'intelligence britannica, e nota con lodevole precisione che ho ben poco di buono da dire anche sul sistema comunista. Dice – c'è forse qualcosa di più gradevole? – che realismo e intelligenza distinguono i miei libri da quelli del defunto Ian Fleming, e sottintende (esattamente come ha di recente sottinteso il "Daily Worker") che il veleno è più letale.

Nel mio libro che occupa gran parte della sua recensione (*La spia che venne dal freddo*) io ho paragonato, in maniera ipotetica, il comportamento dell'Est e dell'Ovest nella guerra dello spionaggio. Ho suggerito che utilizzino le stesse armi – l'inganno – e persino le stesse spie (un punto rilevato da Chruščëv molto prima di me). Per comunicare efficacemente il messaggio, ho scelto alcuni ovvi paradossi. I funzionari di servizi di intelligence opposti si sentono più vicini tra loro che ai loro controllori. Un uomo che è a libro paga di *entrambi* i servizi è un ex nazista particolarmente odioso. Il protagonista del libro ama due persone, entrambe ebree e, cedendo ai suoi istinti di onestà, distrugge entrambe. Ho inserito gli ebrei perché avevo la sensazione che, dopo Stalin e Hitler, avrebbero solleticato in maniera particolare i nostri istinti protettivi.

Con questi e con altri mezzi ho provato a sottrarre lo spionaggio alle sterili argomentazioni della guerra fredda e a concentrare l'occhio del lettore sul costo per l'Occidente, in termini morali, di combattere le armi legittimate del comunismo. Per questo motivo, il mio agente occidentale non riesce a difendersi nella disputa ideologica con il comunista che lo interroga. Il comunista dovrebbe riuscire a riconciliare la perdita di vite innocenti con il progresso della rivoluzione proletaria; l'uomo occidentale non può. [...] Sotto questo aspetto, ho suggerito che l'argomentazione comunista è più chiara di quella dell'Occidente perché vede il progresso dell'umanità in termini collettivi. [...] Per un comunista, non c'è nulla di intrinsecamente sbagliato nel sacrificare al corso della storia chi non è allineato. Se Mr Voinov non lo sa, dovrebbe leggere qualcosa di più sostanzioso del mio libro. L'uomo occidentale, al contrario, ci vede qualcosa di intrinsecamente sbagliato, ma lo fa comunque. Le inibizioni occidentali derivano dall'etica cristiana e umanistica che considera il valore dell'individuo superiore a quello della collettività. Nello spionaggio che ho rappresentato, l'uomo occidentale sacrifica l'individuo per difendere i suoi diritti di fronte alla collettività. È questa l'ipocrisia dell'Occidente, e io l'ho condannata perché ritenevo che ci portasse troppo addentro la valutazione comunista del posto dell'individuo nella società. Perché questo dovrebbe turbare Mr Voinov?

Ne *La guerra delle spie*, alla quale lei fa anche riferimento, ho cercato di trattare un aspetto diverso della stessa, difficile situazione dell'Occidente. L'impasse ideologica che ha fatto da sfondo a *La spia che venne dal freddo* viene sostituita dall'impasse psicologica di uomini le cui esperienze emotive derivano da una vecchia guerra. La musica è finita, ma loro ballano ancora. [...] Ho provato a toccare argomenti nuovi quando ho discusso il fenomeno di uomini devoti alla causa che si sono impegnati unicamente gli uni per gli altri e per i sogni che evocano collettivamente. [...] Poiché ho scelto un servizio di intelligence occidentale come veicolo per queste idee, non pensi, la prego, che non le ritenga applicabili altrove. Ne parlo perché ho sentito voci che *La guerra delle spie* potrebbe infine essere pubblicato in Unione Sovietica.

Mi rendo conto solo ora che entrambi i libri partono da un assunto che è un anatema per un comunista, e direttamente contrario alla tendenza fissata adesso dalle pubbliche relazioni del servizio segreto sovietico: che il nemico non è all'esterno, ma all'interno, che combattiamo non guardando avanti, ma indietro, non per il futuro, ma per il passato. Il problema della guerra fredda è che, come scrisse un tempo Auden, infestiamo un secolo in rovina. Dietro le bandierine che sventoliamo ci sono vecchi volti in pianto, e bambini mutilati dai fatui conflitti dei predicatori. Mr Voinov, sospetto, ha intuito nella mia scrittura la massima eresia: che nella guerra fredda non esistono vittoria o virtù, ma solo la malattia umana e la miseria politica. Quindi mi ha definito il suo apologeta (potrebbe anche aver chiamato Freud un libertino).

James Bond, d'altra parte, non infrange quei principi del comunismo. Lei lo conosce bene. È la iena che percorre i deserti del capitalismo, un antagonista identificabile, finanziato dal capitale e tenuto allegro dal fascino della società capitalista; è un nazionalista, un patriota che non batte ciglio e rende entusiasmante lo spionaggio, in realtà il tipo di persona che emerge dai diari di Lonsdale.[18] Sul suo tappeto magico, Bond ci allontana dai dubbi morali, bandisce le perplessità con l'azione e l'etica con il dovere. E, soprattutto, ha quel qualcosa in più senza il quale neppure la sua formula potrebbe funzionare: un nemico assolutamente perfido. È dalla vostra parte, non dalla mia. Adesso che lei ha reso onore alle doti che lo hanno creato, è solo questione di tempo prima di assoldarlo. Mi creda, ha preparato la scena: il Bond russo sta per arrivare.

Saluti,
John le Carré

Quando Charlotte Cornwell scoprì di essere incinta, a diciassette anni appena compiuti, il fratellastro David fu la prima persona che chiamò, e lui capì ancor prima che glielo dicesse. Volle aiutarla in ogni maniera possibile: Ann si offrì di crescere il bambino. Nel suo caso, il piccolo venne adottato.

A JEAN CORNWELL

Coxley House
Coxley
Nr Wells
Somerset

3 giugno 1966

Carissima Jeannie,
nessuno ha mai fatto di più per guadagnarsi la mia ammi-

[18] Probabilmente si fa riferimento al libro *Spy. Twenty years in Soviet secret service: The memoirs of Gordon Lonsdale*, Gordon Arnold Lonsdale, New York, Hawthorn Books, 1965. [*N.d.T.*]

razione di te negli ultimi tre giorni. Mi sono ritrovato quasi ad appoggiarmi a te.

Cara Jeannie, non rimproverarti eccessivamente. Lascia che ti dica la sensazione che si è sempre avuta dall'esterno: più o meno quanto ho scritto oggi a Rupert. Charlotte ha sofferto di un cambiamento che Rupert ha evitato. Rupert ha conservato il suo status, sia al Winchester College sia al Magdalen, e – poiché il suo orgoglio ha patito le batoste e le privazioni causate da papà – si è più o meno trasformato in un artista della fuga. Per lui l'autoconservazione è diventata un modo di vivere: dal punto di vista sartoriale, nella scelta di un argomento strano, nel salto all'esterno verso la Grecia, nel riversare amore sul padre assente, in un atteggiamento fortemente materialista.[19] Accanto a tutto questo vanno messi il suo amore per te e il suo bisogno di te. In alcuni momenti per lui la casa è stata odiosa, voleva "andarsene", ma anche chi scappa deve tornare indietro. Nel caso di Charlotte è avvenuto l'opposto. Si è assunta la responsabilità di te, e del tuo amore, ha rinunciato a papà, ha sofferto per tutti i cambiamenti, sia superficialmente sia nel suo intimo, e si preoccupava più di chiunque di voi di resistere, di inserirsi nel nuovo ambiente, nel nuovo status (inferiore). (Miss McKay ha detto che a scuola era meravigliosa, popolare, ottimo prefetto, non creava problemi ed era perfettamente integrata.) Non aveva vie di fuga, ha subito tutto e ha sofferto tutti gli sconvolgimenti letteralmente, come di dice, sul suo corpo. Quel che ha fatto credo abbia la stessa rilevanza morale di fare pipì a letto. La cosa terribile è che non c'è niente che tu potessi o possa fare per restituire loro un padre o la sicurezza sociale, né per distruggere il loro senso di essere incompleti; non c'è niente che tu potessi o possa fare per impedire a Charlotte di essere quella che soffre. Quando dici che avevi pen-

[19] Rupert Cornwell studiava greco moderno a Oxford. Premiato corrispondente estero, scriverà per Reuters, il "Financial Times" e l'"Independent" da Parigi, Bruxelles, Roma, Bonn, Mosca e, negli ultimi anni della sua vita, Washington; inoltre lavorerà per brevi intervalli a Londra. Era noto per i suoi articoli precisi e impeccabili, con un occhio acuto per distinguere i fatti dagli imbrogli che, notoriamente, sfuggivano a suo padre Ronnie.

sato che potesse succedere, che quasi ti aspettavi che accadesse, credo che tu abbia semplicemente riconosciuto che loro avevano ereditato (Charlotte in particolare) doti e circostanze che inevitabilmente si sarebbero scontrate; e sapevi che il risultato sarebbe stato tragico. Quanto a questo, concordo con te. Credo che tu abbia dato tutto, abbia fatto ogni cosa umanamente possibile per i tuoi figli, senza debolezza. Non li hai mai incatenati o spinti fuori; semplicemente hai fatto tutto il possibile, ma non potevi sconfiggere le circostanze. A mio parere, lei paga il prezzo per quello che è accaduto a *tutti* i figli di papà.

Credo inoltre che adesso tu abbia la sensazione che potrebbe anche essere un bene, che il bambino possa essere un catalizzatore, la sfida della verità in un certo senso. E condivido questa convinzione. Ti telefonerò lunedì; mi pare di capire che King sia al corrente. Cara Jeannie.

Con affetto,
D

Charlotte si riunì con il figlio, Mark Baylis, nel 2006.

I commedianti fu pubblicato nel 1966.

A GRAHAM GREENE

Coxley House
Coxley
Wells
Somerset

[s.d. ma probabilmente 1966]

Caro Mr Greene,
ho appena terminato la seconda lettura de *I commedianti* e lo trovo direi eccellente: a mio parere è il suo miglior romanzo. Spero lei si renda conto che è sulla bocca di chiunque si incontri. Non l'avrei disturbata con questa lettera

se non mi avesse disgustato la recensione di Amis, che mi è sembrata la cosa più meschina che ho letto da tempo.[20] Perché mai nessuno si sofferma sull'impianto del libro? Nella nostra epoca sono ben poche le trame che *trascinano* l'idea in maniera tanto perfetta, e pochi personaggi che in maniera tanto innocente animano la trama. È stato, ed è davvero, un libro meraviglioso. Io sono troppo legato alle idee tedesche che conosco, ma non ho potuto fare a meno di raffrontare la tesi del libro con quella dei racconti brevi di Thomas Mann: la nozione dell'artista e il suo rapporto con il cittadino. Lei afferma in maniera abbastanza casuale in termini umanistici quello che Mann aveva architettato in termini meccanici; quello che Mann ci faceva sentire a gran voce con un'orchestra, lei lo suona delicatamente in temi solitari, e avendo stabilito le sue distinzioni, non smette di riarrangiarli. Inoltre ha fatto cose strane e meravigliose con intenzione: «Mi comporto così perché le persone mi osservano» non è una nozione semplice da esprimere!

Benché si tratti di un libro che darà ai critici infinite interpretazioni (i tedeschi continueranno per sempre), è anche meravigliosamente coinvolgente. Lo ritengo un capolavoro: è quello che le sto cercando di dire.

Non si disturbi a rispondere a questa mia, e la prego, mi creda se dico che non sto cercando di ricambiare la sua generosità nei miei confronti, né di garantirmela per il futuro. Sono affascinato da un grande romanzo nella nostra epoca e glielo volevo dire.

Suo come sempre,
David Cornwell

[20] In *Slow Boat to Haiti* sull'"Observer", 30 gennaio 1966, Kingsley Amis esordiva: «Dopo circa cento pagine del nuovo romanzo di Graham Greene, si comincia con irritazione a notare lo stile». Se criticava la scelta goffa delle parole e l'uso dei trattini, ammetteva che il vivace e rabbioso ritratto di Haiti e degli haitiani rendevano il libro una "lettura obbligata".

A C.P. SNOW[21]

Coxley House
Coxley
Wells
Somerset

21 luglio 1968

PERSONALE

Caro Lord Snow,
oggi mi ha telefonato Charles Pick[22] e mi ha letto ad alta voce il suo articolo su *Una piccola città in Germania*. Questa sera l'ho potuto leggere personalmente. Non so che dire; sebbene lei, come è ovvio, lo abbia scritto pensando alla pubblicazione, aveva i pregi personali di una lettera privata. Quindi, se non mi soffermo sui vantaggi più pratici, non significa che li abbia trascurati; è che grazie a un insieme di percezione, generosità e coincidenza mi ha toccato molto nel profondo.[23] Ci ho messo due anni e mezzo per quel libro, e l'ho scritto per tre volte, una con un narratore, una senza il personaggio di Leo (Turner era un funzionario d'ambasciata) e infine nella forma attuale. A un certo punto ci ho rinunciato del tutto, e il Natale scorso ho scritto a Pick & al mio editore americano per informarli che il libro mi aveva sconfitto e di non aspettarsi nulla da me per un po' di tempo. Il tutto era doppiamente destabilizzante perché, come lei, non mi dispiace passare molto tempo su un libro: la vernice si ispessisce e ingrigisce e il soggetto cambia troppo spesso. Circa un anno fa, avevo preso in considerazione l'idea di smettere del tutto di scrivere. Oltre a tutto questo, mi sono imbattuto in una fase di diversi problemi personali interni & esterni alla mia famiglia, e

[21] Lo scienziato e romanziere C.P. Snow venne nominato Pari a vita nel 1964.
[22] Editor di le Carré da Heinemann.
[23] C.P. Snow aveva presentato le Carré in un articolo per il Book of the Month Club come «uno degli scrittori viventi di maggiore interesse».

sono stato costretto a correre in continuazione per gettare acqua sul fuoco. Più a lungo i miei editori aspettavano, più si scoraggiavano, e più urgenti si facevano le loro richieste: "per il tuo bene, non pensare..." e così via. (Escludo Pick da queste accuse!) Infine, il primo di gennaio, mi sono concesso quattro mesi, ho preso un foglio di carta bianca e ho cominciato esitante per l'ultima volta. Era, come dico, uno di quei periodi; adesso è più o meno finito e davvero non appartengo per temperamento a quell'eletta schiera di scrittori che possono lavorare solo quando sono "dell'umore giusto". Nel frattempo avevo alle spalle la tiepida accoglienza, almeno in Inghilterra, del mio ultimo libro, e davanti a me la dubbia rassicurazione che un thriller avrebbe ripristinato una reputazione in declino. Adesso immagino che si sia trattato di quello che nell'ambiente si chiama il "blocco", ma in quel momento io l'ho incassato, come tutti, in maniera molto tragica.

Quindi potrà forse capire che cosa significhi per me il suo articolo. Anche solo il suo apprezzamento mi sarebbe stato di grande conforto ma, nella forma che ha assunto, è stato molto di più. Turner che mette da parte i dubbi e agisce, che dà una forma esteriore a un viaggio interiore, con lo sguardo limpido & il cuore addolorato, e la necessità di lottare: tutti aspetti nascosti che lei ha compreso ed espresso nel suo brano, sono stati per me la sostanza stessa del libro, ma non mi aspettavo di sentirlo dire, e volevo che sapesse – forse per sua soddisfazione – quanto ho trovato le sue osservazioni incisive.

Quanto al riferimento, che ho fatto uno o due anni fa, al mio debito verso di lei, non si è trattato di semplice gentilezza. A torto o a ragione, ho sempre risposto a un senso di disperazione nei suoi libri. Non intendo dire pessimismo, e men che mai nichilismo. Nella sua privata *échelle des êtres*, tuttavia, mi imbatto sempre in persone che hanno ambizioni ma sono prive di scopo; alla fine della traversata notturna di tutti i suoi eroi, dopo lo spettrale mutamento e lo scambio di persone, io ho sempre immaginato un ritiro smarrito, disorientato. Come finirà i suoi giorni Smiley? O Turner? Temo nei vostri club e corridoi, dopo aver fatto il loro tempo, perplessi e, di tanto in tanto, profondamente indignati, seppur brevemente.

Ecco: è una parodia, lo so, di gran parte delle sue opere, ma ho pensato che le piacerebbe sapere che non stavo offrendo un *coup de chapeau* a uno scrittore più anziano e molto generoso; ho ammirato la *forma* di Graham, ma mai la metafisica; ho pensato di rispondere a una caratteristica del suo lavoro che non viene facilmente affrontata, ma che per me è vera e triste al contempo.

Questa lettera è molto confusionaria; quasi non oso rileggerla. Grazie, almeno può credere alla mia gratitudine se non alle mie doti di critico. E non le sono riconoscente per il sigillo di Good Housekeeping – anche se aiuterà moltissimo il libro – ma per la comprensione tempestiva e profondamente sagace che ha usato per il mio lavoro.

Con i miei migliori saluti a Lady Snow.
Suo come sempre,
David

A CHARLES PICK

Coxley House
Coxley
Nr Wells
Somerset

2 novembre 1968

Mio caro Charles,
ti ringrazio molto per la tua ospitalità e per la festa; mi dispiace tanto per il ragazzo tedesco, ma ecco qui; probabilmente rispecchierà, e di certo aiuterà Hans Polak,[24] che è molto stimolato dalle prospettive del libro.

So che sei molto deluso per l'accoglienza riservata al libro:[25]

[24] Hans W. Polak è stato il co-traduttore di due libri di Graham Greene.
[25] *Una piccola città in Germania.*

nel tuo intimo, mi pare tu sia più depresso di me. Io *so* che questo è il mio libro di gran lunga migliore, e so cosa devo fare per il futuro. Allo stesso modo non è un libro perfetto, e io sono uno di quegli scrittori le cui imperfezioni sono molto più interessanti delle virtù. Se devo essere onesto, sono persino allarmato per come hai incassato seriamente le recensioni; e adesso il "Times" avrà messo l'ultimo chiodo; si tratta di un cambiamento incontestabile, e quindi meschino, che io sia troppo ricco, troppo pretenzioso e troppo di tutto il resto. Per i critici, tu *devi* provare a renderti conto che io sono semplicemente troppo e basta: troppo fluente, troppo giovane e troppo capace. Ecco perché dopo *La spia* ho riconosciuto – come credo debba fare tu – che la pubblicità personale su di me è molto imprudente. Non possiamo avere entrambe le cose: se insisti, darò a Grosvenor[26] la sua volgare copia, ma non illudiamoci che contribuirà al mio riconoscimento da parte della critica. Ti aiuterò a realizzare una bella festa per il lancio, ma ogni grande nome gratuitamente associato al mio ripete in maniera monotona un'altra recensione come quelle che più ti hanno ferito. Questa lezione Jack[27] e io l'abbiamo imparata a nostre spese negli Stati Uniti: io *mi trovo* in una posizione molto equivoca. Uno scrittore di gialli che ha pretese? Un romanziere che non ha il coraggio di abbandonare la forma del giallo? Un tizio subdolo del FO fa PR con le classi alte e invita l'Establishment che sbeffeggia... e così via. In effetti io ho una sola identità che, negli anni a seguire, sarà importante per l'uno o l'altro di noi: scrivo a mio modo delle mie cose. Al momento, questo è l'anti-tempo: vorrei tanto che tu mi vedessi sotto questa luce. Ogni recensione indulgente (per me) è un vero miracolo, ed era proprio questo che ti volevo dire quella domenica sera. Quando avrò pubblicato altri tre libri, si saranno abituati a me; ma, al momento, devono vivere a disagio con ciò che hanno creato. Ma tu lo volevi *adesso* (il che è gentile) mentre io guardo a te per colmare l'abisso tra *La spia* e quel

[26] Peter Grosvenor, giornalista del "Daily Express", scriveva la rubrica sulle nuove uscite librarie.
[27] Jack Geoghegan, l'editore americano di le Carré.

riconoscimento delle edizioni successive che non ritengo arriverà per almeno dieci anni.

Ti dispiace se dico tutto questo? Ho già licenziato *Una piccola città* – devo farlo –, ma in questo modo sento di dover spiegare la differenza (come l'ho vista io) tra le nostre due reazioni. Personalmente credo che le vendite alla fine sopravvivranno all'accoglienza, perché il libro resta "una buona lettura". Non provo altro che ammirazione per il modo in cui hai messo tutto insieme: l'editing di Roland, la produzione di Nigel & le vendite di Tim.[28] Vorrei tanto, però, riuscire a mitigare la tua delusione – confessando la mia – e vorrei poterti spiegare la mia ambivalenza nell'essermi trasformato in un personaggio pubblico. Se mi sollecitassero, mi piacerebbe inciampare nella televisione e in tutti gli altri metodi facili per conquistare l'apprezzamento del pubblico. Ma la scelta più saggia, e quella per la quale mi *devi* aiutare, è quella di vedere il mio futuro di scrittore a tutto tondo, e non aspettarti ogni volta *La spia*, e *stare tranquillo*.

Non so se ho scritto a te o a me – certo, sono amaramente deluso – ma mi sembrava il momento buono per farlo se consideri che sto partendo per gli States & tu per l'Australia e abbiamo parlato di nuovi libri. Probabilmente non ti presenterò nulla di nuovo fino a quando sarà pronto in forma di libro; credo che, con tutto quello che sta succedendo nel prossimo, preferirei mostrartelo ripulito & completo. E penso anche che, fin quando non sarà pronto, io entrerò in ibernazione per un po'. Perché alla fine avranno importanza solo i libri, e *Una piccola città*, con tutti i suoi difetti, per il momento è un romanzo abbastanza ragionevole.

Come sempre,
David

Dunque, buona fortuna in Australia, ti auguro una splendida vacanza, salutami i bambini e ti penseremo a Natale.

[28] Roland Gant era il direttore editoriale di Heinemann, Nigel Hollis si occupava della produzione e Tim Manderson era il direttore delle vendite.

A JOHN MARGETSON

Coxley House
Coxley
Nr Wells
Somerset

15 giugno 1969

Mio caro John,
è molto sciocco che quando le persone sono molto lontane, quindi *hanno bisogno* di una lettera, diventa dieci volte più difficile scrivere loro, come se vivessero nella casa accanto. (Grammatica?) Miranda ha mandato due lettere ad Ann a quanto capisco, e Ann non ha ancora risposto; io ho cominciato una lunga lettera di autocommiserazione diretta a te un po' di tempo fa, e ho pensato quanto fosse stupido ammorbarti con i miei mal di testa mentre tu, laggiù, hai tanti problemi. Quindi niente.

Cominciamo dai fatti; l'altro giorno ho finito una commedia di un'ora e mezza per la televisione & al momento sono immerso in un nuovo romanzo che sta avanzando velocemente e piuttosto bene. Ho scritto la sceneggiatura del film di *Una piccola città* le cui riprese cominceranno quest'autunno, anche se non sanno *ancora* chi sarà il regista. Hanno provato con parecchi grossi nomi, ma hanno ricevuto risposte negative di diverso tipo: Karel Reisz[29] mi ha detto che, a suo parere, la sceneggiatura sviliva il libro, secondo qualcun altro sarebbe stato un suicidio professionale & tutti, compreso lo studio cinematografico, erano isterici tranne me. Quanto a me, in gran parte abuso dell'industria cinematografica, come direbbe il mio editor francese, e ho comunque dimenticato che cosa *c'era* in *Una piccola città*, quindi non deve sorprendere che la sceneggiatura non sia come il libro. In fin dei conti, le vendite van-

[29] Il regista Karel Reisz aveva mostrato interesse sia per *La guerra delle spie*, sia per *Una piccola città in Germania*. Alla fine degli anni Settanta le Carré stava lavorando a una sceneggiatura per lui di *Ingenuo e sentimentale amante*.

no bene: 100.000 copie in America, 70.000 in Inghilterra e i Frogs e i Krauts abbastanza soddisfacenti.[30] Poi, l'ultima volta che sono stato in Svizzera, ho deciso di costruire uno chalet nell'Oberland bernese dove potremmo trovare tutti rifugio – o io da solo – da un mondo sempre più caotico. Domenica prossima prenderò un aereo per controllare i lavori: dovrebbe essere pronto in novembre. [...]

Non molto tempo fa è riapparso mio padre con il suo tocco: «Le cose stanno così: settemila sterline oppure finisco all'ospizio». Hale[31] ha ascoltato quella solfa (io ero in Svizzera) e, alla fine, gliene abbiamo date mille in vecchie banconote & lui è subito partito per Madrid e, a quanto ho capito, le ha bruciate in quindici giorni.

È giugno, ma stiamo sopportando un'ondata di caldo secco feroce e del tutto poco inglese: ieri sono arrivati alcuni coraggiosi a giocare a tennis & mi hanno quasi ucciso. Un architetto del luogo, che è passato per invitarci ad aggiungere un'ala allo *Schloss*, ci ha lanciato un'occhiata e ha detto di non aver mai visto quattro uomini bellissimi radunati su un unico spiazzo erboso. Dillo a Miranda.

Ann ha venduto uno dei cavalli e gli altri sono acquattati sotto i tigli a detergersi la fronte & sognare un Pims. Ieri ho ricevuto la lettera di un'ammiratrice, una certa G.M. Pullen (Mrs.) di The Beacon, Willesborough, che conteneva la seguente perla: «Una lunga convalescenza mi ha lasciato tempo per leggere... Ho letto e riletto le sue indimenticabili e splendide parole (ovvero la mia poesia *Night of the March*), ma mi dispiace doverle dire che non le capisco». Ho passeggiato intorno al sentiero delle rose in abiti leggeri chiedendomi che risposta indimenticabile e splendida le potessi dare.

I ragazzi sono in ottima salute. Simon ha scritto una lettera furiosa lamentando la «sadica brutalità di un giova-

[30] Espressioni come "Frogs" e "Krauts" erano molto comuni in Gran Bretagna negli anni Sessanta. Le Carré usava spesso termini di slang per riferirsi alle varie nazionalità, più spesso a francesi (Frogs) e tedeschi (Krauts): non per coincidenza erano le due lingue straniere che parlava correntemente e più ammirava.

[31] H. Hale Cross, il commercialista di le Carré.

ne professore», quindi mi sono precipitato là & ho affrontato il preside:

«Ted, non pensi che lo stato delle cose sia preoccupante?»

«Sì. Sì, immagino di sì.»

«Voglio dire che potrebbe finire in tribunale.»

«Sì. Sì, immagino di sì.»

«Oppure assordare un allievo.»

«Sì. Sì, immagino che un colpo come quello potrebbe danneggiare notevolmente un orecchio.»

«Immagino che i genitori si siano fatti sentire. Vaisey lamenta ancora mal di testa e vertigini.»

«Sì. Sì, ma Vaisey è comunque un ragazzo malaticcio.»

«Credi di poter *parlare* con Mr Mullion?»[32]

«Sì. Sì, immagino di sì. Ovunque sia.»

Questo lo ha messo a posto. Poi Stevie ha scritto dalla *sua* scuola per dire che l'autista che lo portava ogni settimana al balletto, lungo la strada si fermava ai pub e diventava molto allegro, ma come risultato guidava in maniera piuttosto vivace. Abbiamo telefonato alla scuola che ha risposto che sì, lo sapevano e avevano già ricevuto delle lamentele.

Sono diventato conservatore. Rinunciare alle sicure cause liberali è stato uno dei grandi momenti catartici della mia vita. Con la coscienza addormentata posso affrontare qualsiasi cosa: Kingsley Amis, Francis Chichester e Harold Wilson. Mercoledì prossimo avrei dovuto cenare con Papandreou[33] al ristorante greco di Bayswater, ma mi sono sottratto. La politica non fa per me.

Quando ne avrai voglia, & solo allora, scrivimi una lettera e dimmi come sei *in te stesso*, come dice May, la domestica, e forse avremo il piacere di vederti qui in autunno. Mi manchi tanto; i veri amici sono molto pochi.

con affetto,
David

[32] Il preside di Simon era Ted Vidal. Mullion non era il vero nome del professore.

[33] Forse una mancata opportunità. Andreas Papandreou, immaginando che si trattasse di lui, stava sostenendo l'opposizione ai colonnelli greci che avevano preso il potere nel 1967, incarcerandolo e poi esiliandolo. Nel 1981 divenne il primo premier socialista della Grecia e una figura di spicco nella storia del ventesimo secolo.

Nei tardi anni Sessanta, il giovane divo del cinema cecoslovacco Vladimir Pucholt prese la sorprendente decisione di defezionare e restare in Gran Bretagna, dove sperava di studiare medicina. Un le Carré inizialmente scettico scrisse per suo conto a Roy Jenkins, il ministro dell'Interno, poi si offrì di sostenere la formazione medica di Pucholt se avesse trovato un posto.

A VLADIMIR PUCHOLT

California

19 novembre 1969

Caro Vladimir,
molte grazie per la tua del 12 ottobre, io sono un disastro per rispondere alle lettere, ma la tua ci ha messo molto tempo ad arrivare. È stato bello sapere dell'uscita in vela: non penso che la California ti piacerebbe. In effetti tutto quello che leggo sui capitalisti cattivi e decadenti sembra concretizzarsi qui!

Mi piacerebbe molto venire la prossima estate e andare in vela, anche se mi farai affondare.

Sono molto, molto felice che tu non rimpianga la tua decisione, e vorrei anche che sapessi che mi fa molto piacere averti potuto aiutare.[34] Quindi non sentirti oppresso dalla gratitudine: è stato uno dei momenti più utili di una vita che (nelle depressioni dell'industria cinematografica americana) sembra utilizzata molto male! Grazie per avermi scritto.

Come sempre
David

[34] In *Tiro al piccione*, le Carré scriverà di aver usato i suoi ricordi di Pucholt per creare il personaggio di Yssa, un altro ragazzo che cerca rifugio, in *Yssa il buono*. Con l'aiuto economico di le Carré, nel 1969 Pucholt conseguì la laurea di primo grado in medicina alla Sheffield University e, nel 1974, si abilitò con lode. Venne premiato con la Medaglia d'oro per medicina e chirurgia, e con la Prize Medal per gli esami finali. Ebbe una carriera di successo come medico in Inghilterra e, in seguito, in Canada.

Le Carré scrisse XXXOOO in alto alla lettera e "i brani migliori evidenziati in rosso di lato".

A CHARLOTTE CORNWELL

Sancreed House
Sancreed
Penzance
Cornwall

10 gennaio 1970

Carissima Charlotte,
sono stato molto orgoglioso del tuo spettacolo l'altra sera: *congratulazioni senza equivoci*. Buzz e Janet[35] & Jane e io, *tutti* abbiamo pensato che tu sia *andata proprio bene*.[36]

La tua posizione nel sindacato è la seguente: se un regista insiste per averti, prendi la tessera, ma lui non ti può scritturare se non l'hai ecc. Il che significa che devi essere specificamente richiesta.

Quando Karel e io ci rivedremo – il 15 gennaio per l'inizio delle riprese del film – farò lobbying per tuo conto. Buzz – che tra le molte altre cose è da tempo anche direttore dei casting – pensa che tu abbia scelto un ambiente molto difficile, quello dove la concorrenza è più spietata. *Io stesso pensavo che avessi un vero potenziale per il pathos e la commedia e che, se avessi davvero lavorato, avresti potuto diventare un grande pagliaccio donna nella tradizione italiana*, e

[35] Il produttore Robert "Buzz" Berger e sua moglie Janet conobbero le Carré nel 1969. Il produttore Herb Brodkin, uno dei più grandi nomi della televisione americana negli anni Sessanta, coinvolse Buzz in un contratto per tre film che comprendeva *Una piccola città in Germania* e gli suggerì di far conoscenza con le Carré. Janet aveva lavorato come segretaria di Brodkin. Pranzarono insieme nell'aprile 1969 e Buzz e Janet restarono amici di le Carré e Jane per cinquant'anni.

[36] Charlotte Cornwell, la sorellastra di David, aveva cominciato una carriera di attrice che l'avrebbe portata alla Royal Shakespeare Company, al Royal National Theatre e al dramma musicale televisivo *Rock Follies*, con Rula Lenska e Julie Covington. È stata il modello di Charlie, il personaggio centrale de *La tamburina*, un'attrice di sinistra del circuito di provincia inglese reclutata dall'intelligence israeliana per una letale operazione sotto copertura. I Berger non ricordano la produzione di quella sera.

che adesso sei pronta a cominciare con parti di caratterista. (Purtroppo, però, sei condannata alle parti da giovane, forse per molto tempo. La figlia incinta dei vicini nelle serie televisive, delinquenti e tutto quel letame.) Questo è il mio parere sincero e spassionato, e il prossimo anno lo sosterrò con forza. Moli idioti ti offriranno consigli, ma non faranno niente. Quindi io proverò a fare qualcosa e mi asterrò dall'esprimere opinioni: MA: il resto del cast, come è ovvio, era atroce: la produzione di una banalità che va al di là dell'immaginazione; eppure tutto era provato & moderatamente qualificato & in qualche modo stava insieme, come un plotone dell'esercito dopo 8 settimane sul terreno da parata. Di fronte a tutto questo, la tua performance è stata particolarmente efficace: *ma credo che tu avresti fatto anche meglio in una compagnia migliore, e che tu abbia sufficiente magia, sfacciataggine e capacità comiche tutte insieme per diventare una grande attrice leggera*.

Che tu ce la faccia lo sa solo Dio, è una lotteria. Dipende da te, dalla fortuna e un poco da me. Questo vale come promessa di fare la mia piccola parte per te in modo che tu possa aggiungere il resto – il notevole resto – e trovare Dio, o qualsiasi cosa e, naturalmente, *amore*.

con grande affetto,
David x x x x

JANE

...e Jane a sostenere, battere a macchina, senza mai dare consigli editoriali se non con la contrazione di un sopracciglio o la quasi impercettibile increspatura delle labbra.

Le Carré a Jean Cornwell, 7 dicembre 2009

Valerie Jane Eustace nacque il 9 aprile 1938 in una confortevole casa di South Park, Sevenoaks; non le piaceva il nome "Valerie". Venne evacuata nel Devon durante la Seconda guerra mondiale dopo che una V-1, una bomba volante o "doodlebug", cadde vicino a casa sua.

Suo padre, dentista, all'epoca era di stanza in Irlanda del Nord con l'esercito, e lei ricorderà a lungo la visita a una nave da guerra americana al largo della costa e di aver assaggiato per la prima volta un gelato.

Jane frequentò la Sherborne School for Girls, dove apriva la battuta a cricket; lei e le Carré seguiranno assiduamente il cricket. Dopo la Sherborne si iscrisse a un college per segretarie, poi trovò lavoro in campo editoriale, prima come segretaria dell'agente letterario George Greenfield, poi come pubblicista e direttore dei diritti esteri per Hodder & Stoughton.

Jane conobbe le Carré nel 1968 a un evento letterario a Birmingham. Lui la chiamava "Oysters", abbreviato in "Oy", dopo aver sentito un editore tedesco, alla Fiera del Libro di Francoforte, pronunciare "Oystace" il cognome di Jane. Tra loro si chiamavano "Eejit" e l'altro soprannome di Jane per lui era "Cow"; le loro case avevano diversi dipinti di mucche.

In seguito, le Carré passerà all'agenzia di Greenfield e alla casa editrice Hodder & Stoughton. Jane lo presentò a Bob Gottlieb, che sarebbe diventato il suo editor americano da Knopf.

Il primo libro al quale Jane lavorò con le Carré fu *Una piccola città in Germania*. «Quando il libro era a pezzi, è stata lei ad aiutarmi a metterlo insieme e a farne qualcosa» scriverà al suo psichiatra, il dottor Bockner. «La trovo compassionevole, comprensiva e decisamente intelligente.»

Jane non aveva mai lavorato come editor quando conobbe le Carré, ma batteva a macchina i suoi manoscritti e divenne la prima lettrice dei suoi libri. Il bibliotecario della Bodleian Richard Ovenden notò un «profondo processo di collaborazione» tra i due, «un ritmo nel lavorare insieme che era straordinariamente efficiente». Lei divenne la sua «collaboratrice cruciale e segreta», stando alle parole di loro figlio Nicholas.

A VIVIAN GREEN

Chalet Chamois
3823 Wengen
Svizzera

9 agosto 1970

Caro Vivian,
dal 6 al 13 settembre sarebbe perfetto. Potrebbe soggiornare allo chalet per il periodo che le aggrada: c'è sempre una stanza libera. Io sto cercando di finire un libro, quindi sarò piuttosto impegnato – durante il giorno –, ma non riesco a pensare a nulla di meglio del fatto che lei arrivi & resti, faccia passeggiate & possiamo vederci la sera. In ogni modo, ci sono giorni in cui smetto prima di pranzo & altri in cui non mi presento proprio a scuola.

Potrebbe esserci ospite qui una ragazza che in precedenza era nel campo editoriale e adesso è la mia fidanzata, assistente & quel che vuole: sono certo che le piacerà, e sarà lei a cucinare. Certo è venuta dopo la mia separazione da Ann ed è tranquilla. Gliene parlo solo nel caso vi doveste incrociare, cosa che spero avvenga.

Se volesse arrivare, quindi, dal 6 al 13 settembre & sfruttare la casa per andare & venire a suo piacimento, è più che benvenuto, & io non vedo l'ora.

Come sempre
David

Le Carré si stava preparando per la pubblicazione di un genere di romanzo molto diverso, Ingenuo e sentimentale amante.

A CHARLES PICK

Sancreed House[1]
Sancreed
Penzance
Cornovaglia

7 novembre 1970

PERSONALE & CONFIDENZIALE

Caro Charles,
per me questa lettera è molto triste e difficile da scrivere. Penso sia giunto il momento di cambiare casa editrice. Nella mia carriera di scrittore sono a un punto in cui, nel bene e nel male, mi sono congedato dal genere di libro che ha creato la mia reputazione, e ho bisogno di avere, come mai in precedenza, una fiducia assoluta nel modo in cui verrà gestita la transizione. Negli ultimi mesi, mentre il libro si avvicinava alla fine, mi sono scoperto sempre più preoccupato al pensiero se fossi o meno adatto – in questo nuovo *rôle* – alla Heinemann. Gli ultimi due libri, mi è sembrato, non hanno trovato una vera accettazione al di fuori della struttura de *La spia*: ricordo persino quando, a Parigi, tu mi hai detto che, se mi avessi conosciuto meglio, probabilmente mi avresti dissuaso dal pubblicare *Lo specchio delle spie*. Non so esattamente cosa temo per il nuovo libro, forse quella stessa commercializzazione che costituisce anche l'ammirevole forza di Heinemann; forse la proiezione

[1] Le Carré soggiornava a Sancreed House nel West Penwith, in Cornovaglia, con John Miller, il suo ex agente dell'MI5 diventato artista e padrino di Stephen, e Michael Truscott, un vasaio: scrisse in parte lì *Ingenuo e sentimentale amante*. Nell'ottobre 1969 aveva acquistato tre cottage abbandonati a Tregiffian, la sua futura casa, da un fattore del luogo. Quando finì il matrimonio di le Carré, Truscott accompagnò in macchina i suoi figli tra la Cornovaglia e Coxley House, che divenne la casa di Ann.

di un'idea sbagliata sull'argomento del libro; o forse semplicemente il prolungarsi di quella serie negativa che, dal punto di vista della critica, ha caratterizzato gli ultimi due libri. Cambiando ho l'impressione di conquistare una nuova immagine e, per contro, di non averne una vecchia da perdere. Tu e io abbiamo sempre avuto un rapporto personale di reciproca confidenza e amicizia; ma ti devo confessare di non avere, nei confronti della casa editrice nel suo insieme, la fiducia che deriva da uno stimolo editoriale bendisposto e che cresce con esso.

Non mi voglio ingannare pensando che questa notizia non sarà un brutto colpo per te; e che va contro la considerazione & l'ospitalità che mi hai sempre offerto; per non parlare delle clausole dei contratti, molto corrette & liberali, sulla quali abbiamo fatto affari. Sono certo di non essere nemmeno lontanamente il tuo autore più lucroso, ma so di significare molto per te, e mi dispiace moltissimo causarti una sofferenza personale. Questo non vuole nemmeno essere un attacco personale a Roland,[2] che è sempre stato gentile e tremendamente scrupoloso nel lavoro fatto insieme. Credo tuttavia che, con la grande saggezza professionale che hai sempre portato nel mondo dell'editoria, concorderai nel tuo intimo con me che, quando un autore sente che gli serve un cambiamento, dovrebbe farlo.

Al momento in cui scrivo non so dove andrò. Non da Tom Rosenthal, sebbene lo ammiri molto. Forse da un editore più piccolo. Ma, ovunque approderò, spero che riusciremo a concludere una separazione onesta & onorevole, allo stesso modo in cui abbiamo lavorato insieme, e sfidando il genere di rancori che sembrano costituire gran parte dell'editoria.

Infine: è stata una decisione mia, e solo mia. Forse me ne pentirò, ma di certo saprò sempre di averla presa da solo.

Tuo per sempre
David

[2] Roland Gant, direttore editoriale di Heinemann.

A JOHN MARGETSON

11 novembre 1970

Caro John,
è stato scortese da parte mia non rispondere al tuo biglietto, ma non sapevo che dire. Nell'ultimo anno sono cambiato molto e non sono particolarmente socievole; il nuovo libro[3] non mi ha lasciato grandi energie, & quelle che restano sono andate nel tener testa ai bambini & nel divorzio, e nel tentativo di risistemarmi. Capirai se non vengo stasera? Non mi sento all'altezza di dare spiegazioni, non ancora, & non fino a quando il nuovo libro sarà finito. Non mi pare di essere molto bravo con le lettere.

Ti prego di perdonarmi e lascia che riemerga tra un po'. Un bentornato in ritardo.

Come sempre
David

A JEAN CORNWELL

Tregiffian
St Buryan
Penzance
Cornovaglia

22 ottobre 1971

Carissima Jeannie,
molte grazie per il maglione. Mi fa sembrare molto maschile e cresciuto, il che immagino sia quello che dovrei essere a quarant'anni.

Venderò l'attico & vivrò quaggiù tutto il tempo. Il libro sta vendendo molto bene & ne sono davvero orgo-

[3] *Ingenuo e sentimentale amante.*

glioso nonostante qualche recensione maligna. Tra qualche anno, nessuno saprà mai come è stato accolto. Ma io avrò il mio libro.

Grazie ancora. È stato molto carino da parte tua farlo.

Con affetto,
David

I Berger avevano regalato a le Carré e Jane dei tovaglioli ricamati a mano realizzati a Wengen da due sorelle. La risposta di le Carré sembra soffusa di ritmi dickensiani da Le due città, *uno dei suoi libri preferiti.*[4]

A BUZZ E JANET BERGER

Chalet Chamois
3823 Wengen
Svizzera

8 gennaio 1972

Cari Buzz e Janet,
è stato troppo, un colpo basso, maligno, siamo stati battuti in abilità senza speranza; è stato delizioso, provvidenziale e gradito. Le sorelle infallibili li hanno realizzati nello stesso rosso della tovaglia, con un cordoncino verde, rosso e nero e i nomi a punto croce verde. Ce li hanno consegnati avvolti in un tessuto, in confezione regalo, con un messaggero rosso in viso e senza fiato; li abbiamo aperti intorno al tavolo ed è caduto un silenzio pesante, del tutto inevitabile, gli occhi si sono riempiti di lacrime ed eravamo commossi. *Dovete* averlo sentito. Vivian si è fatto tutto rosa, e ha portato il suo a casa, anche se glielo avevo proibito, quindi lo dovrà riportare il prossimo anno.

Dovete sapere il resto. Due sere prima di Natale, Jane

[4] Il 2 novembre 2010 racconta al professor Owen Dudley Edwards di tenere accanto al letto *Le due città*.

è caduta giù dalla scala di pietra, in tutta la sua lunghezza, atterrando di testa. Era piena di lividi & le girava la testa e, dopo un paio di giorni di su e giù qui, con il medico che le aveva prescritto l'aspirina, l'abbiamo caricata su un volo e mandata a Sevenoaks perché consultasse il suo dottore, che l'ha visitata con gran cura & l'ha definita miracolosamente in forma. Quindi Vivian ha mangiato tutto solo il tacchino, & ha bevuto il Bordeaux di Natale (B Br & R,[5] appositamente spedito) e noi abbiamo trascorso un periodo travagliato nel Kent a inseguire medici di turno a Natale, che hanno risposto con cortesia. Lei, tuttavia, era abbastanza in forma per vedere i bambini quando li ho portati lì, e tutto è andato *molto* bene. Ma alla fine il Natale qui non è gran cosa! Il mio libro[6] è uscito negli Stati Uniti, ma non ho visto recensioni, anche se ho sentito che i giudizi erano mediocri. Sono comunque stufo di leggerle, mi infastidiscono e basta. Il nuovo libro va bene, l'attico è venduto, la casa in Cornovaglia è meravigliosa, lo chalet è vuoto come un tamburo dopo che i ragazzi sono partiti ieri e Wengen è piena di gerrardscrossiani[7] dalle pelvi deformi vestiti di linoleum IRA. Ho visto *Conoscenza carnale* & l'ho odiato, ho visto *Cinque pezzi facili* e l'ho molto apprezzato, ma mi è piaciuto soprattutto *Io sono Valdez* e adesso voglio un fucile come Burt Lancaster.[8]

Qui tutto tranquillo, solo l'occasionale fruscio quando io o Jane ci ripuliamo le labbra. Vi mandiamo il nostro affetto e, vi prego, vediamoci presto. Magari arriveremo di soppiatto,

David

[5] Berry Bros & Rudd, commercianti di vini e liquori.
[6] *Ingenuo e sentimentale amante* era ispirato alla *liaison* con Kennaway. «È stato un tentativo di prendermi in giro, la mia vita era nel caos più completo. Avevo avuto questa complessa relazione della quale si è molto scritto e ho cercato di presentarla in modo da lavarmi la coscienza» dirà le Carré al Berliner Salon nel marzo 2020. «Il pubblico ha detto che non ha funzionato, e in gran parte concordo, ma ci ho provato.»
[7] John le Carré ha coniato il termine "Gerrards Crossers" per i membri più odiosi e cafoni dei nuovi ricchi locali. [*N.d.T.*]
[8] Nel western *Io sono Valdez,* Burt Lancaster interpreta uno sceriffo messicano-americano.

A JEAN CORNWELL

Tregiffian
St Buryan
Penzance
Cornovaglia

9 maggio 1972

Carissima Jeannie,
Jane e io ci siamo sposati furtivamente lo scorso martedì e Jane aspetta un bambino. Nessuno dei due eventi era fuori programma, ma mi sento molto felice per tutto e su di me è scesa una calma misteriosa & piuttosto produttiva. Continuo a restare qui per lavorare, visto che il mio libro procede benissimo.

Ho comprato un magnifico anello per il compleanno di Charlotte e glielo spedirò questo fine settimana (in ritardo). Desideriamo molto vedere un suo spettacolo e, *ragazzi*, se la cava benissimo.

Il bambino dovrebbe nascere in novembre.[9] Non ne abbiamo parlato perché non sembrava poi così importante: intendo il matrimonio & il trambusto e i telegrammi, che a dire il vero mi avrebbero ridotto in polvere, così come Jane.

Ti prego, di' a Rupert che gli ho comprato una scrivania. Ce l'ha Eddie[10] & la potrà vedere quando andrà da Ann. Se non gli piacesse, potrà sempre incassare, per così dire, & dire a Eddie cosa preferirebbe. È in legno di albero da frutto, in stile rustico del diciottesimo secolo.

Con l'affetto di sempre,
D

[9] Nicholas Robert Cornwell è nato il 26 novembre 1972.
[10] Eddie Nowell, un antiquario e amico intimo.

Diciotto mesi prima, le Carré aveva detto a Jeannie che lavorava per sette-otto ore al giorno a un nuovo libro, «solo un giallo per scandire il tempo».

A JEAN CORNWELL

Tregiffian
St Buryan
Penzance
Cornovaglia

26 novembre 1973

Carissima Jeannie,
è passato un secolo dall'ultima volta che abbiamo comunicato – credo che le ultime parole tra noi siano state quelle della tua cartolina da Parigi – e ti scrivo per dire che finalmente ho terminato il libro, l'ho messo a nanna ben coperto & uscirà in Inghilterra in settembre & in America in giugno; è un romanzo di spionaggio, *La talpa*. Gli editori lo apprezzano molto; io ne sono piuttosto soddisfatto; è lungo e molto accurato. Gli anticipi, se possono avere un significato, sono stati i più grossi di sempre, quindi il libro ha almeno quella che si definisce la fiducia del settore. Il tempo da qui a quando uscirà lo investirò in qualcosa di nuovo. Esausto, ecco come sono: due anni molto difficili.

Nicholas è in ottima salute, e così Jane; siamo andati in vacanza alle Bahamas, ma io stavo ancora lavorando, quindi non è stato il riposo totale che intendevamo; ma è stato ugualmente gradevole.[11] Domenica partiamo per la Svizzera (via Spagna meridionale per sei giorni di sonno) e i ragazzi arriveranno il 28 dicembre. Come al solito ci perderemo nello chalet per Natale. Simon è venuto qui per le vacanze di metà trimestre e ha dimostrato un certo talento pittorico: gli ho prenotato delle lezioni e il suo pri-

[11] Per tutta la vita, le Carré e Jane si sono ripromessi una vacanza che non sono mai riusciti a fare.

mo tentativo ha avuto un successo ridicolmente straordinario. Questa volta ha realizzato una natura morta che era piuttosto bella.

Certo: non molto tempo fa Jane & io siamo andati al Savoy per festeggiare la conclusione della bozza di lavoro; Jane ha organizzato tutto, ci siamo seduti a bere shampoo[12] prima di attaccare la pernice quando guarda un po' chi arriva, con un sorriso da un orecchio all'altro, se non il mio ex *vater*,[13] dal quale è impossibile divorziare, con la sua signora moglie, molto graziosa, e una coppia di milionari di Bournemouth, totalmente sbronzi, anche loro pronti a mangiare, spizzicare o altro in stile Savoy. Loro* avevano per le mani un piccolo problema umano molto semplice: come ammazzare tre ore fra la conclusione del pranzo al Savoy e l'inizio della cena al Savoy alla quale, in altra compagnia, erano prenotati per le sette. Jane ha suggerito una nuotata ed è caduto un silenzio pesante. Abbiamo bevuto qualcosa con loro & siamo tornati nel nostro angolo che, per fortuna, era nell'altra sala da pranzo. Le Bahamas erano straordinarie: non ci ero mai stato. Colori incredibili, popolazione chiacchierona ma deliziosa, albergo sinistro & di proprietà della mafia.

Jeannie, è di nuovo il felice periodo di Natale; non faremo tappa a Londra prima di domenica prossima; entrambi ci sentiamo sfiniti. Credo che il libro sia piuttosto valido; di certo lo *vuole* essere. L'assegno che accludo serve ad allungare un poco la tua candela natalizia e ti arriva insieme al mio più caloroso affetto di figliastro, come sempre.

Per sempre
David

[*a margine*] * Papà e Joy

[12] Le Carré usava questo slang d'epoca per lo champagne molto dopo che era andato fuori moda.

[13] "Padre" in tedesco. [*N.d.T.*]

SUDEST ASIATICO E
L'ONOREVOLE SCOLARO

L'onorevole scolaro è stato il primo libro che ho scritto sul posto e il primo – ma non l'ultimo – per il quale ho indossato la non-uniforme di un reporter per ottenere esperienze e informazioni. Commemora la prima volta che ho visto uno scambio di colpi d'arma da fuoco nel pieno della battaglia, o che ho soccorso un soldato ferito, o sentito l'odore del sangue vecchio nei campi. Parla quindi di una certa crescita, ma anche di una certa decrescita, perché la guerra altro non è se non un ritorno all'infanzia.

Le Carré per la nuova edizione di Hodder & Stoughton
de *L'onorevole scolaro*, 1989

Facendo ricerche per una trama nella quale Smiley cerca di prendersi la rivincita su Karla nel Sudest asiatico, le Carré percorse il Nordest della Thailandia, il Laos e la Cambogia con H.D.S. (David) Greenway del "Washington Post", che ufficialmente lavorava come fotografo.

Il modello per il personaggio di Jerry Westerby fu Peter Simms, giornalista inglese, spia e vecchio conoscitore dell'Asia; purtroppo non è giunta fino a noi alcuna lettera tra le Carré e Simms, che morì nel 2002.

A JOHN MARGETSON

[s.d.]

Mio caro John,
in tutta fretta; il mio nuovo libro è ambientato a Singapore & Hong Kong & nel resto di quella zona, e io ci andrò il 17 febbraio per almeno un mese. Sto scrivendo un libro di spionaggio, principalmente d'azione, e sono in cerca di colore & luoghi & conoscenze di prima mano delle tensioni locali; non è certo una denuncia.

Conosci qualcuno là che non abbia ribrezzo di me?[1] Ho una buona lettera di presentazione per Hong Kong, ancora niente a S'pore, & mi imbarazza che papà abbia un orribile curriculum laggiù, in particolare che sia noto per aver proposto affari strampalati ecc. & che sia stato cacciato via.

Se avessi qualche idea brillante, fammelo sapere. Domenica parto per la Spagna, poi vado in Svizzera.

Affettuosi saluti a tutti
David

A GRAHAM GREENE

Tregiffian
St Buryan
Penzance
Cornovaglia

7 novembre 1974

Caro Graham Greene,
dopo la nostra disputa a proposito di Philby di qualche tempo fa, mi riesce abbastanza difficile scriverle. Ma la dovrei

[1] John Margetson presto passò dal SIS al servizio diplomatico. Servì a Saigon dal 1968 al 1970.

odiare per credere che quella discussione abbia guastato la mia gratitudine nei suoi confronti per l'aiuto e l'incoraggiamento di dieci anni fa, né – per quello che vale – la mia ammirazione per il suo lavoro. Sono spinto a scrivere dalle mie visite di quest'anno in Estremo Oriente, & in particolare in Indocina: *Un americano tranquillo*, che ho riletto a Saigon, mi sembra ancora attuale quanto lo era diciannove anni fa, e di certo anche adesso è il solo romanzo che renda giustizia al proprio tema. È straordinaria la mera accuratezza del suo stato d'animo, così come lo spirito di osservazione. Il libro mi è parso ancor più reale sul posto che lontano da lì. Sono rimasto davvero molto commosso e ho sentito l'esigenza di dirglielo. Certo, adesso tutto a Saigon è abbastanza orribile. Phnom Penh è ancora bellissima, ma non per molto, e il resto della Cambogia spezza il cuore.

È davvero tutto quello che ho da dire. Il suo lavoro mi è stato di costante ispirazione, e quali che siano le nostre divergenze, la volevo ringraziare per questo e per il suo esempio. Spero che i suoi biografi non dimenticheranno la generosità che ha dimostrato verso gli scrittori emergenti, e io sono stato abbastanza fortunato da essere uno di loro. Nel caso non lo facessero, lasci che le esprima di nuovo i miei ringraziamenti.

Cordiali saluti,
David Cornwell

Greene rispose di non aver mai considerato la loro «disputa» qualcosa di serio e di essere dispiaciuto «che lei abbia continuato a pensarci».

A GRAHAM GREENE

Tregiffian
St Buryan
Penzance
Cornovaglia

12 novembre 1974

Caro Graham Greene,
molte grazie per la sua lettera: mi ha dato una grande gioia. Spero di tornare a Phnom Penh nel nuovo anno e che, per allora, il museo sia aperto. Era chiuso perché un razzo dei Khmer rossi era caduto molto vicino, tutti erano diventati *extrêmement serieux* & non c'è da stupirsi. La nuova Saigon non è decisamente visitabile, l'attuale *régime* è anche più spaventoso di quanto ci si potrebbe aspettare, ma soprattutto è morto il fascino. Qui lei è uno straordinario e riverito assente, un ricordo dei tempi perduti. «Si è seduto qui, si è seduto là» al Continental. Richard West ha appena scritto un libro, cancellato per legge, sulla Saigon attuale.[2] Non molto valido, ma è l'unico.

Suo come sempre
David Cornwell

A dispetto di questo caloroso scambio di corrispondenza, Greene definì i romanzi di le Carré troppo lunghi, scrive il suo biografo Richard Greene, e dimostrò scarso interesse nel rinnovare un rapporto personale.

[2] Richard West, corrispondente estero di lungo corso. Il suo libro *Victory in Vietnam*, pubblicato nel 1974, era una narrazione personale sulla vita e la cultura del paese, ma il suo lancio fu minacciato da una causa per diffamazione (poi fallita).

A JOHN MARGETSON

Chalet Chamois
3823 Wengen
Svizzera

5 gennaio 1975

Mio caro John,
ti ringrazio molto per la tua lettera e la cartolina, è stato bello sentirti e sapere che, be', le cose non andavano poi troppo male. Immagino che la vita del Foreign Office stia diventando sempre più difficile a livello privato, & sempre più attraente da un punto di vista professionale.[3] Una vera lotta a oltranza. Uno acquista una bella casa, magari due, fa dei progetti, mette radici, rinnova amicizie e, bingo, ecco che ritornano le assunzioni al ministero del Lavoro e le commissioni da Harrods. Ma per il lavoro questi cambiamenti fanno parte del compito: nuove sfide, grandi buchi di ignoranza da tappare al più presto, nuove persone, aria fresca, il potere sempre più vicino. Come direbbero oggi quelli del mondo dello spettacolo, si tratta di sessismo e della Grande Altalena ecc.

Sono felice che tu abbia notato il successo de *La talpa* – a dispetto di alcune brutte recensioni inglesi – & sarai stupito di sapere che London Weekend TV farà una presentazione del romanzo in 7 (o 13) puntate × 1½ ora in qualche momento di quest'"autunno" (qualsiasi cosa significhi) e altrimenti la prossima primavera.[4] Mi dispiace che tu la perderai, ma mi aspetto che sarà pessima. Ho ricevuto offerte per dei film, ma mi puzzavano. Abbiamo appena fatto/stiamo facendo, ma è quasi finita, un'ottima vacanza qui con Timo & Stephen & [...] Chris, l'amico di Timo: neve

[3] Di stanza a Saigon dal 1968 al 1970 durante la guerra del Vietnam, Margetson si trovava ora a Bruxelles come capo della cancelleria della delegazione del Regno Unito presso la NATO. Nel 1978, tre anni dopo la riunificazione del Vietnam, venne riassegnato al paese con le funzioni, per la prima volta, di ambasciatore. In seguito diventerà ambasciatore presso le Nazioni Unite e nei Paesi Bassi.
[4] Divenne una serie in sette puntate della BBC.

buona, sole perfetto, tanta felicità tutto intorno a me & io meno nevrotico di prima, e adesso stanno valutando di tornare a casa a Coxley[5] (stanno per concludere/chiudere) e a scuola. Il 63 di Cloudesley Road adesso è un gioiello di casetta, grazie a Jane & N. MacFadyean, mi piace *moltissimo*.[6] L'ala di Tregiffian è pronta – 2 stanze da letto, bagno, cucina, studio, sgabuzzino ecc. – e così gli *schlosses* sono completi & pronti a essere ingranditi. Stevie verrà da noi nei fine settimana e li porteremo a Tregiffian per le vacanze di metà trimestre & parte di quelle natalizie.

Questa volta Wengen è stata illuminata dal nostro incontro con un ambasciatore (h.c.), Paul Jolles,[7] che sembra essere il plenipotenziario svizzero per i negoziati commerciali & inoltre capo di fatto della Camera di Commercio. Un tizio molto astuto, interessante [...] & uno chalet qui che deve costare un paio di centinaia di migliaia. *Acuto*, comunque, e per fortuna un ammiratore. Quindi parliamo, non abbastanza a lungo perché mi conosca appieno, & poi beve vodka, che non mi ha mai fatto male. Dovremmo cenare insieme stasera. Il libro sul Sudest asiatico si sta concretizzando bene & tornerò a Hong Kong in aprile per osservare la flotta di Shantou aggirare qualche noiosa piccola isola dove si svolge una *scena grandiosa*[8] lungo la rotta verso Canton. I thailandesi mi hanno fatto sapere che, se mai dovessi tornare, mi metteranno dentro per aver frequentato dei malviventi nel Triangolo d'oro e aver cospirato con generali dello Stato Shan. Anche i birmani, a quanto pare, stanno affilando le armi: non è strano essere *ricercati*?

In questo periodo mi sento molto fortunato, e terribil-

[5] Ann, la prima moglie di le Carré, si era risposata: Roger Martin era un diplomatico, e vivevano a Coxley House.

[6] Probabilmente l'architetto londinese Neil Macfadyen, morto nel 2017. Cloudesley Road è stata la prima casa a Londra che le Carré e Jane hanno acquistato insieme.

[7] L'imperturbabile diplomatico svizzero, collezionista d'arte e futuro presidente del gruppo Nestlé. Paul Jolles è stato segretario della delegazione svizzera che ha negoziato la consegna dell'oro dei nazisti e dei beni tedeschi dopo la Seconda guerra mondiale. La famiglia Jolles divenne amica dei Cornwell nei mesi invernali, e fu ospite regolare a Wengen insieme alla famiglia di David Greenway, l'amico di le Carré.

[8] Il finale de *L'onorevole scolaro*.

mente solo, ma è qualcosa che nessuno può curare. Jane è in forma meravigliosa (ma ha uno strappo alla schiena) e Stevie si occupa di lei come un cavaliere. Sono appena tornati dalle compere. Simon ha ottenuto una borsa di studio in Fisica al Wadham – che *diavolo* è la Fisica? – e stasera arriva a Biggin Hill per sostenere un colloquio con la RAF per un incarico di quattro mesi! Non capisco nessuno dei miei figli, ma ho la sgradevole sensazione che loro capiscano me. Nicholas è alto quasi uno e ottanta.

Mi manchi.
un caro saluto
David

A JANE CORNWELL E "A"

Stanza 1714
The Mandarin
Hong Kong

[s.d. ma probabilmente aprile 1975]

Carissimi O, e A,[9]
l'inizio è stato sgradevole. Lufthansa è abbastanza scadente, non meglio di BOAC, non valida quanto Swissair o SAS: niente Lowenbräu o *schnapps*, razioni parche di alcolici, ma l'aereo almeno era vuoto, così ho dormito. Un DC10. Quando non dormivo, ho letto e finito il libro sulla rivolta dell'India, *The Sound of Fury* di Collier: *potresti* ordinarlo? E *potresti* chiedere a Samurai Smith[10] se ha spedito Fowles *The Politics of Opium in SE Asia*? Il Collier è bello, leggilo, un po' di Macauley preso da Morris West, ma valido.[11]

[9] "O" sta per Oysters, il soprannome di Jane. Al momento "A" non è stato identificato.
[10] John Saumarez Smith, direttore della libreria Heywood Hill di Mayfair.
[11] Scrittura non chiara: Fowles o Joules. *The Sound of Fury; An Account of the Indian Mutiny* di Richard Collier fu pubblicato nel 1963. Morris West è probabilmente l'autore australiano.

Sono arrivato qui & *Stafford*[12] mi ha accompagnato alla mia suite, tutto terribilmente discreto. Ho dormito 14 ore e pranzato con Laurence, che è stato utile. Ho scritto qualcosa, ho passato il tempo, raccolto cose, telefonato a Simms che arriverà lunedì, trattato per una barca per Po Toi (difficile & costoso), acquistato un portadocumenti, scritto, andato a una cena organizzata dai Brown[13] con uno di quei giovani milionari cinesi, ma non mi ha aiutato molto. Simms gelido al telefono perché non ho accusato ricevuta della sua roba. Che vada al diavolo. Oggi mi sono svegliato di nuovo tardi e ho impostato il 1° cap. per entrare subito nella storia. Sembra un po' strano: scrivere in albergo è inutile, ma non ci posso fare molto. Penso che sia piuttosto valido. Il mio progetto è di scrivere fin dall'inizio il maggior numero di scene entrando nei posti & nell'atmosfera & nei piccoli particolari con questi abbozzi, anche se la drammatizzazione non è giusta, così non esaurisco le munizioni.

Domani, grazie a Stafford, andrò alle corse con l'organizzatore, un generale, e domenica ceno con i Kinloch[14] che hanno avuto un'altra figlia: te li ricordi? Ieri a tarda sera sono andato da Kadoori, un playboy milionario & proiettava i filmini di lui che scia a St. Moritz.[15] Il clima è molto torrido & caldo. Adesso Saigon è quasi inavvicinabile, PP [Phnom Penh] finita, non importa a nessuno qui e nemmeno ci pensano. Per inciso, gli appunti stanno andando bene. Ho passato una brutta notte (la prima) prima di addormentarmi deciso a tornare il giorno dopo. Ma è passato & credo di fare la cosa giusta.

Se ti senti abbastanza in forze, *vorresti* provare a dividere gli appunti in soggetti/luoghi ecc., in modo che siano meglio coordinati e indicizzati?

Quelli nuovi li tengo separati in base al soggetto.

[12] L'australiano Peter Stafford era direttore generale del Mandarin, un personaggio leggendario in un albergo leggendario.

[13] Charles Brown, un architetto, e sua moglie Rosamund Brown, un'artista, molto noti a Hong Kong. Le Carré ambientò a casa loro, The Pink House, una scena de *L'onorevole scolaro*.

[14] Attualmente non identificati.

[15] Michael Kadoori, ora uomo d'affari miliardario di Hong Kong.

Mi manchi, e spesso mi volto per dirti qualcosa solo per scoprire, come accade spesso, che tu sei sconsideratamente fuggita.

Ti amo
D

Mio padre mi scrisse, a mano, una lunga lettera da Phnom Penh e la spedì alla mia scuola, descrivendo come in una sola giornata cadessero sulla città settanta razzi, e lo ricordo benissimo. Purtroppo è andata perduta, ma è rimasta questa lettera dattiloscritta successiva. Dopo i suoi viaggi di ricerca nel Sudest asiatico, decisi che il mio progetto per entrare alla Westminster School sarebbe stato sulla guerra del Vietnam. Lui mi spedì copie di "Newsweek" e "Time" sui momenti cruciali della guerra e i patch dei soldati con slogan come "Uccidi un comunista, per Dio".

A TIMOTHY CORNWELL

63 Cloudesley Road
London, N1

26 settembre 1975

Carissimo Timo,
per una volta una lettera dattiloscritta, visto che abbiamo diverse questioni amministrative da discutere.

Anzitutto ecco un orologio di riserva per te fino a quando Harrods restituirà il tuo. Sembra che ci mettano tutto il tempo del mondo.

In secondo luogo, ho parlato con mamma, che mi dice che vuole che tu faccia il vaccino antinfluenzale, quindi temo che dovrai sorridere e sopportare.

In terzo luogo la cosa più importante è la questione del tuo progetto per la Westminster. Ne ho anche discusso con mamma, che mi dice che hai un mucchio di appunti dalle ultime vacanze e molto materiale a stampa che potresti utilizzare. Mi posso sbagliare, ma tutti e due abbiamo la sensazione che, se potessi fermarti e usare il materiale che hai, lo troveresti molto più semplice di quanto credi. Le cose importanti da ricordare sono che, in passato, il Vietnam è stato colonizzato da molti popoli, ed è lì che sono cominciati i problemi: dapprima lo hanno governato i cinesi, poi lo hanno preso i francesi, poi i giapponesi hanno buttato fuori i francesi e, con la fine della guerra '39-'45, i britannici hanno sostenuto il ritorno dei francesi anziché concedere ai vietnamiti l'indipendenza che volevano. Quando i poteri coloniali hanno il controllo, è sempre la sinistra che tende a costituire l'opposizione più forte. Proprio come è stata la sinistra in Germania quella che più ha fatto per combattere il nazismo nella clandestinità. Quindi devi pensare alla crescita del comunismo in Indocina come a un esito naturale del colonialismo. Sotto Dulles, il segretario di stato americano che ha di fatto determinato la politica della guerra fredda americana, ha preso piede la teoria del contenimento, ovvero ogni volta che i comunisti minacciavano una frontiera, andavano contenuti a ogni costo. È in questo modo che la cortina di ferro in Europa è diventata così rigida: era la linea lungo la quale gli americani contenevano il comunismo. Credevano di poter fare la stessa cosa nel Sudest asiatico, ed è stata questa dottrina a portarli lì.

Ora, quando avrai recepito tutto questo, credo che la discussione con altri professori e il materiale che già hai ti possano aiutare per il resto. Io sto cercando di farti arrivare altro materiale più semplice e te lo imbucherò appena possibile. Parlerò anche a lungo con Mr Heazell[16] prima di vederci nel weekend dopo il prossimo.

La copia della lettera che si trova nell'archivio di mio padre non è firmata.

[16] Paddy Heazell, preside di Hazlegrove House; il viale serpeggiante del mio collegio sembrava ricordare la scuola di Thursgood ne *La talpa*.

Horace Hale Cross era il commercialista di le Carré, quello che gli aveva consigliato di rimanere all'estero dopo gli enormi guadagni de La spia che venne dal freddo. *Aveva la fronte alta e bombata e si firmava con grandi "H".*

A H. HALE CROSSE

63 Cloudesley Road
London, N1

2 ottobre 1975

Mio caro Hale,
qualche tempo fa le avevo promesso una spiegazione di come fossi incappato in spese di circa 2500 sterline, in gran parte non giustificate da ricevute, durante le mie esplorazioni nell'Indocina settentrionale per il mio nuovo libro, non ancora pubblicato, il cui titolo provvisorio è THE CHINA TARGET.[17]

Gran parte di quelle spese si riferiscono al periodo in cui facevo base a Chiang Mai e da lì esploravo le coltivazioni e la raffinazione illecite di papaveri da oppio nella zona del cosiddetto Triangolo d'oro che unisce Birmania, Thailandia e Laos. Grazie all'interessamento dell'esercito illegale dello stato Shan di Chiang Mai, sono riuscito a farmi scortare lungo la linea di rifornimento nel cuore della zona di coltivazione dell'oppio. A questo scopo, sono stato costretto a contribuire con 1000 dollari al loro fondo di combattimento. Probabilmente lei sa che i thailandesi tollerano gli Shan perché entrambi i gruppi si oppongono al governo di Rangoon. Gli Shan, tuttavia, sono in guerra tra loro, e il gruppo al quale mi sono mescolato aveva raggiunto una difficile tregua con i resti dell'esercito del Kuomintang, che forniva le guardie del corpo per le carovane dell'oppio. I mille dollari hanno coperto diversi passaggi dentro e fuori dagli stati Shan e, incidentalmente, mi hanno assicurato

[17] *Il bersaglio cinese.* [N.d.T.]

una notevole quantità di materiale che spero di poter inserire nel romanzo.

L'altra tratta dello stesso viaggio mi ha portato a Vientiane, dove ho fatto la conoscenza di un pilota mercenario ex Air-America (CIA) che aveva combattuto tutta la guerra segreta nel Laos. All'epoca trasportava eroina (dagli stati Shan) e diamanti a Pailin, in Cambogia, per la successiva spedizione a Battambang e Phnom Penh. Per 500 dollari mi ha permesso di volare con lui fino a Pailin, da dove ho proseguito con la merce su un altro aereo fino a Battambang. È già in suo possesso la ricevuta di una società, la Swiss-Indo, per un charter privato che opera in questa zona, ma la Royal Air Lao, la linea aerea con cui ho percorso l'ultimo tratto sopra il territorio comunista fino a Phnom Penh, non rilascia né biglietti né ricevute e da allora – come forse avrà letto – ha perso il suo unico aereo, un DC 8, in circostanze misteriose. Come potrà immaginare, su questo percorso piuttosto accidentato sono stato anche costretto a pagare per avere informazioni, oltre che per il trasporto, e l'unica, vera prova che le posso offrire di questo è contenuta nel manoscritto non ancora pubblicato!

In effetti il "Washington Post" ha pubblicato un articolo sui miei exploit nella Thailandia settentrionale e, se l'Ufficio imposte fosse curioso, immagino di poterlo scovare e presentarlo come una sorta di prova. Il loro corrispondente ha seguito una parte del mio percorso.

Come sempre,
David

Infatti il viaggio di le Carré a Battambang e attraverso il Sudest asiatico alla fine della guerra del Vietnam fu riecheggiato nei viaggi di Jerry Westerby, giornalista e spia, il protagonista de L'onorevole scolaro.

A JEAN CORNWELL

1 Gayton Crescent
London, NW3 ITT

19 ottobre 1976

Carissima Jeannie,
oggi sono emerso dai miei tre anni di tunnel & abbiamo portato il manoscritto di 650 pagine agli artisti della Xerox e stasera andrà al mio agente & editore e all'improvviso è tutto finito. Fra un giorno o due partirò di nuovo per l'Estremo Oriente per controllare un'ultima volta riferimenti & luoghi, quelli che sopravvivono. Sono molto orgoglioso del libro, ma è stata una bella maratona: non avevo mai osato niente di simile prima. Mi dispiace che le reciproche, buone intenzioni di vederci non siano state soddisfatte, ma facciamolo non appena rientro da questo viaggio – fine nov. – & prima che noi partiamo per la Svizzera per i ragazzi & poi per la nostra vacanza al sole. Il libro si chiama *L'onorevole scolaro* e, in un certo senso, è un seguito dell'ultimo: verrà pubblicato a fine ago, inizio sett, immagino. Abbiamo traslocato in un nuovo (vecchio) *schloss* quassù, dove i ragazzi possono crescere senza sbattere la testa contro il soffitto & quando rientrerò *dovrebbe* essere più o meno pronto per la tua ispezione. Non ho visto nessuno: Charlotte, Rupert, e nemmeno gli amici a dire il vero; è stato un lungo periodo di solitudine e la morte di papà – tutte le persone terribili che ho incontrato – non so come mi ha fatto trasformare in me stesso, come credo vedrai dal libro.[18]

Oh, be'. Con affetto come sempre
David

[18] Ronnie Cornwell era morto un anno prima, il 29 giugno 1975.

Mrs Ståhl scrisse il 19 agosto 1977 per dire che stava preparando una serie di articoli per la stampa svedese e finlandese sul premio Nobel per la letteratura. Aveva chiesto a diversi poeti e scrittori come dovesse essere strutturato il premio, quali scrittori del passato lo avessero meritato davvero, e cinque o sei nomi di possibili candidati.

A MRS PIRKKO-LIISA STÅHL

c/o John Farquharson Ltd
15 Red Lion Square
London, WC2A 2JR

[s.d. ma probabilmente agosto 1977]

Cara Mrs Ståhl,
è molto gentile da parte sua chiedere la mia opinione sul premio Nobel per la letteratura, ma le devo confessare onestamente di non aver mai pensato all'argomento tranne forse per riflettere che, come le Olimpiadi, un grande concetto è stato rovinato dall'avidità politica.

Cordiali saluti,
John le Carré

«Non che io sappia molto di libri preziosi» disse le Carré al pubblico della Morrab Library di Penzance, una biblioteca indipendente, ai tempi in cui ne era presidente e patrono, nel 1997. «I miei critici direbbero sicuramente che io non ne scrivo. Sono cresciuto in una famiglia senza libri, e provo una naturale simpatia per le persone che crescono senza l'esempio della lettura, o ci arrivano tardi, oppure mai.»

A PETER RAINSFORD[19]

Tregiffian
St Buryan
Penzance
Cornovaglia

28 agosto 1977

Caro Peter,
per cominciare che ne diresti di una decorosa raccolta di George Eliot, & di D.H. Lawrence, un buon volume de *I sette pilastri della saggezza*, insieme alla biografia di T.E.[20] scritta da suo fratello, e un volume della versione integrale de *Lo stampo*. Poi un *Inferno*, una raccolta dei saggi di Aristotele & saggi critici & opere principali, un Dryden, uno Swift, un Pope, un Adison, un Coleridge. Qualcosa di (Adison &) Steel[21]; Keats & Shelley; una bella raccolta di Scott; le *Antichità giudaiche* di Flavio Giuseppe; la *Storia dell'ascesa della Repubblica olandese* di Motley; un Platone; tanto Omero; *Arabian Nights: le mille e una notte* di Burton; *Il ramo d'oro* di Frazer; Wilkie Collins; qualche primo Conan Doyle sarebbe meraviglioso, preferibilmente Sherlock Holmes & i romanzi storici: prova a immaginare di mettere insieme, nel corso del tempo, una biblioteca cattolica – di base in inglese, ma con ampi investimenti nel patrimonio culturale europeo & americano – & non puoi sbagliarti di molto!

[19] Artista e libraio antiquario a St. Ives.
[20] Thomas Edward Lawrence, autore de *I sette pilastri della saggezza.* [*N.d.T.*]
[21] Joseph Addison e Richard Steele. (Le Carré scrive in modo scorretto i cognomi di entrambi.)

Sono disposto a spendere fino a circa 1000 sterline/anno, & mi piacerebbe, qua e là, trovare libri d'arte davvero validi, che amo sfogliare & che, realisticamente, potrei apprezzare. (I Maillol sono bellissimi, incidentalmente.[22]) E vale sempre la pena di parlare di qualsiasi particolare tesoro ti capiti tra le mani, come un'inattesa 1a edizione. Quanto alle fatture, più riusciranno a somigliare al genere coerente con la raccolta della biblioteca di un autore, meglio è (il che, si dà il caso, è la verità, ma i cani da caccia non la capiscono a meno che non gliela metti sotto il muso). Se riuscissi a fatturare a me (o meglio ad Authors Workshop, c/o Black Geoghegan and Till, a Kingsbourne House, 229-231 High Holborn, London WC1V 7DA) a piccoli e non a grandi lotti, probabilmente sarebbe la cosa migliore, dato che in quel caso le spese possono sembrare un costo corrente e non un grosso esborso di capitale che potrebbe tramortire. Io suggerirei mai più di 75 sterline per volta. Se ci fossero problemi di comunicazione, fatturazione ecc., p.f. telefona a Mr Crosse a quell'indirizzo: lui sa tutto. In caso di urgenza, telefonami a Londra dopo il 6 settembre perché, ovviamente, ho soltanto graffiato la superficie di ciò che vorrei mettere insieme.

Spero che tu stia bene e prosperi. Il mio nuovo libro uscirà l'8 settembre.

Con i migliori saluti
David

[22] Probabilmente Aristide Maillol, scultore e incisore francese.

Il 7 febbraio 1978, le Carré scrisse a Gerald Isaaman, storico direttore dell'"Hampstead & Highgate Express", che gli aveva chiesto se volesse recensire il nuovo romanzo di Graham Greene, Il fattore umano, *in uscita il 16 marzo. Scrisse un P.S.: Hai sentito parlare di* chutzpah?[23]

A GERALD ISAAMAN

1 Gayton Crescent
London, NW3 1TT

7 febbraio 1978

Confidenziale

Caro Gerald,
molte grazie per la tua lettera del 6 febbraio: non ho pensato affatto che fosse *chutzpah*, semplicemente ottimo giornalismo. Ho già ricevuto una bozza del nuovo romanzo di Greene e ho rifiutato l'opportunità di intervistarlo per il "New York Times". O forse lui ha rifiutato me. E ho diverse proposte per recensire il libro. Anzitutto penso che lo leggerò prima di decidere, perché non riuscirei a scrivere una recensione negativa anche se, per esempio, trovassi il libro debole quanto *Il console onorario*, o disonesto come *Una specie di vita*. È un grande scrittore che deve, come dice lui stesso, sopportare la longevità, e ho il sospetto che si tratti di un libro sottotono.

Tuttavia potrebbe anche essere che, se riesco a immedesimarmi nel romanzo, possa scrivere la recensione per "The Hampstead and Highgate Express" e non per la concorrenza.

Vorresti dirmi per favore quante parole e per quando?

Grazie di nuovo per la richiesta, e vedrò entrambi il 26.[24]

Cari saluti,
David

[23] Parola ebraica traducibile con "insolente", "impertinente", "faccia tosta". [*N.d.T.*]
[24] Sull'"Ham & High" non è apparsa alcuna recensione di le Carré de *Il fattore umano*.

GUINNESS E SMILEY

Osservarlo mentre assume un'identità è come osservare un uomo che parte per una missione in territorio nemico.

Le Carré su Alec Guinness in un tributo
per l'ottantesimo compleanno scritto nel 1993

Grazie ad Alec Guinness sono un pessimo giudice. Sul set, alla radio o davanti a un caminetto, la sua voce era così accattivante che si è impressa nella mia testa come La Voce. Il che è sciocco da parte mia, perché ho segretamente pensato che Gary Oldman fosse lo Smiley migliore, e Simon RB la voce migliore, più realistica e appassionata.

E-mail di le Carré a Simon Prince del 5 aprile 2020,
nella quale confronta lo Smiley televisivo di Guinness
con quello di Gary Oldman al cinema e quello
di Simon Russell Beale alla radio

I rapporti di le Carré con cinema e televisione ebbero inizio nel 1965, quando l'attore Richard Burton chiese di riscrivere le sue battute ne La spia che venne dal freddo, *fino al 2018 per la serie televisiva della* BBC *de* La tamburina. *Nel 1978, la* BBC *commissionò una serie in sette parti de* La talpa, *il primo adattamento televisivo del libro di le Carré.*

A SIR ALEC GUINNESS

1 Gayton Crescent
London, NW3 1TT

27 febbraio 1978

Caro Sir Alec,
le scrivo in quanto da molti anni ammiro senza riserve il suo lavoro. La BBC ha appena acquisito i diritti televisivi de *La talpa*, un romanzo che ho scritto qualche anno fa e nel quale trama, narrazione e cuore sono tutti sorretti da un solo personaggio: George Smiley. Arthur Hopcraft[1] scriverà la sceneggiatura, e sembra disposto a farmi dare di tanto in tanto un'occhiata da sopra la sua spalla. Jonathan Powell è il produttore,[2] è al corrente di questa lettera e concorda con le aspirazioni che contiene. Non ho altre responsabilità nel progetto, che è esattamente come desidero. Ma tutti noi siamo d'accordo su un punto: anche se significa chiedere la luna, vorremmo Guinness nei panni di Smiley,[3] se necessario adattando tutto il resto attorno a questo. Le riprese dovrebbero cominciare questo autunno, del Settantotto. Vorrebbe leggere il libro e prendere in considerazione la cosa? Ci permetterà di inviarle gli abbozzi

[1] Giornalista, cronista sportivo, scrittore e uno dei grandi sceneggiatori della sua epoca. L'adattamento de *La talpa* è stato l'apice della sua carriera, ma rifiutò il seguito, *Tutti gli uomini di Smiley*. Nel 1987 sceneggiò *La spia perfetta*.
[2] Produttore de *La talpa* e anche del sequel, *Tutti gli uomini di Smiley*; in seguito sarà a capo della divisione Sceneggiati e Serie di BBC e direttore creativo di BBC1.
[3] Tra i diversi ruoli di protagonista di Guinness c'era quello di James Wormwold, venditore di aspirapolvere diventato spia, ne *Il nostro agente all'Avana* di Graham Greene, la confessata ispirazione per *Il sarto di Panama* di le Carré.

della sceneggiatura non appena saranno pronti? Ritengo che pensino a otto o nove ore e, per quasi tutto il tempo, Smiley è il "motore", come dicono i tedeschi. È la prima volta che un mio libro riceve un simile trattamento, e sarebbe l'esordio di Smiley sullo schermo, tranne per un tentativo tristemente inadeguato di Rupert Davies ne *La spia che venne dal freddo* nel 1963, e una breve commedia recente di Arthur Lowe.[4] La verità è che, da quando ho cominciato a scrivere di Smiley, ho sognato che lei un giorno lo interpretasse. E non si tratta solo di chiacchiere, ma del motivo per cui adesso le sto scrivendo in maniera informale.

La prego di non disturbarsi a rispondere, ma se questo "avviso anticipato" le dovesse rendere più facile valutare i suoi impegni di lavoro, e se questi dovessero comprendere *La talpa*, è la giustificazione che mi serve per appellarmi a lei con tanto anticipo.

In ogni caso, i miei più sinceri e cari saluti e la mia costante ammirazione.

Cordialmente,
John le Carré
(David Cornwell)

A SIR ALEC GUINNESS

3 marzo 1978

Caro Sir Alec,
è stato meraviglioso ricevere la sua lettera, il cui contenuto ho comunicato questa mattina a Jonathan Powell della BBC. Se possibile, è stato ancora più felice di me quando ha saputo che, in linea di massima, lei è entusiasta all'idea di accettare Smiley.

Lasci che vada dritto ai suoi punti. 64 anni è l'età ideale.

[4] Nella breve, ma memorabile drammatizzazione della scena in *Chiamata per il morto* dove George Smiley torna a casa per trovare visitatori poco graditi (*Lively Arts*, programma della BBC, 1977).

Per la matematica, Smiley non può essere più giovane, e temo che possa essere più anziano anche se, volutamente, ho fermato il passare del tempo negli ultimi libri! Quindi nessuno si preoccupa di questo aspetto, e non deve farlo nemmeno lei. Di sicuro è energico, e a volte nel fiore degli anni; coraggioso quando serve; lui è tutto questo.

No, lei non è paffuto e *non* ha il doppio mento, anche se credo di averla vista in *rôles* in cui, quasi per un atto di volontà, ha un aspetto da cherubino! Lasci che risponda a questa domanda unitamente alla sua osservazione a proposito di Arthur Lowe perché, e parlo a titolo personale, mi consente di dire come mai da parte mia la considero lo Smiley ideale.

A parte le rotondità, lei ha tutte le altre doti fisiche: maniere miti, tese spasmodicamente, quando vuole, da una calma ultraterrena e da un'attenzione elettrizzante. Nel senso migliore del termine, lei è una compagnia scomoda, proprio come sospetto lo sia Smiley. Il pubblico vorrebbe – quando *lei* lo desidera – prenderla sotto la sua protezione. Si sente responsabile per lei, si preoccupa per lei. Non so come lei definisca quel tipo di empatia, ma è molto raro, & Smiley e Guinness ce l'hanno: quando uno di voi due scende in campo, non posso fare a meno di rabbrividire. È quindi il doppio standard – essere discreti, eppure comandare – che il suo *physique* soddisfa alla perfezione. Quanto a questo, nessun problema. E perché non Arthur Lowe? (Incidentalmente, ha fatto soltanto una commediola di otto minuti inserita in un lungo *Arts programme*, quindi non deve temere che sia già arrivato prima di lei!) Preferirei rispondere ancora una volta alla domanda "Perché Guinness?".

Per me ha a che vedere con la profondità. Smiley è come un'abbazia, costruita in periodi diversi, dettati da mode diverse e persino religioni diverse, non tutti necessariamente armoniosi. La sua autorità deriva dall'esperienza, da secoli di esperienza, compassione e, alla base, un inconsolabile pessimismo che conferisce una certa rassegnazione a gran parte di ciò che fa. Se ci pensa, Smiley ha quasi *inventato* il personaggio de *L'onorevole scolaro* con la sua mente e la sua energia creativa; così come ha quasi inventato il personaggio de *La talpa* dal suo passato.

Se mi consente, lei mi comunica molti dei suoi dolori e l'autorità quasi *archeologica* di tante vite e identità. È anche un colpevole, come tutti gli uomini che *fanno*, che insistono per l'azione. A questo lei aggiunge un altro genere di autorità, più pratica ed estremamente importante nei diversi interrogatori, nella ricerca e nel *dénouement*[5] della talpa: l'autorità del semplice *intelletto*. Noi crederemo a Guinness quando ci racconterà storie del passato, quando teorizzerà, quando agirà in base a previsioni non svelate perché, semplicemente, l'intelletto è evidente, e autorevole, il suo & quello di Smiley.

Alcuni attori sanno recitare la parte delle persone intelligenti. Altri *sono* intelligenti e risultano noiosi per una sorta di manierismo che si insinua. E molto pochi sono intelligenti e riescono a comunicarlo: ne *La talpa* questo dono sarà oro puro perché costituirà la base di altre caratteristiche – la solitudine, i crucci morali, l'umanità di Smiley – e tutto questo, grazie all'intelligenza delle percezioni del protagonista, cresce sotto i nostri occhi e a sua cura, Sir Alec.

A proposito del parlare di Smiley e delle sue esperienze, sì, certo, quanto lo desidera, a patto che io non calpesti in alcun modo il territorio di Arthur Hopcraft o quello del produttore o del regista.

Infine la memorizzazione e il problema di farle avere la sceneggiatura lasciandole tutto il tempo. Ho letto questo passaggio parola per parola a Jonathan Powell questa mattina, e secondo lui non ci sono problemi: senza dubbio, comunque, lei potrà discutere con loro di questi aspetti in maniera formale al più presto. Credo che ci vedremo tutti a pranzo il 10 marzo.

Se tuttavia volesse incontrarmi prima di allora, o dopo, ma prima che parta per la Cornovaglia, me lo faccia sapere.

Mi perdoni questa divagazione, ma contiene qualcosa

[5] *Dénouement*, in francese nel testo: "risoluzione", "scioglimento", "svelamento". [*N.d.T.*]

di buono e io non riesco a pensare se non ho una penna in mano! È comunque una prospettiva meravigliosa!

Il suo
David Cornwell

In merito all'ingaggio di Guinness, il vignettista dei quotidiani americani Jeff Danziger (si veda lettera del 4 marzo 1994, p. 389) ricordava una storia diversa, che le Carré raccontò durante una visita a New York a metà degli anni Dieci del Duemila. Davanti al pubblico del centro culturale comunitario Y della 92a Strada, le Carré aveva detto che Guinness, scusandosi, aveva rifiutato la parte affermando di essere troppo vecchio; i produttori avevano organizzato una cena durante la quale le Carré lo implorò di accettare il ruolo, e l'attore rispose di essere lusingato ma troppo impegnato. Infine le Carré, disperato, aveva detto che se Guinness non avesse acconsentito, lo avrebbero proposto a Donald Sutherland. Guinness, dopo un breve silenzio, aveva dichiarato: «Lo farò».

AD ARTHUR HOPCRAFT

Tregiffian
St Buryan
Penzance
Cornovaglia

18 agosto 1978

Caro Arthur,
credo che tu abbia compiuto meraviglie. Molte congratulazioni! Adesso con il buon vento – e sembra *tremendamente* buono – penso che potremo vedere davvero qualcosa di notevole. E, se *non fosse* buono, sono sicuro che non saranno le sceneggiature ad affondarlo. Ho ancora qualche riserva a proposito dell'1 e del 2, come probabilmente ti ha già detto Jonathan, in particolare per l'1. Credo che, con poco lavoro, sia possibile ottenere un'atmosfera più elettrica dalla strutturazione del 7 e che ci siano qua e là dei punti che vanno risolti. Forse lo penserò sempre,

ma questo è secondario. La cosa più importante è che tu l'abbia fatto, e alla grande, o come diciamo qui, in modo fantastico. Quindi, ancora una volta, le mie più sincere congratulazioni di cuore per un notevole sforzo intellettuale, un adattamento artisticamente sensibile e un'orchestrazione splendida.

Con i migliori saluti,
David

A VIVIAN GREEN

1 Gayton Crescent
London, NW3 ITT

17 dicembre 1978

Mio caro Vivian,
[...]
Ho appena terminato un nuovo libro, ancora grezzo, e lavorerò alla revisione durante l'inverno, consegnando il m.s.[6] a inizio aprile. La parte della scrittura è andata bene e, di conseguenza, è stata più veloce. Mette a riposo i Capitani & i Re lasciandomi il tempo di cominciare qualcosa di nuovo senza, forse, il tema dello spionaggio al centro.[7] Forse, finalmente, qualcosa a proposito del mio defunto padre.
[...]

Con l'affetto di sempre,
David

[6] Manoscritto. [*N.d.T.*]
[7] *Tutti gli uomini di Smiley* fu pubblicato verso la fine del 1979.

A SIR ALEC GUINNESS

1 Gayton Crescent
London, NW3 ITT

27 giugno 1979

Mio caro Alec,
Smiley è meraviglioso. Lunedì abbiamo visto gli episodi 1-3 & vedremo gli altri domani. Lei li regge tutti. Che altro posso dire? Una gamma immensa, eppure tutto entro i difficili confini del personaggio; cuore; umorismo; di tanto in tanto una furia sorprendente. È straordinario, e sono certo che quello di Smiley verrà acclamato come uno dei suoi grandi ruoli. Anche le parti dei comprimari sono quasi tutte eccellenti. Per quanto mi riguarda, Prideaux è l'unica, grave delusione, Guillam ottimo, Control e Toby entrambi buoni. Bland eccessivo, Haydon un minimo troppo scaltro, e troppo presto, sospetto, ma mi posso sbagliare. La regia ha grandi doti & nei primi 3 epis., con mio grande piacere, non ho visto nulla che mi facesse arrossire. Lisbona è troppo lontana dalla stanza/casa di Lacon, come lei sospettava, ma non è orribile come "interludio per lo schermo" quanto temevo. Tarr è davvero *molto* bravo & credo che anche la ragazza vada bene. La sequenza in Cecosl. è indebolita da un paio di cliché da spia – ed è un peccato che arrivino così presto – & dal fatto che Prideaux non si muove molto bene: i suoi tentativi di invecchiare falliscono e sembra un cammello. Tutto quello che c'è a casa di Lacon è fantastico, Oxford magnifica (Smiley-Connie ha fatto piangere Jonathan *e* Jane), le grandi scene delle riunioni con Control davvero avvincenti, Mendel affascinante & l'Islay claustrofobico e inquietante. Lacon eccellente.[8] Questa è la sum-

[8] L'"ottimo" Peter Guillam di Michael Jayston gli ha aperto la strada per essere il narratore di ventuno audiolibri di le Carré. L'attore scozzese Ian Bannen non ha incontrato il favore di le Carré come Prideaux. Control è stato interpretato da Alexander Knox, Toby Esterhase da Bernard Hepton, Roy Bland da Terence Rigby, Bill Haydon da Ian Richardson, Ricki Tarr da Hywel Bennett, Oliver Lacon da Anthony Bate e Mendel da George Sewell.

ma dei miei appunti &, in ogni caso, ho esaurito gli aggettivi, e l'altra sera ho cenato con il dottor Owen, il Medico della Morte, quindi non sono al mio meglio. Ha pensato che il suo rendimento come segretario di Stato per gli affari esteri sia stato influenzato dal jet-lag?

«No.»

Ha sentito la mancanza del Foreign Office?

«*Detesto* i burocrati» digrigna i denti. Fascino a gogo.

Abbiamo affittato un cinema privato a Piccadilly – 200 posti a sedere – & presenteremo tutti gli episodi ai miei editori esteri in un solo giorno, con inizio alle 9.30 & proseguimento fino a sera. Caffè, pranzo, champagne, rientro a casa. Hodder & Stoughton & Pan sono gli ospiti, la data il 27 luglio. Se si sentisse abbastanza in forze da arrivare al momento dello champagne e stringere qualche mano, farebbe tutti felici – lo stiamo chiedendo a tutto il cast, anche a John,[9] Arthur & Jonathan – ma capiremmo benissimo se preferisse la sua tranquillità! Le manderemo in ogni caso un invito: vorrebbe che invitassi Denis[10] alla proiezione? A Merula farebbe piacere venire? Immagino che lei preferirebbe vederlo, ammesso che lo faccia, lontano da tutto!

Le notizie dagli States in realtà sono nessuna notizia, tranne che abbiamo un paio di offerte per i diritti che dovremo rinviare fin quando avremo alle spalle l'ostacolo della Paramount. Anche la Paramount ci ha chiesto le riprese. Non ne so di più. Tranne che entrambe le offerte davano per scontato che lei *avrebbe* interpretato Smiley, e che noi non ne avremmo preso in considerazione un altro. Le voci da NY sulla serie de *La talpa* a quando pare sono molto positive – George Greenfield è tornato ieri & ha detto che tutti, ma proprio tutti, ecc. – anche se personalmente dubito molto, dopo averlo visto, che il grande pubblico americano possa godere di tale qualità, & elucubrazione mentale, su una grande rete televisiva. A mio parere è la PBS, e probabilmente è comunque meglio.

[9] John Irvin, il regista de *La talpa*.
[10] Non identificato.

Dalla lunghezza di questa lettera può vedere che il nuovo libro va a rilento...

Cari saluti a entrambi,
David

P.S. Jonathan è misteriosamente sfuggente su tutto, non ultimo perché hanno pasticciato sulla lunghezza degli episodi; & li devono far arrivare a 6 tagliando per rispondere alle esigenze degli Stati Uniti!

Tina Brown, George Will, Norman Rush e altri critici furono oggetto del brillante disprezzo di le Carré, ma Clive James occupava un posto particolare nell'elenco dei nemici della famiglia Cornwell. «Il nuovo romanzo di le Carré è due volte più lungo di quanto dovrebbe.» James cominciava così la sua recensione de L'onorevole scolaro *sulla "New York Review of Books" nel 1977. Due anni più tardi, scrisse sull'"Observer" della serie televisiva de* La talpa: *«La prima puntata è stata degna degli standard del romanzo originale. Sebbene non altrettanto incomprensibile, era ugualmente pomposa».*

AL DIRETTORE, "THE OBSERVER"

c/o John Farquharson Ltd
Bell House
Bell Yard
London, WC2A 2JR

6 ottobre 1979

Caro signore,
è divertente il fatto che, in pubblico, Clive James si chieda tormentato se debba condurre o meno una vendetta personale contro di me, e significativo che non risponda alla domanda. Forse potrei avvalermi delle sue colonne per assisterlo e, incidentalmente, risparmiargli altre domande dei lettori. Più di un anno fa avevo avvertito Sir Alec Guinness, Arthur Hopcraft e tutti quanti i produttori riu-

niti de LA TALPA che, indipendentemente dai meriti delle loro fatiche, potevamo sperare solo in ingiurie dalla penna di James. Mi sono persino spinto fino a scrivere la varietà di aggettivi che ci potevamo aspettare. Clive James non ha deluso. Forse chi si occupa di criticare implacabilmente dimentica davvero chi ha attaccato e chi aspetta ancora le sue attenzioni, ma in fondo sono passati solo un paio d'anni da quando, mentre lavorava anche in America come critico letterario, Clive James ha stroncato me e le mie opere per l'eternità in una lunga e sciatta recensione. Questo, come è ovvio, mi ha irritato, ma mi sono consolato al pensiero che un critico della televisione australiana e giunto dall'Inghilterra, che cerca di farsi strada su un nuovo mercato, deve probabilmente alzare il tiro. Trascorso qualche mese, James mi ha lanciato altre frecciate su un periodico britannico, a mia memoria proprio l'"Observer". L'occasione è stata la pubblicazione di un romanzo di Graham Greene. Dunque non serviva essere uno studioso di psicologia jamesiana per sapere che avrebbe sfruttato il libro come una clava per percuotere la serie televisiva, e la serie come clava per percuotere il libro. Per aggiungere altro divertimento c'era l'opportunità di essere assolutamente offensivo nei confronti del nostro migliore attore vivente, e James non sarebbe fatto di carne se avesse resistito alla tentazione. La spiegazione che ha fornito ai suoi lettori questa domenica, in effetti, altro non è se non una versione riveduta e riscaldata della sua recensione de L'ONOREVOLE SCOLARO pubblicata sulla "New York Review of Books". Non vedo l'ora di leggerla ancora una volta quando, il prossimo febbraio, uscirà il mio nuovo romanzo.

Cordialmente,
John le Carré

Mentre corrispondeva con l'incarnazione della spia del suo romanzo, le Carré scriveva anche al vero "C". L'ex capo di le Carré alla stazione di Bonn, Dick Franks, era stato nominato capo del Secret Intelligence Service.

A SIR DICK E RACHEL FRANKS

1 Gayton Crescent
London, NW3 1TT

[s.d. ma probabilmente inizio ottobre 1979]

Cari Dickie & Rachel,
che gentilezza da parte vostra e che allegra serata. Non so per quale motivo, ma mi ha particolarmente toccato: è lo scorrere del *tempo*, immagino, & i cambiamenti in tutte le nostre vite & quello che ci lasciamo alle spalle. Quando ci siamo visti ero tremendamente stanco e stufo: avevo passato un giorno o due impegnato in un orribile fuoco incrociato giornalistico & questo mi fa sempre sentire sporco e violato. La vostra calma mi ha fatto riprendere molto rapidamente & ho provato gratitudine per quello & per tutto il resto. Lo Stoppard[11] è *crollato* nel 2° atto, ma è stato meravigliosamente interessante &, come ha detto Rachel, molto intelligente nel dire ciò che noi tutti abbiamo sempre provato.

Di ritorno a casa abbiamo saputo che il "New York Times" pubblicherà il 14 ottobre sulla prima pagina della sua "Review" il mio pezzo sul libro di Powers,[12] il che mi fa piacere e credo che l'articolo piacerà anche a te. Probabilmente te ne spedirò oggi una copia insieme a una bozza dell'ediz. Hodder di *Tutti gli uomini di Smiley*.

Ho deciso che l'unico modo in cui poter scrivere di mio padre sia uno stile quasi documentaristico, visitando tut-

[11] *Undiscovered Country* di Stoppard, adattamento di *Terra sconfinata* del drammaturgo austriaco Arthur Schnitzler, andò in scena al National nel 1979.
[12] *The Man Who Kept the Secrets: Richard Helms and the CIA* di Thomas Powers. Le Carré lo definì «una splendida spy-story... ci parla tanto della presidenza quanto della CIA, e mi lascia spaventatissimo per entrambe».

ti i luoghi dove è accaduto qualcosa: le sue prigioni (Exeter, The Scrubs, il Zürich Bezirkgefängnis, Giacarta, Hong Kong, niente male come curriculum!), gli ippodromi dove teneva i suoi cavalli, le circoscrizioni elettorali dove si era presentato per il parlamento & così via. Credo che sarà un viaggio molto lungo e straziante, ma *oh*, è stato anche divertente! Traslocheremo di sicuro il 17 gennaio dopo la vacanza sulla neve; la nuova casa di Londra è così carina & tranquilla, & adesso non vediamo l'ora di entrarci.

Nel lungo periodo venderemo probabilmente Tregiffian & prenderemo qualcosa di più vicino e più piccolo, o forse niente, e ci accontenteremo di Hampstead & della Svizzera. Ma nel lungo periodo, come ricordò Churchill a qualche sfortunato consigliere, saremo tutti morti.

Fatemi sapere se posso essere d'aiuto. Grazie di nuovo, vi voglio bene –

David

Wilmers era tra i fondatori, in quello stesso anno, della "London Review of Books", una pubblicazione che avrebbe diretto per ventinove anni.

A MARY-KAY WILMERS, "NEW YORK REVIEW OF BOOKS"[13]

1 Gayton Crescent
London, NW3 1TT

27 novembre 1979

Cara Mary-Kay,
è stato gentile da parte tua chiedermi di recensire il Cheever,[14] e ti ringrazio per avermi spedito il libro. Mi riesce

[13] La "London Review of Books" prese nome e finanziamenti dalla "New York Review of Books" e, per i primi sei mesi di pubblicazione, fu un inserto di quest'ultima. La lettera di le Carré era indirizzata alla "NYRB".
[14] *I racconti* di John Cheever furono pubblicati da Jonathan Cape nel 1979. Nello stesso anno vinsero negli Stati Uniti il premio Pulitzer per la narrativa.

1. (*Dietro*) Olive (*a sinistra*) e Ronnie Cornwell (*a destra*) con i genitori di Ronnie, Elizabeth (Bessie) e Frank (*al centro*). (*In prima fila*) David e il fratello maggiore Tony con i genitori di Frank. Ottant'anni più tardi, le Carré chiederà la cittadinanza irlandese grazie a Bessie. 1935-36 circa.

2. Ronnie, Olive, David e Tony Cornwell. Un'immagine fugace di una famiglia felice: David aveva cinque anni quando Olive li lasciò e si rividero di nuovo quando lui aveva ventun anni. 1935-36 circa.

3. Ronnie raggiante accanto al marito della principessa Elisabetta. In quell'occasione l'Albany Sports Society Committee consegnò al duca di Edimburgo un assegno di 10.000 sterline per la National Playing Fields Association. 1950.

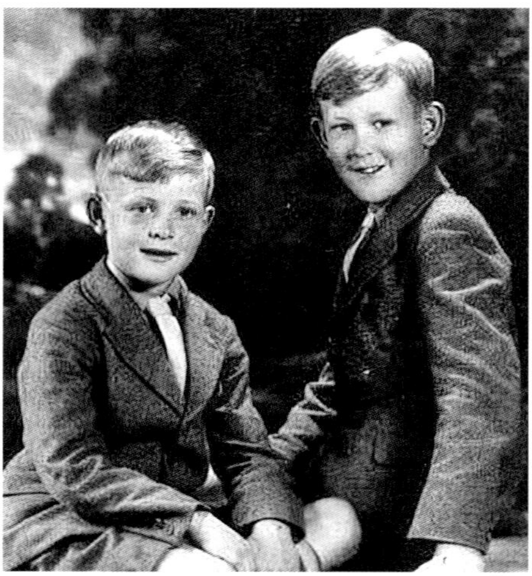

4. David e Tony Cornwell.

5. Jeannie Cornwell. Jeannie, che allora aveva ventisette anni, sposò Ronnie nel 1944; annunciatrice di guerra per la BBC, leggeva messaggi in codice destinati alla Resistenza e *Il vento tra i salici* a David.

6. David con la squadra di hockey junior della Sherborne School, 1947. David è il secondo da destra nell'ultima fila. Fu inoltre capitano della squadra di cricket junior della Westcott House e vinse il premio di poesia della scuola, ma se ne andò a sedici anni.

7. Reginald Stanley Thompson in una foto di Elliott & Fry. "Thomper", il soprannome con cui era conosciuto, fu per sedici anni direttore della Westcott House a Sherborne. Fu un uomo di convincimenti insolitamente saldi e profonda fede cristiana. 1952.

8. Cilindro e pelliccia: Ronnie, David, Jeannie e Tony Cornwell.

9. David durante una gara di discesa libera. «Quando ero un cretino inglese, ho partecipato alla gara del Lauberhorn e mi sono quasi ammazzato.»

10. David, in alta uniforme, e Ann a un ballo. Si conobbero quando lui aveva diciotto anni e lei diciassette.

11. David con la sorellastra Charlotte, figlia di Jeannie Cornwell, diciassette anni più giovane di lui.

12. Vivian Green, cappellano e tutor della Sherborne School e del Lincoln College di Oxford: fu lui il modello per la sensibilità di Smiley, la sua percezione della fragilità umana e la sua difficoltà nell'acquistare abiti.

13. Ritratto di Ann realizzato da David. Lei incoraggiò le sue ambizioni giovanili di diventare un artista commerciale.

14. John e Miranda Margetson nel giorno delle nozze, l'11 maggio 1963. Alle loro spalle Juliet, la sorella di Miranda, e le Carré, che fu il testimone dello sposo.

15. Sir Victor Gollancz. Nel 1960 pagò un anticipo di 100 sterline per *Chiamata per il morto*, opera di un «nuovo e brillante giallista», John le Carré. In seguito, accetterà di «fare un'eccezione» e pagare 175 sterline per *La spia che venne dal freddo*.

Best Seller List

August 2	August 9	August 16	This Week	An analysis, based on reports from more than 125 bookstores in 64 communities throughout the United States, showing the sales rating of the leading fiction and general titles. Sales through outlets other than bookstores are not included, and figures which are shown in the right-hand column do not necessarily represent consecutive weeks appearance on the list.	Weeks on List
				Fiction	
1	1	1	1	The Spy Who Came in From the Cold. *Le Carré*	32
2	2	2	2	Armageddon. *Uris*	10
6	5	5	3	The Rector of Justin. *Auchincloss*	4
5	3	3	4	Julian. *Vidal*	10
3	4	4	5	Candy. *Southern and Hoffenberg*	13
4	6	6	6	Convention. *Knebel and Bailey*	22
9	7	7	7	The 480. *Burdick*	7
10	9	10	8	The Group. *McCarthy*	51
			9	This Rough Magic. *Stewart*	1
7	8	9	10	The Night in Lisbon. *Remarque*	19

16. *La spia che venne dal freddo* in testa alla classifica dei bestseller del "New York Times" per la trentaduesima settimana.

17. Graham Greene. Definì *La spia che venne dal freddo* «la migliore spy story che abbia mai letto».

18. Nel 1964 la famiglia Cornwell lasciò la Germania per la Grecia dopo le dimissioni di le Carré dal Foreign Office. Si recarono a Creta e Spetses.

19. Con la pipa in mano, le Carré disegna insieme ai piccoli Simon e Stephen.

20. Richard Burton e le Carré nel 1965 durante le riprese de *La spia che venne dal freddo.*

21. Susan Kennaway, in seguito Susan Vereker. Fu la moglie dello scrittore James Kennaway fino alla sua morte precoce in un incidente d'auto. Le Carré confessò ad Ann la relazione con lei nel 1965.

22. Il regista Sydney Pollack nel periodo delle riprese di *Non si uccidono così anche i cavalli?*, uscito nel 1969. Propose a le Carré di realizzare progetti cinematografici tratti dai suoi libri, da *Una piccola città in Germania* a *Il direttore di notte.*

23. Valerie Jane Eustace divenne Jane Cornwell nel 1972 quando sposò le Carré. «La trovo compassionevole, comprensiva e decisamente intelligente» scrisse dopo il loro incontro a un evento letterario a Birmingham.

24. Personaggio leggendario del mondo editoriale americano, Robert Gottlieb fu direttore editoriale di Simon & Schuster e Alfred A. Knopf, e editor per il "New Yorker". Per le Carré era «il più grande di tutti».

25. Le Carré e Jane lavorano a *La talpa* nello studio di Tregiffian. 1974.

piuttosto difficile motivare come mai ho deciso di non farlo, ma di certo ti devo una spiegazione. Al telefono non penso abbastanza in fretta, ma poi mi è venuto in mente in maniera anche troppo chiara che, quasi per errore, avevo accettato di discostarmi da un fermo principio che mi ero prefissato quando sono diventato romanziere a tempo pieno: ovvero non lasciarmi mai coinvolgere nelle recensioni sulla scena londinese, non confondere mai il settore produttivo con quello dei servizi. Farlo per il "New York Times" è qualcosa di remoto, ma nel caso delle riviste letterarie londinesi rimarrei direttamente coinvolto in una faziosità con la quale trovo difficile convivere fin quando resterò in Inghilterra. Credo che Cheever sia un magnifico narratore ma so che, se lo dovessi dire nel contesto di una rivista letteraria di Londra, darei la sensazione di perorare la causa degli scrittori di narrativa come me a detrimento di tendenze più alla moda. Nella prosa inglese lo ritengo migliore di chiunque altro in questo paese, ma è un punto di vista che assumerebbe un significato sproporzionato se affermato qui.

Probabilmente sto dicendo che trovo già abbastanza difficile essere un romanziere di successo che vive in Inghilterra – niente è come i colpi dell'artiglieria amica – senza anche addentrarmi nei campi minati della scena letteraria londinese. Mi dispiace.

Con i migliori saluti
David

Buzz Berger, l'amico di le Carré, con la sua Titus Productions aveva proposto di trarre un film da Tutti gli uomini di Smiley. *Nel 1978, Berger aveva prodotto la serie* Olocausto *che vinse un Emmy.*

A BUZZ BERGER

1 Gayton Crescent
London, NW3 1TT

29 novembre 1979

Mio caro Buzz,
che caos!

Temo che la spiegazione sia tanto semplice da essere scoraggiante. Per non so quali motivi, Guinness da una parte è stato molto soddisfatto dell'accoglienza riservata a LA TALPA qui e per come è stato trattato dalla BBC, dall'altra era perplesso e guardingo perché non siamo stati in grado di offrirgli subito un film di TUTTI GLI UOMINI DI SMILEY. Vedeva la cosa trascinarsi, ben conscio del fatto che Hollywood non lo considerava un divo, e l'idea che, per sostenerlo, sarebbero stati tirati dentro attori di fama lo ha ferito molto. Ha un istinto acutissimo – forse in maniera eccessiva – per queste cose e, oltretutto, temeva che la faccenda si sarebbe dilungata senza fine. Dunque è forse comprensibile che sia giunto alla soluzione più sicura e vicina, annunciando che avrebbe preferito tornare alla BBC con la vecchia squadra. In questo caso né Irvin né Hopcraft sono liberi, quindi la vecchia squadra sta già assumendo un aspetto nuovo. Gli abbiamo offerto l'alternativa di molto più denaro e di una produzione indipendente, preferibilmente con Titus. Ma anche in questo caso temeva che avremmo perso quella che insiste nel definire la "raffinatezza" della prima produzione.

Ecco qui. So benissimo che abbiamo buttato via la partita ancor prima che la palla venisse lanciata, ma è stato impossibile convincere Guinness, e anche adesso il suo agente sta facendo forti dichiarazioni sul "dover girare" nel novembre 1980. In verità, credo, stiamo trattando con un grande attore di 67 anni che ha la sensazione che non ci sia per lui un gran numero di ruoli importanti da interpretare, e non chissà quanti anni per farlo. Dice di voler tenere in vita Smiley dentro di sé e che prima riuscirà a tornare da Smiley – o, in alternativa, a liberarsene – più sarà felice.

Spero che un giorno tu e io riusciremo a combinare qualcosa. Nel frattempo, ti prego di accettare le mie scuse più sentite e di volerle comunicare a Herb.[15] Per lo meno è stato meraviglioso contemplare per un po' l'idea di una collaborazione con Titus.

Tuo come sempre,
David

AD ANTHONY SAMPSON[16]

1 Gayton Crescent
London, NW3 1TT

[s.d. ma *Tutti gli uomini di Smiley* è stato pubblicato nel novembre 1979]

Caro Anthony,
è stato molto gentile da parte tua scrivere, & sono molto felice che tu ti sia appassionato a *Tutti gli uomini di Smiley*. Non so come, ma scriverlo mi ha intristito: la morte spirituale di un funzionario britannico lasciato a se stesso, Smiley come un anacronismo condannato, me come un altro,[17] tutto sembrava senza speranza. Poi, non so come, è diventato

[15] Herbert Brodkin, il socio di Buzz Berger nella Titus Productions.

[16] Giornalista e autore di *Anatomy of Britain;* condivise con le Carré l'editore Robin Denniston; contribuì alla ricerca sul traffico d'armi ne *Il direttore di notte*.

[17] Nella scena finale di *Tutti gli uomini di Smiley*, Karla attraversa il ponte «sapendo di aver rinunciato all'assolutismo del suo credo», ha detto le Carré al Berliner Salon il 3 marzo 2020. «Smiley sa di aver rinunciato all'umanesimo e ha usato l'amore di Karla per la propria figlia per ricattarlo, e questa è una grande vergogna per Smiley.» Il romanzo di le Carré rimasto incompiuto alla sua morte comprendeva un ultimo incontro fra i due.

divertente & Toby[18] mi ha aiutato. Immagino che in realtà possa valere per qualsiasi cosa: quando arrivi in vetta alla montagna, vedi solo pigmei & miglia & miglia di niente!

All'inizio di dic parto per l'estero e tornerò a fine gen. Incontriamoci & facciamoci una bella chiacchierata allora.

Grazie di nuovo, con affetto a entrambi
David

A SIR DICK E RACHEL FRANKS

Chalet Chamois
3823 Wengen
Svizzera

15 dicembre 1979

Cari Dick & Rachel,
vi arriva questa al posto del disegno di scoiattoli ubriachi che danzano intorno all'agrifoglio & serva ad augurare a entrambi un felicissimo Natale & Anno Nuovo, & a mandare il nostro affetto alla famiglia. [...]

Il 17 gennaio[19] traslocheremo nella nostra nuova (vecchia) casa di Hampstead. Jane insiste nel gestire il trasloco da sola: ha qualche strana idea che io possa essere d'intralcio. Poi, il prossimo anno, abbiamo intenzione di eliminare Tregiffian, temo, perché vorremmo far base a Londra, viaggiare di più e, in linea di massima, ridurre le spese generali amministrative & finanziarie.[20] Uno dei motivi è la sen-

[18] Toby Esterhase, che le Carré considerava teatralmente fraudolento, con i suoi modi di un cameriere del centro Europa che avrebbe venduto anche la madre; sospettato da Smiley ne *La talpa* e suo compagno in *Tutti gli uomini di Smiley*; un personaggio che le Carré apprezzava. «Toby era una sorta di imbroglione di fiducia, un mitteleuropeo che si era attribuito un elegante nome ungherese e non lo scriveva correttamente.» Berliner Salon, 3 marzo 2020.
[19] A Gainsborough Gardens, Hampstead.
[20] Periodicamente, le Carré annunciava che si sarebbe stabilito a Hampstead o in Cornovaglia, ma tenne entrambe le case fino alla morte.

sazione che adesso io *debba* scrivere i libri più rischiosi che avevo rimandato & non possiamo far conto per sempre su grosse royalty. Quindi vogliamo tagliare un po' le spese, in maniera da poter essere, se necessario, autosufficienti & non spendere tanto per case che non occupiamo spesso. Negli ultimi mesi ho tentennato tra il libro su mio padre & un altro che mi *piacerebbe* scrivere sul terrorismo, ma alla fine ho preferito quello su papà & qualche lavoro teatrale & ho accantonato quello sul terrorismo, non ultimo perché, quando ho cominciato a indagare ad Amsterdam, Amburgo & così via, ho scoperto che l'argomento era così indicibilmente monotono da non sentirmi di affrontarlo per due anni, o almeno non prima di aver fatto qualcosa di più divertente! Il mio *Tiefpunkt*[21] è stato un disgustoso avvocatuccio di Amburgo che è, o era, la rovina della vita di Hans Horchem,[22] e sembra aver assunto la difesa di molti aderenti di spicco della Baader-Meinhof: un certo Groenewold,[23] una malaerba. Non so come, ma lui è stato il punto di svolta. Il terrorismo in seguito, ho deciso: *adesso* papà.

Qui c'è bel tempo, ovvero neve buona & altra prevista & mentre scrivo grandi fiocchi cadono sulla quiete pre-stagionale del villaggio. Useremo di più lo chalet come posto dove scrivere, credo, e come casa vacanze part-time per i bambini adulti (!) quando riusciranno. Le prime recensioni di *Tutti gli uomini di Smiley* sono buone: dagli States, dove è appena uscito, "Time" e "Newsweek" le presenteranno lunedì nei numeri datati 24 dicembre; la sezione a colori del "Telegraph" ne pubblica dei brani a puntate, così come l'"Evening Standard". La data di pubblicazione in UK è il 3 febbraio. La serie televisiva de *La talpa* è diventata quasi una follia: sciopero di ITV, la faccenda di Blunt come una sorta di sequel pubblico, per non parlare dell'invio di Smiley in Irlanda.[24] Quest'inverno,

21 Punto più basso.

22 Hans Josef Horchem era il responsabile della lotta al terrorismo in quanto presidente dell'Ufficio per la protezione della Costituzione di Amburgo. Divenne un esperto di terrorismo e della Rote Armee Fraktion.

23 L'avvocato di Amburgo Kurt Groenewold venne condannato e radiato dall'albo negli anni Settanta per aver rappresentato i membri della banda Baader-Meinhof.

24 Nel novembre 1979, il primo ministro Margaret Thatcher dichiarò che il professor Sir

Guinness farà *Tutti gli uomini di Smiley*, se andrà tutto bene, ma la BBC vorrebbe farlo a marzo 1981 per motivi di budget, quindi il grande G dice «allora facciamo un film». L'idea di tornare sulla scena di Hollywood mi spaventa a morte, ma in un modo o nell'altro credo che cominceremo le riprese in nov.

Con grande affetto a voi tutti & l'augurio di un felice 1980. Presto vi mostreremo il nostro nuovo *schloss*.

Cari saluti
David

Alla fine, arrivò prima il romanzo sul terrorismo; La tamburina *uscì nel 1983 dopo* Tutti gli uomini di Smiley *e* La spia perfetta *seguì nel 1986.*

La lettera di Vivian Green a le Carré è andata perduta, ma la risposta di le Carré suggerisce che Green si fosse reso conto per la prima volta di essere stato un modello per George Smiley.

A VIVIAN GREEN

9 Gainsborough Gardens
London, NW3 1BJ

12 febbraio 1980

Mio caro Vivian,
mi ha fatto piacere che lei abbia colto i riferimenti. Ero diffidente in proposito & mi ha sempre divertito, in segreto, l'idea che lei non sembrasse notare da dove venisse gran parte di Smiley: la sua umanità, almeno, la sua percezione della fragilità umana & la sua difficoltà nell'acquistare abiti![25]

Anthony Blunt era una spia sovietica e illustrò i particolari del caso. «L'invio di Smiley in Irlanda» è un mistero.

[25] Le vivaci giacche di tweed e i pantaloni di pelle di Green venivano notati con ironia dagli studenti del Lincoln College; anche il suo necrologio sul "Times" faceva rilevare il suo «gusto audace, persino dissonante, per le cravatte e la camicie».

Nessuno ha mai fatto quanto lei per rimettermi in piedi, e probabilmente nessuno mi ha dato la sensazione di vedermi tanto chiaramente. Sì, la società immobiliare Dudley & Skipton[26] & il motivo per cui Hatch Beauchamp le passa per la mente è che il vicario di Pilton è Hurst-Bannister[27] (o lo era, visto che adesso è il cappellano del sindacato degli attori di Londra, se riesce a crederci!).

La prego di venirci presto a trovare. Il libro vende benissimo: 93.000 copie fino a questo momento, più 125.000 del club del libro. Non ho mai visto numeri simili in Inghilterra.

Con affetto
David

Tre anni più tardi, il ritratto di Green era su tutti i tabloid accanto a quello di Alec Guinness quando il collegamento tra il personaggio e la persona a cui si ispirava divenne di pubblico dominio. Tra i documenti di Green c'è un biglietto di le Carré, a quanto sembra arrivato insieme a una confezione di caviale e una bottiglia di vodka, che dice: «Con affetto da Karla». In Tiro al piccione, *le Carré descrisse Green come «il mio mentore di Oxford... fu lui a ispirarmi il personaggio di George Smiley».*

A JEAN CORNWELL

9 Gainsborough Gardens
London, NW3 1BJ

[Timbro postale] 18 febbraio 1980

Carissima Jeannie,
che carino da parte tua scrivermi. Mi fa piacere che il libro ti sia piaciuto & ti abbia commossa: quando l'ho finito ero molto triste. Avevamo intenzione di invitarvi molto

[26] Per la precisione, le società immobiliari Skipton e Dudley erano i due principali prestatori alla rete di società che Ronnie Cornwell aveva fondato prima di fare bancarotta nel 1954.
[27] Il reverendo M. Hurst-Bannister.

prima, ma all'improvviso mi sono sentito stanco & depresso – *post publicatio tristis* – e non ero in grado di affrontare nessuno, in particolare me stesso. Spero di venire in Cornovaglia martedì per una settimana circa; il *nuovo* libro è un progetto grosso e terribile & mi devo bloccare decisamente su quello. Stanley Kubrik vorrebbe girare SP,[28] ma io ho rifiutato a favore della Beeb.[29]

con affetto
D

Mrs Betty Quail di Portsmouth aveva scritto suggerendo che una conversione di Smiley al cattolicesimo «sarebbe stata la risposta a molti suoi problemi», compreso il suo matrimonio.

A BETTY QUAIL

c/o John Farquharson Ltd
Bell House
Bell Yard
London, WC2A 2JU

18 marzo 1980

Cara Mrs Quail,
la ringrazio molto per la sua gentile e interessante lettera. Che posso dire? Sono felice almeno che Smiley e tutti i suoi uomini l'abbiano intrattenuta, e mentre non riesco a vederlo abbracciato o da Ann o dalla Chiesa cattolica nel prossimo futuro, gli comunicherò di certo le sue speranze la prossima volta che parleremo!

Cordialmente,
John le Carré

28 Sta per *Smiley's People, Tutti gli uomini di Smiley*. [*N.d.T.*]
29 Sta per BBC. [*N.d.T.*]

LA TAMBURINA

Non c'è consolazione. Smiley non è qui a rallegrarci e dare spiegazioni e dice che proseguiremo un'altra volta. Quando cala il sipario sul "teatro della realtà" – Charlie è avvisato – nessuno si alza e va a casa. I corpi restano dove sono.

Le Carré a Melvyn Bragg, "The South Bank Show", 1983

Le Carré si recò in Medio Oriente per la prima volta nel 1977, dopo la pubblicazione de *L'onorevole scolaro*, andando in Israele, Libano, Giordania e Siria. Il progetto iniziale era quello di portare con sé George Smiley, ma «là non sono riuscito a trovare una trama per lui».[1] Dopo aver scritto *Tutti gli uomini di Smiley*, vi tornò nel 1980 con un inizio ispirato dal fatto di aver visto la sorellastra Charlotte esibirsi in uno spettacolo teatrale di provincia. Incontrò militari e funzionari dell'intelligence israeliana, oltre che Yasser Arafat, e fece diverse visite a Beirut. Il conflitto arabo-israeliano «era da tempo nel mio mirino, anche se mi spaventava sempre» dirà in seguito.[2]

[1] "Newsweek", 7 marzo 1983.
[2] Intervista rilasciata a Douglas Davis, in "Jewish World Review", 1° gennaio 1998.

Un primo abbozzo de La tamburina *a Mort Leavy, da tempo il suo avvocato americano.*

A MORTON LEAVY

14 luglio 1980

PRIVATA E CONFIDENZIALE

Mio caro Mort,
IL CHARLIE JOSEPH SHOW
non ho ancora un titolo provvisorio migliore per il mio nuovo romanzo, ma sotto ti faccio un riassunto del progetto che ho in mente.

L'argomento è il terrorismo internazionale e il mio romanzo parla del reclutamento, dell'addestramento e della messa in campo di un'agente donna – in questo caso un'attrice inglese disoccupata di nome Charlie – che, sotto l'influenza del suo "supervisore", Joseph, si infiltra nelle non troppo organizzate cellule della guerriglia urbana (tedesca, italiana ecc.) fino a quando, dando prova di sé in una serie di azioni violente, finisce tra i ranghi dell'organizzazione bersaglio, un gruppo di estremisti che di recente ha compiuto attentati dinamitardi contro missioni israeliane all'estero, sinagoghe, scuole ecc.[3]

A capo di questa organizzazione c'è la sua preda, un personaggio alla "Carlos" che si considera il moderno Che Guevara nel gioco della guerriglia urbana e di cui infine Charlie, sotto la guida di Joseph, diviene l'amante.

Il punto culminante dell'azione si avvicina quando Charlie è in fuga con il leader dopo aver rivelato i nascondigli e gli ordini del gruppo.

La mia ambientazione dovrebbe essere l'Europa occidentale, il Medio Oriente (compreso il Libano meridionale e, probabilmente, Tripoli) con il *dénouement* in Inghilter-

[3] Joseph recluta Charlie per interpretare la parte della terrorista in quello che definisce il «teatro della realtà», una frase ricorrente ne *La tamburina*.

ra, ma non mi interessa essere troppo preciso in anticipo perché, come sai, amo la libertà di cambiare fino all'ultimo momento (e, a volte, temo anche oltre!).[4] La storia ha inizio in Grecia, dove Charlie – intelligente, caustica e affatto bella – è in vacanza con l'amante del momento e un gruppo di attori e attrici inglesi disoccupati. Sulla spiaggia di Mykonos incontra il personaggio snob e puritano di Joseph e, grazie a una serie di circostanze "casuali", si ritrova a creare con lui un'amicizia platonica. Quando il suo ragazzo viene richiamato a Londra dall'audizione per un ruolo in un film – uno sviluppo del tutto inatteso – lei accetta di fare con Joseph un tour di una settimana delle antichità greche. Ha inizio il corteggiamento dell'intelligence.

Joseph l'affascina, la bombarda di domande, la presenta al suo amico Shlomo in un bell'appartamento di Atene, la porta a Delfi ecc., e a poco a poco le rivela di sapere di lei più o meno quanto ne sa Charlie stessa: l'aborto, le origini nella classe media, le scuole private, i suoi periodici flirt con i gruppi radicali inglesi come il Partito rivoluzionario dei lavoratori, il prediletto da attori e attrici di sinistra.[5] Al rientro di Charlie in Inghilterra, Joseph ha eseguito abbastanza abilmente il suo balletto da portarla a quello che i professionisti definiscono il primo stadio di coscienza: lei sa di essere in contatto con un servizio di intelligence che, in seguito, le farà delle richieste. Sa – o crede di sapere – che il servizio è quello israeliano. Ma soprattutto è sotto l'incantesimo di un uomo intelligente e affascinante, che ha dieci anni più di lei e la tratta con grande considerazione senza mai sfiorarla con un dito, un fatto del tutto nuovo ed eccitante per Charlie. Il loro rapporto è il perno della storia e la sua saldezza fornisce il finale. Joseph di-

[4] In questa lettera, l'epilogo del romanzo è in Inghilterra; alla fine, le Carré lo ambientò in Germania, con il fallito omicidio di un accademico liberale israeliano, il professor Hansi Minkel, all'Università di Friburgo. Nel 2018, la serie televisiva de *La tamburina* sposta l'azione a Londra, dove l'obiettivo è Irene Minkel al Politecnico di Londra.

[5] Charlotte Cornwell, il modello di le Carré per Charlie, era un'appassionata attivista politica, coinvolta in Artisti contro l'apartheid e nella campagna di solidarietà per il Nicaragua. Vicepresidente di Equity, il sindacato degli attori, in seguito cercò di creare un progetto di formazione gratuito per giovani attori.

venta a turno il suo mentore, il confessore, il magnaccia, la Nemesi e infine – quando, tra le altre cose, l'ha trasformata in una fuorilegge internazionale – la sua sola ancora di salvezza.

Sono certo che questo sia sufficiente per l'"identificazione", e lo presento alla condizione vincolante che resti riservato per le parti interessate; non solo per motivi professionali, ma perché le mie ricerche mi riporteranno in diversi paesi arabi e anche in Israele.

Con i migliori saluti,
David

Nel 1982, Mort Leavy presentò le Carré a un altro dei suoi formidabili clienti del mondo dello spettacolo, il regista premio Oscar George Roy Hill, che lesse il manoscritto de La tamburina *e si disse entusiasta all'idea di dirigere il film. La pellicola di Hill, del 1984, vede, in un improbabile casting, Diane Keaton nei panni di Charlie, trasformata in un'attrice americana che vive a Londra. Il film, dirà in seguito le Carré al regista John Boorman, era «imbarazzante».*

A SIR DICK FRANKS

Tregiffian
St Buryan
Penzance
Cornovaglia

4 agosto 1981

Mio caro Dickie,
ieri ho appreso che ti sei ritirato ufficialmente il che, conoscendo le mie fonti, significa probabilmente che hai firmato per altri 10 anni senza opzioni. Prendendolo per vero, tuttavia, ti scrivo per farti i miei più sinceri auguri di una pensione lunga, molto felice & ampiamente meritata e per ringraziarti, come mai ho potuto fare mentre eri ancora in sella, per la gentilezza e il sostegno che mi hai dimostrato

da quando la mia vita ha preso quella strana svolta. Penso ci siano stati momenti in cui tu mi hai conosciuto meglio di chiunque altro, anche quando avevo portato al limite la tua tolleranza; o almeno, io ho sempre percepito questo e proverò sempre la più profonda gratitudine per la tua lealtà & generosità d'animo. Ecco, l'ho detto. L'occasione ne offre l'opportunità. Vorrei tanto che, in altre circostanze, avessimo lavorato insieme, ma probabilmente la verità è che io sarei stato pessimo in quel lavoro – Graham [Greene] mi ha assicurato che *lui stesso* lo era –, a causa della mia fantasia esagerata, dell'inclinazione a trascurare i particolari ed essendo assolutamente poco realistico.

Un po' di tempo fa, Mrs T.[6] mi ha offerto di diventare CBE[7] e non riesco a immaginare che abbia fatto quel passo senza consultarti. Io non mi sono sentito di accettare. A dire il vero non so perché: il senso di colpa, un particolare riserbo, la sensazione di voler restare fuori dalla cittadella. Di sicuro, a quanto so, non per ripicca o per un falso orgoglio. Nel mio intimo ho la sensazione di non averlo meritato. Tutto è un pasticcio come sempre. In ogni modo, il mio pranzo con la regina mi ha trasformato in un miserabile monarchico al punto che non credevo di aver bisogno di un secondo assaggio!

Il libro (terrorismo israeliano v. europeo) è quasi finito.

[...]

Ci siamo stabiliti qui fino a settembre (il nostro nuovo num. è St Buryan 612), abbiamo un'ala per gli ospiti indipendente e una cantina decente, e se mai dovessi capitare in Cornovaglia – quest'anno, il prossimo, quando vuoi – ti prego di venire & metterci alla prova. Tutto il mio affetto anche a Rachel. In ogni modo – e qui le mie fonti sono irreprensibili – voi due siete stati i migliori leader & il miglior esempio morale che chiunque possa ricordare da molto tempo a questa parte.

Oh, e stanno girando *Tutti gli uomini di Smiley*. Guinness,

[6] Mrs Thatcher. [*N.d.T.*]

[7] Commander of the Order of the British Empire, Comandante dell'Ordine dell'Impero Britannico. [*N.d.T.*]

come al solito, è depresso: questa volta è il regista a essere troppo qualcosa & non abbastanza qualcos'altro. Solo che mi sono dimenticato cosa.

Con affetto a entrambi come sempre
David

Lo storico britannico Hugh Thomas frequentò la Sherborne School nello stesso periodo di le Carré; faceva parte del comitato per il Memoriale di Yalta a South Kensington, che ricordava le persone costrette ad andarsene a seguito della conferenza di Yalta del 1945.

A HUGH THOMAS

9 Gainsborough Gardens
London, NW3 1BJ

25 gennaio 1982

Caro Hugh,
ti ringrazio per il biglietto a proposito del memoriale di Yalta. Ho inviato loro un po' di denaro: sì, è stata una cosa davvero terribile. Sono appena rientrato da Beirut dopo un lungo colloquio con Arafat. Poi nel profondo Sud: Tiro e Sidone & il paesaggio devastato. Tra qualche anno, costruiremo un altro monumento ai palestinesi.

Con i migliori saluti, *du coeur,*
David (CORNWELL)

Qui le Carré scrive due volte yogurt con la "j", alla tedesca. Blessings in Disguise, *la prima parte dell'autobiografia in tre volumi di Guinness, venne pubblicato nel 1985.*

A SIR ALEC GUINNESS

9 Gainsborough Gardens
London, NW3 1BJ

27 gennaio 1982

Mio caro Alec,
credo che sia stato *davvero* il pranzo migliore di sempre; e anche molto divertente. La ringrazio moltissimo per quello e per le tante benedizioni. Se lei sta abbandonando la dieta, Jane e io la stiamo sicuramente cominciando: la nostra unica, terribile ricetta è jogurt, zuppa e niente alcol. Questa mattina ho ricevuto una lettera da Svetlana Stalin,[8] felice di sapere che avremmo lavorato insieme a un "saggio filosofico" e si è firmata Mrs Peters («ma per gli amici vecchi & nuovi resto Svetlana»). A quanto pare, il mio agente svizzero[9] ha astutamente travisato il nostro comune e reciproco interesse per accaparrarsi i "diritti di proprietà". Ha detto a S che ero entusiasta all'idea di incontrarla, e a me che S era ent. all'idea di incontrare *me*, poi le ha sussurrato all'orecchio che avrei potuto scrivere insieme a lei il suo nuovo progetto. Lei è partita in quarta & così via. Lo showbiz dell'editoria...

E a proposito di questo, io *credo* che il suo progetto di *non* sottostare allo showbiz dell'editoria, ma di scrivere libri che siano nelle sue corde sia eccellente. Ripensandoci tendo però a essere d'accordo con Merula che il titolo[10] non le renda del tutto giustizia: adesso rammenta troppo il deprimente *Una specie di vita* di Graham [Greene], come se essere un ro-

[8] Svetlana Stalin, nata nel 1926, era la figlia minore di Josif Stalin. La "principessina del Cremlino" si rifugiò negli Stati Uniti nel 1967. Pubblicò memoir sulla sua vita in Unione Sovietica e sulla sua decisione di fuggire, poi sparì quasi completamente dalla scena.
[9] Rainer Heumann.
[10] Guinness propose di intitolarlo *A Halfway Man*.

manziere da best-seller per cinquant'anni, vivere nel S. della Francia, avere molto denaro & donne, *e* per di più scoprire Dio, contasse molto poco. Laddove per gran parte della gente, pur con i dolori & tutto, la sua vita è quanto di più simile alla perfezione che un uomo possa avere. Penso che in un modo o nell'altro lo si debba rammentare. Il mio primo editore US[11] *me* lo ha ricordato, dopo una mia maldestra intervista televisiva sui Dolori di essere Me, trascinandomi alla Grand Central Stn & chiedendomi molto aspramente se avrei preferito essere *loro*. Poiché il tema di cui scrive lei sono le persone che le hanno reso interessante la vita, il senso di incompletezza del titolo (involontario) mi sembra un po' troppo cupo. Mi perdoni se glielo dico, ma non ho fatto che pensarci davanti al mio jogurt.

Dobbiamo creare a breve un'occasione: se possibile, mi *piacerebbe* prepararvi dei cocktail se si potesse fare, ma in ogni caso, adesso che ha capito che lo apprezziamo, non possiamo restare molto a lungo senza caviale...

I nostri affettuosi saluti a Merula, & a lei, e ancora grazie.
Come sempre,
David

[11] Jack Geoghegan.

Il 27 novembre 1979, le Carré aveva declinato la richiesta di Mary-Kay Wilmers della "London Review of Books" di recensire un libro dello scrittore americano John Cheever. Tre anni più tardi, Bob Gottlieb, editor da Alfred A. Knopf sia di le Carré che di Cheever, scrisse a le Carré che Cheever era malato.

A JOHN CHEEVER

Tregiffian
St Buryan
Penzance
Cornovaglia

7 aprile 1982

Caro *Maître*,
Bob Gottlieb ci ha scritto che lei era malato, e ci ha inviato il suo nuovo libro. Il libro è così perfettamente e splendidamente in salute che so che Gottlieb ha mentito come al solito: ma se lei *è davvero* malato, allora il libro è di sicuro una cosa bellissima da avere al suo fianco.

Da un certo punto di vista sono felice che non ci siamo incontrati, perché almeno le posso dire cose che nessun Inglese ammodo potrebbe dire in faccia a qualcuno e sopravvivere. Lei ha dato alla nostra comune lingua moltissima *luce*, ritmo e melodia; lei ascolta con grande attenzione il modo in cui parla, e come parlano *loro*. E drammatizza la percezione con estrema grazia. Quindi la prego di avere grande cura del nostro retaggio e di continuare ad ampliarlo.

Le invio, come sempre, i miei omaggi e la mia gratitudine, e i miei migliori auguri per la sua ripresa.

La bozza nell'archivio di le Carré non porta la firma. Cheever morì di cancro il 18 giugno 1982.

Tregiffian
St Buryan
Cornwall
7 April 82

Dear Maître, ~~Dear John Cheever,~~

Bob Gottlieb

wrote to us that you were ill, and
sent us your new book. The
book is so ~~perfectly~~ and beautifully
healthy, ~~and moving~~ beyond
~~useful praise; and~~ if you are
ill, ~~the book must be a~~ then the book is surely
a most lovely thing to have beside you.
~~In a way~~, I am glad in one sense that we have
not met, because at least I can say
things to you that no decent
Englishman could say to ~~any one~~ anybody's
face + survive. You have given
so much light to our common language, so much

that I know Gottlieb is lying as usual; but

dance + melody;
you listen so carefully to how you speak; ~~and they do~~ and to how they do.

And you ~~you see so wonderfully,~~ ~~and painfully,~~ ~~and~~
dramatise
~~take off from~~ the perception so
gracefully. ~~so that the faculties~~
In short your contribution ~~and the~~ art ~~are~~ is ~~not your~~
~~property alone,~~ ~~and therefore severely~~ ~~I trust!~~
So please take good care of
~~you will take good~~
our inheritance ~~because I have no doubt~~
~~at all that you are going to~~
~~be read for centuries, so~~
and continue to add to it again
~~And~~, I send you ~~my~~, as ever, homage
~~most~~ ~~[illegible]~~ my ~~devoted admiration~~,
~~and acknowledgements~~, ~~my~~ ~~my~~
and my gratitude ~~[illegible]~~, and
~~most~~ ~~most~~ my urgent good wishes
for your poetry. ~~[illegible]~~ Do
~~please write [illegible] As one may~~
~~Yours ever~~
~~Love [illegible]~~, so

Il giornalista, diplomatico e autore israeliano Yuval Elizur era corrispondente di "Haaretz" e anche del "Washington Post" e del "Boston Globe". Fu David Greenway,[12] che all'epoca lavorava per il "Washington Post" in Israele, a presentarlo a le Carré.

A YUVAL ELIZUR

9 Gainsborough Gardens
London, NW3 1BJ

3 maggio 1982

Caro Yuval,
è meraviglioso sapere che, se andrà tutto bene, sarà libero di leggere il mio libro & di discuterne con me. Come le ho detto, ho in programma di arrivare venerdì 14 maggio e di fermarmi per circa cinque giorni. Se gli dèi lo permetteranno, dovremmo quindi avere circa tre giorni liberi per parlare, e dovrebbe essere sufficiente!

Di norma le farei scrivere dal mio avvocato una lettera pomposa proponendole delle condizioni, ma non c'è proprio tempo. Suggerirei quindi questo. Io le lascerò il m.s. venerdì sera & la lascerò in pace fino a quando mi dirà di averlo letto.

Poi ne discuteremo: e, come vedrà, la trama è molto spinosa per il fatto che parla della natura inconciliabile del conflitto arabo-israeliano. Senza dubbio, in questa fase, avrò scritto cose che sono poco accurate/involontariamente offensive/scorrette ecc. Il lavoro che dovremmo fare insieme è chiarire al meglio i "fatti" della narrazione. Ho un elenco di questioni che vorrei discutere con lei, e non ho dubbi che per allora anche lei

[12] All'epoca di questa lettera, Greenway aveva cominciato a lavorare per il "Boston Globe". Aveva viaggiato con le Carré nel Sudest asiatico e si ritrovò con lui in Medio Oriente. «Il mio debito nei confronti di David Greenway è enorme» sottolineò le Carré nel 2015 parlando con il suo biografo Adam Sisman. «Non avrei mai trovato il coraggio di andare in quei posti & fare quello che abbiamo fatto se lui non fosse stato lì a guidarmi &, a dire il vero, a proteggermi.»

ne avrà uno! Per esempio, dobbiamo esaminare a fondo, da scrittori, il personaggio di "Joseph", l'uomo disincantato delle forze speciali israeliane, e la plausibilità di Kurz, Litvak e del loro team, e lei mi deve illuminare sui punti in cui le mie necessità artistiche hanno superato i fatti e la realtà.

La mia ignoranza in molti campi si vede da sola, e dipenderò da lei per tappare i buchi. In linea di massima sono soddisfatto della forma e dello spirito della storia ma, al suo interno, è possibile modificare di tutto.

Per l'immediato, le proporrei un forfait di 1000 sterline (UK) per cinque giorni di lavoro: due per la lettura, tre per la discussione. Se ci fossero elementi da controllare dopo la mia partenza, domande ulteriori & così via e, se fosse ancora interessato al progetto, le offrirei una tariffa di 100 sterline al giorno, 50 per mezza giornata, e naturalmente le sue spese di viaggio, telefonate e pasti. Ho la sensazione che, di questi, non ce ne saranno molti, ma potrebbe accadere. La pregherei di dirmi se queste condizioni non le dovessero star bene.

Ritengo opportuno che la nostra collaborazione rimanga riservata almeno finché uno di noi non dovesse svincolare l'altro da questo accordo, dato che lei potrebbe decidere di non voler essere associato al libro, il che sarebbe ragionevole. Un problema che diventa particolarmente reale se parliamo di riconoscimenti e ringraziamenti all'inizio del volume & così via: in altre parole, dovremmo rispettare il reciproco diritto alla privacy, adesso o in seguito. Ovviamente ho parlato con Jane, e David, di questa ipotesi di collaborazione ma sono preoccupato all'idea che, se certe persone odieranno il libro (& di certo accadrà), la cosa non si ripercuota sgradevolmente su di lei.

Non vedo l'ora di parlare con lei, anche se naturalmente – dopo la nostra prima chiacchierata – potrebbero esserci molte altre occasioni. Vedremo come va e quanto c'è da fare. Se dovessi apportare cambiamenti di qualsiasi portata, potrebbe essere sensato che lei li legga prima che il libro vada in stampa.

Mi scusi se mi sono dilungato, è stato piacevole parlare con lei.

Con i migliori saluti

David

P.S. *E* se ci fosse qualsiasi cosa in questa lettera che non le interessa o vorrebbe discutere, la prego di farmelo sapere al mio arrivo!

A GRAHAM GREENE

9 Gainsborough Gardens
London, NW3 1BJ

6 settembre 1982

Caro Graham Greene,
le scrivo con grande imbarazzo dopo aver letto la mia intervista sul "Times" di oggi nella quale sembra che vanti, con lei, una conoscenza molto più ampia e significativa di quanto la nostra sia mai stata. Le parole che il giornalista mi ha messo in bocca sono, in molti casi, assolute sciocchezze, ancor di più là dove appare il suo nome. Il "Times" sembra consapevole della cosa, tanto che ha già accettato di bloccare la diffusione dell'articolo; abbiamo contattato i suoi editori e cercato, al momento senza successo, di raggiungere sua sorella per inviarle le mie più sentite scuse. Il giornalista, molto prudentemente, è sparito in vacanza, ma il suo capo ha già ammesso in privato con il mio agente che il pezzo è pieno di inesattezze. Mi dispiace davvero molto. Sono certo che entrambi sappiamo che strumenti poco accurati possano essere le "interviste", ma questa davvero si è rivelata molto infelice. Se lo desidera, sono sicuro di poter costringere il "Times" a pubblicare una smentita, una lettera di scuse o qualcosa di simile, ma temo che questo non possa far altro che accrescere l'apparente presunzione delle mie parole e attirare un interesse laddove forse se ne è creato poco. O forse preferirebbe scrivere a loro

personalmente. In ogni caso mi dispiace moltissimo che sia accaduto. Mi accerterò che quella parte venga rimossa se mai quell'articolo infelice dovesse apparire altrove.

Con i migliori saluti,
David Cornwell

L'editore Max Reinhardt ebbe un lungo rapporto con Graham Greene. Da direttore di Bodley Head, fu lui a portare Greene a quella casa editrice.

A MAX REINHARDT

9 Gainsborough Gardens
London, NW3 1BJ

26 settembre 1982

PERSONALE

Caro Max Reinhardt,
la ringrazio per essersi preso cura di tutto: GG ha scritto una lettera fantastica. Gli devo *moltissimo*, in spirito e a livello letterario, e il solo pensiero di aver dato l'impressione di buttare là il suo nome mi fa venire la nausea. Mi fa male anche essere paragonato a lui: io sono pago di *sapere* che lui ha un talento incommensurabilmente più grande. Punto.

Con i migliori saluti,
David C.

A SIR DICK FRANKS

9 Gainsborough Gardens
London, NW3 1BJ

24 gennaio 1983

Mio caro Dickie,
ho creduto fosse meglio informarti che "Newsweek" pubblicherà una storia di copertina su di me e che, nel corso di questa, hanno scovato un buon numero di particolari su vecchie frequentazioni. A quanto pare, erano tutti ansiosi di fornire informazioni scandalose. Le fonti comprendono interviste con vecchi membri degli uffici (di entrambi), e strani *Seitensprünge*[13], come un'intervista con A.B.[14] Sono anche andati a trovare John Bingham, a quanto ho capito, e hanno ottenuto qualche sordida storiella da altri ex membri (non John) a proposito del mio talento per inventare operazioni da guerra fredda: credo siano andati anche da "Nigel West",[15] ma non ne sono sicuro. Il tutto, probabilmente, avrà scarsa rilevanza nel lungo periodo, ma loro sono molto soddisfatti di se stessi. Dove ho potuto, ho aggirato la cosa, ma non ho grandi speranze. Quindi mi aspetto che i segreti verranno divulgati.

Tu stai bene? Hai venduto la casa e traslocato in quella nuova? Qui abbiamo un nuovo numero di telefono (01) 431 0362, cambiato prima della pubblicazione. Warner ha scarpinato per il Libano con me, e "Newsweek" ci ha seguiti: sono tornato ieri. Il film è in produzione e sperano di girare a settembre & io sto facendo pressioni perché prendano Charlotte,[16] ma non nutro grandi speranze di successo. Gli israeliani hanno detto chiaramente che detestano il

[13] Scappatelle extraconiugali.
[14] Nome coperto.
[15] Nigel West, il *nom de plume* di Rupert Allason, stava costruendo la propria carriera come prolifico autore di spionaggio.
[16] Scrivendo a Franks nel 1978, le Carré aveva descritto la performance di Charlotte in una produzione londinese di *Come vi piace* definendola «brava da paura».

mio libro e vorrei soltanto essere stato più duro con loro, la devastazione in Libano è *terribile*, ma non ho mai visto il paese tanto tranquillo: una bomba in otto giorni a Beirut. Tiro e Sidone devastate, Sabra & Shatila sono visioni dell'Ade. Ti prego, dacci la possibilità di avervi presto qui a pranzo. Il mio affetto a Rachel.

I miei più cari saluti
David

La storia di copertina di "Newsweek" uscì il 7 marzo 1983. I giornalisti, Alexis Gelber e Edward Behr, esperti corrispondenti esteri e di guerra, avevano inserito una dettagliatissima cronologia della carriera di le Carré nell'intelligence a Berna, in Austria, nell'MI5 e nell'MI6, compresi i suoi rapporti sui gruppi della sinistra a Oxford. Dopo la pubblicazione de La spia che venne dal freddo, *le Carré venne identificato per nome come un diplomatico che aveva prestato servizio in Germania, ma lui aveva continuamente negato di essere un agente dell'intelligence. Con quell'articolo, come aveva fatto notare, il segreto era stato rivelato.*

A MARGARET THATCHER

9 Gainsborough Gardens
London, NW3 1BJ

2 marzo 1983

Egregio primo ministro,
domani non posso tornare in Medio Oriente senza prima esprimerle la mia gratitudine per il pranzo ufficiale di oggi. È stato un grande onore essere invitato e la ringrazio sinceramente; e spero che i suoi colloqui con il primo ministro olandese siano stati cordiali e fruttuosi quanto sono sembrati. Forse *La tamburina* le darà qualche ora di respiro dai fardelli della sua carica: ma sono certo che tutti i suoi ospiti fossero d'accordo che un diversivo fosse l'ultima cosa che le serve!

La ringrazio nuovamente & il suo è stato un discorso magistrale.

Cordialmente,
David Cornwell

Thatcher ospitò il pranzo ufficiale al numero 10 di Downing Street in onore di Ruud Lubbers, il primo ministro olandese; le Carré aggiunse rapidamente Lubbers all'elenco delle sue impressioni. Thatcher incentrò il suo discorso su George Downing: fu capo dei servizi di intelligence di Oliver Cromwell e in seguito ambasciatore a L'Aia; Downing Street si chiama così in suo onore.

Nel 1982 Hugh Thomas, da poco nominato Barone Thomas of Swynnerton, cercò di invitare una prima volta le Carré a una cena letteraria segreta per Thatcher. Ci riprovò sei mesi più tardi dopo il pranzo a Downing Street. «Mi dispiace, ma sarò via. È un brutto momento per me: sono timido e spaventato e sento ancora i postumi della conclusione di un libro & sono stanco della mia stessa compagnia. Il solito punto basso» scrisse le Carré il 26 settembre 1983. «La prego di porgerle i miei saluti se ne avesse l'occasione. Non avrei mai pensato di trovarla ammirevole, ma non so come mai è così. Anche se le conseguenze, almeno nell'immediato, sono pessime. Forse perché credo davvero che sia una persona onesta e straordinaria.»

Janet Lee Stevens, che lavorava a un dottorato sul teatro egiziano, visse al Cairo e a Tunisi prima di trasferirsi a Beirut come giornalista freelance, e lì scoprì i massacri di Sabra e Shatila. Incontrò le Carré alla fine del 1982, quando lui faceva ricerche per La tamburina. *Stevens rimase uccisa nell'attentato dell'ambasciata americana di Beirut il 18 aprile 1983. Il film* La tamburina *venne dedicato a lei; fu le Carré a fare la prima donazione a un fondo in memoria di Stevens.*

A MR [HAZEN] E MRS [JEAN] STEVENS E JO ANNE STEVENS

9 Gainsborough Gardens
London, NW3 1BJ

29 aprile 1983

Cari Mr e Mrs Stevens e Jo Anne,
saprete che Janet aveva lavorato con noi in Libano come guida, interprete ed esuberante filosofa quando io, George Roy Hill e Loring Mandel[17] abbiamo fatto il primo sopralluogo per le ambientazioni del nostro film. Dietro loro richiesta, accludo le loro lettere. Lasciatemi aggiungere qualche mia parola, che prego possa alleviare anche solo un po' il vostro dolore. Non è un comodo travisamento a posteriori della verità se dico che noi tutti volevamo bene a Janet e ben presto l'avevamo nominata nostra istruttrice e – anche più – nostra bussola morale e compassionevole per il dolore e la devastazione di cui siamo stati testimoni. Sono bastati pochi giorni perché il suo occhio e il suo cuore, e il suo incredibile coraggio, diventassero la finestra attraverso la quale vedevamo il paesaggio che lei conosceva così bene. È stata la sensibilità di Janet a guidarci attraverso Sabra e Shatila, l'ospedale di Gaza e i campi del Sud; la straordinaria capacità di Janet di creare un contatto con i poveri, i familiari dei morti e gli emarginati ci ha fatto *percepire* la loro situazione e il suo incrollabile impegno. Quan-

[17] Regista e sceneggiatore del film *La tamburina*.

do ce ne siamo andati, le avevo chiesto senza esitazioni di fare qualche ricerca per mio conto, e l'avevo persino raccomandata a un importante quotidiano americano come potenziale recluta. Una volta ho detto a Janet che, quando fosse diventata vecchia, avrebbe acquisito la venerabilità, se non la devozione di una Madre Teresa, e lei si era fatta una risata. Ma non è riuscita a ingannare nessuno di noi: la sua dedizione al popolo che amava era assoluta, e non posso non aggiungere che era pronta a morire per loro. In un certo senso è stato così: restando lì, rifiutando di mettere in conto il rischio, o di andarsene, fin quando gli altri avessero sofferto. Detto in maniera semplice, ha ispirato molte persone con il suo coraggio e la sua forza. E noi siamo stati fra quelle.[18]

Cordialmente,
John le Carré
(David Cornwell)

[18] Secondo *The Good Spy*, un libro del giornalista premio Pulitzer Kai Bird sull'agente della CIA Robert Adams, Stevens avrebbe dovuto incontrare le Carré a Cipro il giorno successivo a quello in cui sarebbe rimasta uccisa. Bird dice anche che due giorni dopo l'esplosione le Carré tornò in aereo a Beirut, si registrò al Commodore Hotel e andò a visitare il luogo dell'attentato. Il libro, inoltre, afferma che i palestinesi avevano soprannominato Janet Lee Stevens "la tamburina" per l'incessante sostegno alla loro causa, «un nomignolo dato a Janet nei campi dei rifugiati e di cui le Carré si appropriò per il titolo». La nipote di Stevens ha messo in dubbio le fonti di Bird a questo proposito, e persino che Stevens sia mai stata definita "la tamburina" prima o dopo il romanzo; in ogni caso questa affermazione è arrivata anche su Wikipedia. David Greenway, l'amico di le Carré, riferisce che l'autore aveva pensato a questo titolo nei tardi anni Settanta, prima di finire le ricerche per il libro e di conoscere Janet Stevens. Le Carré aveva inoltre confermato a Greenway di avere in mente come modello la sorellastra Charlotte.

LA SPIA PERFETTA

Mi ci è voluto molto tempo per decidermi a parlare di Ronnie, truffatore, ricco di inventiva, sporadicamente carcerato, mio padre.

Tiro al piccione, capitolo 33, "Il figlio del padre dell'autore"

Le imprese della vita di Ronnie, benché poco ortodosse, sono state straordinarie: una serie di bancarotte distribuita in quasi cinquant'anni per un totale di diversi milioni di sterline; letteralmente centinaia di società con grandiosa carta intestata e un capitale quasi nullo; una serie di amici fedeli che sorridevano delle sue iniziative rischiose anche quando loro stessi ne erano vittime; quattro figli sani e di successo; sette nipoti; una fede mai offuscata nel suo creatore; periodi di carcere in due continenti che non avevano lasciato un segno percettibile su alcunché; gesti teatrali di carità individuale che sarebbero stati ricordati dai loro beneficiari fino all'ultimo respiro; e una virilità sessuale che, come mi aveva assicurato solo pochi mesi prima, riusciva ancora a sorprendere i più ottimisti.

Spying on My Father, "Times", 6 marzo 1986

Figli con padri discutibili sono presenti fin dai primi romanzi di le Carré: il personaggio del padre di Cassidy in *Ingenuo e sentimentale amante*; ne *L'onorevole scolaro*, Jerry Westerby si ritrova a mani vuote dopo la lettura del complesso testamento di suo padre. Ma il semi-autobiografico *La spia perfetta* è incentrato su un ritratto a malapena celato di Ronnie come Rick, il direttore fittizio in quello che probabilmente è il miglior libro di le Carré.

A JOHN E MIRANDA MARGETSON

Chalet Chamois
3823 Wengen
Svizzera

19 dicembre 1985

Carissimi Miranda e John,
[...]
Mi è molto dispiaciuto darvi una versione così trasandata del libro, stampato su carta porosa da poco prezzo & grande la metà. Qui allo chalet mi aspettavano tre copie del formato definitive & avrei voluto mandarvene subito una. Ma il libro sarà pronto a fine genn & ve ne farò spedire una allora.

Copenaghen è passata nella nebbia, la Finlandia al buio, ma entrambe sono state molto gradevoli. La cosa migliore di Helsinki sono gli sprazzi improvvisi della vecchia Berlino & la splendida stazione art nouveau di notte, & guardare il Tolstoi Express partire per Leningrado & Mosca: mancava solo Anna Karenina. Mi ha entusiasmato. Quanto alle saune non saprei. Me ne stavo lì, pigiato in un gruppo, in riva al mare ghiacciato. Avevano praticato un buco nel ghiaccio & si preparavano a buttarsi dentro dopo la sauna. Mi volevo unire a loro? No, ho risposto, perché c'è un solo buco. A me ne servono due, uno per entrare & uno per uscire. È seguito un silenzio perplesso mentre i finlandesi scivolavano a uno a uno nel cupo abisso del mare gelato.

Con tanto affetto & grazie ancora,
David

Al Alvarez e le Carré erano vicini a Hampstead e sono stati amici intimi per oltre quarant'anni. Alvarez era un poeta, critico, giocatore d'azzardo, scrittore e rocciatore, oltre che editor per la poesia dell'"Observer" per dieci anni. Il suo libro Offshore, *che parla dei viaggi nei campi petroliferi trecento miglia al largo di Aberdeen e alle Shetland, fu inizialmente pubblicato in due parti sul "New Yorker".*

AD AL ALVAREZ

9 Gainsborough Gardens
London, NW3 1BJ

3 maggio 1986

Mio caro Al,
mi hai abbastanza spiazzato quando mi hai chiesto se avessi letto il libro perché, in realtà, lo avevo letto prima sul "New Yorker" & per qualche bizzarra circostanza – immagino un viaggio – ho mancato del tutto di comunicarti il mio entusiasmo, che è stato davvero molto, molto considerevole. Poi H&S mi ha mandato un m.s. & è rimasto lì, quasi come un'accusa, & ho pensato di aspettare fino all'uscita del libro & così via. Quindi l'altra sera mi sono accomodato & l'ho letto tutto d'un fiato, anziché una metà a Oshkosh & l'altra a Toronto, & mi sono meravigliosamente divertito. (Tra parentesi, per prima cosa credo che H&S abbia fatto un libro *molto* attraente. Non ho visto margini come quelli da quando Dietrich portava le bretelle: belle le pagine, gradevoli le illustrazioni, un senso di sobria qualità che emana dal testo.) Ma il motivo per cui ti volevo scrivere, confermato da questa lettura, è che ho avuto & ho la sensazione, come per il libro sul poker, che tu abbia scoperto una facilità di narrativa personale che è al contempo autorevole e affettuosa e a volte commovente: *sei* davvero il lettore e insieme lo scrittore e i tuoi entusiasmi misurati (come dici tu, di un tizio che ha aspettato 40 anni a fare qualcosa che ogni studente vorrebbe fare) sono perfetti per comunicare con chi legge & far sì che vi si identifichi.

Come ti ho già detto, mi piace quando vai a riva: l'interludio alle Shetland, che riesci a farci amare, & quel passaggio tenero che in realtà ci dice che per loro è finita, ma che cadranno combattendo, è davvero un classico da giornalismo. E, come te, il lettore a quel punto scalpita per andare a terra, ne ha abbastanza delle inquietanti piattaforme & anela alla terraferma. Quanto ad Aberdeen...

Ma sono l'umanità, & la voce che hai trovato (eliminato del tutto l'attaccamento dell'artista) che credo ti possano portare ovunque tu voglia con libri come questo. So che sei attratto dal lato pericoloso, ma penso che tu ti permetta anche di riferire episodi *divertenti* in un modo che, di tanto in tanto, sorprende piacevolmente te & il lettore. E noi procediamo insieme a te, con i fatti che inciampano sulle intuizioni, in modo assolutamente gradevole.

Questo mi spinge e suggerirti che saresti uno splendido cronista della prossima scalata sull'Everest, per così dire (forse di una spedizione più divertente) *oppure* della Transiberiana, *o* praticamente di ogni esperienza di viaggio che riesca a immaginare dove lo stimolo del pericolo si unisce all'incontro umano. So che, quando sei giù, pensi "perché mai preoccuparmi di scrivere queste schifezze?". Io, in tutta onestà, credo che tu stia sviluppando uno sfaccettato stile giornalistico che dà a te & al lettore l'opportunità di restare giovani e impegnati per molto tempo a venire.

In ogni modo, grazie per la piacevole lettura, perdona queste mie stupide riflessioni sconnesse e grazie anche per il libro e per l'affettuosa dedica.

Con affetto a entrambi,
David

Ella e Ruby, le sorelle di Ronnie Cornwell, si erano risentite per il modo in cui le Carré aveva presentato il padre Ronnie – dieci anni dopo la morte – nella realtà e nel romanzo. L'articolo di le Carré Spying on My Father *era appena stato pubblicato sul "Sunday Times".*

A ELLA HAYMES

9 Gainsborough Gardens
London, NW3 1BJ

3 maggio 1986

Carissima zia Ella,
ti ringrazio per la lettera, scritta con gentilezza e garbo. Come è ovvio, mi dispiace che tu e zia Ruby siate rimaste turbate dai miei articoli e dal mio romanzo, anche se immagino che non abbiate letto quest'ultimo.

Per cominciare, lasciatemi dire che ho consultato più o meno tutti *tranne* voi prima di pubblicare l'articolo. Secondo mia madre era acqua fresca rispetto alla realtà dei fatti. Jeannie lo ha molto ammirato, e Joy,[1] dopo averci ripensato, ha ritirato le sue iniziali obiezioni. Tutti i figli di Ronnie hanno letto l'articolo e il libro prima della pubblicazione e hanno apprezzato entrambi. Lo stesso vale per i miei figli. Mio fratello Tony, che da tempo desiderava scrivere un romanzo sullo stesso tema, ha stilato un suo memoir su Ronnie e ha cercato di pubblicarlo, sinora senza successo.

Ripensandoci ora, mi dispiace di non aver consultato te, zia Ruby e zia Doris in anticipo, ma forse già intuivo che non avreste approvato, sebbene ritenga di aver scritto di Ronnie con tolleranza e amore, sia nell'articolo che nel suo ritratto romanzato. Sono stato un po' più duro con me stesso.

Non mi aspetto che un romanzo di qualsiasi pregio sia mai stato scritto senza offendere qualcuno. Se Dickens non avesse parlato dei fatti della propria infanzia, non avremmo avuto Dickens. E la stessa cosa vale per scrittori di argo-

[1] La terza moglie di Ronnie.

menti svariati come l'amore e la guerra. La giustificazione per ciò che ho fatto, se necessaria, è di sicuro il conforto che ho portato a persone che vivono, o hanno vissuto, all'ombra del loro Ronnie: se le reazioni dei miei lettori mi hanno insegnato qualcosa, è che lui era un *archetipo* ben più di quanto mi fossi reso conto quando era ancora vivo.

Uno dei temi del romanzo è che l'ipocrisia prospera sul silenzio e sulla bontà di cuore delle persone rispettabili e che la disonestà, quando non viene contestata, può passare da una generazione all'altra. Se doveste mai leggere il romanzo, sono certo che riconoscerete, al più elementare livello morale, il pregio di dire certe cose anziché nasconderle sotto il tappeto. Come tutti noi che siamo stati costretti a vivere con Ronnie, per essere affascinati e infine imbrogliati da lui, anche voi avrete sicuramente patito un grande dolore. Scrivendo come ho fatto, ritengo non solo di aver alleviato il mio stesso dolore – che è stato prolungato e rovinoso – ma di aver alleviato il fardello di altri che, in situazioni di isolamento, sopportano simili sofferenze senza poterle condividere.

Voi tutte avete dato a Ronnie un amore quasi infinito, come hanno fatto i vostri genitori, e i suoi figli, per non parlare delle mogli e delle amichette. Probabilmente tutti noi gli vogliamo ancora bene. Ho creduto che l'articolo suggerisse proprio questo. Nella tua lettera non trovo disapprovazione per il contenuto di quanto ho scritto, ma solo per il fatto che io abbia scritto il libro *tout court*. Se tuttavia uno scrittore può essere minimamente utile, è per dire forte e chiaro quello che altri forse provano, ma non possono esprimere; e quindi accrescere – si spera – la compassione e la comprensione umana. Adesso che il libro è stato scritto, e la storia è stata rivelata, ho esaurito il mio compito. La BBC sta preparando una versione filmica del libro di sette ore che uscirà a settembre 1987, ma io non avrò molto a che fare con quella, e forse avrai notato che non concedo interviste alla stampa o alla televisione inglesi. Quindi la conclusione che chiedi, sebbene lenta ad arrivare, è in vista. Mi dispiace molto se ti ho causato un vero dolore. Ma, a mio parere, uno dei desideri cristiani è quello di vivere con maggiore verità e franchezza tra noi, e accettare l'infinità di maniere in cui dolore e amore ci possono insegnare qualcosa.

Allego una copia dello scritto di Tony: ho idea che dovresti dargli un'occhiata, se non altro per il suo tono affettuoso.[2]

Come sempre,
David

Dopo la pubblicazione de La spia perfetta, *Vivian Green scrisse l'articolo* A Perfect Spy: A Personal Reminiscence *sul libro e sui propri ricordi di Ronnie e David Cornwell. Intrecciando le storie di Ronnie, i suoi imbrogli e le millanterie con il romanzato Rick in quanto "personalità intercambiabili", esplorava l'atteggiamento ambivalente di le Carré nei confronti della Sherborne School e il suo arrivo a Oxford. Green scrisse del tour a piedi delle Alpi svizzere che i due compirono dopo la bancarotta di Ronnie e di George Smiley come figura paterna di fantasia. Venne pubblicato nel 1988 in* The Quest for le Carré, *una raccolta di nove saggi a cura di Alan Bold. Le Carré affermò più volte di non leggere gli studi critici delle proprie opere.*

A VIVIAN GREEN

9 Gainsborough Gardens
London, NW3 1BJ

5 novembre 1986

Mio caro Vivian,
ho appena terminato il suo articolo. Niente di ciò che ho letto su di me o sul mio lavoro mi ha mai toccato tanto nel profondo. Mi ha rammentato molti episodi della mia vita, e come lei stesso vi abbia dato un grande contributo; mi ha rammentato la sua piacevole intelligenza e perspicacia, un

[2] Dopo che le Carré scrisse *La spia perfetta*, Tony Cornwell scrisse un resoconto (mai pubblicato) su Ronnie, "Il padre di mio fratello e mio", dove descrive un «uomo picaresco, affascinante, esasperante» che «copulò per l'Inghilterra».

po' alla Smiley, e le sue doti di studioso. Uno scritto splendido. Non mi sarebbe dispiaciuto se lei fosse stato un po' più chiaro a proposito della faccenda del comunismo di *Oxfd*, ma forse non sarebbe stato saggio.[3] Il mio *nom de plume*, in realtà, va scritto con la "l" minuscola, anche se viene sempre stampato sbagliato. Ho apportato qualche minima modifica ortografica. Mi dispiace non essere più coerente, ma sono soltanto molto *commosso* dal pezzo.

Sì, sì, grazie per l'assegno, credo infine di averlo versato. C'è qualche possibilità che io possa venire tra non molto a Oxford per una notte & cenare con lei al college? Lo desidero da molto tempo, ma sono terrorizzato da [Burke] Trend & continuo a pensare che mi arresterà![4]

Grazie di nuovo per il suo scritto brillante, provocatorio e commovente.

Con affetto –
David

[3] L'articolo accennava al lavoro di le Carré a Oxford per i servizi di intelligence e descriveva la «notevole difficoltà» con Ronnie quando questi seppe che suo figlio frequentava studenti con opinioni politiche di sinistra.

[4] Segretario di Gabinetto dal 1963 al 1973, fu rettore del Lincoln College dal 1973 al 1983, un formidabile funzionario pubblico «talvolta con un'espressione austera», per dirlo con le parole di Vivian Green. Fu lui a condurre la revisione delle accuse di ulteriore penetrazione sovietica nei servizi segreti britannici.

Philip Roth aveva descritto La spia perfetta *come «il miglior romanzo inglese del dopoguerra».*[5]

A PHILIP ROTH[6]

9 Gainsborough Gardens
London, NW3 1BJ

8 dicembre 1986

Caro Philip,
mi ci è voluto un certo tempo per metabolizzare anche solo la portata della sua generosità. I soffocati sospiri di sollievo del mio editore inglese, quelli meno attenuati di Gottlieb, la pacatezza della dichiarazione che non smetto di leggere, è troppo, e tutto in una volta. E, naturalmente, in un modo che rende impossibile ringraziare qualcuno per la sua buona opinione, per quanto si fatichi a ottenerla: non la esprimono per amor tuo, a volte lo fanno anche se non ti stimano, altre ti apprezzano come persona, ma sono convinte che tu scriva schifezze. *Esiste* però una dimensione tra scrittori nella quale si può sinceramente dire "grazie" & quella, come ho detto, è generosità: alla fine è *lei* che deve avere il coraggio di dire ciò che pensa, sostenerlo & conviverci. Perché le citazioni non spariscono mai. Ed è lei che, probabilmente, dovrà stroncare la derisione dei suoi amici, il "ma davvero, Philip, vecchio mio, non ti sembra di aver esagerato in *questo caso*?". E con una reputazione rispettabile quanto la sua da proteggere, lei *ha compiuto* un gesto meravigliosamente generoso & io mi sento *profondamente* grato & lo devo dire subito: grazie di cuore, *per sempre*, per la migliore frase nel

[5] Le parole di Roth furono pubblicate nell'articolo *Books of the Year* dell'"Observer" il 30 novembre 1986. Le Carré era nel giusto quando disse che quella citazione non sarebbe mai sparita; è sufficiente cercare *La spia perfetta* su Google.
[6] Romanziere e scrittore di racconti americano, autore de *Il lamento di Portnoy*, «che ha esplorato la lussuria, la vita degli ebrei e l'America» per dirlo con le parole del "New York Times". Nei tardi anni Settanta, Roth visse tra gli Stati Uniti e Londra con Claire Bloom, l'attrice co-protagonista de *La spia che venne dal freddo*; Al Alvarez era un intimo amico comune.

momento migliore e dalla fonte migliore che ci sia mai stata. E questa è l'ultima cosa che ho da dire. Da pressoché chiunque altro, le stesse parole sarebbero state una normale vetta nel paesaggio di vette e valli che attraversiamo mentre continuiamo a leggere di noi. Da lei, caro Philip, come deve sapere da tempo, è una lode di provenienza unica, e non le posso nascondere che la ritengo uno dei tre o quattro migliori scrittori di lingua inglese al mondo, & probabilmente il migliore di tutti: & *di sicuro* il migliore umorista vivente & certo il più elusivo, sincero... oh cavolo, depongo le armi.

A proposito della cena & di mercoledì: il problema è mia madre, che resta sempre sospesa verso la fine della vita, è confinata a letto & mercoledì si dovrà operare all'anca dopo che l'avremo portata a fare un giro in macchina. J & io pensavamo di essere troppo stanchi al ritorno & di accogliere il suo suggerimento di fare qualcosa di più tranquillo nell'anno nuovo invece di precipitarci a casa a cucinare. Magari, quando riceverà questa, avrà stabilito una data.

Di solito non scrivo lettere tanto lunghe o tanto brutte. Ma mi riuscirebbe difficile in qualsiasi momento evitare un'insipida espressione di affetto dopo le sue parole splendide e coraggiose.

Con i migliori saluti
David

A JANE CORNWELL

634 Charles River Street
Needham
Nr Boston

13 marzo 1987

Mia cara,
devono essere passati cent'anni da quando ti ho scritto una lettera d'amore. In genere le mie erano uggiose ed evasive, sciogllevano le promesse nel momento in cui le rinnovavano, esprimevano riserve, erano tormentate e affatto rassicuranti. Ma più o meno nell'ultimo anno ho provato per te qualcosa che credo di non aver mai sentito prima: una dipendenza dal tuo amore, dalla tua bontà e dal tuo altruismo, davanti al quale non posso che sentirmi umile, un'immensa gratitudine per il modo in cui segretamente mi capisci e per il perdono senza fine che hai concesso alla mia incostanza di mente e di azioni mentre cercavo di arrivare al centro di me stesso, spesso a spese di entrambi; e ho amato te – te, come madre di Nicholas – in maniera molto particolare perché, come sai, a volte il tuo amore per noi due è come un amore unico, e abbraccia il bambino in me proprio come abbraccia lui, ed è l'origine della nostra forza collettiva. E anch'io ti voglio bene perché, senza importi, sei riuscita a diventare qualcosa di familiare al mio io che scrive, una provocatrice e una persona che mi forniva buon materiale, quella che smussava o ampliava le mie idee ora pratiche, ora astratte, insomma la mia indispensabile partner letteraria & editor in prima battuta, del tutto misconosciuta al di fuori della nostra piccola cerchia; ma fondamentale per me in questo e in molti altri modi. Ed è stato così, amore mio, che sei riuscita a farmi rivivere & sopravvivere, per arrivare infine alla mia attuale celebrazione come romanziere; & so che senza di te tutto questo non sarebbe avvenuto.

Quindi questa lettera serve a esprimere il mio ringraziamento per tutto questo & altro, a rinnovare le promesse fatte a te senza riserve & a mirare a una maggiore felicità in futuro & un amore sempre più grande, che colma e definisce l'anima, anche una crescente spiritualità &, credo, un'armonia più intensa e il reciproco apprezzamento.

È una lettera d'amore? Ti ho ringraziata a sufficienza? Si capisce che sono sempre solo senza di te, anche se so di dover partire per conto mio? Che ti desidero? E che vorrei rivivere & intensificare anche la nostra vita amorosa, fare più spesso l'amore & altri viaggi insieme? Spero che dica tutte queste cose. E che ti amo. E che, a differenza di molti brutti segnali in passato, sono impegnato con te per sempre con amore & costanza.

David

LA CASA RUSSIA

Ogni romanzo che ho scritto è stato una vita intera. Quelli che ho scritto sulla Russia erano vite che lei mi ha permesso di vivere...

E-mail di le Carré a Vladimir Stabnikov, 4 marzo 2016

La Russia esercitava un tale fascino su John le Carré che, quando si recò in Estremo Oriente negli anni Settanta, volò via Copenaghen pur di atterrare a Tashkent dove ebbe la possibilità di «annusare le inalazioni del carburante russo sulla pista rovente» e vedere i visi dei membri delle tribù illuminati dai lampioni.[1] Rifiutò al contempo qualsiasi invito ufficiale dell'Unione degli scrittori sovietici e approvò pubblicamente l'incarcerazione dei suoi membri. Karla, la spia a capo del Centro di Mosca, era l'antagonista per eccellenza di George Smiley, ma le Carré non visitò i suoi uffici.

Un anno dopo la pubblicazione de *La spia perfetta*, tuttavia, le Carré spostò la propria attenzione dal padre alla Russia di Michail Gorbačëv. La Russia, i russi e la regione russa sarebbero diventati il materiale di molti libri importanti: *La casa Russia*, che «ha introdotto la *glasnost'* nello spionaggio»,[2] *La passione del suo tempo*, *Single & Single*, *Il nostro traditore tipo* e *Yssa il buono*.

Per ogni libro le Carré trovò le guide che mostrarono il percorso verso le vite degli altri. Vladimir Stabnikov fu l'ospite ufficiale durante la prima visita di le Carré a Mosca, nel 1987, mentre faceva le ricerche per *La casa Russia*; Stabnikov aveva tradotto in russo *Lo specchio delle spie* e nel 1994, come presidente del PEN russo, aiutò le Carré a fare ricerche per *La passione del suo tempo*.

[1] *Le Carré and the Cheque that Came in from the Cold...*, in "Sunday Times", 10 novembre 1985.
[2] *Why I Came in from the Cold*, in "New York Times", 29 settembre 1989.

Nel 1987 John Roberts, per vent'anni direttore dell'associazione Gran Bretagna-URSS, fece da guida e interprete a le Carré; mentre Federico Varese, specialista della mafia russa, gli fece da consigliere sia per *La passione del suo tempo* sia per *Il nostro traditore tipo*.

Nel 1987 le Carré si recò per due volte in Russia, a maggio e a settembre, per circa due settimane ciascuna. Visitando il Centro di Mosca, il quartier generale dello spionaggio sovietico, trovò gli studenti russi che leggevano copie piratate dei suoi romanzi su macchine per l'elaborazione dei testi.[3]

«Insieme, la mia vita segreta e la mia scrittura formano un mix entusiasmante e irresistibile per la mentalità russa, sia in epoca sovietica, sia adesso» scriverà anni dopo a Richard Greene, il biografo di Graham Greene, in un'e-mail del 28 luglio 2019. «Per me è troppo facile dimenticare che, nella tradizione russa, gli scrittori godono di una stima infinitamente maggiore di quanto possiamo immaginare nelle nostre società occidentali. Gli scrittori della tradizione russa incoraggiano le rivoluzioni, le frustrano, forgiano le menti di amici e nemici. Vanno lodati, ingiuriati, abbattuti con armi da fuoco oppure esiliati, o tutte e quattro le cose. Per un russo, ricevere noi, ricevere i favori dell'Occidente, è quasi un dovere nazionale. E se siamo anche avvolti nell'aura mistica del riverito e temuto servizio segreto britannico (nonostante tutti i fiaschi del mondo), il nostro fascino è assoluto.»

[3] *Russians warm to le Carré*, Craig R. Whitney, in "New York Times", 22 maggio 1989.

A JOHN ROBERTS

9 Gainsborough Gardens
London, NW3 1 BJ

12 maggio 1987

Caro John,

[...]

Non voglio incontrare Philby durante questo viaggio & la risposta a un qualsiasi suggerimento di questo genere sarebbe un secco "no grazie". Sono certo che comportarmi diversamente potrebbe mettere in imbarazzo lei, l'Associazione, l'ambasciatore e, di fatto, me stesso. Come le ho detto, mi piacerebbe vederlo per motivi zoologici, ma non a spese di qualcuno. E in questo viaggio assolutamente no, per alcun motivo, in nessuna circostanza.[4]

La mia sola preoccupazione è che Bryan Cartledge [l'ambasciatore britannico] sa di sicuro che stiamo arrivando – sono certo che lei glielo abbia detto – & che abbiamo cestinato l'idea della conferenza stampa, e in quelle circostanze è stata senza dubbio una decisione saggia. Ma io non l'ho informato di questo. Sarà in contatto con lui, oppure preferirebbe che gli telefonassi io?

E infine abbiamo parlato delle spese che lei ha gentilmente sostenuto per venire – e per le quali le sono estremamente grato – & lei ha detto che a un certo punto mi potrebbe dare l'opportunità di contribuirvi, cosa che farei molto volentieri.

Con i migliori saluti – David

[4] Trent'anni dopo, le Carré dirà a Philippe Sands all'Hay Festival che quello per lui era rimasto un rimpianto duraturo. «Sono stato uno stupido. Credo che sarebbe stato davvero straordinario trascorrere qualche giorno con Philby, ma in qual momento sarebbe stato più di quanto potevo sopportare e ho rifiutato.»

Stabnikov, ex funzionario dell'Unione degli scrittori sovietici, divenne il primo direttore del PEN *russo nel 1989. Nel 1987 scortò le Carré a Mosca e Leningrado come ospite ufficiale e, in seguito, in Kazakistan e Kirghizistan. Fu il co-traduttore in russo de* Lo specchio delle spie, *e in seguito visiterà due volte la Cornovaglia. Definì le Carré «un ornamento per l'umanità».*

A VLADIMIR STABNIKOV

9 Gainsborough Gardens
London, NW3 1BJ

12 giugno 1987

Caro Vladimir,
che altro posso dire? È stato meraviglioso, ricco di informazioni, illuminazioni, cuore. In Svizzera il caviale aveva un gusto un po' malinconico, non ho provato alcun sollievo alla partenza e una strana sensazione di tristezza all'arrivo. Forse sarebbe stato diverso se *fossi* andato direttamente a casa.

E lei ha fatto tutto così bene, persino il fine settimana di traduzione quando avrebbe potuto occuparsi della sua famiglia! Ho percepito il suo sostegno tanto quanto la sua autorità, & le sono stato grato per entrambi e ancora lo sono. La prego di fare il possibile per venire qui presto. Tante cose la farebbero ridere, ma non posso garantire per i taxisti monarchici.

La ringrazio di nuovo. Le invio alcuni libri attraverso l'ambasciata.

Con i miei migliori saluti –
David

John Margetson era alla sua ultima nomina come ambasciatore nei Paesi Bassi, dove il suo predecessore era stato assassinato dall'IRA. Fu nominato cavaliere nel 1986.

A JOHN MARGETSON

9 Gainsborough Gardens
London, NW3 1BJ

24 settembre 1987

Mio caro John,
finalmente di ritorno da Algarve (Gerrards-Cross-sur-mer) Mosca (secondo viaggio per integrare il libro) Leningrado (per vedere Sacharov & Bonner che passavano lì il fine settimana)[5] Capri (per la consegna di un premio lett. & chiacchierare nella nuvola di smog) e Zurigo, per motivi che ricordo a malapena – & adesso Jane mi rammenta il tuo affettuoso e gentile invito a farti visita prima che finisca il tuo mandato e che tu, finalmente, ti dedichi a una professione onesta. Ci piacerebbe accettare ma, per essere sincero, John, non credo che possiamo né che dovremmo, visto che per me è arrivato il momento di abbassare gli scuri & scrivere la mia *oeuvre* tanto a lungo ritardata: abbiamo annullato tutto, anche il Natale a Wengen, fino a quando non avrò davanti una bozza completa.

Ci perdonerai? Ho scoperto che tutto quanto riguarda la Russia svanisce non appena mi allontano dal paese, a meno che non mi nasconda & fissi le pareti vuote: in particolare la straordinaria e triste compassione che mi sciaguatta intorno mentre contemplo quelle persone fuorviate,

[5] All'epoca della morte di le Carré, nel 2020, la foto del suo incontro con i dissidenti sovietici Elena Bonner e Andrej Sacharov del 1987 rimase appesa alla parete del suo studio in Cornovaglia. In una lettera del 4 ottobre 2017 a William Waldegrave, preside dell'Eton College, le Carré riferiva quanto gli aveva raccontato Bonner: durante i sei anni di esilio in patria, Sacharov aveva memorizzato tutto Shakespeare «ma non sapeva come pronunciare le parole». In un'intervista con Philippe Sands del 2013 all'Hay Festival, le Carré definì Sacharov il suo più grande eroe: il padre della bomba a idrogeno sovietica, che «si era reso conto che avrebbe consegnato la bomba a un manipolo di gangster».

mal governate e allegre, e le loro enormi foreste di mattoni. Il momento migliore è stato quando mi hanno offerto di incontrare Philby,[6] ma io ho declinato. Genrich Borovik, un vecchio teppista che sta scrivendo la "biografia" di P e ha diciassette ore di registrazioni, mi ha detto quanto fosse gentile Kim e che grande patriota era. Gli ho risposto che concordavo appieno. Ho detto che era come Pen'kovskij: divertente e assolutamente onesto. Un vero peccato che il povero vecchio Oleg[7] non si trovasse a Londra, dissi, per potergli presentare Genrich. Lui è quasi scoppiato di rabbia & ha detto che i due casi erano *molto* diversi. Io ho risposto che entrambi volevano fregare i loro superiori & Genrich ha ribattuto sussiegoso che avremmo potuto proseguire la discussione al ricevimento dell'ambasciatore inglese la sera successiva. Mi sono detto d'accordo, ma l'ho avvisato che avremmo dovuto stare molto attenti ai microfoni. Per un delizioso istante lui ha annuito & abbiamo goduto di una complicità assoluta. Poi, a suo credito, è scoppiato in una risata fragorosa ricordando troppo tardi che i microfoni erano i suoi...[8]

Con affetto a voi due / a tutti, & vi preghiamo di perdonarci,
David

A le Carré arrivavano lettere da ogni genere di persone affascinate dallo spionaggio: da ex spie ad aspiranti spie, a coloro che venivano spiati e a tutti quelli nel mezzo. Nicholas Greaves, dieci anni, scrisse chiedendo come diventare una spia.

[6] Nel 2012, a ventiquattro anni dalla morte di Philby, la troupe del canale televisivo Russia Today ha fatto visita alla sua vedova, Rufina, a casa dei Philby. Sugli scaffali c'erano tutti i romanzi di le Carré, riferirono a Curtis Brown, l'agente di le Carré, e Rufina disse: «Leggeva tutti quei romanzi prima di andare a dormire».
[7] Oleg Pen'kovskij, un colonnello dell'intelligence militare sovietica che spiava per l'Ovest, fu giustiziato nel 1963.
[8] Nel 2019, parlando con Richard Greene, il biografo di Graham Greene, le Carré ricorderà come, quando Borovik gli offrì la possibilità di incontrare Philby, «risposi in maniera abbastanza pomposa che stavo per cenare con l'ambasciatore della regina, quindi non mi sentivo in grado di cenare con il traditore della regina. Borovik si arrabbiò, e la cosa finì lì, ma quando partii dall'aeroporto di Leningrado mi perquisirono a fondo».

A NICHOLAS GREAVES (DI DIECI ANNI)

9 Gainsborough Gardens
London, NW3 1BJ

31 gennaio 1988

Caro Nicholas,
molte grazie per la tua lettera. Per diventare una spia, prima devi avere una tua idea del mondo, di chi vorresti aiutare e di chi vorresti ostacolare. E, per questo, temo ci voglia tempo. Devi inoltre decidere quanto tu sia disposto a comportarti in modo disonesto. Provo a indovinare: tu desideri l'avventura e una grande causa. Ma credo, e spero, che se mai troverai la grande causa, l'avventura verrà dal piacere di servire quest'ultima, & a quel punto non dovrai ingannare nessuno e avrai trovato quello che stai cercando. Poi sarai molto più che una spia. Sarai un uomo buono e felice.

Buona fortuna,
John le Carré

David Greenway aveva guidato le Carré attraverso il Sudest asiatico, nei luoghi da dove per sette anni aveva scritto della guerra del Vietnam per il "Time" e il "Washington Post". Le Carré si rivolse a Greenway e a sua moglie, J.B., mentre faceva ricerche per i personaggi americani de La casa Russia.

A DAVID E J.B. GREENWAY

9 Gainsborough Gardens
London, NW3 1BJ

11 agosto 1988

Cari David e JB,
Nico ha telefonato questa mattina e aveva la voce colma di gioia. È stupendo che il suo primo viaggio aereo tutto solo

sia stato, per sua scelta, per venire da voi, e sono certo che avrà conosciuto ogni genere di gusti & sapori meravigliosi & conserverà quei ricordi per una vita intera; di sicuro sarà stato molto soddisfatto di vedervi nei vostri due habitat, Needham & il Maine. Non vediamo l'ora di accoglierlo domani & di sentire tutte le notizie, che probabilmente arriveranno in maniera parziale & incidentale nel corso di parecchie settimane. Spero che sia stato un bravo ospite: voleva esserlo, ma è sempre possibile fare qualche gaffe.

Quanto a noi, a me, il libro ha fatto un improvviso balzo in avanti & mi ritrovo con un manoscritto di 350 pp. & con la fine in vista. North Haven ha un ruolo cruciale, così come Bishop.[9] Adesso il mio dilemma – o gradevole scelta – è se completare prima tutto il libro, in un modo o nell'altro, e *poi* fare le ricerche, oppure se occuparmi adesso di Boston/North Haven & poi finire il libro. Tutto considerato – siccome/sebbene [*sul manoscritto "siccome" sopra "sebbene"*] la ricerca è/sia *molto* più divertente della scrittura – *dovrei* completare il m.s. & poi portare difetti & tutto il resto in America per la revisione cruciale. Adesso mi serve *un mucchio* di cose dall'America: da come funzionano (o non funzionano) i lie detector al vero sapore delle aragoste della Cousins, tanto che penso sia meglio decidere dall'inizio alla fine tutte le scene & i personaggi chiave, e poi lavorare su quella matrice. Come Truman Capote, ho deciso di non essere affatto uno scrittore, bensì un riscrittore. Ma l'alternativa è caotica.

Quindi avrei deciso di risolvere tutta la storia al meglio che posso nel mio stato di ignoranza – immagino di avere davanti ancora 2-3 mesi di scrittura originale – e poi di propormi a te, se posso, e a quel punto dirai se ti va bene o meno. Potrei anche scaricarti un dattiloscritto "finito" a

[9] Davis Pike, un «energico e allegro» amico dei Greenway. L'isola di North Haven, dove i Greenway avevano una casa estiva, è al largo delle coste del Maine. Ne *La casa Russia*, il debriefing di Barley Blair da parte dei «cugini» della CIA avviene su un'isola del Maine. Le Carré avrebbe voluto usare North Haven come location per il film, ma furono costretti a girare in Canada perché Sean Connery non poteva farlo negli Stati Uniti per ragioni fiscali. I delusi abitanti di North Haven perdonarono Connery, si dice, perché nelle scene finali di *Caccia a Ottobre Rosso* fa navigare il suo sottomarino nel fiume Penobscot in Maine.

Wengen & propormi nel nuovo anno se questo fosse accettabile. Questa volta per me è molto importante che gli aspetti americani siano *molto* a posto & molto divertenti. Persino, Dio ci aiuti, corretti...

In questo momento l'Inghilterra è straordinaria. Ho pensato che ti avrebbe divertito sapere che Gottlieb (questo è Topsecret) mi ha offerto l'ufficio di Mosca del "New Yorker" e aspetta con ansia la mia decisione.[10] Mentre io non vedo l'ora di non dover più scrivere dei russi. Un po' come essere invitato a fermarmi a Hong Kong dopo aver scritto lo *Scolaro*.

Ho pranzato dal padre di Will con Thatcher & Dennis, & i Powell (Principale Segretario Essiccato ex F.O. & moglie italiana turbolenta)[11] e all'improvviso mi sono reso conto: siamo uno stato con un unico partito & non è colpa sua se non ci sono altri in grado di portare la sua torcia quando si parla di problemi forensi o di fare campagna elettorale a Tamany (?) Hall. Ha anche opinioni abbastanza interessanti; ci sono tre uomini al mondo che sono a un punto di svolta del loro destino politico & devono reggere le aspettative o lasciare le scene: Peres, Gorbačëv e (oh, giubilo) Bush, al quale la Thatcher invia spesso lettere per spronarlo. *La tamburina* un BUON libro (enfasi su tutti gli aggettivi) perché presentava i terroristi com'erano *e* ha dimostrato che il M.E.[12] era quasi insolubile. Si è interessata al fatto che avessi incontrato Dukakis: «Mi dicono che sia molto scialbo». Ha dichiarato che era spiacevole dover vedere ogni sei mesi le famiglie degli ostaggi, ma che tutti sapevano di doverlo fare. «E ogni volta dico loro: probabilmente potremmo fare concessioni *sufficienti* per pagare la liberazione, ma non dobbiamo, perché significherebbe semplicemente che un nuovo *gruppo* & tante altre persone verranno *presi*. Reagan ha avuto un momento di debolezza & guardate *dove* è finito.» E a propo-

[10] Bob Gottlieb, editor di le Carré da Alfred A. Knopf, era diventato editor del "New Yorker".

[11] Hartley Shawcross, il padre di William Shawcross, che era stato il capo dei procuratori britannici al processo di Norimberga. Charles Powell, il segretario privato di Margaret Thatcher, era sposato con Carla Bonardi, un'italiana dell'alta società.

[12] Middle East, Medio Oriente. [*N.d.T.*]

sito dello stesso Reagan: «La gente lo fraintende. Ha all'incirca tre grandi convinzioni, cose che lo toccano nel profondo. Se riesci a inserirle in ogni discorso che gli fai, ti parlerà in maniera diretta & ti capirà & rimarrà al tuo fianco. È un uomo molto migliore di quanto si creda». Perbacco, e quali sono?, avremmo voluto chiedere, ma il padre di Willy aveva dimenticato il coltello per il salmone *en croûte*, quindi lei aveva deciso di usare due forchette. Per un attimo, sembrò che lo avesse ucciso lei.

Dennis è molto più duro di quanto potresti immaginare. Beve ben più di quanto si dica in giro, bercia aforismi sul golf, ha un insieme di valori che lo consacrerebbe alla cena annuale del Rotary (Bears?), [...] e a 72 anni continua a parlare di Mrs T come della futura vedova Thatcher. Legge. Gli piace Archer, gli piaccio io: «Perché non fa tornare Smiley?» Dice che Archer è diventato «un grande amico». A dire il vero, fra tutti e due, hanno bisogno del loro Kapuściński.[13]

Vi ringrazio ancora per aver regalato a Nico quello che, ne sono certo, è stato un momento glorioso. Vi scrivo ora perché non mi fido delle poste portoghesi in alta stagione &, in ogni caso, è divertente aspettare il suo ritorno. Lunedì, se riuscite a crederci, l'Ufficio imposte ha ritirato la grande maggioranza delle istanze contro di me & in una lettera stranamente umana ha ammesso che l'interpretazione che avevano dato ai miei affari era errata. Non significa che sia finita, ma forse la situazione sta andando un po' nella direzione che vorremmo.[14]

Con affetto a tutti,
David

[13] Il giornalista polacco Ryszard Kapuściński scrisse *Il Negus: splendori e miserie di un autocrate* sulla caduta di Hailé Selassié, e *Shah-in-Shah* sugli ultimi anni dello scià dell'Iran.
[14] Nel 1987, l'Ufficio imposte aveva avviato un'indagine sulle tasse di le Carré, in particolare sull'Authors Workshop, la società con sede in Svizzera che possedeva i suoi diritti d'autore e gli pagava uno stipendio. La minaccia era quella di fare un accertamento su vent'anni di tasse pagate da le Carré; le autorità svizzere gli offrirono la nazionalità svizzera come merce di scambio nei negoziati, ma non avrebbe potuto mettere piede nel Regno Unito per cinque anni. Authors Workshop venne chiuso e lui divenne un contribuente britannico come libero professionista. Il caso venne risolto definitivamente nel 1989.

Mentre ne La spia perfetta *le Carré affrontava il fantasma di suo padre, nel 1988 sua madre Olive era ancora viva, benché malata.*

Olive Moore Cornwell, in seguito Hill, abbandonò i figli David e Tony quando il primo aveva cinque anni, e le Carré la rivide solo a ventuno.[15] *«Mia madre ci ha lasciati quando mio padre ha terminato il secondo soggiorno in carcere e dopo la seconda o la terza bancarotta di lui.» Questa la descrizione che le Carré fece allo psichiatra dottor Bockner.*[16]

In quei primi incontri la madre raccontò di come Ronnie le avesse trasmesso una malattia venerea e la picchiasse: la seconda confessione non sorprese le Carré, che aveva assistito allo stesso comportamento ai danni della matrigna. Dopo tre appuntamenti con lei, nel 1968 disse a Bockner: «Mi sono rifiutato di rivederla... Non l'ho più vista dopo quegli incontri abbastanza orribili e, a dire il vero, trovo proprio difficile sopportarla».

Nel 2016, in Tiro al piccione, *le Carré ricorderà: «La ritrovai quando avevo ventun anni e da quel momento mi occupai ampiamente delle sue necessità, non sempre con gentilezza.*

«Nella casa di riposo dove soggiornò negli ultimi anni della sua vita, dedicammo gran parte del tempo che passavamo insieme a deplorare le malefatte di mio padre o a riderne. A un tratto mi resi conto che aveva creato, per sé e di conseguenza per me, la favola di un rapporto madre-figlio idealizzato che si era protratta senza interruzioni dalla mia nascita fino a quel momento.»

Le uniche lettere rimaste di le Carré a sua madre sono state scritte nel 1988 e nel 1989, e spedite via fax o, a volte, tramite Alex, figlia di lei e sua sorellastra. Sembrano emotivamente impersonali; le Carré resta su un terreno neutro, e le scrive parole di conforto quando Olive viene sottoposta a un'operazione alla schiena, poi torna nella casa di riposo, e le comunica con entusiasmo le notizie della famiglia o bucoliche descrizioni della Cornovaglia e della Svizzera mentre si sposta tra quei luoghi e Londra. Non ci sono domande sul loro rapporto o su come avrebbe potuto essere. Sembrano lettere spedite a casa da uno studente.

[15] Il ricordo di Ann suggerisce che ne aveva ventidue. Si veda la nota 11 a p. 84

[16] Il 24 giugno 1968, uno sciopero dei treni impedì a le Carré di presentarsi a un appuntamento con il dottor Bockner, uno psichiatra di Londra. Scrisse quindi un resoconto di settanta pagine a proposito di «alcune cose che le avrei detto»: tra queste il suo matrimonio, il padre, la scrittura e il rapporto con i Kennaway.

A OLIVE HILL

via fax

London

11 luglio 1988

Carissima mamma,
buonasera! Il viaggio di ritorno è andato bene, un po' lento, e ho dimenticato di accendere l'aria condizionata. Ma con il telefono in macchina abbiamo potuto assicurarci che il tè ci aspettasse! Ecco un altro esempio dell'era moderna.

Non ci sarà più un'altra generazione come la tua. Quando sei nata tu, non c'erano aerei nell'aria, e per questo il cielo era migliore. La radio era un miracolo e mancavano gli anestetici. Adesso abbiamo il Servizio sanitario nazionale, la maledetta televisione, e tu che torni da quel postaccio con un buco nella schiena. Dove sta il progresso? ci chiediamo. Come dicono in Russia, "tutto è illusione".

È stato bello vederti oggi, eri meravigliosa. Penserò sempre a te che scacci i tizi col camice e osservi i rondoni. A volte il Paradiso è molto vicino a casa. E grazie al cielo lì ti vogliono bene, davvero.

Abbi cura di te e a presto al prossimo incontro.

Con tanto affetto,
David

A OLIVE HILL

Fax per Alexandra Williams
da trasmettere per favore a sua madre

via fax

Cornovaglia

4 agosto 1988

Ore 13

Carissima Muvver,
sto scribacchiando dal primo mattino e solo adesso sollevo la testa dalla carta per augurarti un periodo più felice del precedente in galera, una *brevissima* attesa per le attrezzature necessarie e pazienza e gentilezza quando il dolore non vuole saperne di andarsene.

Il mio libro adesso va a meraviglia, il tempo è stato fantastico, l'aria che arriva dall'Atlantico fa sentire entrambi di 10 anni più giovani e i maledetti muratori stanno trasformando la sala da gioco in un paio di stanze da letto, visto che adesso abbiamo spostato la sala da gioco all'esterno della casa. I cani puzzano per aver mangiato troppi conigli. Ho appena parlato con Nico che sta andando a vela nel Maine & gli piace moltissimo. Ti invio questa per fax da parte di entrambi con tutto il nostro affetto & i nostri auguri. Alex dice che al momento i fiori non sarebbero di grande utilità, ma te li mandiamo comunque per telepatia!

XX
David

In agosto le Carré scrisse di essere «nelle ultime fasi del mio nuovo romanzo, ancora un centinaio di pagine». Il libro era La casa Russia.

A OLIVE HILL

via fax

Chalet Chamois
3823 Wengen
Svizzera

8 settembre 1988

CARISSIMI TUTTI,
PRIMA DI SEI PAGINE PER OLIVE HILL, PER FAVORE
Con i migliori saluti, David C

Carissima mamma,
Jane *mi* ha appena telefonato dicendomi che Alex *le* ha inviato un fax in cui la informa che eri tornata a Howard House, con nostro grande sollievo, e che eri guarita a metà, se non del tutto, e se ti avessi mandato un fax avremmo aggirato lo sciopero delle Poste, sempre un vero piacere. Sono arrivato qui ieri dal Portogallo, dove Jane & Nico & io abbiamo trascorso una splendida vacanza perché:

1) C'è stato sempre il sole, abbiamo nuotato & bighellonato & goduto con piacere del tempo libero.
2) Con grande stupore di tutti, tranne che di Nick, al GCSE[17] ha preso 7 "A" e 1 "C" e, a quanto pare, avrà un'ottava "A" per il lavoro di progettazione.
3) Ho finito il mio libro, ho messo l'ultimo punto. E sebbene abbia una montagna di cose da elaborare nel testo, è un enorme sollievo per me e Jane & per gli editori. Penso anche che sia valido, o che potrebbe esserlo. Quindi che vadano al diavolo. *Baby will eat*.[18]

[17] Equivalente inglese dell'esame di maturità. [*N.d.T.*]
[18] *Baby will eat tonight*, "questa sera il bambino avrà da mangiare", era una frase tipica ripetuta da le Carré dopo aver concluso un lucroso contratto editoriale.

[...]

La nostra vacanza è stata molto allegra. Tanti uomini sognano di sposare le loro segretarie e io, nel senso migliore, l'ho fatto, perché Jane è segretaria, editor e soprattutto amica, ed è bello quando possiamo condividere il lavoro & dà buoni risultati. Poi, come si dice oggi, c'è l'amore.

[...]

Altre notizie, immaginami. Tra le Alpi c'è una sorta di gradevole estate di San Martino, poche persone, fiori che ti vien voglia di mangiare e il sole basso sulle distese di fieno che odorano di campi da cricket non appena arrivi all'ombra. Le serate sono già umide, natalizie, dopo il tramonto è necessario accendere il fuoco. La stanza dove lavoro domina tutto il villaggio e la valle del Lauterbrunnen, e adesso è il momento in cui una cupa nebbiolina scende dalle montagne & trasforma i raggi del sole in quello che sembra fumo dei fucili. Tra un'ora sarà di nuovo limpido e arriverà il crepuscolo. I lunghi raggi del sole che scendono verso valle come riflettori da sopra le vette. E i maledetti pennuti che non smettono di cantare, privi di ogni rispetto. Oggigiorno non ti puoi fidare di nessuno.

Carissima mamma, spero che tu ti senta a meraviglia adesso che sei tornata in gattabuia dove ti conoscono & ti vogliono bene. Verremo a trovarti molto presto dopo il mio ritorno.

Di nuovo con affetto,
David

Nel 1985 Bruce Hunter divenne l'agente di le Carré e lavorò con lui per oltre vent'anni.

A BRUCE HUNTER

via fax

Londra

27 gennaio 1989

Caro Bruce,
ti ringrazio per avermi sottoposto la questione "Oxford Bookworms" della OUP.[19] Credo che *dovremmo* chiedere loro di abbandonare la ricerca. Le mie obiezioni non sono tanto sui tagli al libro, quanto alla selezione & all'espressione delle informazioni che l'adattatore ha voluto conservare. (Anche se è un ex allievo di Sherborne, una scuola che ho frequentato & che disprezzo in modo particolare.)

Ritengo che la storia sia stata "resa infantile" in maniera inutile e non attraente per i giovani. A loro piacciono le cose con la testa sulle spalle & i denti al loro posto. Lui ha tolto tutto & anche le palle.

Quindi, se sei d'accordo, diciamo "no, grazie".

Con i migliori saluti,
David

[19] Tre mesi prima, le Carré aveva detto a Hunter che la versione semplificata de *La spia che venne dal freddo* della OUP (la Oxford University Press) era «orribile» al punto che sembrava di leggere Enid Blyton.

In dicembre le Carré comunica a Olive «grande entusiasmo per il mio nuovo libro, La casa Russia*» e promette di inviarle una bozza all'inizio del nuovo anno.*

A OLIVE HILL

via fax

Cornovaglia

24 marzo 1989

Carissima mamma,
sono arrivato qui due giorni fa dopo un viaggio interminabile a bordo di una jeep Mercedes con i cani, partendo alle 4.15 del mattino, poi ho fatto colazione con un amico antiquario a Wells,[20] poi di nuovo avanti, sempre avanti, con un tempo molto ventoso con la jeep che, essendo alta, ne ha risentito parecchio.

Poi, in attesa che arrivasse Jane, ho terminato la sceneggiatura del film di Stephen,[21] e questo ha irritato molto i cani: sono convinti che la scrittura interferisca con la caccia ai conigli – l'attività preferita di tutte le persone sane che vengono in Cornovaglia – e che, *stando seduti* qui, sia impossibile catturarli.

Ieri sera ho avuto qui a cena alcuni vecchi e cari amici[22] e ho preparato un pollo con bacon & salsicce, e abbiamo ammirato i nuovi pilastri del cancello che ho acquistato l'ultima volta che ero venuto qui, fantastici, più di tre metri di granito provenienti da una cappella di Hayle, adesso c'è un'aria molto da maniero, ma spero non troppo.

E oggi sono arrivati Jane & Nico, anche loro partiti allo spuntare dell'alba lottando con il traffico festivo, e Jane si è saggiamente schiantata a letto, & Nico sta sistemando il

[20] Eddie Nowell.
[21] *Schüss*, la sceneggiatura di un film sullo sci nel dopoguerra che le Carré scrisse per Stephen Cornwell.
[22] Quasi certamente John Miller e Michael Truscott.

suo computer, e i cani borbottano tra loro sulla pappa, ma non è ancora l'ora giusta, e sta suonando il corno da nebbia, che è sempre una noia, ma nei giorni di calma è peggio che in quelli di burrasca, & oggi la giornata è iniziata tempestosa e alla fine ha deciso di essere di calma.

Ho saputo da Jill che giunchiglie & narcisi & Scilly White[23] sono arrivati, quindi mi aspetto che la tua camera profumi come il salotto di una prostituta, ma vengono direttamente dalla scogliera, con il nostro amore per Pasqua. Resteremo qui per tre settimane, poi torneremo a Londra & verremo a trovarti. Nel frattempo, rimarrò in contatto via fax.

Con tanto affetto,
David

Olive Hill morì il 17 aprile 1989. Le Carré era con lei nelle ore precedenti, ma mancò di pochi minuti l'istante della morte. Tra i fax per lei c'è un'ultima, lunga lettera di Tony, il fratello di le Carré, con molte notizie della famiglia e la descrizione del patriarca di novantanove anni di una famiglia repubblicana americana che aveva in casa un'amante di quarant'anni più giovane. Tony scrisse: «Mi ricorda, forse ingiustamente, come avrebbe potuto essere Ronnie».

A VLADIMIR STABNIKOV

9 Gainsborough Gardens
London, NW3 1BJ

9 marzo 1989

Caro Volodya,
come sa, non sono capace di scrivere a macchina... Ho provato una o due volte a telefonarle, poi ho deciso che comunque sarebbe stato meglio scrivere per darle la possibilità di riflettere prima di rispondere.

[23] Varietà di narciso. [*N.d.T.*]

E deve rispondere esattamente come desidera, perché non avrò un accesso di rabbia se non acconsentirà alla mia richiesta.

Che è quella che segue. I miei editori, qui e negli Stati Uniti – e sono certo anche altrove quando li consulterò –, sono lodevolmente entusiasti de *La casa Russia* e lo vorrebbero promuovere come libro che supera i confini, il primo del genere a essere pubblicato in Occidente dall'inizio della *perestrojka*, un libro di insolito ottimismo, un anti-romanzo di spionaggio e, soprattutto, come un romanzo che potrebbe essere – e speriamo sarà – utile all'Unione Sovietica quanto all'Occidente, nel senso che scoperchierebbe i pregiudizi dei lettori e sfumerebbe le tradizionali divergenze di pensiero che sono state la nostra maledizione, da entrambe le parti.

Idealmente, quindi, apprezzerebbero frasi e opinioni dei sovietici che potrebbero utilizzare nella presentazione del libro al pubblico occidentale. Per esempio, di un importante direttore di un periodico sovietico ("Novij Mir"?). Per esempio di un professore di letteratura inglese di un'università sovietica (Statale di Mosca?). Per esempio, di un editore sovietico, o anche dalla scrivania dell'eminente Volodya Stabnikov... Ma certo solo se queste persone sono disposte a essere citate pubblicamente. In caso contrario fallirebbe il nostro scopo, ma preferiremmo questo che essere d'imbarazzo per gli amici sovietici.

In secondo luogo, un'ovvia condizione sarebbe che la persona sapesse l'inglese abbastanza bene per poter leggere la bozza. (Fra 3 settimane avremo le bozze stampate per la presentazione.) Se ci fosse una qualsiasi speranza di ottenere ciò che chiediamo, le potrei mandare una dozzina di copie con il corriere Barry Martin all'incirca per il 5 aprile, forse anche prima. In realtà ci piacerebbe avere sei commenti, ma tre andrebbero già bene.

Vorrebbe pensarci per un po'? Poi le telefonerei, immagino fra circa una settimana da adesso, quando sarò sicuro che avrà ricevuto questa lettera. E se la mia fosse una richiesta senza speranza, non avrebbe che dirmelo. In caso contrario, le frasi dovrebbero arrivare entro il 5 maggio in modo da poterle usare tempestivamente.

Sospetto che anche la stampa & la televisione inglese & americana vorranno parlare della storia dal punto di vista sovietico, se dovessimo dar loro la possibilità. Ma prima vorrei conoscere la sua reazione.

Con affetto a tutti –
come sempre,
David

P.S. Abbiamo invitato Miša Grebnev[24] a pranzo & lo porteremo a teatro. D

*Stabnikov radunò un gruppo di commenti sovietici. «John le Carré, sempre un virtuoso sottilmente ironico, è al suo meglio» scrisse Andrej Voznesenskij, il maggior poeta sovietico. «*La casa Russia *è il primo romanzo di spionaggio al mondo che si svolge a Peredelkino* [un complesso di colorate dacie] *non lontano da Mosca, sullo sfondo della casa e della tomba di Boris Pasternak. Io stesso vivo a Peredelkino e adesso lo scampanio della chiesa locale e il cigolio dei freni delle automobili mi spingono a guardarmi intorno a disagio, nel timore che si tratti di qualcuno uscito da* La casa Russia. *Sembra quasi che ogni* kamaz [autocarro] *che passa sia guidato da un bell'agente della CIA.»*

La lettera di le Carré a William J. Weatherby, opinionista del "Guardian" e autore di servizi speciali, venne pubblicata sul "Guardian" nel gennaio 1990.

A novembre del 2012 il "Times" riferì che, «dopo una delle più chiacchierate faide della letteratura moderna», le Carré e Sir Salman Rushdie avevano sepolto l'ascia di guerra. Quando Rushdie aveva detto al pubblico del Cheltenham Literature Festival – organizzato dal "Times" – «Vorrei che non fosse successo», le Carré aveva risposto «Anch'io mi rammarico per la disputa».

Il 14 febbraio 1989, l'ayatollah Khomeini aveva lanciato una fatwa *contro Rushdie, ordinando ai musulmani di giustiziare l'autore e*

[24] Michail (Miša) Grebnev, compagno d'università di Vladimir Stabnikov e co-traduttore de *Lo specchio delle spie*.

chiunque fosse coinvolto nella pubblicazione del romanzo I versi satanici. *Rushdie si nascose, ma dodici persone morirono in India durante i disordini, le librerie di Londra furono colpite da bombe incendiarie e l'editore norvegese del libro venne ferito da tre colpi di arma da fuoco davanti a casa sua. Nel 1991, il traduttore giapponese Hitoshi Igarashi fu pugnalato a morte, e anche quello italiano*[25] *fu ferito con un'arma da taglio.*

Le Carré chiese pubblicamente come mai Rushdie non avesse ritirato I versi satanici. *Una recensione incendiaria di Rushdie de* La casa Russia *diede alla disputa un'animosità personale, che si infiammò per la seconda volta nel 1997 con un feroce scambio di corrispondenza.*

A W. J. WEATHERBY, "MANCHESTER GUARDIAN"

c/o David Higham Associates
5-8 Lower John Street
Golden Square
London, W1R 4HA

11 ottobre 1989

Caro Mr Weatherby,
Rushdie è una vittima, ma – per come la vedo io – non un eroe. Mi dispiace per lui e rispetto il suo coraggio, ma non lo capisco. In primo luogo, chiunque abbia familiarità con i musulmani anche senza disporre delle conoscenze che a Rushdie derivano dalle proprie origini, sa bene che anche presso i più rilassati di loro, se prendi alla leggera il Libro lo fai a tuo rischio e pericolo. Non penso che ci sia alcunché di deplorevole nel fervore religioso. I presidenti americani lo professano quasi come fosse un rituale, e noi lo rispettiamo nei cristiani e negli ebrei. Nel caso Rushdie si parla invece di concetti incompatibili di libertà. Per lunghi periodi della storia del cristianesimo, il sacro ha limitato la libertà, e questo è ancora il caso nell'Islam odierno. Quindi, benché disprezzi le buffonate egoistiche dell'ayatollah

[25] Ettore Capriolo. [*N.d.T.*]

e dei suoi mullah, queste non mi sorprendono né mi sconvolgono in modo particolare. Non mi è neppure chiaro fino a che punto Rushdie, forse inavvertitamente, abbia provocato la propria disgrazia. La sua lettera aperta al governo indiano mi è sembrata di un'arroganza quasi colonialista.

La libertà assoluta di parola non è un diritto divino in tutti i paesi: è limitata dai pregiudizi, da come vengono percepite moralità e decenza. Nessuno ha il diritto divino di insultare una grande religione e di venire impunemente pubblicato.

Ma tutto questo è accademico, forse, oltre al mistero umano che Rushdie continua a essere per me. Com'è possibile che un uomo il cui romanzo – per qualsivoglia motivo distorto – abbia fatto versare tanto sangue insista nel rischiare di spargerne ancora? Chiunque abbia voluto leggere il libro ha avuto ampie opportunità per farlo nei paesi in cui è stato pubblicato. Molti altri, che non riusciranno mai a terminarlo, lo hanno già acquistato pensando di sostenere una grande causa. Eppure ci spingono a credere che la pubblicazione in edizione economica dei VERSI SATANICI sia più importante per noi, non si sa come, per esempio delle vite di giovani uomini e donne innocenti che lavorano ai margini del mondo editoriale, allo smistamento della corrispondenza o nei magazzini degli editori di Rushdie oppure nelle librerie e ai servizi postali. A questo punto il mio giudizio diventa del tutto soggettivo. Non potrei convivere con il pensiero che, continuando a insistere per la pubblicazione del mio libro, inviterei a un altro bagno di sangue. Ed è qui che perdo completamente Rushdie. Ribadisco che aveva la possibilità di salvare la faccia dei suoi editori e ritirare dignitosamente il libro in attesa di momenti più tranquilli. E mi sembra che non debba dimostrare più niente a parte la sua insensibilità.

Una bizzarra giustificazione utilizzata dai difensori più infervorati di Rushdie è che il suo romanzo ha grandi meriti letterari, alcuni insistono dicendo che è un capolavoro. Io la considero l'argomentazione più pericolosa oltre che la più controproducente. Quelle stesse persone si sarebbero mosse a difesa di un Ludlum o di un Archer? Oppure dobbiamo credere che chi scrive letteratura abbia un maggiore diritto alla libertà di parola rispetto a chi scrive pulp? Questo elitarismo non aiuta la causa di Rushdie, qualsiasi questa sia diventata adesso.

Cordialmente,
John le Carré

A SIR ALEC E LADY GUINNESS

Chalet Chamois
3823 Wengen
Svizzera

7 dicembre 1989

Cari Alec & Merula,
non ho idea di quanto ci metterà la posta ma ecco, a tempo debito spero, i miei auguri a entrambi per Natale e il Nuovo Anno. Jane & Nico vengono per Natale, così come la solita e indispensabile orda di celebranti, e quest'anno sarà molto diverso dopo non so quanti e direi davvero straordinario. Adesso bisogna essere in Europa, quella dell'Est, ovviamente, ma quella occidentale in maniera più sottile, e intendo dire l'Europa continentale. I tedeschi dell'Ovest, dopo avere a lungo pregato per la Grande Luce, adesso ne sono già abbagliati: «inquineranno le nostre strade, l'aria, la prosperità, non hanno conquistato il posto che occupano...» e questa è la protesta più accesa «non hanno ALCUNA IDEA DEL LAVORO». In altre parole, i buoni ex-Sozi[26] arrivano in Germania O. e *smettono di lavorare alle 17 e vanno a casa*! Hanno troppo poco rispetto per *il denaro e l'ordine*, perché naturalmente quei poveracci facevano il loro lavoro di giorno, poi correvano a casa per fare acquisti, frodare,

[26] Nel linguaggio comune, "Sozi" è riferito a un membro della SPD, il Partito socialdemocratico tedesco. Se si considerano tuttavia l'anno e il contesto, le Carré sembra parlare degli ex socialisti, o ex cittadini della Repubblica Democratica Tedesca.

blandire, preparare distillati clandestini e tirare a campare. Adesso, in Germania O., le loro vite sono già stabilite, ma lavorano in modo DECISAMENTE APPROSSIMATIVO. Stanno cominciando a conoscere un altro genere di schiavitù.

E i Frogs, come è ovvio, sono *molto* nervosi. E riprendono sempre le antiche ostilità, quelle che erano state tenute a freno dal Grande Fratello e adesso escono dal ghiaccio; come i polacchi che mandano al diavolo i tedeschi, & i tedeschi che dicono che tutti i polacchi sono comunque tedeschi; & i serbi che sono in cerca di croati & sloveni; e i cechi che vogliono fregare i magiari; e le antiche fratture che si riaprono ovunque.

Per il mio nuovo libro non so dove affondare il coltello, ma posso essere sicuro che scalfirà un osso, se è questa l'espressione corretta.*

Nel frattempo, se la vita & la politica ci concederanno la possibilità di festeggiare – e non è così – dovremmo proprio farlo. Perché, nonostante tutti i nostri difetti, NOI avevamo ragione &, a dispetto dei loro proclamati ideali, LORO erano un ammasso di maiali corrotti con la mente malvagia. Ed è una calunnia per i maiali. Quindi per favore leggete, porci.

Vi auguro Buon Natale e felice anno nuovo, con affetto, a entrambi.

Come sempre,
David

[*a margine*] * E gli ungheresi che offrono seriamente migliaia di dollari americani di anticipo per i miei libri, & i cechi che dicono, per favore, possiamo pubblicarli gratis? E i polacchi che dicono, per favore, pagate voi per la pubblicazione?

Nel giugno 1989 La casa Russia *fu dedicata «A Bob Gottlieb, grande editor e amico paziente». Gottlieb, una figura importante del mondo editoriale americano e editor di le Carré da Alfred A. Knopf, lo ritenne un «gesto inteso a preparargli la strada per andare oltre».*[27] *Gottlieb editò dapprima* Ingenuo e sentimentale amante, *poi fece un lavoro considerevole su* La talpa, *dove spinse le Carré a sviluppare il personaggio di Connie Sachs, e suggerì il titolo per* La spia perfetta. *Nel 1987 fu nominato direttore del "New Yorker", ma continuò a lavorare ai titoli di Knopf.*

A BOB GOTTLIEB

9 Gainsborough Gardens
London, NW3 1BJ

25 settembre 1989

Caro Bob,
una piacevole serata, momenti felici! È stato molto commovente vederti in forma così smagliante & Nicholas mi ha rubato il cuore,[28] ma a chi non lo ruba? Grazie a entrambi perché ci siamo sentiti a casa.

Bob, credo sia giunto il momento di ammettere che le forze della vita ci hanno portati alla fine del nostro rapporto editoriale, almeno nella forma. Avrei voluto parlartene, ma non era certo la sera adatta per farlo. Trovo però che sia qualcosa di innaturale & abbastanza tirato essere editati da una figura esterna alla casa editrice, anche se quella figura sei tu, anche dopo tanti anni gloriosi. Da qualche parte fra Sonny [Mehta][29] & Bill Loverd,[30] devo avere un'anima affine alla mia che non sia in riunione, sotto assedio e che non cerchi di portarmi in tele-

[27] Gottlieb, *Avid Reader* (2016), *Working: Knopf Redux*, p. 238.
[28] Il figlio di Gottlieb, Nicholas.
[29] Presidente e direttore capo di Knopf, scelto da Robert Gottlieb come suo successore.
[30] Direttore della pubblicità di Knopf per quasi quarant'anni.

visione, e sono pronto a provare a Elisabeth Sifton[31] perché la trovo molto in gamba.

Inizialmente avevo pensato di posticipare questa decisione fino a un nuovo romanzo ma, con la tua partenza & quella di Lynn,[32] adesso la ricostruzione richiede quel genere di figura. E non posso proprio rivolgermi a te per questioni interne alla casa editrice, e solo occasionalmente a Sonny e – al di fuori delle faccende promozionali – non a Bill.

Forse non sarei stato in grado di prendere questa iniziativa se la nostra collaborazione non mi avesse dato la fiducia per farlo: le master class non saranno più le stesse, lo so, e mancherà il divertimento, oppure sarà diverso. Ma per sentirmi a mio agio con la casa editrice, so che è giunto il momento in cui devo piantare la tenda tra le sue pareti, nel bene e nel male. Se davvero fosse per il peggio, be' non mi resterebbe che andarmene. Ma ci voglio provare.

Scrivimi & dimmi che capisci – oppure no – e grazie ancora. Vorrei poterlo dire meglio per tutta la magia degli ultimi 15 anni.

Come sempre,
David

Nel suo memoir Avid Reader, *Gottlieb scrisse che le Carré aveva ragione, nella sua «gradevole lettera di rimpianto», a cercare un collegamento diretto con il cuore della sua casa editrice americana.*

[31] Editor dei libri e in seguito vicepresidente di Knopf.
[32] Nel 1989 Lynn Nesbitt, agente di le Carré, lasciò la International Creative Management per fondare una propria agenzia, la Janklow & Nesbitt Associates, con Morton Janklow.

La dedica de Il visitatore segreto *era: «Per Alec Guinness con simpatia e riconoscenza». Gottlieb, che non faceva più l'editing, definì il libro «il più debole dei suoi romanzi e non riesco a pensare a nulla che avrei potuto suggerire per salvarlo».*[33]

A SIR ALEC GUINNESS

9 Gainsborough Gardens
London, NW3 1BJ

7 giugno 1990

Mio caro Alec,
una lettera dovuta da tempo, ma il mio ritardo ha i suoi motivi. Mi sono messo a lavorare al discorso di Smiley per la classe che si diplomava a Sarratt, ma mi ha preso la mano ed è diventato un romanzo. Smiley è il personaggio dominante, come vedrà, e oggi le spedirò una copia. A dire il vero ne sono abbastanza soddisfatto: ha una forma sciolta, strana e sembra piuttosto in tema con quanto sta accadendo adesso.

Mi sono anche preso la libertà di dedicarglielo – naturalmente attendo la sua approvazione – per via di Smiley, per via dell'atmosfera, per via di tutto. Se però lo dovesse ritenere sgradevole per qualsiasi motivo, sono certo che mi conosca a sufficienza per dirmelo, e agirò di conseguenza!

Ha evidenti possibilità anche in termini cinematografici/televisivi; un'altra serie, una raccolta di sceneggiati televisivi o anche il teatro. In questa fase non ci ho ancora pensato, e molto dipenderà da come lo percepirà *lei*. Abbiamo molto tempo. Personalmente ritengo che potremmo scegliere uno o due episodi e realizzarne cose separate. Ma ne parleremo in seguito, se mai sarà il caso.

Nico sta sostenendo gli esami finali, il film *La casa Russia* è in gran parte abbastanza bello, con dentro le solite idiozie che mi fanno dare di matto, ma [Michelle] Pfeiffer è straordinaria nel suo personaggio di slava & Connery

[33] Gottlieb, op. cit., p. 238.

ha una forza selvaggia che è sconcertante &, per una volta, molto ben sfruttata. Potrebbe anche essere *molto* bello. Ma ho un occhio troppo malizioso.

La prego di comunicare il nostro affetto a Merula e di farvi invitare presto a pranzo: ci piacerebbe molto vedere entrambi.

Come sempre,
David

Nicholas Shakespeare è stato il redattore letterario del "Telegraph" fino al 1991, quando se ne andò per dedicarsi al suo secondo romanzo con l'incoraggiamento di le Carré.

A NICHOLAS SHAKESPEARE

9 Gainsborough Gardens
London, NW3 1BJ

19 aprile 1991

Caro Nicholas,
ieri sera sono tornato dalla Cornovaglia e ho trovato la sua lettera & la ringrazio molto sinceramente. Cominciamo da Graham: sì, è un grande vuoto, il Generale è morto e ha vinto.[34] Ha vinto la sua guerra, se non tutte le sue battaglie; ha lasciato opere imperiture e il ricordo che si perpetua da solo di un grandissimo uomo che aveva ogni genere di affascinanti grettezze: molte derivate dalla noia, dall'eccessiva disinvoltura con cui usava il suo talento, ma coltivava con cura molte di queste per mantenere vivo il fanciullo che aveva dentro. Penso che per questo motivo fosse uno scrittore tanto apprezzato dai colleghi: era tutti noi e qualcosa di più. Scriverle questo significa già pregare per lui: ha risvegliato l'agnostico in tutti noi! E lo ha messo all'opera.

[34] Graham Greene morì il 3 aprile 1991. Kingsley Amis, la cui recensione de *I commedianti* vide le Carré esprimere la sua simpatia a Greene nel 1966, disse: «La sua mancanza si sentirà in tutto il mondo. Era il nostro più grande romanziere vivente».

Lei però è vivo, dunque più importante, & ha l'imprinting di Greene & un talento tutto suo che ora deve avere una propria voce. Se dovesse andar male, e non sarà così, era comunque il momento giusto. E se dovesse dubitare, & vedere tutto nero, & chiedersi perché mai ci prendiamo la briga di inventare storie quando i fatti della nostra epoca sono così mostruosi, seguirebbe solo il percorso di Graham; & comunque sarebbe il passo giusto al momento giusto. Quindi, con umiltà, sarei felice di darle un'ulteriore spintarella e le auguro di cuore di realizzare la sua arte & tutti i piaceri e la magia di quel viaggio. Spero che non si farà trascinare troppo spesso dal rimedio provvisorio del giornalismo, ma che riesca a trovare un equilibrio tra lo sprint e la maratona. Spero che trovi la donna giusta con la quale, e alla quale, scrivere. E spero che conservi la sua generosità di spirito quando loro (i giornalisti &, i peggiori di tutti, gli altri romanzieri) la attaccheranno, perché la sua scrittura ha una grande umanità, & così lei. Il dovere più difficile nei confronti di me stesso è stato quello di tenere a bada l'amarezza: se mi sfogo, dovrebbe essere per liberarmi, non per vendetta. Amo troppo tutto questo per lasciare che me lo rovinino. Le prometto che non le scriverò più in questo modo, ma la sua comparsa nella mia vita mi ha commosso, così come la sua lettera.

Poi c'è la Cornovaglia. Da prendere in prestito quando non ci sono e da dividere occasionalmente se ci sono, prendere una macchina & incontrarci la sera & scrivere durante la giornata. Presto vorrei stabilirmi là in maniera definitiva, & prima aggiungere un pezzo alla casa in modo che diventino due, una per noi, una per l'ospite occasionale & il suo accompagnatore o la sua accompagnatrice e dove gli ospiti possano essere sovrani & cucinarsi i pasti quando lo desiderano & unirsi a noi quando ne hanno voglia. Spero che lei la vorrà usare come luogo di evasione quando ne avrà voglia; al momento noi siamo là molto poco. In ogni caso, scelga lei.

La prossima settimana partiremo per l'Italia, poi per gli Stati Uniti, e rientreremo all'inizio di giugno. Mio figlio si sposa a Boston, poi farò ricerche a Washington, nel Québec del Nord & forse nel Golfo del Messico.

Le propongo un accordo: non avere mai più un rapporto professionale. Lei non mi intervisterà mai, né scriverà mai di me fin quando sarò in vita; io avrò un luogo sicuro per lei se mai ne avrà bisogno, anche se ne dubito! In questo modo sentirei di essere di una qualche lontana utilità per lei, e lei non si sentirebbe in debito con me. In questo modo sarei molto più a mio agio. Non ho ancora chiamato i suoi genitori, ma lo farò al nostro ritorno. Se dovesse parlare con loro, vorrebbe per favore riferire che mi sono tuffato nel mio libro? E che non vediamo l'ora di giocare insieme quest'estate? Mi perdoni questo lungo scarabocchio.

Con i migliori saluti,
David

I due divennero amici intimi. Le Carré aveva conosciuto a Oxford John, il padre di Shakespeare, un linguista moderno e diplomatico; fu lui uno dei pochi amici invitati al primo matrimonio di le Carré, e fu lui che in seguito gli suggerì di rilevare il suo posto di insegnante a Eton. Nicholas Shakespeare si recò spesso alla casa di le Carré in Cornovaglia; continuò a scrivere The Dancer Upstairs *(un titolo suggerito da le Carré) e altri romanzi oltre a una biografia di Bruce Chatwin.*

«Da giovane scrittore guardavo a Greene come modello e niente nella mia vita di romanziere mi ha reso più felice del sostegno estremamente generoso che ha dato alle mie prime opere» scrisse le Carré in un articolo il giorno della morte di Greene. «Quando ero un diplomatico a Bonn, ero arrossito per lui quando si era messo in piedi sulla parte orientale del Muro di Berlino facendo commenti infelici sul fatto di preferire quel lato. Trovavo eccessive le sue posizioni antiamericane. Lo credevo sciocco a proposito del possibile matrimonio tra comunismo e cristianesimo e ancora più sciocco nella sua difesa di Kim Philby.» Anche quando litigarono sulla stampa a proposito di Philby, commentò, Greene puntualmente «mi inviava messaggi gentili attraverso intermediari». Mentre la «burocrazia letteraria britannica» cercava di farlo cadere dal piedistallo, Greene aveva «spirito, grazia e carattere e storia, e una compassione trascendente, universale, che lo colloca per sempre nei ranghi della letteratura mondiale».

Sulla stampa e nelle interviste in radio e in TV, *dal "New Yorker" alla* BBC, *le Carré menzionerà sempre l'affermazione di Greene che l'infanzia è il conto in banca dello scrittore. Come disse a Philippe Sands all'Hay Festival del 2013: «Cito sempre Graham Greene dicendo che il conto in banca dello scrittore è la sua infanzia: secondo quello standard, ero un milionario». Tuttavia né Richard Greene, il biografo di Greene, né i suoi bibliografi sono in grado di identificare la fonte della frase o di ritrovarla nelle interviste di Greene a parte l'uso che ne fa le Carré. Adesso l'aforisma appare normalmente su internet attribuito a Greene.*[35]

Nel 2020, un mese prima di morire, le Carré stava leggendo la biografia di Richard Greene, e disse allo scrittore Ben Macintyre: «Lo conoscevo superficialmente, ma mi fa ancora paura».

Dopo il suo sessantesimo compleanno, le Carré ricorderà i giorni di trent'anni prima, durante l'addestramento all'MI6 con John Margetson e altre quattro nuove reclute.

A SIR JOHN E LADY MARGETSON

Tregiffian
St Buryan
Penzance
Cornovaglia

24 ottobre 1991

Carissimi John e Miranda,
che perfetto e splendido pezzo d'argenteria Giorgio II, che cosa carina e quanta generosità da parte vostra. È *davvero* sontuoso. E vi ringrazio anche per essere venuti al Savoy e di aver aggiunto alla festa la vostra distinzione e gentilezza e, John, grazie per l'elegante e affezionato discorso. È troppo prezioso e troppo divertente rendere pubblico il modo in cui ci siamo conosciuti (oltre che un'infrazio-

[35] Nel 2009, Joseph Finder scrisse a le Carré dicendo che avrebbe gradito la fonte di quella citazione per un amico per lo *Yale Book of Quotations*. «Mi dispiace molto doverle dire che non sono in grado di collocare la citazione nel canone di Greene e non ho modo di rintracciarla» rispose le Carré. «Di sicuro l'ho letta da qualche parte come frase di Greene e altrettanto certamente suffraga i commenti occasionali che lasciava cadere nelle conversazioni a proposito dei suoi anni giovanili. Ma temo di non poterla individuare con precisione.»

ne dell'OSA [Official Secrets Act], ma chi ci bada al giorno d'oggi?); mentre mi alzavo in piedi, però, sono stato tentato di raccontare la disperazione di Rod Wells quando ha aperto la scatola piena di sassi, oppure la rabbia di quelli della sezione fotografica quando abbiamo ideato il cocktail tutto-in-uno perché potessi sviluppare più in fretta i negativi; oppure il giorno in cui un [Robin] Hooper ci ha confidato in lacrime che avremmo dovuto mettere le sedie sulla tavola e andare a casa fino a quando fosse stato possibile riprendere il servizio normale...[36]

Ma mi sono astenuto, mi sono trattenuto. Mi piacerebbe aver detto che John era al mio fianco quando, attraverso i cavi elettrici (tramite la Room 9), era giunta la notizia che Gollancz aveva accettato di pubblicare *Chiamata per il morto*. Se solo VG avesse saputo dove eravamo allora, che scoop! E che risate.

Mentre raccolgo il mio serio pezzo di midollo dai suoi recessi, avrò molti ricordi segreti per far sorridere le mascelle che invecchiano – le mie, non quelle dell'osso – e tanta amicizia da ricordare & grande lealtà, verso i miei figli e nei miei confronti.

Vi prego, venite nel nostro nuovo cottage in fondo al campo (oppure nella splendida ala ovest con il panorama sconfinato sul tradizionale paesaggio della Cornovaglia e l'immancabile bagno in camera) e, per favore, godiamo della reciproca compagnia in questo momento affascinante. Mi sento *a meraviglia*, e voi due *siete* una meraviglia: non siamo fortunati?

Jane manda cari saluti, così come me.

Come sempre,
David

[36] Avventure delle spie in addestramento. Rod Wells, un'altra recluta dell'MI6 – che era stato brutalmente torturato in un campo giapponese dopo aver costruito in segreto una radio – aveva scoperto che una cassa di attrezzature promesse, lanciata con il paracadute, conteneva solo sassi. Nella fretta di sviluppare le fotografie prima di andarsene per il fine settimana, Margetson aveva ignorato le precise istruzioni e aveva mischiato tutti i liquidi. Robin Hooper, capo dell'addestramento, aveva comunicato in lacrime alle nuove reclute che George Blake era una spia per i sovietici.

IL DIRETTORE DI NOTTE

So che questo è il mio momento migliore. Sto per compiere 62 anni e non durerà a lungo, ma so che adesso sono al mio meglio. So che, volendo fare qualcosa, sono in grado di suonare tutti gli strumenti dell'orchestra. Che io faccia buona musica è un problema diverso, ma ho la sensazione di essere ben saldo al comando della mia arte.

Le Carré al giornalista della televisione americana
Charlie Rose, PBS, 1983

Il lavoro preliminare di le Carré per il romanzo del 1993 sarebbe terminato nel tentativo, complicato e fallito, di realizzare un film. Anche durante le ricerche per il libro, immaginava Daniel Day-Lewis e Julia Roberts nei panni dei protagonisti.[1] In seguito decreterà che la serie televisiva del 2015 – prodotta dai suoi figli Simon e Stephen – era la trasposizione di maggiore successo di una sua opera dai tempi in cui Sir Alec Guinness aveva interpretato Smiley.

[1] Jeff Leen, *My dinners with le Carré*, in "Washington Post", 30 dicembre 2020.

Mentre cominciava a delineare il personaggio di Jonathan Pine ne Il direttore di notte, *le Carré si rivolse al vecchio amico John Calley, capo di uno studio di Hollywood, che letteralmente si era fatto strada dai gradini più bassi, un fatto che le Carré apprezzava oltremodo. Calley aveva cominciato allo smistamento posta della rete* NBC *e aveva salito la gerarchia aziendale fino a diventare capo della Warner Bros negli anni Settanta. Lì aveva dato il via libera a film come* Arancia meccanica, L'inferno di cristallo, L'esorcista, Quel pomeriggio di un giorno da cani *e* Ispettore Callaghan: il caso Scorpio è tuo. *I continui pettegolezzi sul mondo del cinema e il vero amore e la reale comprensione che aveva per i film lo rendevano una splendida compagnia. Nel 1993 ebbe una nomination agli Oscar per* Quel che resta del giorno.

A JOHN CALLEY

Via fax

Cornovaglia

[s.d.]

Caro John,
non andrò a Londra fino a domani, ma immagino che oggi parleremo comunque. Posso osare chiedere il tuo aiuto per una cosa diversa? Adesso il mio personaggio viaggia con un passaporto canadese, è un albergatore/chef/faccendiere di 38 anni, piacevole di modi e di aspetto. Vuole introdursi sulla scena dello yachting e del resort sull'isola come cuoco, capocameriere o vicedirettore. (È bianco, dovrei aggiungere.) Esiste a New York un'agenzia che cerca questo genere di figure per conto di yacht & alberghi e alla quale si possa rivolgere? Ti ho dato una spiegazione un po' confusa, ma il raggiro che sta orchestrando consiste nell'introdursi come maître d'hotel, oppure factotum, sul grande e lussuoso yacht del mio Mister Big, ed è disposto a guadagnarsi prima i galloni per poterlo fare. Io sogno un ufficio squallido alla periferia di Manhattan gestito da due gay dalla mascella squadrata che indossano

camicie button-down e forniscono personale non dirigenziale con un breve preavviso al Paradise Island Hotel, per esempio, o a Caneel Bay, o allo yacht di Ivana Trump, ammesso che ne abbia uno, oppure mandino un maître d'hotel a Grenada, o dove ti pare. Se riuscissi a scovare un posto di questo genere, *potrei* farci un salto a NY o a Miami, oppure ovunque si trovino. In caso contrario, ti prego di non preoccuparti perché posso anche chiedere a Paradise Island e sbatterci il muso.

In ogni modo ti prego di pensarci & ne parleremo! Manda i miei saluti a Sandy. Non vedo l'ora di incontrarti.

David

Nel 1991 John Calley mise le Carré in contatto con Jim Webster, un broker di yacht della Florida che aveva tra i suoi clienti Tim Landon e aveva contribuito a preparare un colpo di stato in Oman sostenuto dagli inglesi. Webster incontrò le Carré a Miami e parlarono delle idee che aveva per Il direttore di notte *e del collegamento con Landon. Passarono la giornata su un grande yacht di proprietà di una famiglia di miliardari per vedere le interazioni tra gli ospiti e l'equipaggio. «David aveva sempre in mano i suoi taccuini. Con il suo modo di fare gradevole otteneva molte buone informazioni» ricorderà Webster. Quando le Carré preparò un piano di fuga per Stephen Fry (si veda p. 449), gli diede il numero di telefono di Webster.*

Nel 1969 Sydney Pollack, regista di Non si uccidono così anche i cavalli? *e, in seguito de* La mia Africa, *lavorò a lungo con le Carré a una sceneggiatura basata su* Una piccola città in Germania *(distratto, riferirà le Carré, dalla nuova passione per le piste di sci svizzere intorno al suo chalet di Wengen). Quel progetto non decollò. Nel 1991 Pollack tornò alla recitazione nella commedia drammatica di Woody Allen sulle coppie* Mariti e mogli *e nella parte di un medico del pronto soccorso ne* La morte ti fa bella.

A SYDNEY POLLACK

Via fax

Cornovaglia

16 dicembre 1991

Caro Sydney,
grazie per la tua lettera. Avrei dovuto risponderti prima, ma una maledetta influenza mi ha steso e, per qualche giorno, sono rimasto privo di energie, e come scriverti senza energia? Adesso sono passato alla vodka e agli antibiotici, sono un po' intontito e grazie al cielo abbastanza ubriaco, e di fatto non posso fare a meno di chiedermi se – dato che in pratica non sono mai stato malato – la malattia non sia l'unico modo di rilassarsi per persone come te e me. Qui c'è nebbia fitta e il corno della nebbia suona in continuazione, e stiamo cercando di buttare fuori gli operai prima di Natale, ma loro sono così felici – davvero felici, & c'è poco lavoro qui – che è difficile convincerli ad andarsene tornando a fare i disoccupati. Quindi scaviamo grandi trincee & erigiamo enormi fortificazioni di granito contro i nostri comuni e misteriosi nemici, e in questo luogo povero io vengo considerato l'ultimo di quelli che fanno grandi spese pazze.

Sono entusiasta al pensiero che tu abbia ripreso a recitare, e ovviamente molto invidioso. Penso anche che tu sia molto saggio, *cher auteur*, a *lavorare*, curare i tuoi affari e a essere imprevedibile nelle tue affezioni: non devi essere sempre Zeus (come dico sempre a me stesso). Puoi anche divertirti, esplorare, prendere parte ai casini di qualcun altro senza essere sempre al centro dell'attenzione. Vorrei poter seguire il tuo esempio. Poi vedo Harold Pinter recitare & penso: niente può essere altrettanto penoso, ti prego torna alla macchina da scrivere. A proposito: farai *Quel che resta del giorno*? Io sono *abbastanza* innamorato del libro (e dico "abbastanza" nel senso americano del termine, il che significa "moltissimo") e non sono d'accordo con te nel dire che non andrà a vederlo nessuno. Penso però che servano la disciplina di un *piccolo* budget, non l'avidità a priori, una sceneggiatura perfetta e l'occhio amorevole da regista. Quello che [il regista Jack] Clayton ha fatto al povero Gatsby, un regista americano poco riflessivo potrebbe farlo a [Kazuo] Ishiguro, e certo *non* sto parlando di te; anzi, all'opposto, credo che passeresti un periodo meraviglioso con quel film se solo potessi concederti lo spazio e il tempo, e utilizzare una scuderia di attori inglesi, e forse girarlo qui per intero. La questione politica è di poco conto: ti puoi liberare in qualsiasi momento dei fascisti aristocratici e del movimento di Mosley. Per il resto si parla della grande puttana della mancata comunicazione & di fallimento: sarebbero davvero stati felici se si fossero messi insieme? Chiedi a Ish.[2] Il punto è che sapevano che la classe dei domestici non ha diritto all'amore. Oh Sydney.

Piacevole sentirti. Io persevero. Forse avrò qualcosa per giugno/luglio. È un po' come un anno di riprese, quando ricordi a malapena cosa c'è nelle prime bobine, e la ripetuta perdita di fiducia è impressionante.

Ti auguro il meglio per la tua recitazione – divertiti – Buon Natale.

Carissimi saluti come sempre,
David

[2] Sebbene le Carré e Kazuo Ishiguro si siano incontrati – a Hampstead e una volta per una prima colazione in un albergo di Boston quando si incrociarono durante un tour americano di presentazione – non tennero mai una corrispondenza tra loro.

Michael Attenborough era il pronipote di Matthew Hodder, fondatore di Hodder & Stoughton e direttore editoriale del gruppo. Trovare un design o un'illustrazione per la sovraccoperta che soddisfacesse le Carré era una vera sfida per gli editori. Le matrioske *sulla copertina de* La talpa *e l'effetto rigato per* La spia perfetta *ottennero rapidamente la sua approvazione, altre no. «Di tanto in tanto ci sollecitavano a trovare l'illustrazione dell'uomo che conduce il suo cavallo su una collina – forse George Smiley contro il resto del mondo – ma noi e i nostri ricercatori non ci siamo riusciti» ricorderà Attenborough. Per* Il direttore di notte, *Hodder & Stoughton inviò a una scuola di design un riassunto del romanzo chiedendo idee agli studenti.*

A MICHAEL ATTENBOROUGH

Via fax

Londra

24 gennaio 1992

Caro Michael,
ieri sera sono andato a letto convinto che fossimo sulla strada giusta per la copertina, e questa mattina mi sono svegliato altrettanto convinto che non fosse così. Mi pare che l'unica della serie che hai portato e che abbiamo discusso fosse quella tutta nera con il primo piano degli occhi dell'osservatore.

La mia prima sensazione, come già ti ho detto ieri, è che il nero suggerisce malinconia e un tragico destino alla le Carré o, peggio ancora, un horror di Stephen King. Gli occhi mi sono sembrati ambivalenti in termini di etnia, violenti e inquietanti. La ritengo una copertina forte, ma non per questo libro.

Abbiamo discusso del blu notte e di fare qualcosa di diverso per il volto. Invece non ho nulla da ridire sul lettering del titolo.

Tornando all'inizio, ti spiace se ti illustro quale, a mio parere, è il divario tra il progetto grafico che mi hai presentato e il libro che stai per pubblicare? A me pare che il libro abbia colori brillanti, con l'oro della luce del sole e dei molti soldi, di paesaggi lontani e di località dei Caraibi. Ci sono donne esotiche e bellissime e un'aura di lusso. Se ci penso, i simboli che mi vengono in mente sono Rolls-Royce, gioielli, templi egizi, paradisi tropicali, alberghi e yacht e, accanto a questi, con un contrasto violento, armi, omicidi, torture, corruzione e il caos mondiale perpetuo. Non credo che sia difficile trasmettere una parte di questa dicotomia nel progetto grafico. Se però non fosse possibile, e si dovesse optare per qualcosa di semplice, a mio parere il libro dovrebbe apparire lussuoso e non austero.

Il concetto che abbiamo discusso ieri ha davvero grosse carenze rispetto ai piaceri del libro, e questo lo vorremmo evitare di sicuro se cerchiamo di rivolgerci a un pubblico che va in vacanza!

So che abbiamo pochissimo tempo, ma devo anche dire che solo ieri ho potuto dare una prima occhiata alle tue idee. Nella prima parte della settimana entrante sono abbastanza libero per passare da Bedford Square se potesse essere d'aiuto, ma immagino che questa lettera più o meno chiarisca quello che penso.

Tuo,
David

P.S. Ieri sera abbiamo parlato e ci siamo detti tutto questo, ma qui c'è comunque la lettera.

Alla fine, la copertina della prima edizione de Il direttore di notte *aveva un cavaliere con la lancia rivolta verso il basso, come san Giorgio che attacca il drago.*

Nella sua rubrica Between the Covers *del "New York Post", Matthew Flamm riferì che Random House aveva concluso un contratto con «l'ex capo delle spie della Germania dell'Est» ed ex capo della Stasi Markus Wolf per un libro di rivelazioni. Dell'editing si sarebbe oc-*

cupato Peter Osnos, editore associato. L'articolo dichiarava che John le Carré aveva usato Wolf come modello per Karla.

A PETER OSNOS, RANDOM HOUSE, NEW YORK

Via fax

Londra

26 gennaio 1992

Caro Peter,
ho letto per caso un articolo del "New York Post" del 20 gennaio nel quale annuncia il suo progetto di pubblicare un libro di Markus Wolf. L'articolo dichiara – e si potrebbe sospettare con l'appoggio di Random House – che a Markus Wolf è ispirato il personaggio di Karla nei libri di Smiley/Karla. Trattandosi di una completa sciocchezza, ho ritenuto preferibile che lo sapesse, nel caso lei e il suo personale commerciale lo consideraste un punto di forza per vendere il libro.

Da quando le sue fortune sono cambiate in peggio, Wolf ha cercato di legare il suo nome al mio. Per ogni richiesta di apparire con lui in pubblico, ne ricevo centinaia da altre persone, per non parlare del fiume di critiche che ho letto in cui viene rivendicata la mia paternità letteraria. Posso solo immaginare che Wolf mi consideri parte della sua difesa globale e che voglia presentarsi come un rude filantropo che ha fatto il suo dovere, ma giocando pulito. Non avrei scelto Wolf come modello per Karla tanto quanto non avrei preso Caligola come modello per Smiley. Wolf ha servito un regime disgustoso in maniera disgustosa e sapeva esattamente ciò che stava facendo. A mio parere merita tutto ciò di cui l'ufficio del procuratore federale di Karlsruhe lo sta accusando.

Potrebbe chiedersi per quale motivo io non abbia negato in precedenza un legame con Wolf, ma l'esperienza mi ha insegnato che, per quanto riguarda i media, i dinieghi vengono ignorati se non fanno comodo, altrimenti sono ritenuti una conferma.

Non ho dubbi che Wolf abbia già proposto di apparire con me alla televisione americana. Se non l'avesse già fatto, lo farà a breve. La risposta a tutto questo è no. Mi perdoni la bordata, ma quell'uomo è stato una vera spina nel fianco e le devo confessare che per me andrebbe oltre il sopportabile vedere certe cose pubblicate dal gruppo al quale appartiene Knopf.

Suo,
David

Dagli anni Cinquanta, Derek e Jeannie Tangye vivevano una vita semplice sulle scogliere della Cornovaglia narrando la storia della loro vita in una serie di libri, le Minack Chronicles. *Derek, la persona che viveva più vicino a le Carré lungo il sentiero costiero, durante la guerra aveva lavorato per l'*MI5. *Sua moglie Jeannie era morta quattro anni prima di questo fax da Panama.*

A DEREK TANGYE

Via fax

Hotel Continental
Panama

23 febbraio 1992

Mio caro, vecchio amico,
mi è dispiaciuto essere lontano per l'anniversario di Jeannie ma, quando Jane me lo ha ricordato, ho sentito lo stesso nodo in gola, lo stesso senso di privazione come se avessi saputo la notizia in quel momento. A tutti voi affetto e simpatia e il mio senso di cameratismo anche da tanto lontano. L'idea di un drink a metà marzo è particolarmente allettante.

Che Dio ti benedica, Derek.
David

Ronnie Cornwell aveva deciso che il figlio maggiore dovesse fare l'avvocato, ma Tony Cornwell fuggì lontano dal padre. Vinse una borsa di studio per il Bowdoin College, negli Stati Uniti, e in seguito si stabilì in America. Da ragazzo sognava di diventare romanziere e continuò a seguire quell'ambizione fin quasi ai settant'anni. Il 19 aprile 1992 Tony scrisse a le Carré «una sorta di lettera d'amore» per dirgli che si era irrevocabilmente dedicato «all'identità, alla volontà, al fallimento, all'epifania e all'inevitabilità della scrittura».

A TONY CORNWELL

Tregiffian
St Buryan
Penzance
Cornovaglia

24 aprile 1992

Carissimo To,
che posso dire se non "grazie" & di nuovo grazie per aver scoperto il prezzo da pagare per vivere così! Non è un modo di vivere, ma solo vita. Non è un'attività, o un'occupazione, o un divertimento, ma è sempre un'enorme, sfibrante, spaventosa fluttuazione che riguarda tutti i sentimenti, e anche le reazioni a quei sentimenti; esultanza, quando infine lotti e ti liberi & è seduta davanti a te & ti parla; completo smarrimento, risentimento & disperazione quando non bada a te, non si interessa a te, non ti rispetta e preferirebbe avere la voce di qualcuno di maggiore talento, o semplicemente di talento.

Non credo ti dovresti preoccupare per aver cominciato tardi: non c'è un momento giusto. E, sotto molti aspetti, organizzerai i tuoi pensieri in maniera più economica, arrivando più in fretta alla meta. Non è che tu abbia buttato via il tuo tempo o non abbia lavorato per il tuo obiettivo: probabilmente l'hai perseguito, ci hai girato intorno di soppiatto & ti sei preparato in svariati modi, e adesso li stai scoprendo. E della vita hai visto molto, ma soprattutto l'hai vissuta & conosci te stesso. Non credo sia una brutta cosa, anzi invidio la tua freschezza!

Grazie per aver scritto con tanta generosità. È stato – lo è stato davvero – terribilmente difficile essere quella persona nella tua vita. Non volevo essere quello che faceva ciò che tu avevi tanta voglia di fare, o il signor Successo, o il signor Letteratura, né niente di simile. Volevo solo migliorarmi & poiché è impossibile rinnegare il successo – avendo calpestato cadaveri per ottenerlo – ho cercato anche di goderne! Ma non mi è mai piaciuta l'idea di sbattertelo sul muso: spero che tu lo sappia, e lo spero proprio, perché io ti ho sempre voluto bene. E anche se, nella mia ascesa, spesso sono stato un piccolo assassino, sono stato anche fragile e insicuro, ho subito colpi terribili e ho imparato nella maniera più difficile che non esiste uno scrittore "affermato". Al momento sono quanto di meno affermato possa esistere: 350 pagine scritte, la storia narrata a malapena, troppi personaggi, nessun punto focale, in breve una vera catastrofe, e questo dopo 2 anni! Ma non è mai andata in maniera diversa. E al mattino dopo ti devi presentare in palestra comportandoti come se nessuno ti avesse mai steso il giorno prima. E nessuno ti osserva, o ti ascolta, o almeno non proprio. C'è un orecchio comprensivo, ma anche *il mio* lo è! Ieri, per la disperazione, ho preso a Jane una scrivania nuova e un quadro primitivo di una mucca. Pensavo che potesse risolvere, e stasera ho la sensazione che sia così: la situazione sembra lievemente più rosea. Va così, caro vecchio amatissimo. E provo tanta tenerezza per te e riesco a immaginare nei dettagli che cosa tu stia vivendo in ogni momento.

Con affetto,
D

Due anni dopo questa lettera, le Carré presentò a Sonny Mehta, il capo di Knopf, il libro di Tony, Born of the Sun, *intitolato anche* Too close to the Sun, *ma senza successo.*

Don Chapman, un funzionario del dipartimento della cultura di Marion, una città in Australia Meridionale, scrisse a le Carré chiedendo una cravatta per una mostra e un'asta. «Cerchiamo in particolare una cravatta che lei non ha mai voluto, o che si sentiva imbarazzato a indossare, oppure una esagerata, sciocca, da festa, da ufficio o persino artistica.»

A DON CHAPMAN

9 Gainsborough Gardens
London, NW3 1BJ

20 agosto 1992

Caro Don Chapman,
questa cravatta è un regalo di mia moglie in occasione di un pranzo con la signora Thatcher. I colori sono stati scelti con cura: il blu profondo delle convinzioni della signora Thatcher, il rosso intermittente del mio fragile socialismo e un insipido colore giallastro che, temo, la dica lunga sul mio coraggio morale. Alla fine, scelsi una cravatta completamente diversa, una mescolanza altrettanto orribile di blu su blu.
La signora Thatcher fa parte di quei politici che sono anche meno reali delle loro statue di cera. I bulbi oculari sono più dritti, le vocali perfette preregistrate, ogni frase ha una valenza micidiale e le battute sono fuori luogo se non è lei a pronunciarle.
Anche se non ho mai indossato questa cravatta, mi rammenta un momento della storia inglese raffrontabile con la grande stagnazione della Russia sovietica, quando Brežnev vendette l'argento del suo paese, ne saccheggiò le risorse e i suoi, tutti contenti, si divertirono un mondo. Che questa stupida cravatta possa rammentare al fortunato acquirente che esistono alcuni aspetti della recessione degni di essere conservati.

Cordiali saluti,
John le Carré

A SIR JOHN MARGETSON

9 Gainsborough Gardens
London, NW3 1BJ

8 ottobre 1992

Caro John,
finalmente ho terminato il mio lungo romanzo; la prima stesura ha il titolo provvisorio *Il direttore di notte* e la mia pazza segretaria te ne manderà una copia. Ti *dovrebbe* arrivare mercoledì o giovedì della prossima settimana. Potrei chiedere il tuo aiuto? Il libro è vagamente surrealista & contiene alcuni brani su Whitehall, W'minster & le spie. Poiché le mie conoscenze dei veri comitati di W'minster & così via sono molto scarse, ho cercato di tenermi il più generico possibile. Tuttavia, qua e là sono costretto a usare dei ranghi & voglio essere sicuro di non fare la figura dello stupido. Potresti dare un'occhiata dal punto di vista della plausibilità? (L'autenticità è una causa persa, stiamo parlando di fantascienza politica.) Ci sono molte altre cose che devo verificare: navi portacontainer, storia del trasporto merci, strutture societarie e così via, ma la politica del Regno Unito (poiché è forse la meno facile da scrivere) è quella che mi provoca maggiori problemi. Se vuoi, condividi pure il libro con Miranda, credo le potrebbe piacere. E tanto per darti da fare, temo che il manoscritto sia di 775 pp...

Noi stiamo tutti bene, come spero voi, siamo in partenza per Zurigo & poi NY per seguire le trattative per il libro. *Nessuno* lo ha ancora letto, tranne Jane, e questo rende la cosa più entusiasmante.

Ho trascorso un'estate *orribile*, e umida, e adesso stiamo pensando a tre mesi di pausa. Dove, resta da capire. E sono i maledetti cani a dettar legge.

Che ne direste di pranzare insieme a inizio nov? *Ci piacerebbe* riportarvi al Connaught, oppure la coscienza sociale di Miranda *preferisce* la semplice atmosfera familiare di Nico at 90, che comunque non è male? Oppure, se non vi danno fastidio le persone, c'è il Gavroche... Ci piacerebbe andare a uno di questi con voi, se vi va.

Con affetto a entrambi,
David

P.S.: Hanno mai trasmesso il G. Greene? Lo avete registrato? Noi lo abbiamo perso, nell'ultima corsa per il libro, ammesso che sia andato in onda. D.[3]

Operazione Shylock *di Roth venne pubblicato nel 1993. Con questo romanzo vinse il premio PEN/Faulkner per la narrativa nel 1994. Nel 1998 avrebbe poi vinto il premio Pulitzer per* Pastorale americana.

A PHILIP ROTH

Via fax

Londra

11 ottobre 1992

Caro Philip,
congratulazioni! Che altro posso dire? A che potrei servire se non per dirle ciò che sa: che mi ha commosso, imbarazzato, divertito ed esasperato, mi ha accompagnato attraverso una città delle luci in piena notte a folle velocità, mi ha perplesso, ha richiamato dalla tomba il mio sé antisemita e mi ha fatto divertire? McSmilesburger[4] la saluta! Non so in che

[3] Il programma della BBC Arena *The Graham Greene Trilogy* fu trasmesso nel gennaio 1993, due anni dopo la morte di Greene. Comprendeva interviste con le Carré, che faceva riflessioni affettuose sulla carriera dello scrittore, sulle loro divergenze a proposito di Philby e su come Greene fosse «incerto sulla possibilità di riconciliare cattolicesimo e comunismo, in particolare nell'America meridionale».

[4] «In tutto il libro ci sono passaggi forti e notevolmente autocritici a proposito dell'antisemitismo nella storia e nella letteratura» scrisse di *Shylock* D.M. Thomas, il recensore del "New York Times". Smilesburger è un agente del Mossad che recluta Roth per infiltrare un gruppo di ebrei con legami con l'Organizzazione per la Liberazione della Palestina.

altro modo vorrebbe che l'aiutassi; non sono stato di alcuna utilità a Joyce per l'*Ulisse*, ho rovinato tutto quando Kafka aveva bisogno di me, a Nabokov sono riuscito solo a suggerire "non potrebbe darle *un paio* d'anni in più?", ma non mi ha ascoltato. Al termine del libro lei è così lontano dalla *forma* che questo vecchio formalista può soltanto scuotere i suoi formali capelli bianchi e dire: "Bene, se può farlo – e può – perché *disfarlo*?".[5] È brillante, sconcertante, suicida e bellissimo. Se potessi azzardare un suggerimento formale: quando lui incontra il suo altro sé, io ho bisogno di mille violini, e lei non me li dà fino al capitolo successivo. Funziona bene così, ma io preferirei un esame prolungato (lei lo fa in seguito, ma io direi di farlo prima) PRIMA del riconoscimento "Cristo, sono io!". In quel momento avevo proprio voglia di mangiare, bere e mandare al diavolo il presente prima che lei mi desse la soluzione. L'interruzione del capitolo in quel punto mi priva della mia soddisfazione.

Le prometto comunque di tenere tutto bene a mente fino a quando ci vedremo. Oh – e piccola *arrabbiatura* – come mai non c'è Brodsky tra i vincitori ebrei del Nobel?[6]

Ma basta essere troppo pignoli. È qualcosa di enorme, importante, tragico & insolubile. Grazie.

Con affetto a entrambi,
David

Nel 1986 l'amico di le Carré, il giornalista e autore William Shawcross, scrisse all'"Observer" definendo la recensione di A Perfect Spy *di Anthony Burgess «un trionfo di disprezzo e incomprensione». Nel 1992 il giornalista Francis Wheen scrisse una recensione di* Murdoch, *la biografia di Rupert Murdoch di Shawcross, chiedendosi come Shawcross*

[5] La sconcertante complessità della trama di *Shylock* vede Philip Roth, narratore del suo stesso romanzo, venire a sapere di un uomo che lo impersona a Gerusalemme e che predica il «diasporismo», l'idea che gli ebrei debbano andarsene da Israele e ristabilirsi in Europa, una sorta di sionismo all'inverso.

[6] Un passo del libro elenca i vincitori ebrei del premio Nobel, compresi Elie Wiesel, Isaac Bashevis Singer e Saul Bellow. Non cita Iosif Brodskij (scritto all'inglese da le Carré), che si trovava con lui quando seppe di aver vinto il premio Nobel per la letteratura nel 1987.

avesse potuto scrivere uno «studio così notevolmente empatico del denigrato barone dei media». Wheen aveva già stroncato il libro sulla "Literary Review" di Londra.

A TINA BROWN, DIRETTRICE, "THE NEW YORKER"

Via fax

Londra

12 ottobre 1992

Signora,
il numero del "New Yorker" datato 12 ottobre contiene uno dei peggiori articoli di giornalismo fazioso in cui mi sia mai imbattuto nella mia lunga vita di scrittore. Il fatto che non sia accurato è incidentale al problema più ampio: ovvero che, in uno dei suoi primi tentativi di essere all'altezza del nobile livello del suo nuovo periodico, ne ha sfruttato le colonne per sferrare un colpo a difesa di suo marito senza rivelare ai lettori che il redattore capo di Random House, Mr Harold Evans, è – appunto – suo marito, il quale in precedenza è stato direttore del "Sunday Times" britannico e che è entrato in collisione con Rupert Murdoch in circostanze tuttora discusse. E, sebbene – con un atto di malafede – il nome di suo marito non appaia nell'articolo in questione (dal titolo *Seduzione* e scritto da un altro inglese, Francis Wheen), lui ne è comunque al centro e, di recente, ha avuto un furioso scambio di corrispondenza – parliamo di un fax di 27 pagine – con l'autore che l'articolo, guarda caso, denigra.

Lasci che le spieghi qual è il mio interesse, una cosa che lei ha omesso di fare. Sono amico di William Shawcross. Lo conosco da molti anni, quindi anche nei quattro durante i quali ha lottato, con grande coraggio, per tracciare un ritratto obiettivo di Rupert Murdoch, senza lasciarsi influenzare dalla facile isteria anti-Murdoch che la terribile stampa britannica sfodera ogni volta che vuole dimostrare di avere una coscienza etica. Il comodo suggerimento, distribuito nel suo articolo, che Murdoch abbia trovato in Shawcross il suo *Boswell*, che Shawcross sia diventato il suo *agiografo*, che *sia stato allettato, blandito e lusingato da lui e gli sia stato offerto ogni tipo di assistenza* e che *in cambio* (*sic*) Shawcross abbia scritto uno studio *decisamente favorevole* del soggetto – che Wheen definisce *il nemico* – tutto questo, per chiunque conosca la questione bene quanto lei, ha un unico e gretto scopo: stroncare l'autore e le sue opinioni prima che il libro venga pubblicato in America e assicurare ai suoi lettori che il ritratto poco lusinghiero di Harold Evans tracciato nel libro sia semplice propaganda di Murdoch sussurrata all'orecchio servile di Shawcross.

A rafforzare questa immagine infame di un brillante giornalista che si è venduto al diavolo, il suo signor Wheen – che, come deve sapere, ha già fatto sfoggio di questo modo di vedere distorto sulla stampa letteraria di Londra – ha anche la volgarità di trascinare nell'articolo la famiglia di origine e la vita sentimentale del signor Shawcross, suggerendo che il suo *voltafaccia* sia *geneticamente programmato* dalle azioni di suo padre negli anni Cinquanta, e *dall'influenza di un'ereditiera che siede nel consiglio comunale di Westminster tra le file dei conservatori ed è amica della signora Thatcher*, ovvero la signora Olga Polizzi.

Forse, quando vergherà le scuse che il signor Shawcross merita ampiamente, ci farà sapere se l'ascendente di suo padre abbia pilotato di recente il suo giudizio oppure se – come i suoi lettori hanno il diritto di chiedersi – si debba in realtà biasimare la sua vita sentimentale.

Dio protegga il "New Yorker" dagli inglesi. I responsabili del declino del nostro giornalismo non sono i baroni della carta stampata, bensì la stampa stessa.

Cordialmente,
John le Carré

P.S. Tutte le parti in corsivo sono citazioni prese dall'articolo del signor Wheen come è apparso sul "New Yorker".

Tina Brown definì «straordinariamente sessista» l'attacco di le Carré che la accusava di agire per conto del marito, e scrisse che il "New

Yorker" pubblicava soltanto brevi lettere di un solo paragrafo. In quel modo, gli suggeriva, la sua avrebbe avuto più forza senza sembrare «un colonnello collerico di Angmering-on-Sea». Le Carré spedì via fax la corrispondenza a Joe Lelyveld, che lo aveva intervistato per il "New York Times" firmandosi «Ten. Col. in pensione», e al suo amico David Greenway al "Boston Globe". Sulla stampa britannica e americana la lite ebbe ampia risonanza.

A MICHAEL ATTENBOROUGH

Via fax

Cornovaglia

3 novembre 1992

Caro Michael,
titoli. Al momento il favorito è *Una donna del Cairo*, che ho suggerito io, e si basa sulla mia intenzione di accrescere l'importanza di Sophie nel libro con dei flashback fino alla fine. Fammi sapere che ne pensi.

Con i migliori saluti
David

L'articolo di Weiss sul periodico "Esquire" di gennaio 1993 era intitolato Il martire. *«Mai fino a ora Salman Rushdie aveva fatto un appello tanto accorato e pubblico»* recitava il sottotitolo. *«Perché nessuno lo ascolta?»*

A PHILIP WEISS

Via fax

23 gennaio 1993

PRIVATO E CONFIDENZIALE

Caro Philip,
non ritengo appropriato, avendole concesso una lunga intervista ed essendo citato nel suo articolo, correre adesso in suo aiuto perché la situazione si sta facendo difficile. A mio parere lei dovrebbe essere superiore e smettere di essere nervoso o di scusarsi.

Quando abbiamo parlato, sapeva di sfidare la Polizia del Pensiero di Rushdie. E in effetti il suo articolo mi ha colpito per quanto era straordinariamente misurato. Se la causa di Salman Rushdie avesse realmente a che fare con la libertà di parola, i suoi sostenitori dovrebbero davvero sostenere anche la sua. A me sembra che, in questo momento, non manchi tanto una lettera da parte mia, bensì il coraggio da parte sua e del suo direttore. Un editoriale coraggioso e una posizione ferma farebbero meraviglie per i suoi lettori, il suo giornale e il Quarto Stato.

I giornalisti reagiscono sempre in maniera esagerata alla stampa negativa: la vogliono dispensare, non subire. Lei ha scritto un bell'articolo per un buon giornale. Voleva soffiare sul fuoco e lo ha fatto. Non molli.

Il suo,
David

Eric Abraham è un produttore cinematografico sudafricano/britannico. Nel 1991 ha prodotto Un delitto di classe *di le Carré con Denholm Elliott nei panni del protagonista.*

A ERIC ABRAHAM

Via fax

Londra

3 marzo 1993

Caro Eric,
grazie per il tuo fax del 20.2. da Berlino. Ho messo un po' a posto le mie faccende – e ho denunciato con successo un aspirante biografo, uscendone abbastanza indenne[7] –, quindi posso decidere meglio come rispondere alla tua proposta per *Buio a mezzogiorno*. Le cose stanno così. Sono abbastanza sicuro che, in un modo o nell'altro, dovrò sceneggiare *Il direttore di notte*. Ho anche un nuovo libro che mi ronza sempre più nelle orecchie e per il quale comincerò le ricerche in maggio. Faccio tutto il possibile per sfuggire alle distrazioni della pubblicazione in luglio, come nascondermi a Reykjavík o in un posto altrettanto clamoroso. Credo che impazzirei se mi dovessi caricare di una seconda sceneggiatura, oltre che dell'adattamento di qualcosa di non mio, con le inevitabili, e del tutto giustificate, riscritture che seguono sempre la prima stesura. Semplicemente, temo che sia troppo in un anno, mentre il mio maggiore desiderio è quello di liberarmi & esplorare qualcosa di nuovo. Ho ritenuto di dovertelo dire subito per non farti aspettare.[8]

[7] Graham Lord, redattore letterario del "Sunday Express", romanziere e biografo, aveva promesso nello schema del libro di rivelare, tra le altre cose, lo «strano» rapporto con i Kennaway. Le Carré lo aveva denunciato per diffamazione e il libro era stato bloccato.
[8] Abraham aveva commissionato la sceneggiatura di *Buio a mezzogiorno* di Arthur Koestler, ma a suo parere lo scrittore era eccessivamente condizionato dal romanzo. «Se davvero tu avessi ancora intenzione di scrivere una sceneggiatura, vorrei accettare la tua proposta» scrisse Abraham a le Carré, che chiese un mese per decidere prima di dare una risposta.

Quanto alla possibilità che si possa lavorare insieme a una produzione europea de *Il direttore di notte*, mi piacerebbe pensare che, come generosamente suggerisci, possiamo lasciarla aperta. Dopo tutte le moine che ho fatto a proposito del *Buio* durante la tua splendida ospitalità al Connaught, mi dispiace doverti deludere per la sceneggiatura, e sarei più che felice, quando restituirò il complimento, di condividere con te le mie nozioni su come si potrebbe realizzare il film, per quanto rozze siano: credo tuttavia ci siano molte scene originali & espedienti da adottare (le sue donne, non solo la sua segretaria; la precedente esperienza in carcere; le sue radici intellettuali & così via) e riuscirei a vedermi con davanti 6 mesi di duro lavoro, nessun problema.

Ti auguro, come sempre, grande successo & non vedo l'ora di parlare presto con te.

Con i migliori saluti,
David

A SYDNEY POLLACK

Via fax

Cornovaglia

28 luglio 1993

Caro Sydney,
mentre Paramount e io arranchiamo verso un accordo, ho riflettuto attentamente sul genere di film che credo potresti realizzare. E, sebbene questo sarà del tutto diverso da quelli che giri – e così dovrebbe essere –, ho comunque pensato che potrebbe valere la pena di comunicarti alcuni miei pensieri.

Il primo è anche l'ultimo, e mi sembra l'imperativo creativo al quale non si può sfuggire. Come per *La spia che venne dal freddo*, come per *Il direttore di notte*, la storia scompare se manca la rabbia morale. Che non va espressa in nobili battute, ma in una sorta di pulsazione presente dalla prima all'ultima inquadratura. Tu l'hai avuta per *Non si uccidono così anche i cavalli?* e ne conoscevi la provenienza. Non si trattava di una rabbia resa intellettuale o percepita, bensì di quella che si riusciva a sentire nel tuo corpo. E, in un modo o nell'altro, a dispetto di tutti i problemi strutturali che dovrai affrontare, devi provarla di nuovo per questo film.

Da dove viene? Intorno alla vita di Jonathan è stata eretta una sorta di muraglia terribile che lui cerca di superare. Sposa le convenzioni, si veste e si comporta di conseguenza. Lo incontriamo quando è un servitore del lusso, eppure detesta il lusso così come detesta lo spreco e le vite sprecate. Nel suo intimo è un monaco, uno scalatore di montagne, un soldato solitario, un osservatore e una persona determinata a restare in solitudine e a essere autosufficiente, anche se desidera il contatto. E prima che tu cominci a collocare altre costruzioni su Jonathan – già lo stavi facendo a New York –, credo che sarebbe saggio fare una breve pausa e scoprire cosa c'è anziché decidere che lui debba avere maggiore consistenza.

Le altre motivazioni della rabbia sono più semplici da comprendere: la rabbia di Burr verso un uomo come Roper, nato con tutti i vantaggi ma determinato a fregare la società anziché proteggerla. La rabbia di Strelski che deriva dal sapere, quasi fin dall'inizio, che il legame tra politici e truffatori è permanente e impossibile da spezzare; e la rabbia di Goodhew quando il suo zelo riformista si scontra con le realtà di un governo corrotto.

E la rabbia di Sophie davanti al fatto che i derelitti della Terra siano sempre costretti a pagare per le fantasie dei ricchi e per i giochi di guerra di tiranni e trafficanti d'armi.

Il mio secondo punto esprime una preoccupazione molto reale che ho per il film: che, nella fretta di dare universalità alla storia, ne abbandoniamo l'essenza inglese e, di conseguenza, il teatrino dei comportamenti fondamentale per ritrarre la rabbia di coloro che sono in cerca della verità. Non mi appello all'essenza inglese di per sé o per qualche ridicolo senso d'orgoglio, ma uso la sua canzonatura, i suoi pregiudizi di classe e le sue esasperanti affermazioni di superiorità per coreografare la stessa universalità alla quale aspiriamo. Con l'enorme successo di *Momenti di gloria*, gli atteggiamenti dei professori inglesi e dell'establishment sportivo inglese acquisirono un'universalità che veniva rispettata in Thailandia tanto quanto a Londra. Possiamo produrre lo stesso genere di frustrazione nel nostro film. Ti suggerisco quindi nuovamente di non cercare maniere diverse per affrontare le gradazioni della burocrazia londinese, ma di abbracciarle con amore in modo che i nostri colpi siano accurati quanto letali.

Potrei proseguire a lungo, ma l'ultimo punto dovrebbe riportarmi al primo. Come si dovrebbe sentire il pubblico dopo aver visto il nostro film? Mi sono ripetutamente posto la stessa domanda avvicinandomi alla fine del romanzo. E il finale che poi ho dato al libro rifletteva esattamente – giuste o sbagliate che siano – le mie intenzioni. Volevo dare al lettore la soddisfazione di sapere che, a un livello semplice, il coraggio e l'umanità personali avevano trionfato. Volevo anche stimolare un senso di indignazione per come il mondo stava andando al diavolo, apparentemente senza il controllo delle stesse forze preposte a esercitarlo. Penso che, se riusciremo a trasmettere tutto questo, faremo – ovvero, certo, tu farai – il film che hai visto quando hai letto il libro per la prima volta.[9] E questo, ne sono certo, è il film che dovremmo fare.

Con i migliori saluti,
David

Le Carré avrebbe dovuto diffidare dei gloriosi ma «effimeri scoppi di entusiasmo» di Pollack, scrisse in Tiro al piccione *dopo l'esperienza con* Una piccola città in Germania. *Invece, quando Pollack annunciò il progetto di girare* Il direttore di notte, *«piantai tutto e presi il primo volo disponibile per New York». La Paramount aveva accettato di acquistare i diritti, e i due fecero una prima riunione di brain-storming in California.*

[9] Nel 1993, Pollack disse a John Calley che *Il direttore di notte* era «l'opera migliore e più cinematografica» di le Carré.

Stephen Fry scrisse per la prima volta a le Carré nel 1991 dopo aver terminato, alle tre del mattino, di leggere Il visitatore segreto. *«La diga inglese non riesce più a reggere la pressione di quindici anni di ammirazione e affetto» scrisse, scusandosi per l'esuberanza da scolaretto. «L'unico scrittore al quale abbia mai spedito una lettera a parte lei è P.G. Wodehouse quando avevo dodici anni.» Nel 1993, dopo aver letto* Il direttore di notte, *inviò un lungo elogio entusiastico per «la sensazione di meraviglia» della narrazione, la scrittura e «l'ambiente sociale autentico, il mondo spettrale e l'orribile traffico di armi».*

A STEPHEN FRY[10]

Tregiffian
St Buryan
Penzance
Cornovaglia

13 settembre 1993

Caro Stephen,
appena rientrato dalla maledetta Russia ho trovato la sua meravigliosa lettera per la quale la ringrazio molto. La Russia è una sorta di selvaggio West zarista, ma torturata da senso di colpa, religione, pigrizia e dal proprio incredibile spreco di talento. Non sono mai stato in un altro posto che mi abbia dato una simile, spaventosa sensazione di anarchia mascherata da cambiamento. Se abbiamo mai avuto il dubbio che il mondo sia cambiato dopo la guerra fredda, un paio di giorni a Mosca ce lo toglierebbero. Ho portato con me mio figlio, che ha vent'anni e va ancora in giro come uno zombie. Ho attraversato la piazza Rossa e sono entrato nel vecchio edificio del Gumm [GUM]: adesso ospita Estée Lauder, la Galerie Lafayette e metà dei brand di Bond Street. Non fanno conto sui turisti stranieri, e com-

[10] Dal 1991 al 1993 l'attore, scrittore e intrattenitore di grande talento Stephen Fry interpretò Jeeves al fianco di Hugh Laurie, futuro protagonista de *Il direttore di notte*, nella serie televisiva di ITV *Jeeves e Wooster*.

prensibilmente se considera che tutto costa il 50% più che in Occidente. I loro clienti sono i nuovi milionari moscoviti, così tanti che Rolls Royce e Mercedes riferiscono di vendere in Russia un numero di modelli di alta gamma superiore a tutto il resto d'Europa messo insieme.

Non saprei dirle il motivo, ma il mio è stato un anno pessimo e sono felice che stia per finire. Essere pubblicati in Inghilterra è diventato un gesto di sfrenato masochismo e, trattandosi della mia unica finestra sul settore britannico, immagino che tutto il paese sia altrettanto incompetente, immorale e pessimo.

Sydney Pollack dovrebbe dirigere il film de *Il direttore di notte* e sarei molto lusingato se lei ne facesse parte. Se fosse per me, le chiederei di interpretare Corkoran anche domani, ma abbiamo a che vedere con menti – se è la parola giusta – che funzionano su un altro piano, quindi probabilmente sceglieranno Dicky Attenborough.

Qui facciamo tutti il tifo per lei, e apprezziamo il suo lavoro. Grazie di nuovo per avermi scritto.

Come sempre,
David

All'inizio de La talpa, *George Smiley torna a casa in Bywater Street. Prima di aprire la porta, controlla che siano ancora al loro posto le due stecche di legno che aveva incastrato sopra e sotto la serratura. Entrando, però, trova un ombrello sconosciuto nell'ingresso e si rende conto che il proprietario di quell'ombrello «doveva sapere delle zeppe alla porta, e sapere anche come rimetterle a posto dopo essere entrato in casa». E in effetti Peter Guillam aspetta Smiley in soggiorno. «Per favore signor le Carré» chiedeva J.E.C. Kuitenbrouwer «come ha fatto Peter Guillam a rimetterle a posto?»*

A J.E.C. KUITENBROUWER, UN AMMIRATORE OLANDESE

Tregiffian
St Buryan
Penzance
Cornovaglia

21 ottobre 1993

Caro signor Kuitenbrouwer,
la ringrazio molto per la sua divertente lettera del 10 settembre. Sa che nemmeno io conosco la risposta? Lo immagino mettere le stecche in equilibrio in alto alla porta, poi tirarla lentamente verso di sé dando poi un violento strattone quando si chiude.

Ma non ne sono sicuro, e forse è impossibile. Si tratta soltanto di uno di quei piccoli aloni di mistero con cui volevo arricchire la storia. Ma sono rimasto molto commosso, così come mia moglie, dalla sua terribile domanda. Poiché mi pare d'aver capito che possiede *La talpa* in edizione economica, forse accetterà l'omaggio della casa per la sua attenta revisione. Glielo accludo.

Cordiali saluti,
John le Carré

Isaaman era da tempo il direttore dell'"Hampstead and Highgate Express".

A GERALD ISAAMAN

Via fax

Londra

[s.d. ma probabilmente metà degli anni Novanta]

Caro Gerald,
è andata così:

Sconosciuto svizzero sul sedile accanto al mio del volo Swissair per Zurigo: «È il suo nuovo?».

Io, seduto sull'aereo fermo mentre correggo le bozze rilegate di Hodder: «Sì».

Sconosciuto: «Ma è bello?».

Io, seccato dal ritardo provocato dalla neve a Zurigo, e nel timore di mancare l'incontro con il magnate del cinema: «Non saprei, l'ho scritto io».

Sconosciuto: «Lo immaginavo».

Poco dopo, certo che l'incontro non sarebbe stato possibile, sono sceso dall'aereo.

Cari saluti,
David

P.S. In partenza per la Francia, senza recapito.

Nicholas Elliott era un funzionario dell'MI6 e amico di lunga data di Kim Philby, di cui aveva raccolto a Beirut la confessione parziale prima della fuga a Mosca. Le Carré sognava di trasformare il loro rapporto in un'opera teatrale.[11]

A NICHOLAS ELLIOTT

Tregiffian
St Buryan
Penzance
Cornovaglia

9 novembre 1993

Caro Nicholas,
perdonami la lettera dattiloscritta, ma sono preso tra il nuovo romanzo e il film dell'ultimo e le giornate passano troppo in fretta.

Al momento non ti so dire quando verremo a Londra la prossima volta: lo facciamo di rado. Ma andremo nelle Indie Occidentali e negli Stati Uniti a fine novembre, ed è decisamente possibile che, al nostro ritorno all'inizio di dicembre, ci fermeremo a Londra: in quel caso ti telefonerò.

Sono felice di sapere che hai un nuovo libro in uscita. Mi piacerebbe potergli dare un'occhiata in anticipo, se possibile.

Continuo a desiderare disperatamente il nostro progetto per un'opera teatrale su Philby, e credo che sia tornato il momento in cui potrebbe riscuotere interesse anche commerciale. Il mio problema è che, fino a quando i romanzi mi attirano davvero, li trovo del tutto soddisfacenti e, naturalmente, sono molto più remunerativi dal punto di vista economico. E in questo periodo, l'attuale romanzo mi attira davvero con forza.

Apprezzo il punto di vista di tuo padre sugli stranieri. Qualcun altro come lui, e non saremmo mai entrati in quel pasticcio del Mercato Comune![12]

[11] Si veda la lettera a John Keegan, 28 aprile 1994, p. 398.

[12] Sir Claude Aurelius Elliott, preside del collegio di Eton dal 1933 al 1949, dove era noto come «l'imperatore». Era ancora in carica quando le Carré aveva insegnato lì.

Auguro il meglio a voi due da parte di noi due, e cerchiamo di vederci presto.

Oh, a proposito, forse avrai letto che a Mosca ho avuto un incontro abbastanza odioso con il generale Oleg Kalugin, che ultimamente fa parte del KGB. Si è vantato di aver fornito l'ombrello e il dardo avvelenato per l'omicidio di Georgi Markov.[13] La cosa mi ha irritato a sufficienza per menzionarla a Sir Rodric Braithwaite,[14] e forse le mie proteste, insieme a quelle di molti altri, hanno contribuito al suo arresto al London Airport la scorsa settimana. Purtroppo, il capo del Crown Prosecution Service ha deciso che non sussistevano prove sufficienti della complicità di Kalugin nell'omicidio. In questo caso, ancora una volta, la legge è idiota, perché sia mio figlio Nicholas sia io saremmo saliti con piacere sul banco dei testimoni per ripetere quello che ci aveva detto Kalugin[15] nel comfort del suo appartamento di Mosca.

Cordialmente,
David Cornwell

Il fascino che le Carré provava per il rapporto tra Philby ed Elliott convinse il suo amico, lo scrittore e giornalista Ben Macintyre, a scrivere A Spy among Friends: Kim Philby and the Great Betrayal. *Le Carré si occupò della postfazione del libro. L'opera teatrale di le Carré non fece alcun progresso, ma il potenziale drammatico di quell'amicizia spinse la BBC a produrre un docu-drama e, in seguito, una miniserie del libro di Macintyre, con protagonisti Guy Pearce nel ruolo di Philby e Damian Lewis in quello di Elliott.*

[13] Il dissidente bulgaro Georgi Markov fu assassinato nel 1978 con una capsula sferica avvelenata che gli fu iniettata in una strada di Londra.

[14] Sir Rodric Braithwaite fu l'ambasciatore del Regno Unito a Mosca negli anni critici della *perestrojka*, dal 1988 al 1992. In seguito fu il consulente per la politica estera di John Mayor e presidente del Joint Intelligence Committee.

[15] Oleg Kalugin fu a capo delle operazioni di controspionaggio sovietico dal 1973 al 1980. Naturalizzato cittadino americano nel 2003, nel 2002 fu condannato *in absentia* per tradimento da un tribunale russo a proposito delle rivelazioni contenute nella sua autobiografia del 1994, *The First Chief Directorate: My Thirty-two Years in Intelligence and Espionage against the West*. Nel libro minimizzò il proprio ruolo nell'omicidio Markov.

Nel 1989 Michail Lyubimov scrisse per la prima volta a le Carré allegando una sua commedia, una «farsa sullo spionaggio». Si presentò come laureato alla Moscow School of International Relations e aggiunse di aver lavorato a Londra per il servizio diplomatico sovietico dal 1961 al 1965, e come consigliere d'ambasciata in Danimarca. Proponeva di collaborare a una «traduzione letteraria» della sua sceneggiatura, «forse un musical». Le Carré rispose: «Di certo dovrebbe provare con Alan Bennett o Michael Frayn».[16]

Nel 1992, il giornalista e sceneggiatore Christopher Robbins scrisse a le Carré allegando un'altra lettera di Lyubimov. Robbins – che sarebbe diventato amico intimo di le Carré – spiegò che Lyubimov era un funzionario del KGB *e un anglofilo, espulso nel 1965 dalla Gran Bretagna per aver cercato di reclutare un addetto ai codici cifrati. Capo delle stazioni di Londra e Copenaghen, gestì la sezione britannica del* KGB *da Mosca fino al 1980, quando venne licenziato. Robbins stava cercando di far revocare lo status di* persona non grata *di Lyubimov per poterlo far arrivare nel Regno Unito e realizzare un film.*

«Questa è per rammentarle un colonnello del KGB *che lei ha aiutato a trovare la speranza per una commedia» scrisse Lyubimov a le Carré. Spiegò poi che il suo romanzo* The Life and Adventures of Alex Wilkie, Spy *ispirato a* La spia perfetta, *su un agente "illegale" del* KGB *che vive a Hampstead, da allora era diventato un successo in Russia.*

Le Carré promise di «fare quel poco che posso per accelerare il suo ritorno in Inghilterra nelle sue nuove vesti di romanziere». Nel 1993, a Mosca, incontrò Lyubimov, e anche Oleg Kalugin, e nel maggio del 1994 Lyubimov si recò a casa di le Carré in Cornovaglia, dopo aver promesso di «lavorare, e non presentarmi ubriaco e nudo, o in uniforme da colonnello».

La loro corrispondenza rimase calorosa e divertente. Le Carré scrisse di Lyubimov in un breve capitolo previsto per Tiro al piccione, Smiley Mike, *per il quale chiese a Lyubimov di contribuire con una sua parte, ma che poi escluse dalla versione pubblicata.*

Lyubimov scrisse a le Carré dicendo di aver letto due volte Il direttore di notte *per il suo «aroma meraviglioso», un libro che è stato «molto scottante per la Russia dove i Roper stanno acquisendo sempre più potere».*

[16] Secondo Lyubimov, le Carré inviò la sua commedia a Frayn, che rispose con un cortese rifiuto.

A MICHAIL LYUBIMOV

Tregiffian
St Buryan
Penzance
Cornovaglia

15 novembre 1993

Caro Michail,
la sua è stata davvero una lettera meravigliosa. Ho appena letto a Jane la sua battuta sull'interfono tra la mia stanza di lavoro e il suo studio ed è scoppiata a ridere.

Mi ha davvero fatto piacere il nostro incontro a Mosca, e apprezzerei parlare più a lungo con lei di ciò che sta accadendo adesso in Russia, e meno dello spionaggio che, per essere sincero, è un argomento che mi annoia sempre di più. Ma mi affretto a dire che il mio romanzo sta procedendo bene...

Spero che si sia divertito quanto me quando Oleg Kalugin è stato arrestato al London Airport al suo arrivo nel Regno Unito, e interrogato sul ruolo che ha avuto nell'omicidio di Markov. Mentre eravamo seduti ad ascoltarlo, avevo avuto la sensazione che stesse sfidando un po' troppo la sorte. Lord Bethel lo ha attaccato alla Camera dei Lord, e credo che i conoscenti di Markov lo abbiano preso di mira, e non ritengo affatto impossibile che – in particolare se lui continuasse a parlare così liberamente – possa finire in un carcere occidentale. La questione Markov è ancora molto presente nella memoria di tutti e qui non è stata accolta bene.

Kalugin mi ha telefonato dall'Hilton Hotel di Londra, ma io ho potuto solo parlare con un certo signor Reid nella sua stanza e in albergo non risultava registrato un Kalugin. Una situazione molto buffa, perché sembra proprio che lui fosse presente, ma si nascondesse dietro il nome di Reid, che è il suo editore o il suo agente, non so quale dei due. In ogni caso non ci siamo sentiti. Sarà per un'altra volta.

Quanto a lei, spero che venga in dicembre, ma per me sarà difficile, visto che andremo nelle Indie Occidentali, e forse in America, il 28 novembre, e non so ancora esattamente quando tornerò. Può essere che Jane rientri prima di me. O forse nessuno di noi due andrà in America. Ma penso che lei dovrebbe venire qui prima o poi a trascorrere un periodo abbastanza lungo perché ne valga la pena. Abbiamo un cottage completamente separato per gli ospiti e per noi il meglio è quando si portano il lavoro e sono autosufficienti durante la giornata. L'ideale sarebbe se lei avesse un manoscritto da revisionare, o un romanzo da scrivere, poi la sera potremmo giocare. E se volesse portare con sé una Persona Significativa di qualsiasi sesso, nel cottage c'è ampio spazio.

La ringrazio per l'apprezzamento de *Il direttore di notte*: ho molto gradito quello che mi ha scritto in proposito. Mi dice anche di aver scritto qualcosa per la "Literary Gazette". Che strano. Il quotidiano "Independent" di qui ha pubblicato di recente un articolo direi poco simpatico su di me, attingendo a un pezzo di qualcuno di nome Lvov apparso sulla "Literary Gazette" dove mi si accusa di nutrire nozioni romantiche sul KGB. L'"Independent" ha tracciato una sorta di denigrazione retrospettiva in stile maccartismo, suggerendo che la mia vera filosofia fosse "anti-anti-comunista".

Sono avvezzo alle calunnie, ma lei ha letto l'articolo di Lvov? In tal caso, sarebbe così gentile da dirmi che cosa conteneva, e magari mandarmi una copia che potrei far tradurre? Non replico quasi mai agli attacchi della stampa, ma in questo caso potrei sentirmi costretto a difendermi.

Manderò questa lettera per espresso nella speranza che possa incoraggiare qualche postino moscovita ubriaco a muoversi un po' più in fretta. O forse intendo il suo collega ubriaco della Cornovaglia? Con grande affetto e, se ci dovessimo mancare questa volta, le faccio i migliori auguri di Buon Natale. Ma vediamoci presto.

Suo come sempre,
David Cornwell

Lyubimov rispose di aver indagato e di aver individuato «un possibile Lvov», un espatriato che vive in America e «scrive in gran parte una pessima prosa, e che nessuno conosce a parte i suoi critici».

Le Carré tornò sulla questione Kalugin all'inizio del 1995 con un lungo articolo, dapprima pubblicato nella sezione delle recensioni di libri del «New York Times» con il titolo My New Friends in the New Russia: In Search of a Few Good Crooks, Cops and Former Agents, *e in seguito sull'"Observer" di Londra. Le Carré parlava della confessione di Kalugin in merito al ruolo che aveva avuto nell'organizzazione del «disgustoso e vendicativo omicidio» di Markov, «un uomo coraggioso e molto amato».*

Annabel, la figlia di Alice Mary Dilke, era la vedova di Markov. La signora Dilke scrisse a le Carré ringraziandolo per le sue parole. Aggiungeva che era in atto «un tentativo orchestrato di screditare il nome di Georgi» che, tra le altre cose, prevedeva illazioni sul fatto che fosse un agente doppio del KGB. *«Il suo ritratto di Georgi mi ha molto rincuorata.»*

AD ALICE MARIE DILKE

Tregiffian
St Buryan
Penzance
Cornovaglia

4 marzo 1995

Cara signora Dilke,
la ringrazio molto per la sua lettera del 26 feb, che ho letto non appena rientrato da una vacanza alle Bahamas. Sono felice di aver potuto fare qualcosa per la reputazione di Georgi. Purtroppo non l'ho mai incontrato, ma tutti quelli che lo conoscevano parlavano di lui con grande ammirazione.

La ringrazio per essersi presa il disturbo di scrivermi. Non so quanto potrò essere ben accolto in futuro dai Kalugin, ma non credo che la cosa mi preoccupi.

Le auguro ogni bene –
David Cornwell

La signora Dilke consegnò la lettera di le Carré alla nipote Sasha, la figlia di Markov, che la conserva tuttora.

Nell'aprile 1995, in risposta all'articolo di le Carré, il "New York Times" pubblicò una lunga lettera di Oleg Kalugin che si diceva «turbato e abbastanza perplesso, ma comunque ancora un ammiratore». Mise in discussione la descrizione fatta da le Carré della sua casa e di quello che aveva detto a proposito di Markov. «Nelle sue parole, dà la sensazione che io abbia ammesso l'omicidio di quest'uomo e non provi alcun rimorso per quanto accaduto... Io non ho preso parte alla pianificazione, alla discussione né all'esecuzione del complotto. Non ho addestrato né russi, né bulgari e non ho consegnato loro l'arma letale.» Fece notare che le Carré aveva lasciato affettuose dediche su cinque o sei libri della sua libreria, e disse che lo scrittore non aveva avuto «neppure una parola gentile» per il popolo russo.

AL DIRETTORE, "THE NEW YORK TIMES"

[22 marzo 1995, per pubblicazione il 2 aprile]

Signore,
a parte mio figlio, c'erano altri due testimoni al mio incontro con il maggior generale Kalugin: Michail Lyubimov, lo scrittore ed ex colonnello del KGB a capo della stazione di Londra, e Vladimir Stabnikov, all'epoca direttore amministrativo del PEN di Mosca. Il generale nega davvero di aver detto quanto ho riferito? Sarebbe in difficoltà se lo facesse. Non ritengo di aver erroneamente riferito alcun punto materiale, né per quanto riguarda il mio resoconto di ciò che ha affermato a proposito dell'omicidio di Markov, né per come lo ha detto. Non ricordo l'ampia discussione filosofica cui lui fa riferimento, anzi rammento un monologo, curiosamente privo del rimorso che ora afferma di provare.

Lui chiede dove sia la mia compassione per la difficile situazione odierna della Russia. È ovunque, e io sono angosciato quanto lui, credo, alla vista di un paese che non è in grado di affrontare il proprio passato, il presente o il futuro senza rabbrividire. E mi dispiace per i tanti, bravi russi cresciuti da comunisti in buona fede, che adesso devono accettare di averla mal riposta.

E mi dispiace ancor di più non per i vincitori del comunismo, tra i quali annovero il generale, ma per i perdenti.

Per questo motivo, forse, il generale mi concederà un minimo di compassione per la famiglia sopravvissuta di Georgi Markov, ucciso dal suo ex servizio, e che anche nella morte viene perseguitato dal regime bulgaro che ora, in maniera cinica e menzognera, lo definisce un ex doppio agente del KGB. E quando il generale parla del mio veleno, preferirei lo definisse semplice rabbia all'idea di un ex astro del KGB che spettacolarizza il suo coinvolgimento nell'omicidio del coraggioso oppositore di un regime disgustoso, per quanto adesso desideri giustificarlo.

Ed è ovvio che ho scritto una dedica magnifica nel suo libro. Con mia grande vergogna, sono stato la cortesia in persona, come mi sono sforzato di indicare nel mio articolo. Quando il generale lamenta che io avrei abusato della sua ospitalità, mi sento in imbarazzo. Gli devo tutte le mie scuse. Forse, un giorno, lui si scuserà con la signora Markov.

Il suo, ecc.
John le Carré

A JACK BURKHARDT

Tregiffian
St Buryan
Penzance
Cornovaglia

19 novembre 1993

Caro signor Burkhardt,
la ringrazio per la sua lettera. Mi dispiace che il finale de *Il direttore di notte* l'abbia delusa. Non posso condividere la sua insoddisfazione, sebbene debba confessare che la fine è passata attraverso molte revisioni. Il trucco era far vincere i cattivi, e in questo caso è proprio così, ma al contempo dare una sorta di redenzione a Jonathan, perché sentivo che ne avesse bisogno. Volevo che l'umanità prevalesse sul male perché, in fin dei conti, è così che dovrebbe essere.

Quindi mi sono concesso la vanità di una commedia shakespeariana e, dopo aver rappresentato la follia del mondo, ho messo insieme gli amanti, legando intorno a loro un bel fiocco, e dandogli una sorta di vita dopo la morte. Quindi, come è ovvio, c'erano parecchie cose in sospeso, e mi dispiace se l'hanno infastidita. Avrei potuto terminare facilmente il libro, come avevo fatto all'inizio, con Jed e Jonathan nel dinghy sull'acqua e lasciare che il lettore decidesse cosa sarebbe stato di loro. Oppure Jonathan avrebbe potuto far saltare in aria la barca, e con quella se stesso.

Ma alla fine ho fatto quello che ho fatto, e ci devo convivere.

Grazie per avermi scritto.

Cordiali saluti,
John le Carré

In occasione del ventunesimo compleanno di Nick Cornwell, suo quarto figlio, Le Carré gli scrisse. Il ragazzo frequentava l'ultimo anno dell'Università di Cambridge.

A NICHOLAS CORNWELL

9 Gainsborough Gardens
London, NW3 1BJ

26 novembre 1993

Mio carissimo Nick,
da venticinque anni tengo questo piccolo candeliere nel mio studio, dagli ultimi anni del mio primo matrimonio e per tutto il secondo sino a oggi. Per me ha acquisito un simbolismo sentimentale, ma vero, e nei momenti difficili metto una candela e l'accendo, una sorta di affermazione che credo in me stesso, nel mio talento, nella mia sopravvivenza. Per questo motivo, adesso desidero che lo abbia tu, con il mio amore, come antidoto all'occasionale disperazione.

Spero ti rammenterà che sei una brava persona quando ne avrai bisogno; e che sei tuo e di nessun altro; e che hai una sola vita, e nessuna candela si è mai allungata; e che hai una grande anima, e molte cose da fare.

Con tutto il mio amore,
David

Nick Cornwell, con lo pseudonimo di Nick Harkaway, ha pubblicato nel 2008 il suo primo romanzo, Il mondo dopo la fine del mondo. *Ha editato il romanzo di le Carré* L'ultimo segreto *dopo la morte del padre, nel 2021.*

Nel 1994 una vignetta di Jeff Danziger sul "Christian Science Monitor" mostrava le Carré che alzava le braccia al cielo in segno di ringraziamento quando Aldrich Ames, un funzionario della CIA, *era stato smascherato come spia russa. Le Carré la incorniciò e la appese a una parete.*

A JEFF DANZIGER

Tregiffian
St Buryan
Penzance
Cornovaglia

4 marzo 1994

Maestro,[17]
non sono l'unico che la considera uno dei grandi vignettisti moderni, e ammiro moltissimo la precisione del suo lavoro, in particolare se mi ritrae snello, sensibile, carico di lavoro e timoroso di Dio.

In ogni modo, il genio ha un suo prezzo, e quindi le impongo uno dei cinque romanzi che ho scritto e che non

[17] In italiano nel testo. [*N.d.T.*]

hanno nulla a che fare con la guerra fredda, e che non sono andati poi male.

Gli altri sono UN DELITTO DI CLASSE, INGENUO E SENTIMENTALE AMANTE, UNA PICCOLA CITTÀ IN GERMANIA e LA TAMBURINA.

Non sto dicendo di non aver apprezzato la sua vignetta e non intendo neppure dire che non sono in grado di sopportare un rimprovero. In quanto artista, però, si renderà conto che è un po' strano, quando un uomo è nel periodo migliore della vita, leggere il proprio necrologio creativo.

Mi congratulo per il suo splendido lavoro, la ringrazio per avermi voluto inserire, e le auguro ogni bene per una continua e trionfante carriera.

Cordialmente,
John le Carré

Mr. John LeCarré rescued from writer's block

For Mr Le Carre - J. Danziger 3·21·94

A ERIC ABRAHAM[18]

Tregiffian
St Buryan
Penzance
Cornovaglia

29 marzo 1994

Caro Eric,

[...]

Sono davvero impaziente di vedere il film e, se sarà possibile, verrò alla prima, ovunque sia. Ti penso molto mentre procedono i preparativi della versione di Sydney Pollack de *Il direttore di notte*. Bob Towne[19] sta scrivendo la sceneggiatura e, contro ogni aspettativa, sembra lavori abbastanza in fretta e non si distragga con i suoi folli progetti personali. Pollack sembra ancora incapace di decidere se fare un altro film prima del nostro ma, mentre passano le settimane, sospetto che verrà a patti con l'idea e si asterrà dallo scrivere per passare subito a *Il direttore di notte*. Tuttavia, comincio già a sentire la terribile mano di Hollywood che si posa sul progetto. Ogni cosa, dalle discussioni sul casting in poi, sta diventando prevedibile e abbastanza deprimente. Ma forse sono solo io. Ciò che credo è che tu e io potremmo avere una vera possibilità di realizzare un film non americano dal prossimo libro che, incidentalmente, non ha personaggi statunitensi e, sospetto, non farebbe gola agli *Hollywegians*.

Non sono ancora riuscito a leggere l'articolo di "Ogonëk"[20] e l'altro materiale che mi hai mandato, ma lo farò.

Jane e io resteremo qui più o meno per tutto quest'anno, tranne per una vacanza in maggio nella Spagna settentrio-

[18] *Vita e straordinarie avventure del soldato Ivan Conkin*, prodotto da Eric Abraham, venne proiettato in anteprima a Londra nell'ottobre 1994.
[19] Sceneggiatore di *Chinatown* e leggenda hollywoodiana.
[20] Un popolare periodico russo attivo dal 1899 al 2020. Aveva pubblicato a puntate *La casa Russia*.

nale e un viaggio in programma che devo fare nel Caucaso prima delle nevicate invernali.
Grazie ancora per aver pensato a noi.

Come sempre,
David

Le Carré si propose di intrattenere Margetson che era stato ricoverato per un ematoma subdurale.

A SIR JOHN MARGETSON

Via fax

Cornovaglia

9 aprile 1994

ALL'UFFICIO AMMINISTRAZIONE
ADDENBROOKES HOSPITAL, CAMBRIDGE

Gentile signora/signore,
la prego gentilmente di voler trasmettere il fax che segue al mio caro amico Sir John Margetson, ricoverato nel vostro ospedale.
Ringraziando, porgo l'augurio di una vittoria al Grand National.[21]

Cordialmente,
David Cornwell

A SIR JOHN MARGETSON (degente)

Mio caro John,
ci siamo molto rammaricati per le tue notizie, ma subito ci

[21] Corsa ippica molto celebre che si svolge ogni anno in aprile. [*N.d.T.*]

siamo rallegrati che tu sia finito tra le mani di uno splendido chirurgo e che, a detta di tutti, ti stia riprendendo benissimo. Mi piacerebbe venirti a trovare, a Cambridge o a Ipswich, e parleremo con Miranda – che ha telefonato a Jane l'altra sera – del momento e del luogo migliore.

Noi siamo rimasti bloccati qui per tutto l'inverno, e intendo bloccati nel vero senso del termine: violente e continue burrasche, pioggia, nebbia e di nuovo tempesta. Probabilmente è da giugno che non vediamo un periodo decente di sole e caldo. Il risultato è che ho scritto ¾ di un libro molto oscuro e pieno di nebbia, molto introspettivo e strano, ma ne sono abbastanza soddisfatto, almeno fino a ora. Le ultime 100 pagine si svolgono tra le montagne del Caucaso, dove spero di andare quest'estate, sotto l'egida degli ingusci, che sono in rapporti tesi con gli osseti, che sono in rapporti tesi con i ceceni, che odiano georgiani, abkhazi e azeri e, si potrebbe sospettare, anche se stessi. A quanto pare, l'aeroporto è *sempre* in mano a qualcuno, ma se ci vai in treno, rischi di farti strappare gli orecchini da uomini barbuti armati di carabine.

Morale: parti con la gioielleria al *minimo*. [...]

Lunedì andremo a Londra per una settimana, ma prima verrei a trovarti in galera: parlerò con Miranda e, giusto per sicurezza, spedirò anche a lei questa lettera dopo averla inviata per fax.

Timo non è riuscito a entrare nello staff dell'"Observer", ma ha ottenuto solo un insuccesso e un'inutile attesa, & continua a scrivere moltissimo per loro. Leggi sul Grauniad[22] il pezzo di Clare su Roma: davvero notevole. Steve sta cercando di ingraziarsi Hollywood per mettere insieme il suo film, & sembra essere abbastanza avanti. Simon ha comprato una casa *enorme* a Primrose Hill, una bifamiliare vittoriana con un giardino posteriore degli anni Ottanta e una facciata degli anni Venti e tanto spazio che avranno bisogno dei quad. Sono felicissimo. Al momento sono allo chalet per una sciata primaverile.

[22] Scrive deliberatamente in maniera errata il nome del quotidiano "Guardian" [*N.d.T.*]

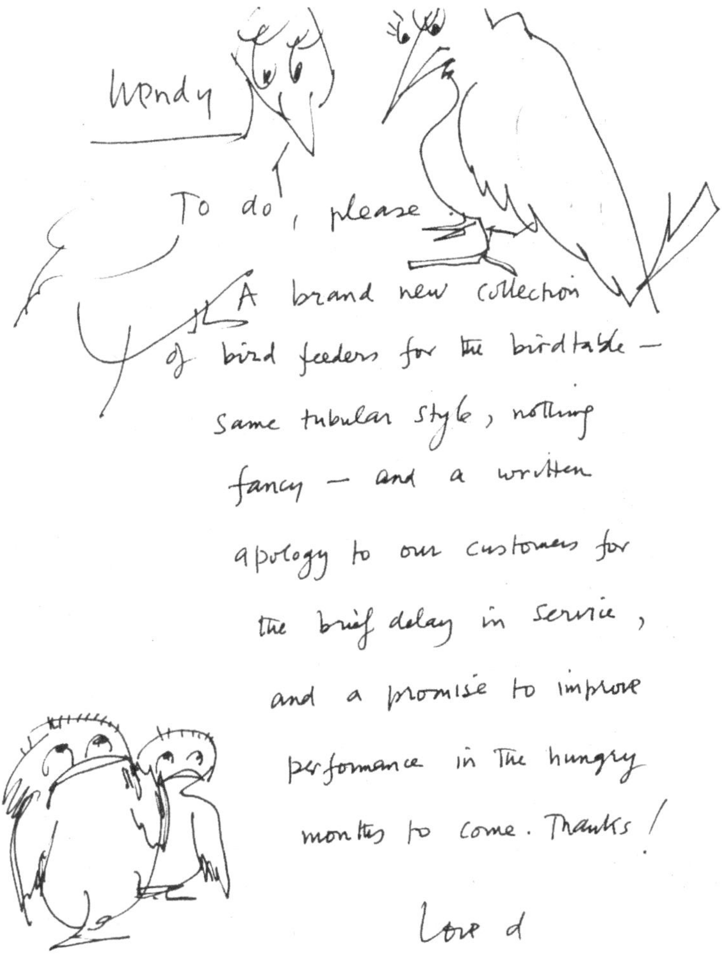

Wendy

To do, please:

A brand new collection of bird feeders for the birdtable – same tubular style, nothing fancy – and a written apology to our customers for the brief delay in service, and a promise to improve performance in the hungry months to come. Thanks!

Love d

Biglietto senza data per Wendy Le Grice, governante e prima archivista di Tregiffian. Le chiede di dare da mangiare agli uccelli.

Caro John, bada bene a riprenderti, vivi per sempre – i tuoi amici insistono al riguardo – e vediamoci presto.

Il vento sta nuovamente ululando alle finestre del mio studio, nuvole nere, minaccia dal Nord, un freddo cane. La primavera sta arrivando.

Con affetto,
David

Martina Wiegandt, all'epoca studentessa della Technische Universität di Berlino, scrisse a le Carré facendogli notare notevoli incongruenze ne La spia che venne dal freddo: *la datazione della carriera di Leamas, il fatto che Mundt «non sembri invecchiare» e nei gradi di Mundt e Fielder. Jane scrisse sulla lettera un appunto per la loro segretaria: «p.f. sottoporre solo quando David è in forze!».*

A MARTINA WIEGANDT

Tregiffian
St Buryan
Penzance
Cornovaglia

15 aprile 1994

Cara signora Wiegandt,
sono rimasto incantato dalla sua lettera del 9 marzo che ho ricevuto questa settimana, dove mi indicava alcune – ma non tutte – incongruenze ne *La spia che venne dal freddo*. Il libro, come giustamente fa notare, è pieno di inesattezze. È stato scritto in gran parte nelle ore piccole, poche settimane dopo la mia prima visita al Muro di Berlino. Il romanzo è sempre stato uno strumento rozzo e non è mai stato editato con la cura che io e i miei editori abbiamo usato nelle mie opere più recenti.

Come molti romanzieri, sono più interessato alla plausibilità che all'autenticità, e ne *La spia* lei ha un ottimo esempio di me allo stato primitivo!

Mi è sempre stata data la possibilità di correggere le imperfezioni e di aggiustare la storia nelle edizioni successive, ma sono giunto alla conclusione che sarebbe stato poco corretto nei confronti del lettore e, stranamente, anche di me stesso. E mi diverte molto il fatto che, tra i diversi milioni di persone che ormai hanno letto il libro, solo pochi eletti – lei compresa – hanno scoperto il terreno scivoloso sul quale è stato costruito.

E non lo dico per difendermi – né desidero farlo –, ma le rammento che romanzi ben più grandi del mio non reggono la prova di un'analisi testuale. Dickens, con mia grande gioia, alla fine dei suoi romanzi si prodiga nel tentativo di annodare tutti i fili che ha intessuto nei primi capitoli. Scott Fitzgerald si impantanava in trame che non riusciva a gestire, e lo osservo con simpatia collegiale mentre cerca di districarsi.

E non dimentichi di meravigliarsi la prossima volta che guarderà una grande epica hollywoodiana in costume: di certo vedrà una jeep vagare lentamente sullo sfondo.

La ringrazio nuovamente per avermi scritto ma, come dicono i tedeschi, sfonda una porta aperta. Le auguro grande successo nei suoi studi.

Con simpatia,
John le Carré

Tra i «pochi eletti» che individuarono gli errori nel romanzo c'è anche un certo S.L. Hourmouzios, che scrisse nel gennaio 1965 per indicare due «sciocchi errori»: Alec Leamas fugge in aereo all'Aja, e prende la metropolitana a Ludgate Hill, quando non esistevano né l'aeroporto né la stazione.

Nel giugno 1993, John Keegan, storico militare e giornalista, intervistò John le Carré per l'articolo di copertina del periodico "Telegraph". Scrisse a Jane: «Sono un appassionato di le Carré e conosco alcuni dei suoi libri quasi a memoria». In seguito le Carré gli scrisse per proporgli – come aveva fatto con il precedente redattore letterario del "Telegraph", Nicholas Shakespeare – «che ne direbbe d'ora in poi di non scrivere uno dell'altro, ma semplicemente di godere della reciproca compagnia?».

A JOHN KEEGAN

Inoltrato da: Tregiffian
St Buryan
Penzance
Cornovaglia

28 aprile 1994

Caro John,
la ringrazio per le gradevoli cartoline. Ho sempre sognato di scrivere a quattro mani qualcosa per il palcoscenico, ho appena chiamato Elliott per documentarmi sulle sue conversazioni con Philby fino alla confessione di P. Lui dice che sono proseguite per 13 anni, e terminate spesso con loro due ubriachi fradici ed E. che doveva caricare P. su un taxi e pagare la corsa in anticipo, in genere con un extra di 5 sterline nel caso P. diventasse incontinente lungo il percorso! Ma può immaginare quel personaggio alla Wodehouse – figlio di Claud,[23] preside di Eton, pilastro dell'establishment degli studiosi in ascesa – contro il subdolo figlio di St John Philby, una delle persone più spregevoli del ventesimo secolo?[24]

Forse un giorno, come dice una vecchia canzone, ci proverò. È bellissimo ricostruirlo perché E. è rimasto convinto per *anni* dell'innocenza di P; in quel periodo P. aveva nascosto a E. le sue idee comuniste, le sue attività di spionaggio, la sua segreta omosessualità *e* la profondità del suo importante rapporto con Litzi Friedmann. E. credeva che P. avesse solo preso qualche scivolone & dovesse togliersi un peso dallo stomaco.

[23] Le Carré scrive Claude in modo scorretto. [*N.d.T.*]

[24] Le Carré rimase affascinato quando Nicholas Elliott, veterano dell'MI6 e «l'amico più leale di Philby, suo confidente e devoto compagno d'armi», rivelò la storia del tradimento di Philby e dalla sua fuga nel corso di diverse serate nella casa di Hampstead di le Carré. Divenne un capitolo di *Tiro al piccione*.

Ma ecco una bella sottotrama. *E. mi* ha preso in giro per anni, dicendomi che ero io a voler scrivere la storia ecc., e sono andato molto vicino a cedere & a fare un patto con lui, perché il patto (& la notorietà) erano ciò che voleva. Adesso scopro che ha influenzato quanto me la metà dei romanzieri/sceneggiatori di Londra, ciascuno all'insaputa dell'altro, e ciascuno convinto di essere l'unico ad avere accesso al vecchio amico. Era uno che a suo modo si dava importanza, come Philby, solo molto più gentile!

È stato un piacere sentirla. Sono immerso in quello che spero sia un buon romanzo: scapperemo per due settimane in Spagna, poi al mio rientro lo finirò.

I migliori saluti a entrambi –
David

Horst Gerkens, nato ad Amburgo e da tempo residente negli Stati Uniti, scrisse dei suoi tentativi di scrivere libri di spionaggio e affermò: «A volte il mio essere tedesco mi ostacola gravemente la scrittura e persino la lettura».

A HORST GERKENS

Tregiffian
St Buryan
Penzance
Cornovaglia

29 aprile 1994

Caro signor Gerkens,
[...]

Mi ha chiesto un commento, ma ritengo che in realtà abbia bisogno di essere incoraggiato. Credo che la combinazione della mentalità tedesca con quella inglese – che a quanto pare condividiamo per certi aspetti – possa essere una cosa meravigliosa per chi scrive in una delle due lingue. Se è incerto su quale scegliere, io le suggerirei l'inglese, che ha una varietà molto maggiore del tedesco e non è tormentato da quelle che Goethe definisce le code di topo delle preposizioni e dell'ordine delle parole.

Se desidera un'ispirazione, potrebbe guardare a Joseph Conrad, che non ha mai parlato bene l'inglese in quanto le sue lingue madri erano il polacco e il tedesco, eppure ha dato all'inglese scritto una maestà mai raggiunta in precedenza. E infine rammenti quello che Dickens diceva a proposito del raccontare storie: sono fatti, e fatti. I fatti sono tutto ciò che vogliono. E non intendeva dire che dovremmo scrivere come Clancy, ma che dovremmo attenerci alla *Sache*.[25]

Con i migliori auguri,
cordialmente,
John le Carré

Mark Wilcocks, undici anni, aveva ricevuto La talpa *in regalo a Natale. Scrisse: «Volevo chiederle da dove trae ispirazione, idee, informazioni dalle quali scrivere i suoi libri; se le piace leggere e quando ha cominciato a scrivere romanzi». Poi aggiunse un P.S.: «Per favore, mi risponda».*

A MARK WILCOCKS

Tregiffian
St Buryan
Penzance
Cornovaglia

1° luglio 1994

Caro Mark,
ti ringrazio per la tua lettera.
[...]

Se dovessi rispondere a tutte le tue domande, non riusci-

[25] In tedesco: cosa, punto, argomento.

rei più a scrivere altri libri. Non credo che qualcuno possa dire da dove trae ispirazione, proprio come un musicista non saprebbe dirti da dove venga il suo orecchio musicale, o un atleta le abilità fisiche. Noi abbiamo il dono, e il segreto è lavorare su quello, rispettarlo, sforzarlo e lasciare che faccia del suo meglio per noi. Ho cominciato a scrivere molto presto, e a scuola scrivevo poesie che adesso mi imbarazzano, ma allora le ritenevo le più belle del mondo. Con i libri ho cominciato a ventinove anni, e dopo aver fatto molte altre cose. L'unico consiglio che do ai miei figli quando mi dicono di voler scrivere è aspettare più che possono, in modo da avere esperienza di altri lavori e relazioni, buoni e meno buoni, prima di cominciare a provare a descrivere personaggi e situazioni. *La talpa*, come avrai scoperto, era molto complicato a un livello, ma quello che lo fa funzionare – ammesso che funzioni – è la varietà umana e l'amara compassione di George Smiley. In fin dei conti è il suo personaggio che guida la trama.

È stato gentile da parte tua scrivermi. Non ti manderò altre lettere, ma ti auguro fortuna se mai dovessi cominciare a scrivere.

Cordialmente,
John le Carré

LA PASSIONE DEL SUO TEMPO: LA GUERRA NEL CAUCASO E LA SOVRACCOPERTA DI UN LIBRO

Anch'io continuo a sentire voci di grossi disordini nell'aria nel Caucaso settentrionale e la prospettiva di qualcosa di brutto in autunno. Vedremo.

Le Carré a Vladimir Stabnikov, che lo aveva aiutato nelle ricerche per *La passione del suo tempo,* 3 agosto 1994

Per *La passione del suo tempo,* le Carré andò a fare ricerche a Mosca nel 1993. Nel 1994 annullò una visita nella capitale russa e nel Caucaso per non interrompere il lavoro sul romanzo; poi non riuscì a recarsi in Inguscezia prima della pubblicazione. In seguito, definì *La passione del suo tempo* un «romanzo pessimo»,[1] ma lo scoppio della guerra in Cecenia nel dicembre 1994 fece assumere al libro contorni profetici.

[1] Lettera a Tony Cornwell, 15 maggio 2007.

L'abcaso Pusya (o Ruslan) Jopua era uno sportivo, un ricco uomo d'affari e un wrestler con un fisico paragonato a quello di Dima de Il nostro traditore tipo.

A PUSYA JOPUA

Via fax

Cornovaglia

15 novembre 1993

PRIVATO E CONFIDENZIALE

Caro Pusya,
la sua bellissima lettera mi ha molto commosso. Nick e io abbiamo molto apprezzato la sua compagnia durante il nostro viaggio e abbiamo davvero desiderato di poter avere il privilegio di conoscerla meglio. Se a volte Nick è stato impertinente o poco attento, ritengo sia dovuto al fatto che, a volte, ha le batterie sovraccariche e sente il bisogno di comportarsi di nuovo come un ragazzino. Entrambi siamo rientrati in Inghilterra carichi di ricordi e impressioni al punto che ci sono volute settimane per assorbire tutto. Abbiamo imparato così tanto che ci è sembrato di osservare per la prima volta la mappa della nostra esperienza identificando i luoghi inesplorati.

Gran parte di ciò che ci ha detto, e molto di quello che lei descriveva della lotta dell'Abcasia, mi era del tutto nuovo e, naturalmente, abbiamo letto e seguito le notizie con grande interesse. Per il mio attuale romanzo ero alla ricerca di un conflitto nel Caucaso che affascinasse la disperazione romantica di un uomo inglese il quale, in un certo senso, è sfiancato dalle cause dell'Occidente. Voglio che compia un gesto donchisciottesco per conto di un popolo che conosce a stento, e questo nell'interesse di un concetto assoluto di giustizia. La causa dell'Abcasia mi è sembrata adatta ma, ironico a dirsi, adesso che è stata vinta, almeno in parte, lo è molto meno. Quindi il mio pensiero corre in direzione dell'Inguscezia, la cui causa mi pare giusta e impossibile da vincere. Oppure la mia descrizione non è corretta?

Desidero venire nel Caucaso in un qualche momento della primavera e sarebbe un enorme vantaggio se per allora sapessi quali delle diverse minoranze etniche potrebbero maggiormente attirare il mio personaggio, e meglio colpire il lettore con la giustezza della loro causa e con le ingiustizie compiute contro di loro.

Trovo molto difficile parlare di libri non ancora scritti, ma se lei pensa a un uomo inglese molto compromesso e dissoluto in cerca della virtù – diciamo una figura come Barley de *La casa Russia* – e lo immagina decidere di buttare via la propria vita per una causa giusta, ma persa, ha un quadro esatto.

Caro Pusya, le scrivo con una certa confidenza perché mi fido totalmente della sua discrezione. A volte provo imbarazzo quando devo fare una richiesta di questo genere, ma leggo del procedere del mio lavoro sui giornali! Sono certo che Volodya [Stabnikov] tradurrebbe per lei, e a quel punto non dovremmo temere di essere compromessi. Di conseguenza spedisco a lui via fax questa lettera in inglese e gli chiedo di trasmetterla a lei in russo.

Il cappotto va ancora bene? Adesso che ha ottenuto il riconoscimento, le ombre sono scomparse dal suo viso? Le lotte cesseranno presto? Anche Nick è stato entusiasta della sua lettera, e gliene invierò una copia a Cambridge. Mi chiede di mandarle i suoi migliori saluti e i suoi ringraziamenti per i tanti ricordi felici.

Cordialmente,
David Cornwell

AL PROFESSOR GEORGE HEWITT

Tregiffian
St Buryan
Penzance
Cornovaglia

4 maggio 1994

Caro professore,
il nostro comune amico Pusya Jopua mi ha indicato il suo nome, e mi prendo la libertà di scriverle per chiederle se potesse dedicarmi un'ora del suo tempo, forse quella di pranzo, o a Doncaster o a Londra. Sono un romanziere che scrive con lo pseudonimo di John le Carré. Al momento sto lavorando a un romanzo che sfiora anche il conflitto tra ossezi e ingusci e ipotizza se potrebbe o meno portare a una guerra aperta. La narrazione termina nel Caucaso, dove devo ancora recarmi, ma lo deve fare anche il mio protagonista, quindi arriveremo entrambi da novizi! Quando mi immergo in queste cose, per me è molto importante cogliere la nota giusta, e le sarei estremamente grato per l'opportunità di sedermi ai suoi piedi.

Invio questa lettera a entrambi i suoi indirizzi e via fax a Doncaster.

Cordiali saluti,
David Cornwell

In preludio all'annullamento da parte di le Carré del viaggio di ricerca programmato nel Caucaso per La passione del suo tempo.

A VLADIMIR STABNIKOV

Tregiffian
St Buryan
Penzance
Cornovaglia

11 luglio 1994

Caro Vladimir,
decisioni, decisioni. Ho trascorso il fine settimana rivedendo i miei programmi di scrittura. Ho deciso di non poter continuare con il libro per un mese e poi interrompere il flusso per inserire il viaggio in Russia. E che la scelta migliore è quella di arrivare alla fine – anche se mi manca materiale di ricerca – e completare il libro risolvendo trama e personaggi anche se dovrò tornare sulle ultime cento pagine circa e modificarle in base alle mie scoperte.

Quindi, in sostanza, sto dicendo questo: non desidero fissare un'altra data fino a quando non avrò terminato la prima stesura del romanzo. Se sono fortunato, e il libro arriva alla fine a un buon ritmo, potrebbe significare più o meno il periodo di cui abbiamo parlato. Ma anche che io non venga in Russia per sei-otto settimane o più. So che poi potremmo avere problemi con la stagione nel Caucaso settentrionale, considerando la probabilità che da ottobre il tempo sia brutto e il viaggio più difficoltoso. Ma credo comunque di aver preso la decisione corretta, anche se finirò per andare nel Caucaso in primavera e riscrivere le ultime cento pagine in bozza.

Quindi, anche se vorrei mantenere aperto il dialogo con Kostoev,[2] e raccogliere immagini e informazioni sull'Ingu-

[2] Issa Kostoev, il funzionario di polizia inguscio che, in quanto capo del Dipartimento russo dei crimini di particolare importanza, ha risolto il caso del serial killer Andrej

scezia, non desidero fissare date in questo momento. Nel frattempo, ovviamente, resterò a stretto contatto con lei.

Carissimi saluti con affetto a tutti voi.
David

A MARIANNE SCHINDLER, SVIZZERA

Tregiffian
St Buryan
Penzance
Cornovaglia

11 luglio 1994

Cara signora Schindler,
la ringrazio per la sua del 28 giugno. Mi ha commosso la sua posizione, ma non considero il problema alla lettera come fa lei. Ho molto scritto di uomini incapaci di rapportarsi con le donne poiché, nel mondo governato dagli uomini da cui traggo la mia esperienza – e, a dire il vero, anche la mia educazione –, il divario che lei deplora è fin troppo comune. Quindi la prego di credermi se le dico che condivido il suo rispetto per le qualità e le sofferenze delle donne, la cui compagnia e i cui talenti preferisco di gran lunga a quelli degli uomini.

Cordialmente,
John le Carré

Čikatilo, giustiziato per aver ucciso e mutilato cinquantatré fra donne e bambini. Si era offerto di scortare le Carré in Inguscezia, come riferito in *Tiro al piccione*.

Il giornalista Edward Behr scrisse a le Carré a proposito di un articolo molto complicato del "New York Times Magazine": secondo l'autore, Ron Rosenbaum, in punto di morte Graham Greene si sarebbe interrogato – inutilmente – sul fatto se Kim Philby fosse stato davvero un agente occidentale.

A EDWARD BEHR

Via fax

Cornovaglia

1° agosto 1994

Caro Ed,
la ringrazio per il suo fax. Al momento sarebbe una follia se mi lasciassi avvicinare da lei, visto che sono agli ultimi spasimi di un romanzo molto lungo e intricato. Inoltre non ho tempo per una discussione a proposito dell'assurdo articolo del "New York Times Magazine" su Philby, che qualcun altro mi ha spedito via fax. È semplicemente impossibile – e su questo non ci sono dubbi – che un qualsiasi servizio di intelligence, per non parlare di quello inglese durante quel vergognoso periodo della sua esistenza, possa tollerare di essere costantemente umiliato in pubblico a causa di un'operazione che vede coinvolto un agente triplo, e per di più di alto profilo, che, anche solo a livello di pubbliche relazioni, ne ha praticamente distrutto l'immagine. L'articolo, peraltro, era talmente infarcito di imprecisioni (una delle quali relativa all'origine di un mio personaggio, e un'altra, se non sbaglio, in riferimento a Dancy come al capo del SIS[3]) che io per primo non saprei come commentarlo senza farlo a pezzi.

Sia Philby che Blake hanno sostanzialmente paralizzato per anni e anni le operazioni di contatto e quelle sul cam-

[3] L'elegante Claude Dansey, il "colonnello Z", vicecapo del SIS durante la Seconda guerra mondiale, mise in piedi l'Organizzazione Z per sviluppare le fonti di intelligence in Italia e Germania.

po. Nessun servizio segreto è abbastanza forte per tirarsi la zappa sui piedi in questo modo e conservare l'influenza nei corridoi del potere. Niente trame nascoste: solo uno sgradevole, piccolo traditore dell'establishment con un padre rivoltante, una finta balbuzie e una sessualità carica d'angoscia che ha trascorso la vita a voltare le spalle all'Inghilterra che lo ha creato.

E, per il suo deep background, questo è tutto. Nulla che già non sappia, peraltro. Nel frattempo torno ai miei montoni e le auguro buona fortuna. Ci piacerebbe vederla qui, ma non fino a quando questa guerra sarà vinta!

Come sempre,
David

[*aggiunto a mano alla lettera dattiloscritta*]
P.S. E, per la miseria, se *fosse stato* un agente triplo, cosa ne avrebbe ricavato?

Nel momento in cui questo libro va in stampa, Susan D. Anderson è curatrice di storia e direttore dei programmi del California African American Museum di Los Angeles e membro del comitato editoriale della rivista "California History". Scrisse per la prima volta a le Carré nel settembre 1993 e lui inviò un breve messaggio dattiloscritto, ma le risposte di lei gli fecero assumere un tono meno formale. Nel pieno delle tempeste del dicembre 1993 in Cornovaglia, le comunicò: «Tutti stanno morendo... Se una persona ha 62 anni, come li ho io, avviene un po' più spesso... Non posso essere ossessionato da nulla fino a quando non cominciano le urla alle 4 del mattino, ed è successo a noi tutti dopo i 30... L'arte di tutto questo sta nel continuare a essere in salute il più a lungo possibile». Nel febbraio 1994 attraversarono un Rubicone. Le Carré era andato a Los Angeles per una breve visita, ma non si era messo in contatto con lei: «Ero agitato e ho creduto di metterti in imbarazzo... forse scrivere è la cosa che più ci piace, e sei altri motivi». Non avendo idea di come fosse il suo aspetto – «se hai sessant'anni o trenta, sei alta o bassa, sei bianca o nera» – la invitò a scrivergli tramite John Miller e Michael Truscott, annotando in un poscritto: «la tua era una lettera molto sexy». Seguirono altri scambi: «Bacio le tue palpebre e la tua erudizione, e ti invio la furia della tempesta atlantica sulle finestre del mio studio, e intendo centellinarti come si farebbe con la donna più bella del mondo». La corrispondenza proseguì fino all'inizio del 1997.

A SUSAN D. ANDERSON

Tregiffian
St Buryan
Penzance
Cornovaglia

[Timbro postale] 24 agosto 1994

Cara,
ho ricevuto la tua lettera meravigliosa, lunga, divertente, e ho adorato il racconto di come hai perduto la scarpa andando al ristorante & se mai ci fosse stato un mezzo uomo l'avrebbe riempita di champagne per te – e mi dispiace che sia un brutto momento per te, e confuso, ti posso assicurare che è lo stesso per me, ma ce la faremo.

Ecco lo stato dell'arte qui. Quando mi hanno bandito, mi sono seduto con tutto il materiale che ho potuto mettere insieme, & ho cercato tutti i miei appunti sui kirghisi – dove sono andato nel 1987 – & su Mosca – dove sono stato la scorsa estate – & sui palestinesi – di quando sono andato in Libano – & ho falsificato le ultime 100 pagine del libro – ovvero ho falsificato l'ambientazione &, con mio grande piacere, ho risolto molto bene il romanzo interno, quello vero. Sono andato a Parigi e anche lì ho incontrato alcuni ingusci, & ho guardato un'infinità di video della zona e, se devo essere onesto, non credo di riuscire a migliorare molto quello che ho fatto, ma non è questo il punto. Quindi adesso mi sto organizzando per compiere quello che è un inaspettato ingresso attraverso la Turchia e Grozny (che è Cecenia, quindi non dipende dalle restrizioni russe, ma è un paese teoricamente indipendente fino a quando El'cin non perderà la pazienza & lo invaderà), e per farlo prenderò un interprete ceceno-inguscio e *non* un russo (un russo è utile quanto un membro della Knesset nei territori occupati). Non riesco a organizzare prima di ottobre, e questo mi rende due, tre volte grato per la tua lettera, la tua grandezza di spirito e la generosità con la quale scrivi: immagino che riusciremo ancora a vederci quest'anno da qualche parte, ma io ho te & tu hai me, e tu hai di meraviglioso che mi lasci respirare & scrivere e volare come prima cosa, e poi sei sempre tu, & grazie. *Tutti* mi hanno spedito l'articolo del "NYT", che era davvero un'assurdità inqualificabile: pura fantasia, come dite voi, vergognosamente disinformato sui fatti & grottesco nelle ipotesi. Non esiste servizio di int. al mondo che sia abbastanza forte e in gamba per *sembrare* a pezzi quando non lo è. Gli odiosi baroni del settore si *lancerebbero* sulla spada piuttosto che essere ritenuti incompetenti. E, *ammesso che* venisse presa una decisione tanto stupefacente, cosa ne guadagnerebbero? Nomi e indirizzi dei suoi burattinai di Mosca? Ma per favore, come direbbe la mia nipote americana. [...] Quanto ai giochi che ha giocato Graham Greene, conoscendolo erano perversi & deboli quanto i suoi scherzi, tentativi di auto-drammatizzazione e non spionaggio. A proposito, quelli della CIA si sono divertiti sparando a zero su di me come pazzi nel loro periodico interno (diffuso "in privato"). Un paio di mesi fa uno stizzito apprezzamento per il mio lavoro & adesso un attacco al vetriolo alla mia ignoranza (e in questo hanno ragione, è assoluta) dell'intercettazione dei segnali. Non è *bellissimo*? Queste sono proprio le persone che tratterebbero *L'amante di Lady Chatterley* come un manuale sui rapporti datore di lavoro-dipendente, o su come gestire i guardacaccia...

A proposito, o bocciolo di rosa, mi aspetto che tu sia *completamente & efficacemente* vestita quando ci incontreremo, con gioielli, unghie lunghissime e almeno un rubino all'ombelico, che io sfilerò con i denti.

Grazie, grazie per la meravigliosa lettera sempre più allegra; non ti ho neppure ringraziata per essere la persona che segretamente ha condiviso l'ultima metà del libro, che è terminato a parte il rush finale ed è, oserei dire, meraviglioso. O almeno, così mi sembra ancora, & oggi, proprio oggi, lo spedirò ai miei agenti americani, inglesi & europei,

& fra una decina di giorni, agli editori. Ma non *ti* manderò una copia troppo presto: desidero che tu ne veda un'unica versione, quindi ti arriverà un po' più avanti.

Ieri sera ero finalmente sdraiato con te al buio, e mi sentivo al sicuro, & abbiamo parlato fino a addormentarci. Se il tuo 1° capitolo non sembra giusto, o lo hai letto troppo spesso, oppure è impacciato, perché lo hai scritto senza il beneficio del resto. Ma probabilmente è il primo; e se fosse il secondo, probabilmente il tuo agente o il tuo editore te lo dovrebbero dire. Riuscirò mai a leggerlo?

Questa è una lettera mattutina. In realtà non devo più lavorare al romanzo fino a quando non avrò trovato il codice & non sarò andato e tornato dal Caucaso. Continuerò a scriverti & ti dirò quando avverrà, a meno di non avere un brevissimo preavviso. Mi dispiace per il lungo silenzio, ma mi sono lanciato con rabbia sul libro & adesso ho un tic alla palpebra destra, mi sento grasso come un cucciolo per aver camminato troppo poco, sono *sicuro* di essere impotente, ma sospetto che tu possa rimediare a questo e, al momento, mi sento molto protettivo nei tuoi confronti & vorrei solo abbracciarti forte.

D.

Quando Knopf acquistò La passione del suo tempo, *le Carré si mise al lavoro per riscrivere il personaggio chiave, Tim Cranmer.*

A SONNY MEHTA

Via fax

Cornovaglia

19 settembre 1994

Caro Sonny,
Lynn mi dice che oggi, probabilmente, sarà impegnato, ma proverò comunque a telefonarle solo per salutarla.

Sono felice per il contratto, e spero lo sia anche lei: mi sembra ragionevole e corretto. Quindi urrà, e apprezziamolo. Sto per imbarcarmi in una riscrittura piuttosto ampia, le cui motivazioni fino a questo momento sono soprattutto una scelta mia, ma sicuramente condivido il suo punto di vista – se l'ho ben capito – che nelle prime pagine serve una maggiore empatia da parte di Tim, *più informazioni sulla sua vita personale*, e qualcosa di più *da apprezzare in lui* rispetto alla stesura attuale. Non ho alcuna difficoltà a farlo. E, nel frattempo, ho un mare di cosa mie da aggiungere, visto che Tim è "più tenero" e incisivo, questo aiuterà anche Emma. Ho avuto molte informazioni dal mio esperto del Caucaso, dal mio vinaio e così via. E sto valutando se ampliare i compiti di Tim a Mosca.

Quindi quello che chiedo – così come lo chiedo a Hodder – è che mi faccia sapere che ne pensa via fax, non appena possibile, per permettermi di mettere tutto nel calderone e cominciare il lavoro. Non si preoccupi troppo di suggerirmi rimedi in questa fase, sebbene siano i benvenuti se ne avesse: si limiti a fare la diagnosi e lasci che sia io a preoccuparmene, visto che è questo il momento in cui lavoro al meglio.

Non ha senso che io continui a parlare liberamente di che altro intendo fare; è meglio che lei lo veda alla fine per valutare se è adeguato. Le telefonerò oggi alle 10 orario suo.

Con i migliori saluti,
David

Nel 1992 Gottlieb, ormai oltre i sessant'anni, tornò come editor da Knopf e "risposò" le Carré per Il direttore di notte. *Mise anche mano a* La passione del suo tempo, *e diede un'ultima occhiata a* Il sarto di Panama, *stando al suo memoir* Avid Reader. *In questa lettera, le Carré sembra voler fare a meno del suo operato per la seconda volta. In ogni caso, nel 1999 scrisse a Frances Gertler della* Good Book Guide: *«È vero che gran parte del mio editing è stato fatto negli Stati Uniti, dove per oltre vent'anni ho avuto il privilegio di godere dell'operato del più grande di loro, Robert Gottlieb».*

A BOB GOTTLIEB

Via fax

Cornovaglia

22 settembre 1994

Caro Bob,
non so se ti sia giunta voce, ma ho finito la prima versione di un nuovo romanzo: a Sonny piace & lo ha comprato. Non apprezza il titolo, che è *La passione del suo tempo.* Fino a ora non ne esiste un altro.

Come è ovvio, si è subito posto il problema se dovessi editarlo tu, e sebbene io abbia provato a far decidere Sonny, non ti insulterò fingendo che alla fine la scelta non sia stata mia, che non sia stata molto dolorosa o presa dopo lunghe riflessioni e dibattiti ad alta voce con Jane.

Due fattori sono stati determinanti. Il primo, molto semplicemente, la nostra reciproca familiarità, che l'ultima volta ho trovato avesse un effetto soporifero sul mio rendimento. Era come se noi due sapessimo che sarei riuscito a saltare solo a una certa altezza o correre a una certa velocità. Ho cominciato a desiderare qualcosa di più difficile e impegnativo anche se, a una prima occhiata, non potrei dirmi del tutto d'accordo. Dato poi che Sonny aveva già una visione molto chiara di ciò che voleva fare con il libro, mi è sembrata una scelta interessante.

Il secondo fattore, probabilmente, è inestricabile dal primo: in un certo senso mi sentivo escluso dalla mia stessa casa editrice & tagliato fuori dalla sua voce e dalla sua energia. Era un po' come essere editati in segreto anziché alla luce del sole. In fondo, per un paio d'anni me la sono cavata consultandomi solo con Jane e, alla fine, sono giunto a desiderare qualche breve correzione istituzionale. Ma non l'ho avuta, o almeno non l'ho percepita; mi pareva di trovarmi in una terra di nessuno, e non ero neppure certo di avere il supporto di coloro che prendevano le decisioni sulla pubblicazione.

Niente di questo è facile da dire, & sono sicuro che non sia nemmeno facile da leggere: senza dubbio arriveranno momenti in cui mi mancheranno enormemente la tua saggezza e il tuo supporto. Ma immagino che la verità sia che, invecchiando, le affermazioni di persone più giovani diventino una specie di rassicurazione che non stiamo ballando a una musica che nessun altro sente, ed è questa la cosa che più temo. Per il resto – il mio affetto per te e la mia profonda gratitudine per tutte le tue abilità, i tuoi input e il tuo sostegno – be', già lo conosci, ma lo ribadirò comunque.

Come sempre,
David

A JOHN CALLEY

Via fax

Cornovaglia

30 settembre 1994

Caro John,
solo per dirti che ho quasi completato la mia enorme riscrittura. Abbiamo anche un nuovo titolo, che piace a tutti gli editori: OUR GAME. Adesso, all'interno del testo, c'è anche un riferimento all'oscura forma di football gioca-

ta dagli allievi di Winchester, che è nota in gergo come "Our Game".

Rimango qui per un'altra settimana.
Con affetto,
David

Yvette Pierpaoli (1938-1999) era una volontaria, attivista per i rifugiati e agitatrice, oltre che amica di famiglia. La corrispondenza tra le Carré e Pierpaoli è stata imponente, e quasi tutta è andata perduta (si veda p. 22). Le Carré sosteneva e rispettava profondamente il suo lavoro umanitario; se poi lei sia stata, come sembra abbastanza probabile, una delle sue amanti, si è trattato di una relazione con modalità diverse dal solito. Una sua foto è ancora appesa nello studio di Jane Cornwell.

A YVETTE PIERPAOLI

Via fax

Cornovaglia

19 dicembre 1994

Carissima Yvette,
ti scrivo per augurarti un felicissimo Natale e un buon '95. Sarete tutti insieme? Al momento noi siamo in 2. Poi arriveranno Nick, e Charlotte con sua figlia. Poi la madre di Charlotte. Avevamo sperato di avere già la nostra piscina interna, ma manca ancora il tetto & non c'è acqua e la gru che dovrebbe posizionare il tetto è finita in un fossato e blocca l'entrata e l'uscita da Tregiffian. Dunque niente piscina.

Ieri ho ricevuto da Mort Abramovitz[4] l'invito unirmi a un

[4] Morton Abramowitz (n. 1933) è stato il capo della prima agenzia civile di intelligence americana – il piccolo, ma formidabile Bureau of Intelligence and Research – dal 1985 al 1989, poi ambasciatore degli Stati Uniti in Turchia fino al 1991, quando andò in pensione e divenne presidente del Carnegie Endowment for International Peace fino al 1997. (Le Carré scrive in modo errato il cognome.)

comitato della fondazione Carnegie che risolverà i problemi del mondo. Mi ha fatto molto piacere sapere che qualcuno aveva finalmente deciso di farlo, dato che mi sono reso conto che alcune cose non sono come dovrebbero. Credo tuttavia che tu abbia fatto per il mondo più di tutti i saggi comitati messi insieme.

Quindi spero che il mondo sia buono con te per Natale e che vi renda tutti felici come meritate.

Con tanto affetto,
David

L'illustrazione per la sovraccoperta americana di Our Game *divenne una battaglia tra il sempre vigile le Carré e Sonny Mehta, il capo della più grande casa editrice del paese, mentre le crescenti tensioni in Cecenia, che in dicembre sfociarono in un conflitto aperto, sottolineavano amaramente il tempismo del libro. Il punto d'arresto fu la proposta di mettere in copertina il disegno di una torre di guardia. «Sembra troppo un obelisco. Troppo egizia. Finestre?» scribacchiò le Carré su un messaggio di Mehta e trovò alcune illustrazioni di torri di guardia che gli spedì. In seguito, in un solo giorno arrivarono due fax al presidente e all'editor capo di Alfred A. Knopf, uno scritto a mano, l'altro dattiloscritto.*

A SONNY MEHTA

Via fax

21 novembre 1994

Caro Sonny,
ho appeso il disegno alla parete e ci ho convissuto nelle ultime ore: devo dire che, pistola o quel che è, per me non funziona affatto. A distanza è oscuramente fallico e piuttosto cupo. Da vicino è un mistero che non si riesce a risolvere. Lei che ne pensa? La prego, parliamone.

Con i migliori saluti,
David

Via fax

21 novembre 1994

Caro Sonny,
quando ho ricevuto le versioni rielaborate del disegno sono rimasto sconcertato: credevo di aver chiarito che, per quanto sia ingegnoso, non apprezzo affatto le armi in copertina.

Detto questo, se il tempo e le opinioni della casa sono decisamente contro di me, riuscirò a conviverci.

L'altro mio problema è quello di sempre. Quasi tutte le lettere di ammiratori che ricevo dall'America si rivolgono a me scrivendo leCarré in un'unica parola, anche quelle delle case editrici e della stampa. So che il le è come un'orribile coda di topo da inserire in un disegno, ma vorrei che in qualche modo fosse separata da Carré.

Delle tre, concordo con lei che quella con il nome per intero è la migliore.

Mi dispiace essere una spina nel fianco, ma pensavo proprio che ormai steste cercando un disegno molto diverso.

Suo,
David

In un articolo sulla decisione del presidente Boris El'cin di inviare le forze armate per ristabilire il governo russo in Cecenia, il commentatore americano William Safire affermava che gli Stati Uniti comprendevano la necessità di Mosca di difendere la propria sovranità, ma che avrebbero dovuto sostenere «un accomodamento» tra il Cremlino e i «fieri e spesso corrotti secessionisti ceceni». Un articolo di opinione di le Carré sulla crisi – pubblicato sul "New York Times" con il titolo The Shame of the West, *la vergogna dell'Occidente – fece il giro del mondo.*

A SONNY MEHTA

Via fax

Cornovaglia

20 dicembre 1994

Caro Sonny,
la ringrazio per avermi inviato l'articolo di Safire, che è stato pubblicato sul "Guardian" di oggi. Credo che vada bene com'è, e non desidero immergermi ulteriormente nella politica del romanzo mettendomi in disaccordo con lui. Penso che il mio lavoro consista nel ritirarmi in silenzio dal palcoscenico e aspettare che esca il libro.

Ma credo sia importante che i repubblicani capiscano che il Caucaso settentrionale sarà quasi di sicuro la tomba di Boris El'cin. E che, molto probabilmente, noi osserveremo la sua caduta mentre il libro sarà al massimo delle vendite.

Se non dovessimo comunicare di nuovo prima delle feste, le auguriamo il meglio per il 1995 e splendidi festeggiamenti.

Con i migliori saluti,
David

Boris El'cin sopravvisse come presidente fino al 1999, ma la sua reputazione in Occidente subì un duro colpo a causa dell'invasione della Cecenia.

LA RUSSIA, LA CORNOVAGLIA E UN CAVALLO DA CORSA

A volte essere figlio di mio padre era straordinario. Lui aveva dei cavalli da corsa, ma poiché non aveva pagato gli allibratori, non osava andare all'ippodromo. Quindi mi dava un po' di soldi e io – un ragazzo! – arrivavo sul posto e passavo da un allibratore all'altro scommettendo sul suo cavallo.

Le Carré in un'intervista a South Africa's News24, 24 ottobre 2011

Nel 1989, quando Colin McColl divenne il capo del SIS, *ebbe la percezione che le Carré si fosse estraniato dal suo ex servizio e chiese ad Alan Judd, ex soldato e diplomatico diventato romanziere, di scrivergli. Le Carré rispose cordialmente a Judd, che gli aveva parlato del proprio incontro con Graham Greene. Alla fine, le Carré andò a incontrare i capi dell'*MI6 *e tenne un discorso per le loro mogli.*

Nel 2003, dopo l'invasione dell'Iraq, il suo rapporto con il SIS *si raffreddò: le Carré affermò che Richard Dearlove, capo dal 1999 al 2004, ebbe un ruolo fondamentale nella trasmissione a Tony Blair di «intelligence grezza, proveniente da una sola fonte e non verificata». Ma non interruppe i rapporti con l'*MI5, *dove si recò per un pranzo e tenne un discorso.*

AD ALAN JUDD[1]

Tregiffian
St Buryan
Penzance
Cornovaglia

24 giugno 1995

Caro Alan,
mille grazie per il libro & per la *sua* lettera. Ho intuito solo in seguito il suo riconoscimento: il pranzo per me è stato

[1] I romanzi del premiato Alan Judd comprendono la sua serie su Charles Thoroughgood, un funzionario dell'intelligence che passa da giovane ufficiale dell'esercito nell'Irlanda del Nord (in *A breed of Heroes*, pubblicato nel 1981) a capo dell'MI6 (in *The Accidental Agent* del 2019).

un tale evento che non sono riuscito a comprendere tutto subito! Ma mi ha fatto molto piacere incontrarla & questo fine settimana, non appena i nostri ospiti saranno partiti, mi immergerò nel romanzo. Certo, lo conoscevo, ed ero al corrente della sua reputazione, ma con mia grande vergogna non l'ho mai letto & adesso rimedierò. Ho già ordinato il "fermaporta"[2] da Blackwell's & di sicuro lo apprezzerò molto: ho letto una biografia del povero Ford, ma non ci ho trovato l'animo che desideravo. Che strano che lei sia andato a trovare Graham [Greene] ad Antibes. Io non l'ho mai fatto. Ci siamo incontrati a Parigi & Vienna &, per poco, a Londra. E naturalmente, come quasi tutti coloro che lo hanno visto in circostanze simili, ho provato per lui impeti di simpatia e moti di repulsione. Immagino che a lui andasse bene così, anche se non ho mai conosciuto nessuno che curasse la propria immagine più attentamente di Graham: lettere furiose agli editor scritte di getto, un enorme fascino sfoderato con pennivendoli da niente, mettersi sotto le luci dei riflettori a ogni opportunità. Anthony Powell, che lo detestava, mi ha detto che era il "romanziere di carriera" più professionale che avesse mai conosciuto. Ma verrebbe da chiedersi se Anthony è poi tanto diverso.

Anch'io spero che ci rivedremo. In questo periodo vengo a Londra molto di rado, ma un pranzo sarebbe in un tre stelle Michelin, quindi varrebbe il viaggio. È molto difficile spiegare l'importanza che ha avuto per me l'invito in ufficio. Solo quando mi sono trovato lì mi sono reso conto che significasse tanto. In ogni caso, possiamo parlare di quello, e della sua scrittura che, dopo una sbirciata furtiva, già mi affascina. Capita mai da queste parti? È bellissimo & abbiamo un cottage per gli ospiti dove gli amici scrittori si fermano a lavorare; e una piscina interna riscaldata dove possono fare esercizio fisico!

Carissimi saluti, e grazie ancora per il libro –
David

[2] La biografia di Ford Madox Ford scritta da Judd.

Nel 1996 i Cornwell si stavano preparando a una visita dell'ambasciatore russo. Uno dei divertimenti in Cornovaglia era una giornata alle corse vicino a Launceston, dove Tinstreamer Johnny gareggiava per la prima volta. Nel 1995 Jane aveva regalato a le Carré la mezza proprietà di un cavallo di quattro anni. Il possesso di un cavallo da corsa gli aveva riportato l'eco distorta delle giornate di Ronnie all'ippodromo, quando aveva battezzato i cavalli con nomi che gli ricordavano i suoi figli: Dato, per David e Tony, Prince Rupert per Rupert, Rose Sang per i capelli rossi di Charlotte.

AD ANATOLIJ ADAMIŠIN,
AMBASCIATORE DELLA FEDERAZIONE RUSSA

Tregiffian
St Buryan
Penzance
Cornovaglia

6 febbraio 1996

Caro Anatolij,
le scrivo con piacere per confermare il nostro invito a lei e sua moglie a trascorrere con noi il fine settimana del 24 e 25 febbraio. Vedrà dalla cartina che allego che viviamo alla fine del mondo. A mio parere, il modo più piacevole per arrivare qui è il treno, visto che le basterà salirci a Paddington e scendere all'ultima fermata, Penzance. Non so se questo la attiri, né quando avrà la possibilità di viaggiare, ma immaginando che i suoi impegni la tratterranno a Londra fino al venerdì sera, le potrei consigliare il treno notturno con vagone letto per Penzance, che parte intorno alla mezzanotte e arriva a Penzance alle 8.30 del mattino circa. Noi la verremmo a prendere al treno. C'è anche un treno notturno la domenica, ma forse ne preferirebbe uno diurno il lunedì.

Se invece dovesse venire in macchina, dovrebbe calcolare sette ore buone per il viaggio da Kensington.

Come le ho detto, qui abbiamo un cottage per gli ospiti, a circa 300 metri dalla casa padronale, completamente attrezzato. In genere suggeriamo agli ospiti di alzarsi quando vogliono e prepararsi da soli la prima colazione. Se lei dovesse venire in treno e avesse piacere di usare una macchina, ne abbiamo una piccola di scorta che potremmo posteggiare al cottage per la durata del suo soggiorno.

Il 24 è una data molto importante per noi al momento perché, in occasione del mio ultimo compleanno, mia moglie Jane mi ha regalato un giovane cavallo da corsa che, proprio quel giorno, prenderà parte alla sua prima gara. Corre negli steeplechase e, a questo stadio della sua carriera, partecipa a tutti gli eventi in campagna, molto tipici del vecchio tipo di vita che si conduce qui. La gara del 24 si svolgerà vicino alla città di Bodmin, a circa un'ora e mezza di macchina da qui. Comincia a mezzogiorno, ma non sappiamo ancora a che ora correrà il nostro cavallo. Di solito ci sono cinque corse tra mezzogiorno e le diciassette, e lui gareggerà in una di queste.

C'è comunque un'altra possibilità: se lei dovesse prendere un treno del sabato mattina per Bormin, che è sulla linea diretta per Penzance, ci potremmo incontrare a Bormin e andare direttamente alle corse. Resteremmo lì fino a quando avrà gareggiato il nostro cavallo, poi la porteremmo a casa nella prima serata, in tempo per poter fare un bagno e cambiarsi per cena. Alle corse porteremmo un pranzo al sacco, e nessuno qui indossa mai abiti formali, quindi la prego di sentirsi del tutto a suo agio. All'aperto potrebbe fare molto freddo, ma è un problema che voi conoscete. Cappelli caldi, cappotti pesanti e stivali sono essenziali. Io, probabilmente, indosserò il mio cappello di pelo...

Pensavamo anche di portarla a St Michael's Mount, un antico monastero benedettino su un'isola nella baia di Penzance, adesso abitazione privata di Lord e Lady St Levan. Penso che il momento migliore sia la domenica mattina, e scriverò ai St Levan chiedendo se ci possono ricevere per un drink. Non esiste panorama più bello qui nella zona, e la casa in sé è straordinaria.

Le scriverò con altri suggerimenti quando si avvicinerà

il momento e, se avesse qualche desiderio, la prego di farcelo sapere. Per favore, ci dica anche se ha particolari preferenze o antipatie per quanto riguarda cibi e bevande: per esempio, l'aragosta locale è meravigliosa se il mare è abbastanza calmo per pescarle, e lo stesso vale per il pesce, ma potrebbero non interessarle.

Attendiamo con molto piacere la sua visita e di sapere quando arriverà e ripartirà in modo da poterci organizzare.

Un caro saluto da entrambi a entrambi voi.
Cordialmente,
David Cornwell

Molte lettere di le Carré a Judd hanno il tono di qualcuno che riferisce a un ex datore di lavoro. Nello stesso giorno della lettera all'ambasciatore russo, scrisse a Judd in termini enigmatici.

AD ALAN JUDD

Tregiffian
St Buryan
Penzance
Cornovaglia

6 febbraio 1996

Caro Alan,
mi aspetto che non sarà sorpreso quando saprà che il signore che nomino nella lettera allegata si è invitato qui per il w/end del 24/25 feb con sua moglie. Vuole che lo chiami per nome, mi parla già come un fratello di sangue (dice che abbiamo la stessa età) ma non l'ho mai incontrato. Anche il suo predecessore mi telefonava, e sospetto che l'insistenza dell'attuale sia, per così dire, conferita. Incidentalmente, non ho mai conosciuto nemmeno il suo predecessore.

Non so se esista un'altra chiave di lettura, oppure se ne verrà fuori una, o se lui desideri soltanto essere coccolato, ma se posso fare qualcosa di utile, me lo faccia sapere. Alloggeranno esattamente dove siete stati voi.

I migliori saluti –
David

[*su un unico foglio inviato separatamente ad Alan Judd*]
L'ambasciatore russo alla corte di St James e sua moglie.

Le Carré scrisse a Lord St Levan a St Michael's Mount, chiedendo inizialmente se potesse ricevere l'ambasciatore e sua moglie per un drink. Lord St Levan li invitò a pranzo, e le Carré lo avvertì che «le passate esperienze mi hanno insegnato che i russi sono famosi per annullare gli impegni».

AD ANATOLIJ ADAMIŠIN,
AMBASCIATORE DELLA FEDERAZIONE RUSSA

Via fax

Cornovaglia

21 febbraio 1996

Caro Anatolij,
le invio un programma provvisorio che lei e Olga potrete guardare in treno. Per prima cosa, Jane e io siamo molto lieti della vostra presenza e pensiamo di potervi offrire molti divertimenti. Casa nostra è del tutto informale e nessuno si veste bene per fare qualcosa. In ogni modo, probabilmente indosserò un completo per andare dai St Levan, o almeno un abito sportivo con un cappotto grigio. Lei e Olga avrete un cottage che si trova a circa 300 metri dalla casa verso l'interno. La casa in sé è su una scogliera di fronte all'Atlantico. Nelle ultime due settimane il tempo è variato da venti dall'Artico e terribili tempeste a calme giornate primaverili come oggi. Anche il tempo per il fine settimana è altrettanto imprevedibile.

Venerdì 23 febbraio

20.15 – Arrivate alla stazione di Penzance dove vi verrò a prendere. Avrò una Mercedes grigia, sono alto 1,83, ho i capelli bianchi e sono senile. Vi accompagnerò direttamente alla casa padronale, poi Jane verrà con voi al cottage con i vostri bagagli e vi sistemerà lì. A vostra disposizione ci sarà una piccola Volvo posteggiata davanti.

La sera una cena leggera con un altro ospite: Timothy Garton Ash, che di sicuro sarà noto al vostro Dipartimento informazioni come l'osservatore più acuto dello scenario europeo successivo alla guerra fredda.[3] Il suo libro più recente tratta del ruolo della Germania alla fine di questo secolo, e potrebbe valere la pena di dargli un'occhiata. Tim si trova qui per altre faccende, e l'intesa tra noi è che tutte le discussioni sono assolutamente riservate.

Dopo cena vi riaccompagneremo al vostro cottage.

Sabato 24 febbraio

È mia invariabile abitudine scrivere nelle prime ore di ogni giorno, quindi chiediamo ai nostri ospiti di fare la prima colazione al loro cottage, dove troverete tutto il necessario. Vi lasceremo anche i quotidiani sulla porta. E, naturalmente, se desiderate esplorare la zona, la macchina è a vostra disposizione.

11.00 – Vi telefoneremo al cottage e, se avrete voglia di fare una passeggiata prima di andare alle corse, ci farebbe molto piacere accompagnarvi.

12.00 – Partiamo per Bodmin per assistere alle gare. Il segretario del locale circolo di caccia, al quale è stato riferito in privato della vostra visita, mi ha invitato ad ac-

[3] Negli anni Novanta, lo storico e giornalista Timothy Garton Ash fece spesso visita ai le Carré in Cornovaglia, la "Versailles-sur-mer" come la definiva scherzando. Nel 1999 scrisse per il "New Yorker" un acuto profilo su le Carré, Ronnie Cornwell e lo spionaggio. Vi parlava di una «torturata» lettera di sedici pagine che le Carré gli scrisse sulla moralità dello spionaggio, ma al momento non è rintracciabile.

compagnarvi nella sua tenda durante la manifestazione, in modo da potervi stringere la mano e presentare il Maestro di caccia. Ho chiesto che la vostra presenza non venga pubblicizzata in alcun modo, ma è possibile che vi accompagnino in qualche punto particolarmente valido per osservare il grande evento sportivo del fine settimana, ovvero la partecipazione del mio cavallo a una gara per cavalli giovani.

Domenica 25 febbraio

Mattina libera.

12.00 – Partenza per Marazion, dove alle 12.30 il mezzo anfibio di Lord St Levan si troverà sulla spiaggia allo scivolo di fronte al parcheggio per portarci al Mount per pranzo. Parteciperanno al pranzo, e saranno in attesa dell'anfibio, Piers St Aubyn, che è il fratello di Lord Levan, e Stuart Money (che ha imparato il russo mentre serviva nell'esercito) con sua moglie Kay.

Dopo pranzo, vi accompagneremo alla stazione di Penzance in tempo per prendere il treno delle 15.45.

Non ho parlato del nuoto, ma la piscina è sempre a vostra disposizione, e saremo lieti di mostrarvi come funziona tutto e di lasciarvi una chiave. Jane e io nuotiamo la mattina presto come rituale privato, e lasciamo liberi i nostri ospiti di usarla in ogni altra ora del giorno.

Aspettiamo con molto piacere di vedervi venerdì.

Cordialmente,
David

AD ALAN JUDD

Tregiffian
St Buryan
Penzance
Cornovaglia

27 febbraio 1996

Caro Alan,
alla fine sono arrivati venerdì sera e sono partiti domenica pomeriggio. Tim Garton Ash ha cenato con noi venerdì sera. Sabato li abbiamo portati a una corsa a siepi per cavalli dilettanti, abbiamo cenato *à quatre* con loro a casa, domenica abbiamo pranzato con Lord & Lady St Levan a St Michael's Mount. Abbiamo parlato molto, bevuto molto, tutto molto piacevole, senza storie, più divertente di quanto ci aspettassimo, *meglio* delle attese & tuttavia abbastanza *strano*. Nello specifico, il solo momento serio è stato quando lui mi ha preso da parte chiedendomi se avessi una soluzione al problema della Cecenia, & in particolare che ne pensassi dell'idea di creare una commissione di stati musulmani esterni per affrontare il problema delle rivendicazioni dei ceceni in modo da guadagnare tempo per far raffreddare gli animi. Ho risposto che *all'interno* della Russia ci sono sufficienti stati musulmani, e non, da non dover ricorrere ad altri fuori dal paese. Immaginavo infatti che qualsiasi proposta che puzzasse di arbitrato estero per un problema "russo" sarebbe stata destinata al fallimento politico. Ha detto che era tutto molto difficile. Nessuno a Mosca faceva qualcosa, suggeriva qualcosa, era un problema davvero spinoso & peggiorava di continuo. Qualsiasi proposta da parte sua, mi ha detto, sarebbe stata presentata con molto tatto, probabilmente da una terza persona. Gli ho risposto che quella persona non potevo essere io, che non ero qualificato e così via. Ho avuto la sensazione che potesse nominarmi come una sorta di emissario informale, ma non lo so.

Scrive, e vuole produrre più libri. A quanto pare ne ha già pubblicati uno o due, compreso un romanzo, e gli piacerebbe proseguire con la narrativa. Ha parlato molto di Gromyko[4], con cui ha lavorato per 25 (!) anni, dice. La moglie, che parla con grande entusiasmo, è una specie di storica dell'arte. Hanno portato un libro che avevano "scritto" insieme – sono tutte fotografie – sulla villa dell'ambasciatore in Italia. In privato, entrambi sono disperati per la Russia, e lei in particolare lamenta la scomparsa della vecchia guardia, scherzando, perché almeno a quei tempi sapevi chi erano i disonesti. E condividono soprattutto il dolore per la perdita dell'orgoglio nazionale, che sembra genuino e commovente. Nel suo discorso durante il pranzo dai St Levan ci ha sollecitato a sostenere la Russia come unico contrappeso disponibile all'egemonia americana. Come se l'Europa non contasse. Molto vecchio stile. Di tanto in tanto ho avuto la sensazione che mi volesse avvicinare per parlarmi di altro, ma non ha osato oppure ha cambiato parere. Siamo sommersi da inviti a visitare la loro dacia nel Kent ecc., e forse accetteremo, giusto per divertirci. Penso, con scarsa modestia, che mi tenga in grande considerazione e di avere in qualche modo soddisfatto le sue aspettative – esattamente come pensava – in un modo che lo ha fatto sentire soddisfatto di sé. È *molto* furbo, spiritoso dopo un paio di bicchieri e, fino a questo momento, assolutamente simpatico. Credo anche che sia piuttosto intelligente: di certo più di me!

In ogni caso, è tutto quello che mi viene in mente!

Con i migliori saluti,
David

P.S. *La moglie* dice che scrivere lo potrebbe aiutare a sopportare il dolore per quanto sta accadendo in Russia.

Il 25 febbraio 1996, Adamišin scrisse ringraziando i Cornwell per lo splendido weekend e per la «genuina ospitalità alla Penzance». «Speriamo che il suo giovane cavallo sia abbastanza fortunato da vincere le prossime gare.»

[4] Andrej Gromyko, ministro degli Esteri sovietico dal 1957 al 1985.

L'artista Karl Weschke e sua moglie Petronilla si unirono al gruppo nel giorno della corsa. Mentre l'ambasciatore russo si divertiva in Barbour e stivali di gomma, ricorderà lei, il cavallo «si coprì di vergogna correndo nella direzione sbagliata lungo il percorso e poi dovette essere recuperato dalla strada». Tinstreamer Johnny aveva l'abitudine di rinculare al primo ostacolo, e prese un'infezione ai bronchi: il "Racing Post" riferisce che, su tredici gare, il cavallo arrivò terzo in una. «Non oso sperare niente a proposito di TJ» scrisse Jane alla scuderia nel 1997. Le Carré scrisse agli amici israeliani Yuval e Judi Elizur nel 1998: «Abbiamo un cavallo da corsa della Cornovaglia che non ha ancora terminato una gara, per non dire vinta una. Quindi non ha mai visto la dirittura finale!». Tre anni più tardi, i costi per il cavallo ammontavano a circa cinquecento sterline al mese.

A STEPHEN LONG[5]

14 dicembre 1999

Caro Steve,
grazie per avermi scritto. Come te, ci siamo chiesti che fare di Tinstreamer Johnny e, fino all'arrivo della tua lettera, avevamo praticamente deciso, come credevamo avessi fatto tu, che non era tagliato per le gare e che la cosa più importante fosse garantirgli di vivere bene. Mi pare che tu abbia parlato della possibilità che potrebbe essere un buon cavallo per il completo, ma sappiamo che anche quello sforza notevolmente legamenti e tendini.

Il problema è che il nostro punto di vista non è cambiato. Non ci piaceva la sensazione di insistere per far correre TJ – per quanto ci andasse di buon grado – quando semplicemente il suo fisico non è all'altezza. Di conseguenza siamo giunti alla conclusione che non dovremmo finanziare l'allenamento per le gare e che preferiremmo trovargli un'occupazione meno pericolosa e competitiva.

Comprendiamo come questa decisione sollevi domande sul suo futuro, e su come risolvere l'aspetto economico

[5] Addestratore di cavalli da corsa e comproprietario di Tinstreamer Johnny.

della cosa, e forse la cosa migliore sarebbe che tu ci pensassi bene dopo aver letto questa lettera, e ci suggerisca la scelta più appropriata. A noi non sembra giusto sopportare i pesanti costi della preparazione alle gare quando, nel nostro cuore, comprendiamo che non dovrebbe farne.

Come sempre mandiamo i nostri migliori auguri e il nostro affetto a te e alla tua famiglia per un bellissimo Natale e per il nuovo anno.

Con affetto da entrambi,
David & Jane

IL SARTO DI PANAMA

Sono stato a Panama sette o otto anni fa solo per scrivere un passo per *Il direttore di notte.* In quel libro c'era un trafficante di droga che acquistava armi... Quella che ho visto era una Casablanca senza eroi, e ho pensato di voler tornare... E la farsa dell'ultima colonia americana ceduta: noi britannici coloniali sappiamo cosa significa.

Le Carré intervistato da George Plimpton
per la "Paris Review", 1996

Mentre il lavoro per le riprese de *Il direttore di notte* «procedeva a rilento», le Carré cominciò le ricerche per *Il sarto di Panama*.

Il romanziere e giornalista Richard Koster sarebbe diventato amico di le Carré oltre che suo appoggio a Panama. In occasione del primo viaggio di le Carré, gli offrì l'aiuto del nipote bilingue, Reyin Teijeira, che arrivò con una jeep coreana dotata di condizionatore e la sua ragazza, che era membro dell'ordine degli avvocati di Panama. Koster disse di aver messo in atto un «inesorabile piano di mobilitazione», simile a quello di von Moltke dell'agosto 1914, per poter trovare una stanza d'albergo a le Carré.

A DICK KOSTER

Via fax

3 aprile 1995

Caro Dick,
mille grazie per l'assalto von Moltke! Ayscough Travel mi ha prenotato all'El Panama dall'8 al 21 maggio una suite "superior" a 165 dollari a notte. Non so se questo sia in contrasto con qualsiasi cosa lei abbia gentilmente fatto, ma cercherò di ottenere da loro una conferma scritta e mi riconfermerò con decisione con l'avvicinarsi della data, e le prometto di non usarla più come agente di viaggio. L'8 volerò da Boston a Panama & le comunicherò a tempo debito il mio volo. Se potesse essere d'aiuto a suo nipote, in genere i miei interessi sono arcani. Se un sarto inglese avesse avviato un servizio di alta sartoria su misura per l'élite di Panama e dei paesi vicini, dove si sarebbe stabilito, in che modo avrebbe vissuto, dove – è sposato con figli – si svolgerebbe la sua vita sociale (lui aspira – e sua moglie in particolare – alla "qualità" di Panama) e quali pressioni – anche in contrasto tra loro – avrebbe subito? Pagamenti per la protezione, problemi di visto, permessi di lavoro ecc.

Questo è solo l'inizio, e naturalmente è top secret. Voglio creare tutta la sua vita a Panama. Oh, è mezzo cattolico e mezzo ebreo, e ha avuto problemi con la polizia prima di arrivare a Panama (intendo la polizia del Regno Unito) ed è un *pechvogel*, un tizio sfortunato che viene sempre maltrattato. Quindi chi lo maltratta?

C'è molto di più, ma questo è il genere di cose che io e suo nipote *dovremmo* esplorare insieme, considerando la fantasia come fosse saggistica & facendo ricerche sul posto, se la cosa lo divertisse.

Grazie ancora, aspetto con piacere di vederla –

Con i miei migliori saluti,
David

L'English Book Club di Novosibirsk era guidato da Helen Goldfield, un'americana che viveva in Siberia da trent'anni ed era sopravvissuta all'assedio di Leningrado. Il club aveva ospitato Graham Greene e dedicato molti incontri alla sua opera; adesso stava prendendo in considerazione i romanzi di John le Carré e aveva drammatizzato molte scene del suo libro nella biblioteca regionale per chi parlava inglese. In una precedente lettera a Goldfield, del 1994, le Carré osservava: «Mi sorprende sempre sapere quanto fosse disponibile Graham Greene alle apparizioni in pubblico».

A HELEN GOLDFIELD

10 aprile 1995

Cara Helen Goldfield,
la ringrazio per la sua lettera, senza data, nella quale mi parla di tutte le vostre attività associate al mio lavoro. Sono decisamente lusingato! Mi chiede una lettera: eccone una breve.

Il mio nuovo libro, *La passione del suo tempo*, è uscito in America ed è stato accolto in vario modo, ma in gran parte bene, anche se molti critici lo hanno ritenuto "politicamente scorretto", la qual cosa io considero un complimento, e persino anticristiano, laddove io lo considero semplicemente uno studio della natura umana. In ogni modo ha attirato molte polemiche, alle quali non ho preso parte, e venduto molte copie, e lì certo che partecipo! Inoltre possiede la particolare tempestività di essere in parte ambientato in Inguscezia nel momento di un attacco di Mosca, quindi sono stato considerato un grande profeta, cosa che non sono; si è semplicemente trattato di fortuna.

Ho scritto anche parecchi articoli che attaccavano El'cin per l'invasione della Cecenia, e l'Occidente per essere rimasto a guardare lasciandolo fare; e ho chiesto per cosa avessimo combattuto la guerra fredda, se non per la dignità e la protezione delle minoranze e delle piccole nazioni di fronte alle azioni del totalitarismo. In fondo, ho fatto notare, anche la mappa è discutibile. Se il comunismo fosse finito quando Stalin era ancora vivo, non sarebbero esistite né la Cecenia, né l'Inguscezia: le aveva fatte sparire dalle carte geografiche. Allora come mai accettiamo la cartografia che i comunisti ci hanno tramandato? Perché mai rifiutarsi di contemplare la sovranità delle piccole nazioni semplicemente perché i comunisti lo hanno fatto? Queste idee provocatorie sono state accolte molto male da coloro che venivano indirettamente criticati, e il signor [Eduard] Shevardnadze,[1] durante una visita in Inghilterra, si è riferito alle «opinioni fuorvianti» di «uno scrittore inglese di gialli» nel suo discorso a Chatham House. Ho trovato tutto questo molto soddisfacente, perché a volte è piacevole sapere che in fondo si è ascoltati! Ritengo inoltre che sia una discussione molto utile. Perché abbiamo tanta paura della diversità? Temiamo davvero il caos? Il caos delle grandi nazioni è a mio parere molto superiore a quello delle piccole. E *odio* i bulli.

I miei migliori auguri per Pasqua –
Suo,
John le Carré

[1] Leader georgiano e ultimo ministro degli Esteri dell'Unione Sovietica sotto Michail Gorbačëv. Tenne un discorso a Chatham House, il Royal Institute of International Affairs, il 16 febbraio 1995.

Nella primavera del 1995, Fry scrisse nuovamente a le Carré raccontandogli una «storia lunga e terribile di fuga» in Germania. Aveva abbandonato lo spettacolo Cell Mates *nel West End e si era nascosto in Europa.*

A STEPHEN FRY

Tregiffian
St Buryan
Penzance
Cornovaglia

4 maggio 1995

Caro Stephen,
sono tornato ieri dalle Bahamas. Ora, se lei è in fuga, ecco cosa deve fare: telefoni a Jim Webster, broker di imbarcazioni, a Fort Lauderdale, affitti a Nassau un piccolo yacht a motore con equipaggio e si rechi per due settimane alle remote isole Exuma a un costo incredibile, e sarà fuggito come mai prima. Porti con sé degli amici, ne avrà bisogno, parli o non parli con l'equipaggio, prediliga gli ancoraggi nelle baie vuote e non nei porti & riuscirà a eludere tutta l'umanità. (Gran parte delle isole sono deserte.) Il n. di Webster è [...] ed è estremamente discreto, in particolare se gli chiede di esserlo. Faccia il mio nome. Lui ama essere d'aiuto... Un'altra cosa sulla fuga, e parlo come una specie di artista del campo, benché fallito, è che nel lungo periodo la Germania non è abbastanza divertente. Forse a Osnabrück qualcuno ride, ma io non li ho mai sentiti. Anche a Husum non gioiscono molto; Oldenburg è il gelo. Ma credo che lei potrebbe farsi una vita a Monaco (anche se sarebbe troppo visibile) oppure potrebbe fare peggio che a Wolfenbüttel, dove la Herzog Albrecht Bibliothek[2] le darebbe di sicuro la tessera o quel che sia, & la biblioteca

[2] In verità la Herzog August Bibliothek. La biblioteca di ricerca, fondata nel 1572, ospita un tesoro della storia culturale europea in un edificio costruito sul modello di un palazzo italiano.

è la cosa più simile al paradiso che potrà vedere. Quanto alle persone, non ne sono altrettanto certo, ma sembravano gradevoli e un po' matte. Oppure c'è Freiburg im Breisgau, belle famiglie mattoidi nascoste tra le colline.

Stephen, ho davanti a me una serie di lettere leggere, ma sono tutte spazzatura tranne le sue. Per una volta nella vita mi sembra di poter essere di qualche utilità. Ne so qualcosa del pubblico numeroso che non desidero, di sentirmi rivolgere la parola da perfetti idioti, e dell'essere bravo in tutto senza mai centrare il bersaglio. (E *detesto* i vecchi tromboni che mi dicono di esserci passati ai loro tempi.) Credo che lei sia un uomo dalla cultura eclettica, *école* Coward, con la stessa *gravitas* e gli stessi ritmi di impegno, sfida e fuga. (Si veda Goethe.) Capisco benissimo il suo stare sottotraccia & mi affascina il fatto che la musa tedesca abbia cantato per lei in quel momento, & per istinto provo simpatia per lei & mi sento protettivo nei suoi confronti & *neben mir ist das Grab* una chiacchierona,[3] come diceva il mio vecchio agente ebreo di Zurigo. Io sono fuggito da Sherborne a Berna (a 16 anni), mi sono chiuso in un monastero nel tentativo di sfuggire al matrimonio, sono scappato tra le spie, sono fuggito dalle spie per mettermi a scrivere, a volte ho rischiato di fuggire dalla scrittura per la fuga ultima, e adesso che ho 63 anni a chi interessa? Cinque anni fa ho preso la residenza in Svizzera perché credevo di non sopportare un altro giorno da inglese o in Inghilterra. Ma non ho potuto farne a meno: le frecciate, la lingua, le risate. Una volta ho chiesto a [Simon] Wiesenthal come mai vivesse nella Vienna antisemita. La risposta: «Se studi la malattia, devi vivere nella palude». Quindi io non sono mai diventato svizzero & i contabili hanno dovuto risolvere il casino. La Cornovaglia è il mio debole sostituto dell'esilio. Infine, ho il vantaggio di sapere molto poco di lei, & non avendo nient'altro da dimostrare a me stesso se non

3 «*Next to me the grave is a chatterbox*» ("Al mio confronto, la tomba è una chiacchierona"): un detto dell'amico e agente di le Carré Rainer Naumann, a quanto pare, che significa «Sono muto come una tomba».

il sinistro sospetto che non scriverò mai il mio *Ur-buch*[4] (anche se *La spia perfetta* ha avuto i suoi momenti), e sarò al Dolder Grand di Zurigo dal 17 al 19 marzo, all'incirca, quindi potremmo incontrarci da qualche parte in Europa se lo desidera: se non ha mai mangiato al Kronenhalle di Zurigo, è ora che lo faccia. Fotocopierò questa lettera e la spedirò nei luoghi probabili. Tutto quel che dice realmente – con Fontaine – è «*alles in allen, es ist nicht viel*»,[5] ma incontriamoci da qualche parte, pranziamo un paio di volte insieme se la cosa la potesse divertire: se non fosse un suggerimento opportuno, la prego di accettare questa lettera come un simbolo della mia preoccupazione per lei, del mio senso di fratellanza e, naturalmente le mando i miei ringraziamenti per ciò che dice de *La passione del suo tempo*. Ma vediamoci, se le dovesse essere gradito. Ho la valigia, viaggerò. Mi faccia sapere se qui o a Zurigo.

Con i migliori saluti,
David

P.S. Al diavolo tutti, D.

«La sua lettera mi ha fatto ridere, saltellare e gioire» rispose Fry. In Cell Mates, *Fry interpretava la spia britannica George Blake, il cui tradimento aveva lasciato il segno sull'addestramento di le Carré per l'MI6. A Fry venne diagnosticato in seguito il disturbo bipolare; nel pieno della sua sensazionale sparizione, le Carré cercò di aiutarlo a prenotare al Dolder Hotel sotto falso nome. Una caricatura di Fry mentre interpreta Jeeves, opera di Michael Cummings, era sulla parete della biblioteca di le Carré alla sua morte.*

[4] In tedesco in originale. Le Carré fa riferimento all'idea di scrivere un libro definitivo, che lo consacri per sempre. [*N.d.T.*]

[5] "Tutto sommato non era un granché". Lieve variazione dell'aforisma dall'ultima riga della poesia *Summa Summarum* di Theodor Fontane: "*Alles in allem – es war nicht viel*" (non *alles in allen*). (Le Carré scrive in modo scorretto il cognome.)

A JANE CORNWELL

Via fax

Hotel Panama

10 maggio 1995

Carissima O.,
non disturbarti a mandarmi materiali: ne ho fin troppi. La ricerca va benissimo: riesco a vedere il quadro d'insieme nonostante i tanti dettagli. [Dick] Koster è un principe. Molte persone & luoghi bizzarri, e una trama che fiorisce. Senza dubbio il bambino è stato concepito. Sono molto felice che il "S Times" mi metta al primo posto. Anche la recensione è rispettosa? Immagino di no, altrimenti me lo avresti detto. Le cose stanno così, che vadano al diavolo. Piove, c'è il sole, piove. L'albergo molto elegante, ma nessuno mi manda fax tranne qualche frase. Niente Sieglafax, fax in genere, niente Stevienews.[6] Dove sono tutti? Oggi sono andato a ovest in una risaia dove Pendel ha un interesse ed è nei guai. Per favore mandami altre notizie. Come sta Fox?[7] E tu? Come va il Grünwegstay?[8] Con tanto amore dal de-faxato.

[6] Ovvero fax di Michael Siegel, che rappresentava le Carré alla Creative Artists Agency, e da Stephen, il figlio di le Carré.

[7] Il soprannome dato da le Carré al figlio Nicholas.

[8] Il soprannome di David Greenway era "Grünweg", quindi si tratterebbe del "soggiorno di Greenway", anche se non risulta che si trovasse a Londra quella primavera.

Negli Stati Uniti, l'accademico americano Matthew J. Bruccoli era chiamato il «decano degli studi su Fitzgerald»[9] *e la sua biografia del 1981* Some Sort of Epic Grandeur: The Life of F. Scott Fitzgerald *venne ritenuta da molti definitiva. Nel corso della sua vita, Bruccoli firmò oltre cinquanta pubblicazioni. Nel 2004 editò* Conversations with John le Carré, *una raccolta di interviste.*

A MATTHEW BRUCCOLI

Via fax

Cornovaglia

19 ottobre 1995

Caro signor Bruccoli,
la ringrazio per la sua lettera del 9 ottobre. Fitzgerald è lo scrittore per eccellenza. Conosci il trucco, lo osservi mentre lo esegue e, all'improvviso, non sai più come ha fatto. Come è arrivato là da qui? Come riesce a tenere accesa la luce nel buio? Perché lo so se lui non me lo ha mai detto? Come fa a creare un arcobaleno dal bianco e nero? Torno da lui quando voglio rianimarmi. O, forse meglio, rassicurarmi che, nelle mani giuste, si possano usare le parole per fare qualsiasi cosa.

Con i migliori saluti
John le Carré

(inviato via fax – questa seguirà via posta)

[9] William Grimes, "New York Times", 6 giugno 2008.

A DOUGLAS HAYWARD, SARTO

Tregiffian
St Buryan
Penzance
Cornovaglia

2 febbraio 1996

Caro Doug,
sono appena tornato dalla California e mi sono nascosto in Cornovaglia.

Temo che i pantaloni di velluto a coste mi diano gli stessi problemi di quelli di flanella grigia: non mi lasciano spazio sufficiente per sedermi, e penso di essermi allargato perché sono un po' stretti intorno alla vita, in particolare quando mi siedo. Potrebbe gentilmente allargare un po' il girovita, la seduta e il diametro della coscia? Chiedo all'uomo che si occupa della nostra casa di Londra di portarglieli oggi pomeriggio o domani.

Il mio sarto prospera a meraviglia e le manderò un manoscritto fra pochi mesi. Speriamo di restare qui fin quando avrò terminato la prima bozza del libro.

Cordialmente,
David Cornwell

Nei ringraziamenti per Il sarto di Panama, *le Carré menzionava «Doug Hayward di Mount Street West che mi ha concesso di avere la prima confusa intuizione di Harry Pendel il sarto» e «un altro grande sarto», Dennis Wilkinson, di L.G. Wilkinson, St George Street, che forniva a le Carré completi, cardigan, gilet e bretelle; Wilkinson ha ispirato l'amore di Pendel per le automobili classiche e per Mozart, e aveva lavorato nel controspionaggio con le forze di occupazione degli Alleati in Germania. La descrizione di le Carré di Harry Pendel – «inaspettatamente corporeo [...] non solo è alto, ma anche ben messo» – venne letta al funerale di Hayward nel 2008. Tra i suoi clienti famosi, Hayward annoverava Roger Moore e Michael Parkinson.*

Nel momento in cui le Carré scrisse questa lettera, nel 1996, Pollack aveva passato oltre due anni su Il direttore di notte, *incaricando il celebre sceneggiatore Robert Towne e poi il romanziere e professore della Tuft University Jay Cantor di scrivere la sceneggiatura. Pollack quel giorno aveva inviato un fax a le Carré per dirgli che voleva assumere un altro sceneggiatore, ma anche che voleva fosse Anthony Minghella a dirigere il film.*

A SYDNEY POLLACK

Via fax

Cornovaglia

13 giugno 1996

Caro Sydney,
mi sono limitato ad attendere il tuo fax ed è arrivato esattamente come mi aspettavo, e lo aspettavo da quasi due anni. Non farai mai *Il direttore di notte*, e questo mi era chiaro già da molto. Quindi, se posso esprimere la mia opinione, è questa: per l'amor del cielo, abbandona per sempre il progetto, dichiaralo e lascia che ci provi qualcun altro. Fermati e rinuncia, cosa che in realtà hai già fatto tempo fa. E, per favore, non parliamone più.

Con i migliori saluti,
David

Il rapporto con Sydney Pollack fu una delle più grandi collaborazioni cinematografiche di le Carré mai realizzate. Sette anni più tardi, il 2 aprile 2003, Pollack avrebbe scritto a le Carré: «Penso spesso a te, e mi dispiace averti fatto arrabbiare per non essere riuscito a trovare una soluzione per Il direttore di notte. *Lo desideravo, lo desidero ancora, e sapevo come farlo». Sulla lettera c'è un solo appunto: «Archiviare». Un mese dopo, Pollack avrebbe aggiunto, in un biglietto scritto a mano: «Penso ancora ogni giorno a* Il direttore di notte *e frugo tra le ceneri cercando il modo di spingerlo sulla linea di partenza».*

This is supposed to be me & actually it's VERY like me indeed ...

John le Carré

31 Mar '97

On a fairly bad day in Cornwall, about a hundred pages into a new novel & doubting it.

La corrispondenza con Susan Anderson venne resa pubblica alla fine del 1996, e questo spinse le Carré a chiedersi a cosa desse maggiore valore. Questa lettera è senza data – e anche senza firma – ma la Anderson la ricevette il 20 dicembre 1996.

A SUSAN D. ANDERSON

[Timbro postale] *Wengen*

[s.d.]

La tua lettera è arrivata, inoltrata in Svizzera, e ha provocato una buona dose di imbarazzo. Ho aspettato tre giorni a rispondere mentre venivo sballottato in direzioni diverse da messaggi in conflitto tra loro. Adesso è il quarto giorno e nulla è cambiato, a parte il fatto che, in alcuni punti, scopro che la mia confusione corrisponde alla tua. Sei arrabbiata, e lo sono anch'io. Tu sei coraggiosa, io sono un codardo, tranne il fatto che anche tu, probabilmente, vivi una vita di concessioni, dato che ti riferisci ai *nostri* "guardiani". In ogni caso la preponderanza del coraggio è tua; io sono il debole, tu la martire, senza considerare che entrambi siamo martiri della vita: ci dobbiamo conformare, accettare la seconda o la terza o la quarta scelta e far fronte ai nostri impegni per quanto noiosi. Soprattutto io sono il traditore: ce l'avevamo fatta & io mi sono allontanato. E benché di solito io veda la forza di qualsiasi argomentazione diretta contro di me, ho trovato questo ritratto della nostra relazione ingiusto, e di me stesso selettivo, come minimo. Tu mi hai molto commosso, davvero, & questo non è cambiato. Avevamo proprio tanto da condividere, molto in comune che era profondo, affascinante & eccitante. Il nostro incontro mi ha lasciato, come ha lasciato te, frammentato & stupito: il nostro unico incontro. Tutto era molto nuovo per me & anche allarmante. Ma con il passare delle settimane mi sono sentito sempre più sicuro che per me quell'intensità era insostenibile & che proseguire voleva dire rischiare più di quanto fossi disposto a perdere: la tranquillità per scrivere, la privacy della mia vita interiore & l'amore di coloro che mi circondano. A 65 anni, ho immaginato, le concessioni sono la norma: tutti ne fanno; le strutture della sopravvivenza & le promesse da mantenere per me erano più importanti di qualsiasi altra cosa, anche se l'altra cosa era unica. E se mi fossi lasciato trasportare da sentimenti che mi hanno colto impreparato, sapevo anche che, messo davanti al rischio dell'infelicità che avrei provocato intorno a me, non sarei stato in grado di reggerli. Potrà essere disprezzabile, ma è anche la strada che ritengo giusta. È fuor di dubbio che abbiamo toccato qualcosa di molto raro, ma non è un motivo per infliggere infelicità e solitudine alle persone che ci circondano. O almeno, non fa per me.

Scusami se sono sparito, ma i miei amici a Sancreed hanno venduto la casa & lasciato la zona e, che tu ci creda o meno, non c'è nessun altro che conosca o di cui mi fidi abbastanza. Mi interessa molto quello che scrivi & avevo speranze per il romanzo che mi hai mandato: penso tuttora che dovrebbe essere pubblicato & che riveli un vero talento. Credo nella tua bontà e umanità, come ho fatto dal momento in cui abbiamo cominciato a scriverci. I ricordi del nostro incontro sono chiarissimi & credo resteranno con me per sempre; amo tutte le cose pazze e divertenti che ti capitano, il tuo coraggio e la tua bontà, lo ripeto, & il tuo umorismo. Ma ho promesso a me stesso anche certe cose: qualche altro romanzo prima di chiudere, la continuità della vita dolorosamente costruita intorno e me e la risoluzione, in un modo o nell'altro, di tutti gli errori che ho commesso. Qui c'è un indirizzo di Londra che funziona, dovrebbe funzionare, anche se le mie visite sono irregolari: ti prego di scriverlo sulla busta esterna:

[...]

e di mettere il mio nome sulla busta interna, con l'indicazione "personale".

Jack Carley, vicepresidente esecutivo di Avis Inc., scrisse «in quanto uno dei suoi tanti ammiratori» dicendosi felicissimo di aver scoperto ne Il sarto di Panama *che Andy Osnard era un cliente di Avis. «Da questo punto di vista le scrivo per essere sicuro che noi di Avis stiamo facendo tutto il possibile per non perdere la fedeltà di tutte le sue future creazioni che potrebbero aver bisogno di noleggiare una macchina.»*

A JACK CARLEY

Tregiffian
St Buryan
Penzance
Cornovaglia

12 marzo 1997

Caro signor Carley,
la ringrazio per la sua gentile lettera del 17 gennaio, che mi è appena arrivata da New York. Ho preso sul serio le sue parole e darò ai miei personaggi ogni opportunità di noleggiare macchine dell'Avis. Se invece fossero soggetti particolarmente sgradevoli, potrei dirottarli da Hertz, e devo confessarle che mi è passato per la testa nel caso di Osnard. Ma era nella sua natura sfruttare le persone fiduciose e virtuose, quindi gli ho permesso di utilizzare Avis, ovviamente sapendo che "vi impegnate di più".[10]
Grazie per avermi illuminato la giornata.

Cordialmente,

La copia nell'archivio di le Carré non è firmata.

[10] Slogan della campagna pubblicitaria Avis: *We try harder,* "Ci impegniamo di più". [*N.d.T.*]

A JANE CORNWELL

27 aprile 1998
per il 28 aprile 1998

Mia carissima,
questi biglietti assurdi & regali inadeguati non possono esprimere che parte della mia gratitudine per il dono della parte migliore della tua vita. Saremo molto felici per quel che resta, e insieme abbiamo fatto cose meravigliose. Nessuno saprà mai quanto sia profonda la mia gratitudine, né quanto costante – anche nei momenti peggiori – il mio amore, né quanto rimanga tale.

Questa non è la mia prosa più elegante, ma è scritta con tutto il cuore.

David

Jane aveva compiuto sessant'anni.

In Single & Single *di le Carré, il personaggio di Oliver Single si trasforma in informatore contro suo padre Tiger Single, un personaggio alla Ronnie.*

A SIR JOHN MARGETSON

Tregiffian
St Buryan
Penzance
Cornovaglia

19 agosto 1998

Caro John,
grazie mille per la tua lettera. Sì, anche per me il libro si accompagna a *La spia perfetta* ma, come suggerisci tu, se ne preoccuperà solo il lettore comune. Il "Times" lo darà al suo critico di gialli, l'"Observer" lo stroncherà perché sono

stato le Carré troppo a lungo, & il "Guardian", come al solito, si rifiuterà di considerarlo un romanzo e – vedi l'ultima volta – lo darà a uno dei suoi reporter politico-investigativi che, per leggere qualsiasi cosa che non sia la sua prosa, deve muovere le labbra. D'altro canto, io avrò il mio libro, e loro le proprie opinioni sensazionalistiche!

Poi è stato *molto* divertente scriverlo. Un mese fa sono tornato in Georgia solo per controllare i luoghi, idem per la Turchia & Zurigo. E mi è piaciuto molto rileggere il libro mentre procedevo. Sono contento che sia piaciuto anche a te. Ho eliminato circa 15 pagine – piccoli tagli utili – & inserito qualche scena nuova: ti manderò la versione finale.

Grazie per il vostro invito a stare da voi. Al momento siamo oberati per i prossimi mesi, visto che stiamo ristrutturando parte della casa & aggiungendo una biblioteca, poi io dovrei andare a Hollywood il 28 settembre dopo aver ricevuto qui, il 26 e il 27, il mio nuovo editore americano insieme all'editor. Il viaggio a Hollywood è sempre per i capricci di chi gira i film, ma in ogni caso ti terrò informato.

[...]

Adoro lo scandalo Clinton,[11] tu no? Rammenta, se ce ne fosse bisogno, che il mondo è governato da Ruislip: la ragazza alla pari spifferera tutto? E *quando* lo farà, che cosa verremo a sapere? Il Presidente[12] non scopa nemmeno.

Ah, bene. Con tanto affetto a voi due/tutti, come sempre. Cerchiamo di vederci presto, non so come, e grazie mille per la bella lettera.

Come sempre,
David

[11] Dopo sette mesi di dinieghi, il 17 agosto Bill Clinton ammise in un discorso televisivo che la sua relazione con la stagista Monica Lewinsky «non era appropriata».
[12] In italiano nel testo. [*N.d.T.*]

A JOHN CALLEY

Via fax

Cornovaglia

7 settembre 1998

Caro John,
solo per farti sapere che verremo a Londra per sfuggire al cantiere & saremo in città da mercoledì sera in poi.

Se ci sono novità sul *Sarto* mi piacerebbe conoscerle quando avrai un momento. Nel frattempo ho acquistato una Mercedes SL, l'ho tenuta per 10 settimane e l'ho riportata al concessionario. Uno di noi era dell'età sbagliata.

Con affetto a entrambi –
David

A TONY CORNWELL

9 Gainsborough Gardens
London, NW3 1BJ

13 dicembre 1998

Carissimo To,
grazie mille per la tua lettera e per la *straordinaria* carta intestata stampata al computer: domani il mondo! Grazie anche per la tua generosa risposta a *Single & S*: avevo cominciato a chiedermi cosa *sarebbe potuto* accadere a uno di noi due se Ronnie fosse stato più tranquillo, più in gamba, più modesto, persino, di quanto non fosse, e abbastanza onesto, cosa che di certo non è *mai* stato, da avere successo. Ed è nato tutto da lì...

[...]

Verrà pubblicato qui in feb & poco dopo negli States, quindi c'è molto da fare – il film del *Sarto di P.* è in produzione, quindi partirò per Panama a metà gennaio con il regista Tony Scott, e anche per *Il direttore di notte*, nel 1999 cominceranno le riprese & vogliono abbastanza in fretta il mio input – quindi non resterò per molto in Cornovaglia. E comunque mi dà fastidio: non sono mai stato un tipo urbano & adesso sono decisamente un contadino. Soprattutto desidero cominciare un nuovo libro, ma il carrozzone dell'editoria mod. me lo impedisce del tutto. Un romanzo – vale anche per un saggio – resta solo brevemente sotto gli occhi del pubblico, quindi l'unico modo per diffondere in fretta la voce (che il libro esiste) è mettere il povero scrittore alla battuta su programmi che più svilenti di così è impossibile, o almeno così dicono loro. Dato che quasi sempre io mi rifiuto – sono quasi 10 anni che non rilascio un'intervista nel Regno Unito – adesso mi organizzano letture in pubblico, che non mi dispiacciono più di tanto: le domande personali da parte di giornalisti decerebrati sono il mio incubo peggiore. Quindi potrei venire a Seattle in marzo: a quanto pare c'è un pubblico intellettuale che dovrei convincere ad acquistare qualche copia. *E io ho accettato*. Perché? Mi servono soldi? No. Credo forse che un bacio da battona faccia la differenza per il destino ultimo del libro? Lo credo eccome. Mi svuoto le palle imitando le pubbliche letture di C. Dickens? Una palla, l'altra mi sprofonda nello stomaco. La ragione principale per cui lo faccio è la debolezza, seguita a ruota dalla pura e semplice noia di ciondolare in giro in attesa di ricominciare a scrivere. È come andare fuori e sfidare la macchina pubblicitaria nella sua tana. Cominciamo qui, a quanto so, con il Festival Hall, per proseguire al teatro Royal Bath per poi passare dalle classi chiacchierone nelle Midlands senza trascurare i cugini irlandesi e scozzesi... In aprile, tutto sarà finito, la casa pronta e mi prenderò un cane che chiamerò Poppy. Io voglio un maschio, Jane una femmina, quindi Poppy potrà essere un travestito & saremo tutti contenti.

La migliore osservazione su Clinton l'hanno fatta le guardie del corpo di Warren Harding quando cercavano di prendere sul ridere la sua libido: «Non gestiamo questo cavallo come fosse un castrato». Se McCurry avesse avuto le palle (perdonami) di dirlo 10 anni fa, se lui fosse stato presente, noi saremmo tutti in silenzio oppure staremmo ancora ridendo.[13]

Auguro Buon Natale a entrambi – a tutti – e vi mandiamo il nostro affetto, nella speranza di farci un bicchiere in marzo.

Con tutto il mio affetto,
D

Le Carré incontrò Tom Stoppard nel 1989, quando questi era stato assunto come sceneggiatore per il film La casa Russia. *«Ho trovato Stoppard incantevole e molto intelligente» disse ad Alec Guinness. Ne nacque un'amicizia tardiva.*

A SIR TOM STOPPARD

9 Gainsborough Gardens
London, NW3 1BJ

4 febbraio 1999

Caro Tom,
ho adorato *Shakespeare in Love*, e ho apprezzato te per averlo scritto. Durerà a lungo, i miei figli & nipoti *già* lo amano, è una di quelle opere d'arte perfette, allegre, profonde che stimolano nel pubblico la consapevolezza del proprio retaggio culturale. Molto pomposo da parte mia, ma vero. E, a livello personale, è stato come un affettuoso soliloquio di Stoppard in un mite pomeriggio estivo, tutto intelligenza & affetto & riflessione. Mi sono identificato nel modo più naturale con Webster, come è ovvio, che di si-

[13] Mike McCurry, il portavoce di Bill Clinton, lasciò l'incarico nell'ottobre 1998, dopo mesi trascorsi ad affrontare domande costanti e spesso esplicite a proposito dello scandalo Lewinsky.

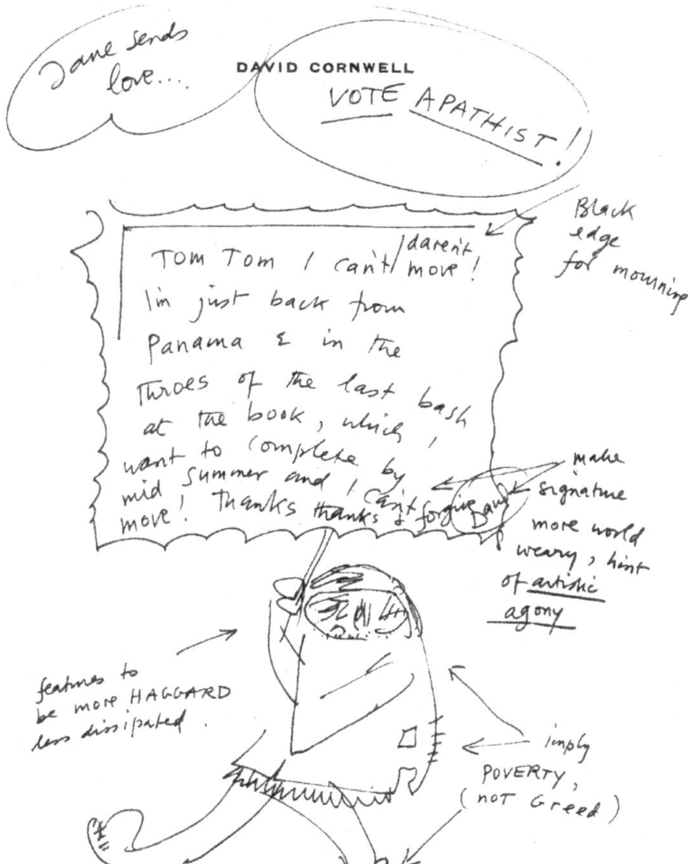
Jane sends love....
DAVID CORNWELL
VOTE APATHIST!
Black edge for mourning
TOM TOM I can't daren't move!
I'm just back from
Panama & in the
throes of the last bash
at the book, which I
want to complete by
mid summer and I can't
move! Thanks thanks & forgive
make signature more world weary, hint of artistic agony
features to be more HAGGARD less dissipated.
imply POVERTY, (not Greed)

curo è una delle tue creature più deliziose. Semplicemente meraviglioso. Tutto, tutto meraviglioso.

Come sempre,
David

In una scena di Shakespeare in Love, *un giovane John Webster, il futuro autore de* La duchessa di Amalfi, *confessa il proprio amore per il teatro cruento, poi dà a un gatto un topo vivo.*

Il film de Il sarto di Panama *proseguì la sua corsa sfrenata. Quando il libro venne pubblicato, tutti – dai fratelli Coen a Sir Ian McKellen – dimostrarono interesse. Nel 1998 le Carré riferì ad Alec Guinness che Sir Anthony Hopkins aveva rifiutato per due volte il ruolo di Pendel, il sarto; Dustin Hoffman e Robin Williams desideravano la parte e Kevin Kline venne candidato come protagonista insieme a Jamie Lee Curtis. Alla fine la spuntò Geoffrey Rush. In Kenya, le Carré cominciò le ricerche per* Il giardiniere tenace.

A TONY CORNWELL

30 maggio 1999

Carissimo To,
oggi, al mio ritorno dal Sudafrica, sono rimasto sbigottito trovando una seconda, splendida tua lettera a così breve distanza dalla precedente alla quale, per la pura e semplice pressione degli eventi, non avevo risposto. Anche adesso non so bene tutto ciò che è accaduto e in quale ordine: Tony Scott è stato licenziato come regista de *Il sarto di Panama* & ha firmato John Boorman (*Senza un attimo di tregua*, *Un tranquillo weekend di paura*). Quindi ho dovuto legare con lui. Ho tenuto qualche altra lettura, poi ho gloriosamente mollato tutto & sono andato in Africa (Kenya) in cerca del mio nuovo romanzo che adesso, grazie a Dio, ha cominciato a parlarmi, al punto che sono stato in grado di mettere da parte con fiducia quell'autobiografia tanto poco desiderata, che temo molto porrà fine

alla mia carriera di scrittore; "*prima* di quella, poi, mamma mia, *del poco che resta dopo*...". Ma un giorno o l'altro dovrò farlo e, in quel caso, accetterò la tua generosa proposta di raffrontare i ricordi.

L'inglesità & la scatola: be', siamo *tutti* nati dentro scatole, ma forse gli inglesi più degli altri, ed è per questo che sono molto interessanti (per me) – e stranamente universali – da descrivere. Quando chiesero a Wiesenthal come mai vivesse a Vienna, la città più antisemita d'Europa, lui rispose che «se studi la malattia, devi vivere nella palude», il che più o meno riassume la mia dipendenza dalla pura e semplice crudeltà di gran parte dell'Inghilterra, con le sue troppe scatole, ma comunque un'umanità globale, o almeno così ho costretto a pensare il mio io scrivente. Ogni volta che vado all'estero (tranne nelle nostre ex colonie, come regola), sento cadere il fardello che porto sulla schiena e, ogni volta che torno, rimetto l'imbragatura. Ma adesso so fin troppo bene di poter usare quel fardello come forza costruttiva, se non altro nella mia scrittura.

Jane & io abbiamo trascorso 10 splendidi giorni in Marocco, nell'albergo di un'oasi gestito da uno psicopatico che afferma di essere stato una sorta di sicario o portaordini per Secret England. L'ho ritenuto un vero mitomane, il che giustifica le eccellenti doti (di evasione) del suo albergo. Lì siamo stati felici insieme come forse mai prima, una condizione che spero possa continuare nonostante i miei modi non impeccabili!

Sei stato gentile a leggere *La passione del suo tempo*, che è stato un libro strano, non brutto, ma troppo dominato da non riconosciuti modelli tedeschi di educazione dei sensi. Per lo meno, però, gli attribuiscono il merito di aver previsto lo scoppio delle ostilità in Inguscezia & Cecenia & è uscito quasi nello stesso giorno dell'inizio della guerra.

Tornerò in Kenya il 14 giugno & spero per metà luglio di poter cominciare un romanzo lungo e ambizioso che, senza dubbio, sarà un fallimento. Vi pensiamo spesso e parliamo di voi: ti prego, ringrazia Nettie per il nastro & mi scuso ancora per il mio sgarbato silenzio, che è imperdonabile, benché umano. E grazie di nuovo per tutti i tuoi pensieri generosi & per le parole sul mio lavoro. I Frogs stanno facendo un film su di me per il millennio, il che mi rende millenario, immagino, ma per lo meno non devo parteciparvi.

Ho letto *Un uomo vero* di Tom Wolfe & l'ho trovato eccessivamente artificioso & vuoto. Molto triste. Ho letto *Amsterdam* di McEwan: orribile. Ho letto *Una lunga domenica di passioni* di Japrisot & ti invito a leggerlo: glorioso.

Jane si unisce a me nei saluti.

Con affetto,
David

In modo abbastanza contradditorio, il 27 ottobre 1998 le Carré aveva scritto furioso all'"Observer" per protestare contro la prima recensione del romanzo di Tom Wolfe definendola «cattiva, ignorante e vergognosa. Cattiva perché evidentemente carica di pregiudizi contro il grande giornalista e romanziere della nostra epoca che può ben rivendicare l'eredità di Balzac». E aggiungeva: «Molte persone che rispetto mi assicurano che il romanzo di Wolfe è anche migliore di quello che l'ha preceduto». Un uomo vero *era il primo grande romanzo di Wolfe dopo* Il falò delle vanità.

A JOHN CALLEY

Via fax

Londra

27 settembre 1999

Caro John,
solo per farti sapere che ieri sera abbiamo visto *Eyes Wide Shut* e l'abbiamo trovato orribile: non di cattivo gusto, non una pessima recitazione o una brutta sceneggiatura, solo brutto e noioso e profondamente sconcertante per coloro che hanno apprezzato lui e il suo lavoro. Quindi, e solo in

quel senso, sono felice che non sia sopravvissuto. Per lo meno lo possiamo considerare come l'opera sbagliata di un grande regista alla fine della vita, & lasciarlo perdere.

Con affetto a entrambi da noi due.
D.

Il dramma erotico di Stanley Kubrick, con protagonisti Tom Cruise e Nicole Kidman e la partecipazione di Sydney Pollack, era tratto da Traumnovelle (Doppio sogno) *di Arthur Schnitzler; inizialmente Kubrick aveva chiesto a le Carré di adattarlo per il grande schermo. Aveva il diritto di prelazione su un film de* Il direttore di notte*: «C'era Kubrick poi c'erano gli altri» gli scrisse le Carré quando il contratto sfumò.*

La lettera di le Carré a John Calley a proposito de Il sarto di Panama *rifletteva la tensione per l'approccio al film della Sony-Columbia.*

A JOHN CALLEY

Via fax

17 febbraio 2000

Caro John,
ti ringrazio molto per avermi spedito le bozze dei comunicati stampa. La prima cosa da osservare, per favore, è che il mio pseudonimo si scrive con la "l" minuscola.

La ripetuta descrizione del film come un "thriller contemporaneo di spionaggio" confonde dato che, per come è al momento, è ambientato in un futuro poco lontano.

A livello di ego, mi disturba vedermi descritto come "il più grande autore di spionaggio dell'epoca della guerra fredda". Non aiuta, visto che la nostra storia non ha niente a che fare con la guerra fredda. Più in particolare, mi colloca nel passato e, immodestamente, suggerirei una frase del tipo "il maestro riconosciuto dei romanzi di spionaggio" o una porcheria simile. Oppure potremmo usare una citazione, per esempio dal periodico "Time" che, nel suo modo mellifluo, mi ha descritto come "il più grande scrittore di spionaggio del suo tempo, o forse di tutti i tempi".

È probabile che abbiate preso una sorta di decisione politica per il modo in cui descrivete il film. A mio parere commedia gialla sarebbe stata una definizione più sicura che semplice thriller. O sarebbe anche possibile "commedia gialla di spionaggio".

Non mi aspetto che in questi comunicati tu voglia degli abbellimenti ma, nel caso, fammelo sapere!

Come sempre,
David

In Single & Single, *Oliver e Tiger fanno una «cena padre-figlio al Kronenhalle di Zurigo a base di bocconcini di vitello, Rösti e rosso della casa». Questo spinse Stephen James Joyce, il nipote di Joyce, a scrivere una protesta dalla Francia. «La sua prosa, in genere, è precisa nei fatti per quanto possibile» scrisse a le Carré. «Sono molto deluso, e persino arrabbiato, per il primo paragrafo del capitolo quattordici... Se posso ammettere senza problemi che parlare di gastronomia svizzera, con alcune rare eccezioni, significa avanzare su un ghiaccio molto sottile, i suoi "bocconcini di vitello" mi restano sullo stomaco.»*

Il piatto, Geschnetzeltes Kalbfleisch Zürcher Art, *o* Émincé de veau à la zurichoise, *non era un qualche tipo di «banale hamburger di McDonald», ma una vera e propria delizia, proseguiva. «Lei definirebbe il* boeuf Strogonoff *carne a pezzetti?»*

Joyce era stato cliente del Kronenhalle, celebre per la sua collezione di dipinti del ventesimo secolo, lo Zaaff Wappen *(stemma) e la boiserie di legno scuro per quasi sessant'anni. Suo nonno faceva parte degli artisti e degli scrittori che si riunivano lì.*

A STEPHEN JAMES JOYCE

Tregiffian
St Buryan
Penzance
Cornovaglia

3 marzo 2000

Caro Stephen James Joyce,
grazie per la sua splendida lettera del 17 febbraio. Sono felice di poterla annoverare fra i miei lettori. Lasci che le indichi le mie credenziali per quanto riguarda il *G'schnetzeltes*. Parte della mia istruzione è avvenuta in Svizzera, ho studiato all'Università di Berna e ritengo di avere in me un po' di anima svizzera. Di sicuro non sono secondo a nessuno nella mia ammirazione per il *G'schnetzeltes mit Rösti*, che ho mangiato anche più volte del numero dei miei anni. E, a dire il vero, spesso al Kronenhalle, dove mi piace farmi procurare dal grande Santo un tavolo d'angolo e am-

mirare il *Wappen* e i quadri, compreso l'arcigno ritratto di Frau Zumstegg[14] in persona.

Quindi non posso addurre la mia ignoranza come scusa al riguardo, anzi direi l'opposto. Il problema, in questo caso, sono la traduzione e lo stile. Non mi interessa cavare gli occhi al mio lettore medio con una serie di parole svizzere inintelligibili. E mi arrabbio quando lo fanno nei libri che leggo, come un romanzo che ho avuto tra le mani di recente e che comprendeva brani in greco demotico e spagnolo. Mi è venuto un accesso di rabbia. Quindi rifiuto di proporre ai miei lettori parole che non potrà trovare neppure in un dizionario. Di conseguenza ho dovuto usare una traduzione. Adesso mia moglie mi dice – troppo tardi, ma le mogli sono così – che avrei dovuto parlare di "fette" anziché di "bocconcini". E di questo mi scuso con lei, con il Kronenhalle e con gli svizzeri in generale.

Ma sono lieto che le interessino tanto argomenti così importanti, e che condividiamo il gusto per uno dei piatti migliori che può offrire la natura, e di poter annoverare il suo augusto nome tra i miei lettori. La ringrazio di nuovo per avermi scritto, e la prego di non arrabbiarsi più con me. Forse, chissà, un giorno ci incontreremo al Kronenhalle. Mi troverà nell'angolo di Santo, immerso nel *G'schnetzeltes*.

Cordiali saluti,
David

[14] Dal 1921 e per sessant'anni, Hulda Zumsteg scrisse la storia del Kronenhalle. Santo Maraia fu assunto nel 1974 come giovane cameriere e andò in pensione nel 2015. (Le Carré scrive in modo scorretto il cognome.)

Ne Il sarto di Panama, *Pierce Brosnan, James Bond in quattro film della serie, ebbe il ruolo dell'antieroe, l'agente dell'MI6 ed equivoco opportunista Andy Osnard, che interpretò fra* Il mondo non basta *e* La morte può attendere.

A PIERCE BROSNAN

Via fax

Cornovaglia

5 marzo 2000

Caro Pierce,
solo due righe per inviarle i miei auguri più sinceri per la sua *odysee** Osnard e ringraziarla di cuore perché lo interpreta. Dopo la nostra giornata a Ojai ero certo che il casting fosse ispirato, e credo che il mondo vedrà un PB che non immaginava!

Ogni bene, si diverta e il mio affetto a lei & ai suoi,
David

[*sul margine sinistro*] * I miei antenati tedeschi si sono inseriti nell'ortografia

In settembre, dopo aver guardato i primi montaggi del film, le Carré disse al regista John Boorman che «l'eccellente recitazione & il registro di Pierce fanno suo il film. Sono la lepre di Pierce e la tartaruga di Geoffrey, ed entrambi sono meravigliosi» ma lui si ritrovò meglio nella parte di Osnard.

Sue Lawley si mise per la prima volta in contatto con le Carré nel 1997 per invitarlo alla trasmissione Desert Islands Discs. *Tre anni più tardi lui infine accettò, ma poi si ritirò. «Per quanto sia riluttante ad ammetterlo e delusa di accettarlo, ho il sospetto che lei abbia ragione» rispose lei. «Anzi, so che ha ragione!»*

A SUE LAWLEY

Inoltrato da: Tregiffian
St Buryan
Penzance
Cornovaglia

9 luglio 2000

Cara Sue Lawley,
ho avuto un vero e proprio ripensamento a proposito dell'intervista in programma per "Desert Island Discs" e mi chiedo se per me non sarebbe meglio ritirarmi adesso, quando avete ancora il tempo di tappare il buco.

Il motivo è molto semplice. Dal mio punto di vista, lei sarà costretta a farmi domande su un certo numero di argomenti dei quali non voglio discutere. Si tratta di infanzia, padri, spionaggio, Salman Rushdie, il libro di Stella Rimington[15] e – probabilmente – come mai non rilascio interviste, la cui risposta è incidentalmente contenuta in questa lettera: ne ho avuto abbastanza di tutte le domande banali. Oh, un'altra è: "Cosa ha da scrivere adesso che la guerra fredda è finita?", che mi fa quasi impazzire.

Quindi, sinceramente, non credo di essere il suo uomo. Lei che ne pensa? Provo molta ammirazione per il suo programma, che mi sembra funzionare benissimo senza di me. Sono tuttavia giunto a un'età in cui pagherei per non dover più riesaminare una versione epurata della mia vita, quindi non ritengo ci sia la minima possibi-

[15] Stella Rimington, ex direttore generale dell'MI5.

lità che uno di noi due si possa divertire. Il che significa anche ascoltatori delusi.

Cordialmente,
David Cornwell

[*unitamente alla lettera è archiviato un appunto dattiloscritto con aggiunte scritte a mano da Jane*]

Le scelte provvisorie di David sono:
Crazy Gang – *Underneath the Arches* (Ronnie e tutto il resto)
Noel Coward – *Mrs Wentworth-Brewster (A bar on the Piccola Marina)*
Alec Guinness che legge *Four Quartets* – periodo studioso
Fischer-Dieskau – Canzoni di Schubert? La trota? (Alfred Deller – canzoni folk) [*messo in parentesi e sostituito nella scrittura di Jane da*] *Sound the Trumpet* di Purcell
Sibelius – FORESTA DI PINI
Alfie Brendel al piano – lo sento come dialogo... conversazione... Beethoven
Nunc Dimittis di Jeoffrey Burgon da *La talpa*.

Altro: un pezzo di cetra da *Il terzo uomo*, a rischio di essere banale
Über allen Gipfeln ist Ruh, ecc. – Goethe

Underneath the Arches, *cantata da Bud Flanagan e Chesney Allen, membri della Crazy Gang, venne utilizzata per la serie televisiva* La spia perfetta *nella scena in cui Magnus Pym e suo padre, Rick, corrono sotto gli archi. Alec Guinness registrò* The Four Quartets *nel 1971. Dietrich Fischer-Dieskau, il baritono tedesco, cantò il* Quintetto della trota (Forellenquintet) *di Franz Schubert. La "foresta di pini" potrebbe riferirsi al popolare* Ciclo degli alberi *di Sibelius, che comprende* Il pino solitario. *Il pianista Alfred Brendel era un amico di Hampstead di le Carré e Jane.* Über allen Gipfeln ist Ruh *sono due versi del* Canto notturno del viandante *di Goethe, cantato anche da Fischer-Dieskau su musiche di Schubert e Liszt.*

IL GIARDINIERE TENACE

Si direbbe che abbia scritto quello che i tedeschi definiscono un *Bildungsroman*, un romanzo di formazione. E chi riceve questa formazione, e ne è infine vittima, è Justin Quayle, laddove in qualche libro precedente avrebbe potuto essere George Smiley.

Le Carré a proposito de *Il giardiniere tenace*,
scritto nel novembre 2000

Con la pubblicazione de *Il giardiniere tenace* e il successivo film di Fernando Meirelles, le Carré trovò un nuovo avversario, la Big Pharma, e un nuovo pubblico. Scrisse: «Una volta entrato, il mondo dell'industria farmaceutica mi ha afferrato alla gola e non mi ha più lasciato andare».

Dedicò il libro a Yvette Pierpaoli, una volontaria «che visse e morì senza infischiarsene». Pierpaoli rimase uccisa il 18 aprile 1999 quando la sua macchina uscì di strada su un percorso di montagna in Albania, mentre si stava recando a visitare i rifugiati del Kosovo appena arrivati; le Carré era in Kenya a fare ricerche per il romanzo. Quattro giorni prima di morire, Yvette gli aveva inviato un fax per disdire un incontro previsto all'inizio di maggio. «Il motivo è il Kosovo» affermava.

In un articolo apparso sul "Guardian" nel febbraio 2001, le Carré ricorderà di avere incontrato per la prima volta Pierpaoli all'incirca nel 1974, nella città di Phnom Penh sotto assedio. «Conosceva tutte le astuzie. Poteva allargare i gomiti e rimbrottarti come uno scaricatore. Poteva farti un sorriso che ti scioglieva il cuore, blandirti, lusingarti e conquistarti in qualsiasi modo le fosse utile» scrisse. Già prima della sua morte, fu lei a ispirare il personaggio di Tessa, la moglie assassinata di Justin.

«E anche se per età, occupazione, nazionalità e nascita la mia Tessa era ben lontana da Yvette, l'impegno di Tessa verso i poveri dell'Africa, e verso le donne in particolare, il suo disprezzo per il protocollo, e la incrollabile – e spesso esasperante – determinazione a fare a modo suo nasceva, in maniera direi cosciente per quanto mi riguarda, dall'esempio di Yvette.»

Una delle tre lettere a Pierpaoli rimaste nell'archivio risale al 19 dicembre 1994 (si veda p. 421): le Carré le scriveva che gli avevano chiesto di unirsi a un comitato della fondazione Carnegie «che risolverà i problemi del mondo. Mi ha fatto molto piacere sapere che qualcuno aveva finalmente deciso di farlo, dato che mi sono reso conto che alcune cose non sono come dovrebbero. Credo tuttavia che tu abbia fatto per il mondo più di tutti i saggi comitati messi insieme».

Il personaggio di Lara Emrich era in parte ispirato alla dottoressa Nancy Olivieri, una ricercatrice e attivista canadese che le Carré utilizzò come fonte per la sua ricerca. Una frase pronunciata da Gloria, la moglie del diplomatico – «bene, tutti qui siamo» – è stata presa a prestito da Rachel, la moglie di Dick Franks.

Le Carré conobbe Olivieri in Canada nell'estate del 2000. A metà degli anni Novanta, Olivieri aveva espresso preoccupazioni per i test clinici del deferiprone (un principio attivo utilizzato nel trattamento dell'accumulo di ferro), finanziati dal gigante farmaceutico canadese Apotex, che la minacciò per aver infranto un accordo di riservatezza. Seguirono anni di polemiche per «la questione Olivieri»; si trattava di terreno fertile per un romanzo, con una scienziata messa alla berlina per aver scritto lettere «al vetriolo» grazie all'analisi della saliva sui francobolli. Adesso il deferiprone è approvato per l'uso nel Regno Unito e in oltre cinquanta paesi, ma non in Canada. «Ha creato una storia» scrisse Olivieri di le Carré «che è riuscita a far comprendere al pubblico, e in maniera brillante, il torbido business della ricerca sui farmaci da ricetta».[1]

ALLA DOTTORESSA NANCY OLIVIERI

Via e-mail

22 maggio 2000

Cara Nancy,
mi asterrò da ulteriori manifestazioni di entusiasmo per le nostre conversazioni. Per me sono state estremamente fruttuose e istruttive, e spero che alla fine lei non abbia la sensazione di aver perso il suo tempo o di aver troppo svilito la sua storia.

Di recente, un articolo del "Sunday Times" di Londra del 14 maggio ha attirato la mia attenzione: afferma che la società tedesca Bayer ha soppresso informazioni negative tratte dai test clinici e di conseguenza provocato la morte di almeno un paziente. Ho chiesto a Julia di inviarle il link all'articolo. Se dovesse avere problemi a rintracciarlo, ce lo faccia sapere e glielo invieremo via fax.

Mi dica anche se posso aiutarla in qualche modo. Al momento non mi voglio addentrare nel giornalismo, in realtà non voglio far niente che mi distragga dal romanzo e spe-

[1] Nancy Olivieri a Tim Cornwell, 29 gennaio 2022.

ro di averlo in bozza per la tarda estate. Continuo a pensare che non possano non esserci istituzioni che la dovrebbero incoraggiare e sostenere dal punto di vista economico, e vorrei tanto sapere quali sono. A questo proposito, forse BUKO[2] potrebbe avere un'idea, ma di sicuro vale la pena di provare. E, nel caso lei stia raccogliendo fondi per le sue azioni legali, spero che mi mandi la documentazione e mi dia la possibilità di contribuire.

Quello che mi è rimasto particolarmente impresso – e che trovo vergognoso e del tutto imperdonabile – è fino a che punto i suoi stessi colleghi, in università e sul campo, abbiano agito in maniera subdola per tacitare il dibattito. Non posso credere che la faccenda si fermi qui, e spero di poter rendere giustizia a questo elemento della sua storia quando arriverò a scriverne.

La ringrazio di nuovo per aver accettato di incontrarmi e per essere stata così schietta e paziente con me. Ci farebbe piacere vederla, a Londra o in Cornovaglia, la prossima volta che dovesse venire da queste parti, ma io sono in *purdah*[3] fino a settembre.

Con i migliori saluti.
Come sempre
David Cornwell

[2] L'organizzazione indipendente tedesca BUKO che sorveglia le pratiche di marketing delle industrie farmaceutiche tedesche.
[3] La pratica che vieta agli uomini di vedere le donne. [*N.d.T.*]

ALLA DOTTORESSA NANCY OLIVIERI

Tregiffian
St Buryan
Penzance
Cornovaglia

18 luglio 2000

Personale e confidenziale

Cara Nancy,
si tratta decisamente solo di una prima bozza. Devo ancora sottoporla agli editori e completare ogni genere di ricerca. Ho pensato tuttavia che avrebbe potuto divertirla vedere il libro in questo stadio, in particolare i capitoli 18 e 19, che cercano di cogliere le ironie della sua difficile situazione come me l'ha raccontata, benché io abbia investito in un personaggio del tutto diverso che ho battezzato Lara. Il testo è ancora *in fieri*, quindi posso aggiungere o eliminare ciò che voglio. Sono riuscito a cogliere il punto? Lei cosa ne pensa? Se non avesse tempo di leggere tutto, magari potrebbe dare un'occhiata solo ai due capitoli (18 e 19).

Non c'è fretta. Non vedo l'ora di sentirla e le auguro il meglio.

Come sempre,
David

P.S. Si tratta di un documento *molto* confidenziale, ovvero Penguin Canada non lo vedrà ancora per settimane, & di sicuro non in questa forma, quindi la prego di tenerlo riservato.

David

Il personaggio di Lara era presente nella sceneggiatura del film del 2005 The constant gardener – La cospirazione, *ma finì per essere tagliato.*

A JANET BERGER

Via fax

8 agosto 2000

Carissima Janet,
nonostante la mia totale opposizione ai computer, come si può capire dal libro, ho deciso di far riposare un po' la vecchia macchina e usare la tanto trascurata penna. Grazie mille per le tue generose parole sul povero Justin. Mi fa *molto piacere* che il libro sia piaciuto a entrambi, con la sua fauna e le sue tematiche. Ho amato molto scriverlo, e adesso tutto quel che posso fare è riscriverlo, e sto facendo impazzire i miei editori, il che non guasta mai.

Voglio riscrivere Lorbeer[4] e non farlo più parlare in maniera volgare: il suo inganno è meglio che sia *au clair* (fr.) e posso rendere quelle scene più drammatiche.

Alec è morto in un ospedale mentre Merula (sua moglie) era in un altro. Che tristezza.

Con affetto a entrambi, e grazie di nuovo,
David

Alec e Merula: Sir Alec e Lady Guinness. Nel 1994 le Carré contribuì a un libro scritto in segreto per l'ottantesimo compleanno di Guinness; l'attore gli scrisse che un solo brano del libro «era acuto e nuovo e interessante, ed era il suo». Guinness lo scelse come prefazione del suo ultimo libro di memorie, My Name Escapes Me: The Diary of a Retiring Actor.

[4] Markus Lorbeer, personaggio fondamentale per la commercializzazione del Dypraxa ne *Il giardiniere tenace.*

A J.R. JAMES ESQ., CMG[5] [IN SEGUITO SIR JEFFREY JAMES], ALTO COMMISSARIO BRITANNICO, NAIROBI

Via fax

Londra

11 settembre 2000

Egregio Alto Commissario,
un tempo abbiamo condiviso una ginger beer sulla veranda del Norfolk Hotel, & le ho accennato che stavo ambientando un romanzo in Kenya. In un certo senso è quello che ho fatto: il titolo è *Il giardiniere tenace*, & uscirà in contemporanea negli Stati Uniti e nel Regno Unito in tempo per Natale. Una parte della storia è ambientata presso l'Alta Commissione – un edificio nel quale non sono mai entrato – e diversi personaggi sono membri dello staff, ma solo nella finzione: ribadisco di non averne conosciuti altri a parte lei.

[...]

Gran parte dei personaggi del romanzo – compreso l'Alto Commissario – sono figure abbastanza gradevoli, ma c'è un tizio orribile – il capo della Cancelleria – che ho battezzato Sandy Woodrow. A dire il vero le sto scrivendo per accertarmi di non aver scelto per caso nomi che potrebbero mettere in imbarazzo oppure offendere senza volere qualche membro del suo staff. Ovviamente, se avessi peccato senza intenzione, sono ancora in tempo per modificarli... ecco comunque l'elenco di tutti. Anche un'approssimazione potrebbe turbare qualcuno, quindi la pregherei di non trattenersi dall'obiettare.

Non appena avrò una bozza riveduta del libro, gliela invierò.

Con i migliori saluti
David C

[5] Compagno dell'Ordine di san Michele e di san Giorgio. [*N.d.T.*]

John Boorman, regista de Il sarto di Panama, *aveva inviato un fax chiedendo che aspetto dovesse avere l'ufficio di Luxmore, il capo di Osnard all'*MI6 *di Londra. Questa descrizione è successiva alle conferenze tenute da le Carré all'*MI6 *negli anni Novanta.*

A JOHN BOORMAN

Via fax
Cornovaglia

22 settembre 2000

Caro John,
l'ufficio di Luxmore dovrebbe essere piuttosto grande e spartano. Le spie hanno l'orribile abitudine di far scivolare le carte dalla scrivania nei cassetti quando entri. Potrebbe sicuramente aver appeso a una parete una mappa della zona, ma qualsiasi indicazione su di essa sarebbe codificata e rimovibile a causa degli addetti alle pulizie che vengono di notte. Avrà una grande finestra panoramica che guarda oltre il fiume verso Millbank e il palazzo di Westminster. Dall'esterno, le finestre sembreranno fatte di rame opaco, e dall'interno saranno leggermente fumé. I vetri saranno blindati. Tutto questo per evitare fotografie con un teleobiettivo e i proiettili di un cecchino, per gentile concessione dell'IRA. Avrà tre telefoni: uno solo per uso interno, non collegato a un centralino, poi un normale apparecchio per ricevere chiamate dall'esterno su linee aperte, per esempio dalla tremenda moglie. Il terzo sarà un telefono criptato. L'ultima volta che ne ho visto uno, era un grosso aggeggio appoggiato su una scatola verde di metallo bucherellato. Come è ovvio, sarebbe utile realizzarla esattamente come quella del sistema di criptaggio dell'ufficio di Osnard all'ambasciata di Panama.

Le pareti saranno bianche "interrotte da un colore di sua scelta". Potrebbe avere anche foto di famiglia alle pareti o sulla scrivania, e foto prestigiose di lui che stringe la mano per esempio al primo ministro di Panama, al presidente argentino oppure a qualche illustre generale del Pentagono.

Gli scaffali saranno quasi vuoti, forse con qualche manuale sui paesi, guide all'America centrale e meridionale ed elenchi del telefono di stati stranieri.

Quanto al rango, Luxmore è uno dei sei o sette direttori regionali, anche se la sua zona è relativamente umile. Volendo, lo si potrebbe dotare di una segretaria e di un'anticamera, ma non è necessario. Dovrebbe avere almeno un computer sulla scrivania. Al giorno d'oggi le segretarie possono anche indossare i jeans, ma Luxmore porterà un completo per cinque giorni alla settimana. Tra gli altri souvenir nell'ufficio ci dovrebbero essere la targa di laurea per esempio dello Special Warfare Department della Washington State University e un'altra che lo celebra come membro onorario della Società dei Decrittatori.

In tutta fretta –
Con i migliori saluti,
David

A Oxford, le Carré aveva spiato il suo amico di sinistra Stanley Mitchell quando entrambi frequentavano il Lincoln College. Decenni più tardi, dopo uno scambio di corrispondenza, si incontrarono per una cena. Due lettere a Stanley Mitchell spiccano fra tutte; questa è la prima, molto diversa nel tono da quella successiva del 2006 (si veda p. 522).

A STANLEY MITCHELL

Tregiffian
St Buryan
Penzance
Cornovaglia

6 gennaio 2001

Caro Stanley,
il nostro incontro mi ha molto commosso e immagino di essermene andato esattamente con la stessa opinione: "è

vero, ho *tradito* la nostra amicizia". Ma ho molte scuse da porgere a me stesso, sebbene tu le potresti conoscere solo se fossi una spia, ma chiunque abbia più di una scusante è quasi di sicuro un bugiardo. La prima è che mi hanno avvicinato solo *dopo* l'inizio della nostra amicizia. La seconda è che ero un piccolo orfano antipatico e vendicativo con un bugiardo psicopatico come padre e un'immagine di sé da boy scout come antidoto, e la terza è la terribile realtà che, in seguito, ho potuto confermare in maniera oggettiva: i veri *fellow travellers*,[6] i "compagni di viaggio", erano reclutati dai servizi di intelligence sovietici, ed erano persone illuse, sfruttate e spesso rovinate dalle conseguenze delle loro azioni, per non parlare di cosa avrebbero dovuto e non dovuto fare in termini di "danni alla sicurezza nazionale", una mucca sacra che da tempo ho imparato a trattare con il più profondo sospetto. Ma *quand-même*. Visto con gli occhi del poi, il fatto è che il socialismo radicale è finito banalmente nelle mani sbagliate, proprio come Dio, e proprio come succede adesso al Dio Profitto, con grande disperazione di tutta la gente ammodo.

In ogni modo parliamo di adesso, non di allora. Ecco dunque un altro po' di capziosità per te. Se non avessi dato grande valore alla nostra amicizia, non avrei avuto nulla da tradire. Se leggerai *La spia perfetta*, troverai questo modo di pensare – & forse un accenno alle nostre relazioni – riflesso nel rapporto tra Axel & Magnus. (Basato sul principio che Giuda era uno stronzo non tanto perché ha tradito Cristo, quanto perché lo amava.)

Ho apprezzato molto la nostra amicizia, che mi ha insegnato molto, e, nella mia testa, non l'ho mai dimenticata, in parte per vergogna, in parte per onesta ammirazione & affetto. Credo che ti sia chiaro il paradosso! Poi, quando ci siamo rivisti, mi ha fatto molto piacere scoprirti stimolante e onesto come ti ricordavo e sono stato ridicolmente felice che anche Jane ti abbia preso subito in simpatia. Pen-

[6] Si tratta di persone che collaborano con un'organizzazione politica in quanto simpatizzanti, ma senza esserne membri. [*N.d.T.*]

so davvero che, attraverso strani percorsi distinti, siamo praticamente arrivati in gran parte alla stessa, più ampia visione del genere umano & dei suoi fallimenti. La mia, in ogni modo, passa dal nero al nero assoluto. E sono anche abbastanza insolente da credere che il rinnovarsi della nostra conoscenza/amicizia non farebbe che bene a entrambi, non ultimo per il fatto che né io né te sembriamo volerci arrendere all'età. Forse alla disperazione, alla rabbia e alla frustrazione. Ma da qualche parte in noi continuano a palpitare i desideri & l'amore per la vita e penso che potremmo condividere qualche bel momento. Questo posto, se ti piace ancora la campagna, è un sogno, & abbiamo un comodo cottage per gli ospiti, una piscina coperta & tutti i giocattoli. La cosa migliore sono le passeggiate lungo le scogliere. E, se puoi portare una dolce metà, un amico o un parente, anche meglio: il cottage può ospitare sei persone in tutta comodità o, più precisamente, tre coppie. E saremo a Londra per te quando ne avrai voglia e *forse, anche più importante, quando non ne avrai*. Scrivimi a questo proposito quando vuoi. E speriamo di vederti il 15: seguiranno indicazioni.

Come sempre –
David

A JOHN CALLEY

Via fax

Cornovaglia

6 gennaio 2001

Caro John,
sono qui a Tregiffian nella solita *purdah* da pubblicazione, in attesa che tutto si plachi e cercando di capire che cosa fare dopo. Da Wengen ti abbiamo spedito in Canada qualche tartufo di cioccolato e, se mai arriveranno, temo saran-

no una massa informe. Quelli di John Miller lo erano, ma lui & Mike li hanno mangiati con il cucchiaio. [...]

Per il resto. *Il giardiniere tenace* è stato accolto benissimo qui, ha venduto 104.000 copie alla pubblicazione & adesso è esaurito. Nessuno si aspettava qualcosa di simile. Negli Stati Uniti, invece, ha avuto strane fortune: "Time" e "Newsweek" dicono che non publicheranno mai le loro recensioni perché Bush si è preso tutto lo spazio. Ed è un vero peccato visto che, a quanto sembra, quella del "Time", firmata da Paul Gray, è una melodia. Il "NYT", il quotidiano e quello della domenica, pare abbiano arricciato il naso anche se non li ho visti; recensioni entusiastiche a Boston, San Francisco ecc. Ma uscire subito prima di Natale ha il suo prezzo. Comunque Scribner dice che vende moltissimo e hanno appena ordinato una ristampa. Vedremo. Sul fronte del cinema c'è la rivelazione di un grosso contratto, finanziato in euro, quindi sono soddisfatto. A quanto pare le stroncature di Big Pharma sono il nuovo sport: hai visto gli articoli del "Wash. Post" sui farmaci nel 3° mondo? Fanno sembrare il mio libro un gioco da ragazzi. Con tanto affetto a tutti, e grazie ancora per l'offerta.

Come sempre,
David

Come editor e editore, Roland Philipps lavorò a sette libri di le Carré, compresi Il giardiniere tenace *e* Il canto della missione*; rimasero amici anche quando, nel 2009, le Carré lasciò Hodder & Stoughton per Viking Penguin. Il produttore cinematografico Simon Channing Williams – grassoccio, energico e brillante in maniera discreta – si era ingegnato per avvicinare le Carré in Cornovaglia e ben presto era diventato una presenza fissa. Era bravissimo a gestire le occasionali risposte furiose dello scrittore ai metodi di lavorazione del film e sensibile alle esigenze creative a cui era improntato il lavoro di le Carré; il rapporto professionale si trasformò in profonda amicizia. Fu Channing Williams a produrre* Il giardiniere tenace *(2005).*

A ROLAND PHILIPPS

Tregiffian
St Buryan
Penzance
Cornovaglia

19 gennaio 2001

Caro Roland,
grazie! A dire il vero sono sollevato & entusiasta di poter giocare con il film. Ho esposto il mio progetto a Simon Channing Williams (Channers, in famiglia) & era elettrizzato. Mi sono impegnato per una bozza & un giro di revisioni & per quanta o poca coproduzione desideri. Ho un controllo incredibile che non eserciterò mai. Al momento vuole Daniel Day L. per Justin. Ma cambierà tutto quando avremo un regista. Mi ha convinto che non fosse ancora necessario & sono entrato nel suo ordine di idee; avere tanto presto un regista sulle spalle non va bene. L'ho già fatto in precedenza (due volte con Pollack, poi con Jack Clayton e Karel Reisz) & non ha mai funzionato. Ho un nuovo romanzo, ma non ancora, se capisce cosa intendo, & non posso più scrivere cose minori. *Single & Single* non avrebbe mai potuto seguire *TCG,* [7] doveva essere in quest'ordine.

[7] *The constant gardener,* in italiano *Il giardiniere tenace.* [*N.d.T.*]

È gentile a scrivermi della velocità con cui mi sono dedicato a *TCG*. Non so (ma non lo so mai a posteriori) come sia successo; la morte di Yvette, una certa rabbia, e riuscire a trovare un modello di scrittura fluido, tutto al contempo. Ma non ha parlato di sé, del suo essere sempre di sostegno, degli interventi rassicuranti e dei consigli discreti. Per i quali sono, e resterò sempre, profondamente grato.

Penserò al film in Australia, e spero che la cosa mi impedirà di vedere in ogni incontro una potenziale materia per un romanzo che non scriverò mai. Quando rientrerò partirà rapidamente e credo fornirà – come diciamo noi americani – una necessaria conclusione al libro.

[...]

Il tempo si trascina in maniera orribilmente lenta quando non lavoro. L'evento principe del giorno è un'intervista telefonica alle 14.30 con una donna del Sudafrica che vuole dare un tono leggero al suo programma radiofonico. Boorman è pesantemente in lite con Sony Columbia per il manifesto del film. La sua ultima mail (indirizzata a qualche sfortunato subalterno) diceva: «Ho diritto a essere consultato. Presentarmi un *fait accompli* non è una consultazione». Le cose stanno così.

Come sempre,
David

Green aveva scritto a le Carré riportandogli alcuni brani della lettera di referenze che R.S. Thompson aveva inviato nel 1952 al Lincoln College di Oxford. Il vecchio direttore del convitto di le Carré a Sherborne consigliava che il college gli desse un posto, ma lo facesse aspettare fino al 1953 perché «i Cornwell tendono a presumere di poter sempre ottenere ciò che vogliono». A distanza di cinquant'anni, quella frase bruciava ancora.

A VIVIAN GREEN

Tregiffian
St Buryan
Penzance
Cornovaglia

25 gennaio 2001

Mio caro Vivian,
grazie per la sua meravigliosa lettera e per essersi preso il disturbo di trascrivere quella da Thomper-a-Keith-Murray. Ho trovato quella lettera molto triste, una sensazione di fallimento personale che all'improvviso si rivolta verso l'esterno, trasformandosi nel suggerimento abbastanza gretto e meschino[8] di lasciarmi a fare anticamera per un anno in modo da insegnare a noi Cornwell che non possiamo sempre fare a modo nostro! Sì, entrambi dobbiamo continuare a scrivere, a creare, è la sola arma che abbiamo contro la morte. Quando scrivo bene mi sembra di avere ancora 23 anni. E quando non succede, fatico a dormire per la disperazione: una vita terribile sotto molti aspetti, eppure sembra terribilmente bella vista dall'esterno. Ma dentro di me, fin dall'infanzia, il fermento di rabbia soppressa e assenza di amore è stato a volte quasi incontenibile.

[8] I figli di R.S. Thompson, che hanno gentilmente acconsentito all'utilizzo di estratti della sua lettera, hanno chiesto di sottolineare come Thompson abbia fatto tutto il possibile per ogni ragazzo del suo convitto a Sherborne; che prendeva molto seriamente la sua vocazione di insegnante e non avrebbe mai scritto una raccomandazione per gretta ripicca.

E sì, ricordo le nostre avventure in Svizzera con lo stesso piacere & la stessa gratitudine, e la medesima estasi per il paesaggio che lei descrive. Tempo fa mi disse che la natura era la sua strada verso Dio, e io la penso esattamente come lei.

Passando alle questioni pratiche, luglio mi sembra migliore di marzo per la sua visita, perché non sappiamo di preciso quanto ci fermeremo in Australia. (Non so cosa darei per non andarci, ma è troppo tardi per tirarmi indietro. Le persone sono decise a trasformarmi all'istante in un esperto dell'industria farmaceutica, e questo mi spaventa.) In quali giorni potremmo riservare il cottage per lei? Ne saremmo molto felici e, se potessimo destinarle subito un periodo, potremmo girare intorno a quelle date con i ragazzi in modo da non creare sovrapposizioni. Scriverò la sceneggiatura de *Il giardiniere tenace*, ma solo al mattino, e Jane è diventata una cuoca meravigliosa. Vorremmo anche portarla al Seafood Restaurant di Padstow & al Tresanton Hotel di St Mawes.

Ormai da trent'anni Jane è il mio sostegno, straordinariamente leale e sempre adeguata. A volte ho la sensazione di *dover* salire su una cassetta di legno[9] & proclamarle la mia gratitudine, ma mi sembrerebbe stupido. E sono certo di non dire niente di nuovo. Quanto a lei, caro Vivian, anche nei periodi in cui quasi non comunicavamo, è stato una delle persone con cui condividere i segreti di un'intera vita, e anche nei suoi confronti ho un debito che non potrò mai ripagare.

La prego, venga qui in luglio & forse riusciremo a farci stare un altro pranzo prima di allora, per esempio in occasione della prima a Londra de *Il sarto di Panama*.

Come sempre il mio affetto e quello di Jane,
David

[9] Riferimento alla tradizione da parte degli oratori pubblici di proclamare discorsi all'aperto a Hyde Park, nell'area chiamata Speakers' Corner, stando in piedi su una cassetta di legno. [*N.d.T.*]

Il 10 aprile 2001, Andreas Seiter, capo delle relazioni con gli azionisti del gigante farmaceutico Novartis, e Katharina Amacker, presidente del Comitato di rappresentanza dei dipendenti, scrissero a le Carré a seguito della pubblicazione de Il giardiniere tenace. *Lo invitarono a un incontro faccia a faccia con i dipendenti e/o i dirigenti di Novartis.*

«Non è stato il libro a provocare questa richiesta, i lettori lo hanno trovato ben scritto, entusiasmante e coinvolgente» scrissero. «Quello che sta creando sempre maggior disagio, se non indignazione, è una serie di interviste che il signor Cornwell sta concedendo ai media negli Stati Uniti e in Europa... dove ritrae il nostro settore come un manipolo di avidi criminali che ignorano i diritti umani basilari per poter massimizzare i profitti. Sappiamo che esistono problemi che il nostro settore ha affrontato con lentezza» continuavano. «In ogni caso ci chiediamo se il signor Cornwell si trovi in una posizione morale così solida da attaccarci pubblicamente, mentre al contempo ha un evidente interesse commerciale a promuovere le vendite del suo libro. Ci piacerebbe poi sapere se avrà il coraggio di ribadire le sue posizioni davanti ai nostri dipendenti o dirigenti.»

AD ANDREAS SEITER E KATHARINA AMACKER,
NOVARTIS PHARMA A.G.

c/o David Higham Associates
5/8 Lower John Street
Golden Square
London, W1F 9HA

11 aprile 2001

Caro signor Seiter, cara signora Amacker,
vi ringrazio per la vostra e-mail del 10 aprile a Bruce Hunter, il mio agente. Di certo i suoi ingredienti confonderebbero il più abile analista. Mi invitate e, al contempo, mettete in dubbio la mia moralità in quanto ho un "evidente interesse commerciale a promuovere le vendite del mio libro". Poiché la lettera proviene da dipendenti di un'azienda con profitti annuali dichiarati di non so quanti miliardi di dollari americani, la ritengo un'ansia inappropriata.

Mi invitate e, al contempo, mettete in dubbio il mio coraggio di accettare la vostra proposta. È vero che non ho il coraggio derivante dall'appartenere a un potentissimo settore che ha il potere di vita e di morte su buona parte del mondo. Ma, perbacco, che intendete fare di me? Da parte mia preferisco chiedermi se i vostri dipendenti e dirigenti hanno il coraggio di mettere in dubbio i rimedi da strapazzo che vi hanno spinto a invitarmi.

Non dovrei essere io ad avere paura. Io non mi occupo di fatti, cifre e formule. E non si tratta, nonostante le vostre sgradevoli insinuazioni, del Dio Profitto, che non venero da molti anni. Non sono dipendente di un settore accusato, dai più moderati dei critici, di ammassare fortune esagerate a spese degli sfortunati della terra, ma sono quello che i tedeschi definivano un tempo uno scrittore libero. Nessuno compra le mie opinioni. Nel vostro mondo, è qualcosa di insolito e probabilmente spiazzante.

Quando mi chiedo cosa potreste sperare di ottenere invitandomi, c'è una risposta che mi si presenta prima di tutte le altre. Mi vorreste dipingere come un romantico *ignoramus*, un esempio di elevato profilo della cultura pseudo-liberale e antiscientifica che osa parlare male di un'industria sacra. E forse immaginate che la mia biodegradazione pubblica dimostrerà ai vostri dipendenti e dirigenti la supremazia della vostra cultura aziendale lasciandomi a terra ad annaspare.

E forse avete ragione, magari andrebbe proprio così. Non so niente dei vostri affari, tranne ciò che ho visto e sentito dei loro effetti su persone di parti meno fortunate del globo rispetto a Basilea. Il mio lavoro di romanziere è arrivare al cuore del problema, non sono le statistiche: non posso parlare, per esempio, con l'autorità del "Washington Post", che lo scorso anno ha dedicato dieci mesi alle indagini sulle attività del vostro settore nel Terzo Mondo, e le ha trovate vergognose, una conclusione alla quale ero già arrivato con i miei mezzi. Forse non avete visto quegli articoli. Erano molto più distruttivi delle mie interviste, e molto meglio informati. Forse avete mancato anche quelli pubblicati due mesi fa dal quotidiano "Guardian" di Londra, che sotto alcuni aspetti erano più devastanti di quelli del "Washington Post". Dev'essere sicuramente così, in caso contrario sareste consapevoli dello scalpore crescente e informato dell'opinione pubblica contro le pratiche di un settore che continua a ritenersi un dono fatto all'umanità.

Ho un suggerimento per voi, e proviene dal vostro stesso mondo. Ovvero io sono soltanto un sintomo, non la malattia. Trattando me come vorreste fare, non sradicherete le cause della vostra rabbia che, sospetto, sono l'insicurezza e una vergogna di facciata.

Se mi aveste invitato in maniera gentile e non offensiva a un confronto; se mi aveste proposto un forum che comprendeva giornalisti informati e critici sul vostro settore; volontari preoccupati; medici, accademici, ricercatori e editori di periodici di medicina che hanno patito la *longa manus* del terribile potere del vostro settore; se aveste inserito rappresentanti eloquenti dei trentacinque milioni di persone affette da AIDS e dell'ottanta per cento della popolazione mondiale che non ha accesso ai prodotti della vostra industria, allora avrei potuto accettare di prendere parte al vostro forum.

Ma non lo avete fatto. Avete proposto di mettermi sotto processo, quindi la mia risposta è no. Se aveste davvero voluto la mia presenza, difficilmente avreste potuto scrivere una lettera più stupida. Ma dubito che desideraste davvero la mia presenza. Credo di aver toccato un nervo scoperto e di avervi fatto arrabbiare. Il che, credetemi o meno, è una delle funzioni più utili che un libero scrittore può assumere in un'epoca di insopportabile arroganza delle grandi aziende.

Distinti saluti,
David Cornwell

A JOHN CALLEY

Via fax

Londra

11 giugno 2001

Caro John,
ti ringrazio per tutte le informazioni sull'uscita del *Sarto* nel Regno Unito. Le mie ricerche dipingono un quadro molto diverso. Il tuo uomo parla di recensioni "nella media", ma l'"Observer" e "Time Out"da soli pare abbiano inserito *superbe* citazioni pubblicitarie, e così avrebbero fatto molti altri giornali popolari. Ci sono state alcune critiche, qualche perplessità, ma anche grandi recensioni là dove sono importanti, nella fascia alta e in quella bassa.

All'evento non c'è stata una sola citazione pubblicitaria, almeno così mi riferiscono. Il film ha cominciato alla grande nella prima settimana e avrebbe potuto continuare sulla stessa strada se avesse ricevuto l'aiuto necessario. Non so chi abbia decretato che si trattava di un film per "over 35", ma Nick e i suoi amici (che di anni ne hanno 25) ne sono stati entusiasti, ed è diventato quasi un culto per ogni tipo di persona, ammesso che abbia avuto la possibilità di vederlo, o sia riuscita a scoprire che era nelle sale.

Mi dispiace, ma non credo che la SC[10] abbia nulla di cui congratularsi con se stessa per l'esito di questo film nel Regno Unito. Credo che abbiano perso una grande possibilità.

Come sempre,
David

[10] Sony-Columbia.

AI FIGLI DI DAVID E A JANE

9 Gainsborough Gardens
London, NW3 1BJ

11 giugno 2001

(Ai miei figli – & a Jane, che riceverà anche una lettera a parte)

Ecco che cosa fare alla mia morte. Se dovessi mancare all'estero & fosse più conveniente cremarmi là, fatelo. Portate le mie ceneri a Tregiffian e seppellitele al cancello del capriccio,[11] accanto al pilastro del cancello che affaccia sul mare.*

Quando sarà il suo turno, Jane avrà l'altro pilastro.

Alla cerimonia, lasciate che ciascuno dei miei figli dica qualcosa di bello su di me, poi organizzate una festa allegra con tutti i nipoti che riusciranno a venire. Jane *non* dovrebbe essere costretta a parlare, a meno che non lo desideri. Mi auguro che tutti voi continuiate ad avere buon cuore con lei e a essere gentili come siete stati in passato, perché credo lei vi voglia bene quasi quanto me.

E vi prego di trarre conforto da questo: contro ogni previsione ho avuto una vita straordinaria. Mi sono trasformato da persona cattiva in un uomo molto migliore. Detesto il cerimoniale ridicolo della religione organizzata, amo la gloria della creazione e credo in una sorta di trionfo di quella gloria. Attraverso i miei figli, e i loro figli, mi è stato insegnato ad amare. La lealtà e l'amore di Jane, e il suo amore per tutti voi, sono stati il mio pilastro. Che lei abbia avuto la meglio sulle mie infedeltà & i cattivi umori, che abbia conservato la propria integrità, che abbia fatto funzionare il matrimonio nella buona e nella cattiva sorte, tutto questo è diventato la fonte della nostra felicità. Nessuna avrebbe potuto essere una compagna o un'amica migliore, nessuna più di Jane avrebbe potuto aiutarmi meglio a mettere a frutto qualsivoglia talento possedessi. Di conse-

[11] Il capriccio è un elemento architettonico. [*N.d.T.*]

guenza, come riconoscimento di tutto questo, vorrei che fosse lei a scegliere la musica che le darà maggiore conforto alla mia cremazione e al servizio alla mia memoria – se dovesse decidere di volerne uno – consultando comunque anche voi. Dovrebbe essere anche un suo piacere decidere le letture, i discorsi ecc., se ce ne fossero. E se non volesse niente di tutto questo, per me andrebbe ugualmente bene. Voglio che sia la sua giornata, oltre che la vostra, perché sarà lei a sentire maggiormente il dolore e la solitudine. Voi siete *tutti* i miei figli prediletti. Rimpiango più di quanto possa dire il fallimento del mio primo matrimonio e il dolore che ho causato a voi tutti. Ma a quei tempi non sapevo niente della vita, non ero stato educato all'amore genitoriale, non avevo fiducia nelle donne e nessuna identità a parte il bisogno lacerante di sfuggire alla mia orribile infanzia & di essere riconosciuto in un modo o nell'altro. A volte posso perdonare me stesso, ma spesso non è così. Forse adesso ci riuscirete voi. Per favore, provateci perché vi renderà ancora più felici.

David

[*scritto sul margine sinistro*] * Questa è superata dalla mia lettera successiva datata 13 ii '02.

Londra

13 febbraio 2002

Oggetto: i miei resti. Le alternative sono: il camposanto di Hampstead all'altezza di Church Row, che ho sempre trovato gradevole, ma con un *minimo* input religioso, oppure disperdere le ceneri in mare al largo della costa della Cornovaglia, ma lasciatevi guidare in tutto questo da Jane, perché in qualche modo *dovremmo* essere simbolicamente riuniti quando morirà anche lei.

Ribadisco nuovamente il mio amore per voi tutti –
D

AD AL E ANNE ALVAREZ

Tregiffian
St Buryan
Penzance
Cornovaglia

4 agosto 2001

Cari e amati Al,
come forse ricorderete, la festa di Hodder [& Stoughton] si terrà all'Ivy il 15 ott, con circa 50 persone, 25 delle quali invitate da me. Gli Hoddisti sono abbastanza gentili, ma per sapere che piega prenderanno le cose occorrerà presentarsi. Questi party devono essere così, ed è per questo che voi, saggiamente, non ne avete organizzato uno.

D'altra parte c'è questo. I miei figli stanno organizzando a Siena una sorta di *Familien- und Freundfest*, alloggiati in un castello ristrutturato, e in altre stanze & appartamenti nei paesi vicini, tutto a solo pochi chilometri da Siena. Qualcuno verrà per una settimana, alcuni solo per la sera del 19 ott, quando ci sarà una festa *kinderfreundlich*[12] con musica, magia, balli* (*niente sex show dal vivo su mio ordine) (se i ragazzi riusciranno a predisporre tutto) poi la mia età smetterà di essere un argomento & organizzeranno gite nella zona circostante: Pisa, Firenze ecc., che voi avrete visto fino alla nausea, ma per i bambini sono cultura & attività & divertimento, & a me daranno qualcosa di diverso da fare che sussurrare in piccoli gruppi su chi vincerà la lattiera d'argento a forma di mucca.[13] Avete un invito sicuro all'Ivy. Ma *vi piacerebbe* scambiarlo con l'opzione Siena, se questo si adattasse ai *vostri* altri progetti?

Quanto a me, intendo impossessarmi di un tavolo d'angolo & del migliore rosso, mangiare pasta & chiac-

[12] Adatta ai bambini. [*N.d.T.*]
[13] I loschi traffici intorno a una lattiera d'argento a forma di mucca sono l'elemento portante de *Il codice dei Wooster* di P.G. Wodehouse.

chierare con amici & famiglia, oppure no. Non ho idea di chi, fra le persone che ci piacciono, abboccherà all'amo, ammesso che qualcuno lo faccia. L'ho già chiesto a poche persone, lo chiederò a poche altre, ma potrei finire seduto da solo al mio tavolo, il che non è necessariamente una brutta cosa.

Vi prego di non voler considerare questa lettera altro che una richiesta incerta & del tutto declinabile. Ultimamente siete stati a qualche bel funerale? Io ho tenuto la mia orazione per Dave che ha acquisito proporzioni da incubo quando i suoi figli in lacrime mi hanno chiesto di leggere ad alta voce sempre più poesie davanti al suo catafalco. A un certo punto (molto facilmente nel mio caso) il sipario cala sulla compassione & subentra l'odio, in me per Gerard Manley Hopkins per il brano schifoso (e a me ignoto) con la peggiore punteggiatura che abbia mai visto, rapidamente seguito da *Rassicurazioni* di Walt Whitman, che era più facile da leggere, ma anche più difficile da accettare.[14] E aspettate, Al. Vorrò il peggio di Ezra Pound e qualcosa del miglior Christopher Robin, senza le risate. Fatemi sapere – *en principe* –

Con affetto a entrambi,
David

[14] «Non cerco rassicurazioni, sono un uomo che si preoccupa della propria anima», tratto da *Foglie d'erba*, Meridiani Mondadori, Milano, 2017. L'amico di le Carré Dave Humphries scrisse sceneggiature per *London's Burning* e *Dempsey and Makepeace*.

Qui le Carré riferisce della morte dell'uomo che definiva il suo migliore amico, l'artista John Miller.

A JOHN BOORMAN

Via fax

Londra

2 ottobre 2002

Caro John,
è stato *particolarmente* gradevole avere tue notizie. Al momento siamo a Londra, e dal prossimo martedì fino al 25 ott in Cornovaglia, per poi oziare di nuovo a Londra per tutto novembre & probabilmente dicembre.

Sabato scorso siamo andati alla marcia per la pace e ci siamo ritrovati circondati dal Club dei sostenitori di Ossie Bin Laden, dagli ultimi trotzkisti e da circa sei anziani presidi di collegio tra le restanti 250.000 minoranze assortite. Ma è stato divertente quando ci siamo fermati davanti al numero 10 e si è alzato un enorme fischio di protesta. Sembrava di essere tornati a scuola.

Temo di non aver visto il nuovo *opus* di Stoppsie. Ogni volta che mi accingo a farlo, mi parte un embolo al solo pensiero.[15]

Ho visto *Lantana* & mi è piaciuto, *Parla con lei* & mi è quasi piaciuto, *Era mio padre* & non mi è piaciuto affatto, l'ho solo ammirato, il che non va bene. Ma soprattutto sto annaspando con un romanzo che continua a farmi incespicare & la regola è che devi ricominciare dall'inizio. Comunque ce la sto facendo, qualsiasi cosa voglia dire.

Sì, *ho visto* la faccenda di Bush-figlio e di suo padre, e *ho adorato* l'ampliamento della citazione, fino a dire che questa guerra era quindi "contro l'America". Solo che, se qual-

[15] *La costa dell'Utopia*, una trilogia teatrale di nove ore su sei scrittori e attivisti russi del diciannovesimo secolo.

cuno avesse ucciso mio padre, o ci avesse anche solo provato, io gli avrei regalato il mio giocattolo preferito.

Sono contento che tu abbia riletto LDG [*The Little Drummer Girl, La tamburina*]. Un paio d'anni fa Calley & Mike Nichols dovevano farne un remake ma – sorpresa, sorpresa – se ne sono dimenticati. La versione di George Hill era imbarazzante.

Vediamoci se possibile, sarebbe una gioia. Comunicateci le vostre date quando le saprete. Al momento non vi possiamo invitare in Cornovaglia perché buona parte della famiglia va e viene, ma l'anno prossimo sì, se a voi va bene.

Il nostro affetto a entrambi. Mike Newell dovrebbe dirigere *Il giardiniere tenace* cominciando le riprese in marzo, ma è terribilmente evasivo. Abbiamo una sceneggiatura eccellente e i finanziamenti, quindi immagino che non lo gireranno mai.

Sì, sto scrivendo un'aria per Alec.[16] Il mio migliore amico è morto qualche mese fa & gli ho letto la mia orazione d'addio dopo aver raffinato la grammatica, eliminato le battute & tolto gli avverbi in eccesso. Mi ha chiesto come diavolo pensassi di arrivare al termine senza scoppiare a piangere & gli ho risposto che non erano affari suoi. Non credevo che un amico potesse mancarmi tanto.

Ancora affetto da noi due, *Grüss*[17] anche a Isabelle e ai marmocchi,

David

[16] Alec Guinness morì nel 2000. In ottobre e novembre 2002, il National Film Theatre tenne una retrospettiva dei suoi film.
[17] "Saluti." [*N.d.T.*]

AMICI ASSOLUTI

Ho un nuovo romanzo in uscita a Natale. Si intitola *Amici assoluti* e farà impazzire la gente... la prossima settimana andiamo a Londra dove ho in programma una lettura del libro per "Book at Bedtime" ma, se stessi andando a letto, sarebbe l'ultima cosa che vorrei ascoltare...

Le Carré a sua zia Ruby Hayman, sorella di Ronnie, 8 novembre 2003

Credo che entrambi ci siamo un po' stancati del clamore a proposito del libro, dei bouquet e delle critiche. (Quindi, come è ovvio, la sola cosa da fare è cominciarne un altro...)

Le Carré a Vivian Green, 16 febbraio 2004

A gennaio 2003, le Carré pubblicò il suo saggio, molto letto, contro i preparativi per la guerra in Iraq dal titolo *The United States of America Has Gone Mad*.[1] Nel mese di marzo prese parte alla manifestazione contro la guerra in Iraq. *Amici assoluti*, pubblicato nel dicembre di quell'anno, venne definito «un'opera rabbiosa, di una furia orwelliana» dal periodico "Time", e «una disquisizione arrabbiata sulla geopolitica contemporanea» dal "Guardian". Durante la trasmissione "Today", le Carré chiese le dimissioni di Tony Blair, poi scrisse al fratello Tony che «la stampa di destra è andata su tutte le furie».

Con *Amici assoluti*, le Carré torna ad ambientare un romanzo in Germania, e lo farà nuovamente con *Yssa il buono*, pubblicato nel 2008, che si svolge ad Amburgo, dove un tempo le Carré aveva prestato servizio nel consolato britannico. Entrambi i libri postulavano l'intervento americano in Germania nel pieno della guerra al terrore. Tra i due è uscito *Il canto della missione*, che le Carré scrisse in bozza prima di recarsi in Congo e il cui protagonista è Salvo, un interprete mezzo congolese. Parlando del suo viaggio in Congo, le Carré dirà: «È stato il più strano della mia vita, e tale resterà sempre. La realtà di quel luogo è travolgente al punto che le storie che ne parlano sembrano quasi irrilevanti».[2] Dopo il viaggio in Congo, le Car-

[1] "L'America è impazzita". [*N.d.T.*]
[2] "Nation", 2 ottobre 2006.

ré continuò ad ambientare i suoi romanzi in Gran Bretagna e nell'Europa occidentale. Quando si trattava di recarsi in territori difficili – dal punto di vista geografico e umano –, cominciò a risentire dell'età, quindi ridusse gli impegnativi viaggi di ricerca che erano stati un pilastro della sua scrittura fin da *L'onorevole scolaro*.

Dopo Il giardiniere tenace, *le Carré faticò a scrivere* Amici assoluti.

A SIR JOHN E LADY MARGETSON

9 Gainsborough Gardens
London, NW3 1BJ

17 novembre 2002

Cari Miranda e John,
mi dispiace se siamo tanto elusivi sull'accettare la vostra ospitalità: perdonateci. Il nuovo romanzo è stato un difficile percorso in salita, che mi ha causato molta frustrazione, & finalmente le cose sembrano andare per il verso giusto. Una mano di fondo che non finiva mai, buttare tutto & ricominciare in un altro punto della tela, gli standard che continuano ad alzarsi, il tempo & le energie che diminuiscono in proporzione inversa, ma grazie al cielo la volontà, fino a questo momento, non si piega. Il problema è sempre la continuità: non rubare "qualche ora", ma avere un periodo continuo di settimane & mesi nello stesso posto, senza le deliziose diversioni – persone di Porlock[3] – che ti rimandano al via per riuscire a tornare nella gabbia.

[...]

Mi ha fatto piacere vedere che, poco tempo fa, Freud[4] non ha partecipato al vernissage della sua mostra di Parigi perché era troppo impegnato a dipingere: questa è esattamente la logica di un ossessivo, quindi in fin dei conti non sono l'unico matto al mondo.

[...]

Jane & io abbiamo partecipato il mese scorso alla marcia contro la guerra & spero avremo la possibilità di ripeterci prima della fine del mondo. Come siamo passati da Osama a Saddam è un mistero che nemmeno l'arcisofista Blair riuscirà a spiegare. O potrà spiegare. Spero che

[3] Mentre scriveva *Kubla Khan*, Samuel Taylor Coleridge venne interrotto da una «persona venuta da Porlock per affari».
[4] Il pittore Lucian Freud. [*N.d.T.*]

qualcuno decida presto di ispezionare le *nostre* armi di distruzione di massa. Poi, magari, anche quelle israeliane & americane. Ma come è ovvio non dobbiamo avere questi pensieri, vero? Mi rendo conto solo adesso che la guerra fredda era una guerra cristiana: il cristianesimo occidentale contro l'ortodossia orientale. Ma ciò che abbiamo adesso è molto meglio: finalmente possiamo *davvero* sconfiggere gli infedeli. Il cristianesimo di destra e il sionismo di destra sono un mix inebriante, ma ne parleremo la prossima volta. Ah, bene.

Con affetto a entrambi & grazie di nuovo,
David

A JANE CORNWELL

21 febbraio 2003

Amore mio, mio caro amore,
mi hai dato la vita. Tu mi hai insegnato il solo tipo di amore che abbia importanza. Nel mio cuore mi sono tanto avvicinato a te in questi ultimi anni che non posso immaginarci mai divisi. Nessun numero di "mi dispiace" può cancellare le mie slealtà; nessun numero di "grazie" può esprimere la mia gratitudine. Ma l'amore che mi hai insegnato è indistruttibile e, di fronte a quello, tutto il resto perde di importanza. Alla fine, abbiamo fatto un buon lavoro con le nostre vite. Siamo stati persone oneste. Mia cara, ti amo & ti amerò sempre.

Il tuo – David

Lo scrittore e attivista Anthony Barnett è il fondatore e direttore della piattaforma online openDemocracy. Le Carré e Jane sostennero l'organizzazione attraverso il loro fondo di beneficenza.

AD ANTHONY BARNETT

Tregiffian
St Buryan
Penzance
Cornovaglia

1° gennaio 2004

Caro Anthony,
mi scuso di nuovo per la cena e Buon Anno a entrambi.

È bello da parte sua suggerire di fare qualcosa a proposito di *Amici assol.* e delle "angosciate" recensioni inglesi, ma io non posso più unirmi al dibattito. Non esiste persona più stupida di uno scrittore che si lamenta dei critici, & io non posso essere l'ennesimo a farlo. Se il dibattito si dovesse avviare, dovrete portarlo avanti senza di me. Io non ho detto nulla di più radicale del defunto Hugo Young, per esempio: ovvero che vincolare il Regno Unito in maniera inequivocabile alla macchina bellica americana è stata una follia politica grossolana, sbagliata e immorale, e che Blair, nascondendo la verità di essersi impegnato in anticipo, mentiva all'opinione pubblica britannica. Se avessi scritto un'opera teatrale in proposito, *sarebbe* stata accettabile: qualche settimana al Royal Court[5] & buonanotte. Il mio peccato è stato/è quello di essermi esibito nel cuore del paese; sul "Times", al "Today Programme" e come popolare romanziere della classe media. Che io sia riuscito a risvegliare menti che avrei preferito comodamente addormentate è palese dalle risposte. Io sono pago di questo, e più o meno me lo aspettavo. Ho scritto quello che ho scritto & non ritratto niente. *Merde.*

[5] È il teatro degli scrittori. [*N.d.T.*]

Un'associazione americana di beneficenza, la 21st Century Leaders, chiese a le Carré e ad altre celebrità di inviare un «disegno molto semplice di se stessi». Le Carré scelse qualcosa di più ambizioso.

Ma non posso scriverlo per lei, magari lo potrà fare qualcun altro, o forse no. In ogni caso il libro continuerà per un certo tempo a vivere la sua vita, spero, dopo che il clamore si sarà placato.

Con affetto a entrambi e di nuovo auguri di Buon Anno.
Come sempre,
David

Il dottor August Hanning, presidente del Bundesnachrichtendienst, o BND *– il servizio di intelligence della Repubblica Federale Tedesca che si occupa dell'estero –, incontrò per la prima volta le Carré a una festa per la chiusura dell'ambasciata britannica di Bonn. Le Carré visitò il quartier generale del* BND, *e Hanning fu suo ospite in Cornovaglia.*

Il dottor Hanning scrisse a David e Jane il 21 dicembre 2005 per dire che, dopo un risultato delle elezioni tedesche che «ha lasciato in un certo senso spiazzata tutta la classe politica», il nuovo ministro dell'Interno gli aveva chiesto di assumere l'incarico di segretario di stato per la «sicurezza interna», ovvero di capo della sicurezza interna tedesca, con ampie responsabilità per quanto riguardava polizia, servizi di intelligence e minacce terroristiche.

«Questo pone qualche problema, dato che la Germania non è realmente preparata a un terrorismo serio e ad altri tipi di minacce» scrisse. «A questo si aggiunga una sfiducia generale nel lavoro di intelligence che viene alimentata dalle notizie su pratiche reali o presunte della CIA.*» Poiché gran parte dei tedeschi respingeva l'approccio americano alla «guerra al terrore», l'opinione pubblica stava perdendo di vista la minaccia originaria di Al Qaeda.*

Le lettere di le Carré a Hanning sono manifestamente sobrie e meditate; copie delle lettere di Hanning, in tedesco, e di le Carré, in inglese, scritte tra il 2004 e il 2016 venivano conservate con cura nell'archivio. I due cercarono di organizzare una mostra postuma dell'amico di le Carré Karl Weschke, un artista tedesco che si era trasferito in Cornovaglia negli anni Cinquanta.

AL DOTTOR AUGUST HANNING E SIGNORA

Tregiffian
St Buryan
Penzance
Cornovaglia

28 dicembre 2005

Personale

Cari Ruth e August,
prima di tutto i nostri più cari auguri di Buon Anno a entrambi & a tutta la famiglia. Nostro figlio Nicholas & la sua fidanzata hanno trascorso il Natale con noi e, al momento, stanno esplorando le chiese delle vicinanze e cercano di decidere in quale sposarsi! Quindi abbiamo passato un bellissimo Natale, e così spero voi, e siamo segretamente sollevati che i ragazzi spariscano a Londra per Capodanno, lasciandoci liberi di festeggiare il momento all'ora di Delhi anziché a quella inglese!

Le sue notizie sono naturalmente di grande importanza. Anzitutto deve essere molto doloroso lasciare il servizio che ha costruito, i colleghi con cui ha lavorato, le mogli & le famiglie e – qua e là, ne sono certo – i tempi folli e quelli critici che avete condiviso. D'altro canto, se rivedo la mia scarsissima esperienza dei due servizi con i quali ho lavorato, a dire il vero è stato quello interno che in fin dei conti mi è sembrato più appagante, più ovviamente necessario e più in linea con la mia vocazione. Ma da tutto ciò che leggo & sento, di questi tempi è spesso virtualmente impossibile distinguere tra le funzioni dei due, in particolare riguardo al terrorismo. Gli aspetti etici e reali dell'attuale situazione della sicurezza mi sembrano davvero straordinari; e questa, ne sono certo, sarà una sfida affascinante. La guerra al terrorismo era/è sotto molti aspetti un concetto retorico, una *Scheinkrieg*[6] esattamente come la guerra

[6] Una guerra finta o apparente.

fredda ai tempi in cui io ho lasciato. Il bene e il male stavano in un posto, le linee di battaglia in un altro.

Il problema, tuttavia, non è la verità oggettiva. Il problema è la percezione che l'opinione pubblica ha della verità come corrotta e manipolata dai nostri controllori, qui o negli Stati Uniti. C'è uno straordinario effetto specchio. Un politico dice una bugia a un giornalista, che la stampa. Il politico poi la legge & ci crede. La bugia diventa la "realtà" e, se i servizi non sono particolarmente cauti, diventano creature della menzogna. Il che, ed è curioso, deve sicuramente rendere il suo nuovo lavoro ancor più meritevole del vecchio: esiste perché lei dica la verità al potere.

E quello che, per me, sarebbe magico è il ruolo della Germania in questo momento in cui si sta definendo la risposta dell'Europa alla crociata americana. Di certo la Germania deve essere sull'orlo del predominio in Europa, il grafico sta salendo rapidamente verso l'alto. Quanto ai diritti civili & umani e alla correttezza costituzionale, la vostra posizione – almeno in pubblico – è stata la più onorevole tra tutte le maggiori nazioni europee. Abbiamo *davvero* bisogno di lei!

Le auguro di nuovo un ottimo Anno Nuovo & tutto il potere ai suoi piedi. Jane si unisce a me –

Come sempre,
David

ALLA DOTTORESSA NANCY OLIVIERI

Tregiffian
St Buryan
Penzance
Cornovaglia

17 febbraio 2006

Cara Nancy,
sono felice che il film le sia piaciuto quanto è piaciuto a me.[7] La prossima volta che dovesse venire a Londra, *la prego* di volerci avvisare [...] e di permetterci di offrirle da mangiare & da bere & di intrattenerla. E se Ralph Fiennes fosse in giro e volesse essere della partita, porteremmo anche lui. Niente nella mia vita è paragonabile al film e ai suoi strascichi. Come le ho detto, credo nella mia ultima lettera, il personaggio di Lara ha terminato molto presto la sua carriera sul pavimento della sala montaggio, ma è stata una fortuna, perché le sue scene erano mediocri, erano le prime riprese per tutti e lei, all'improvviso, è diventata sacrificabile: abbiamo solo dovuto dare più corpo a Birgit[8] in Germania e il lavoro era fatto. Il film aveva delle debolezze, ma quando non succede? Lorbeer non ha mai bucato lo schermo, almeno per me, e fin dall'inizio ero preoccupato per il servizio funebre,[9] ma niente di tutto questo ha avuto importanza nell'economia del tutto, nella passione che Fernando M ha portato alla tematica, all'Africa, a Big Pharma, e considerando la dedizione di Rachel W e Ralph F, che si nota in tutto il film in maniera splendida e davvero commovente.[10] Che lei ci creda o meno, la Constant Gardener Charity adesso ha dei fondi accettabili, è registrata

[7] *Il giardiniere tenace*.

[8] Birgit era interpretata da Anneke Kim Sarnau. Il personaggio di Lara attingeva all'esperienza di Olivieri.

[9] L'epilogo del film, dove Sir Bernard Pellegrin, interpretato da Bill Nighy, viene smascherato durante la funzione in memoria di Justin.

[10] Il regista Fernando Meirelles, il cui film precedente era *La città di Dio – City of God*; i protagonisti Rachel Weisz e Ralph Fiennes.

in Kenya & nel Regno Unito e ha come amministratori il grande & buono Gethongo,[11] ex ministro anti-corruzione keniota (buttato fuori per eccesso di zelo, è rientrato come gola profonda, e con effetti dirompenti), l'ex Alto Commissario del Regno Unito a Nairobi (mentre scrivevo il libro non mi facevano neppure entrare); Ralph, Rachel e io siamo invece i patroni. Mentre l'unità era sul posto, i nostri hanno deciso che lo slum di Kibera[12] poteva aver bisogno di aiuto, & hanno costruito un ponte, fognature & altre comodità moderne. A Loyangalani sul lago Turkana adesso abbiamo costruito una scuola, i servizi igienici (con qualcuno che insegnasse ai ragazzi come usarli) e i progetti, che non sono qualcosa di effimero per far scena, stanno prosperando. Il 12 marzo presenteremo di nuovo l'organizzazione, poi seguirà un'asta. Di recente Rachel è stata nominata "Donna dell'anno" da un orribile gruppo di industriali e premiata con un diamante da 30.000 sterline che lei ci ha subito consegnato per venderlo. La casa di produzione si è trasformata nel nostro quartier generale e manda il suo staff a Nairobi & Loy. per rimanere al corrente dei particolari ai quali nessuna grande agenzia di aiuti sembra badare. Ho realizzato un'edizione speciale economica i cui proventi andranno interamente al fondo e il nostro straordinario produttore Simon Channing-Williams sale sul palco ogni volta che può & dice semplicemente «davanti a quello che abbiamo visto, abbiamo capito di non poter restare indifferenti e non lo faremo mai». Alla prima del film a Nairobi, che sarà nei prossimi giorni, l'Alto Commissario ospiterà il party facendo pagare 100 dollari per un posto a tavola & consegnando tutti i proventi all'organizzazione. (Sotto la presidenza di Moi, il Kenya aveva bandito il libro & poiché l'attuale gov. è quasi altrettanto corrotto, il film si presta bene anche per questo aspetto.)

La sua storia continua a fare notizia. Trovo straordina-

[11] John Githongo, ex ministro permanente del Kenya per la governance e l'etica. (Le Carré scrive in modo errato il cognome.)

[12] Le riprese de *Il giardiniere tenace* sono avvenute sul posto a Kibera e Loiyangalani. (Le Carré scrive quest'ultima in modo diverso.)

rio quanti comportamenti orribili lei abbia attratto & non sono mai riuscito a capire il perché: troppo brillante, troppo corretta, troppo bella e per di più una donna, impossibile per lei vincere.

[...]

Ci *piacerebbe* fare qualcosa con lei la prima volta che dovesse venire qui. Se possibile ci avvisi. In settembre ho in uscita un nuovo romanzo intitolato *Il canto della missione*: mi piace, ma mi sento svuotato & inutile adesso che è finito.

[...]

Cara Nancy, le mando come sempre la mia ammirazione & partecipazione & affetto. Grazie per avermi scritto.

Con affetto
David

Nel marzo 2006 Stanley Mitchell, che le Carré aveva spiato a Oxford, scrisse difendendo con grande impeto il suo ruolo nel Partito comunista britannico. Si sentiva «disgustato e arrabbiato» per il comportamento di le Carré, diceva, perché «in tutta innocenza sono diventato tuo amico solo per essere tradito da te, e vedere tradito anche il mio partito». In assenza di una risposta, fece seguire un succinto biglietto in aprile: «È probabile che questa sia l'ultima lettera che ti scrivo... Volevo solo dirti che le tue eventuali scuse potranno tornare utili alle porte del Paradiso, non a me, ma al tuo io migliore, perché una delle cose peggiori che può fare un essere umano è quella di tradire un amico».

A STANLEY MITCHELL

9 Gainsborough Gardens
London, NW3 1BJ

19 aprile 2006

Caro Stanley,
non è facile rispondere alle lettere di insulti & non credo che ascolterai molto di quello che ho da dire. Quando abbiamo rinnovato la nostra conoscenza di cinquant'anni fa,

speravo che potessimo guardarci indietro con un po' di distacco e compassione per chi eravamo, da dove venivamo, perché abbiamo fatto – per quanto sbagliando – le cose che abbiamo fatto, e perché credevamo nelle rispettive, false divinità. Io ho scritto della mia, e ho creduto che potessi capire quanta strada ho percorso & come fossi cambiato. Devo ammettere di essere rimasto perplesso perché sembrava che tu esprimessi minori preoccupazioni di quanto mi aspettassi per aver assoggettato la tua vita e il tuo eccellente intelletto alla causa del comunismo mondiale che, anche a quei tempi – e lo si capiva anche con un'occhiata superficiale – era responsabile di alcuni dei regimi più brutali, collusi, assassini e privi di principi che il mondo abbia mai visto. Ma tu ti trovavi nel suo cuore morbido e gentile, e qualsiasi difetto vedessi, perdeva di importanza di fronte agli entusiasmanti e begli ideali di cameratismo & di superiorità intellettuale del tuo gruppo d'élite. Anche se il mondo era sbagliato, voi eravate nel giusto.

Quanto al mio percorso, quanto al mondo dal quale venivo e che ho adottato come famiglia come tu hai adottato i tuoi compagni, sembra che tu non abbia alcuna comprensione, compassione o sentimenti moderati, nonostante io abbia passato gran parte della mia vita di scrittore alternando descrizioni, satire e occasionali condanne alla sua natura elusiva. Al contrario, mi è gradualmente diventato chiaro come, nel nostro ravvivato rapporto, tu ti considerassi la vittima innocente, nobile, che aspettava di trovare in sé il perdono per le mie trasgressioni. Ed è vero – adesso lo ricordo – che non ho mai conosciuto un vecchio comunista, né in Gran Bretagna né in Russia, che non si considerasse un martire.

Mi hai definito molte cose che sono, ma altre che non sono. E non hai provato a fare neppure mezzo passo verso il terreno della riconciliazione. Le tue recenti lettere sono state ignobili, e ovviamente non ho risposto, e questa è sicuramente l'ultima che riceverai da me perché cercare una riconciliazione con te è una causa persa. Dici che ti ho tradito. Cosa avrei potuto tradire di ciò che sapevo? Tu che cosa sapevi o facevi che si potesse tradire? Noi eravamo alla ricerca di comunisti occulti e potenziali traditori, e ritenevamo non dovessero avere accesso a segreti che avrebbero potuto tradire. Segreti che, nel caso di una guerra, avrebbero contribuito a distruggere la nostra stessa specie. Combattevamo contro persone insidiose e spietate che utilizzavano i comunisti e i simpatizzanti britannici come terreno di caccia. Quindi abbiamo fatto quello che fa ogni paese di buon senso: abbiamo vigilato e lanciato una rete e cercato di proteggere noi stessi. Ripensandoci non vedo nulla di sbagliato in questo, e sarò felice di argomentare il problema nel giorno del Giudizio, che tu e Tony Blair dipingete in maniera così violenta. Che cosa ho detto ai miei "controllori"? Che tu eri un brav'uomo, immagino. Non ne ho memoria e sono del tutto certo che lo stesso valga anche per loro.

Con i migliori saluti –
David

Hugh Thomas aveva appena riletto La spia che venne dal freddo. *«Conoscevo Brian Montgomery, che credo sia stato per un certo tempo capo della sicurezza dell'*MI6*» scrisse a le Carré il 1° maggio 2006. «Mi ha detto di aver consigliato di accusarti ai sensi dell'Official Secrets Act».*

A HUGH THOMAS

Tregiffian
St Buryan
Penzance
Cornovaglia

10 maggio 2006

Caro Hugh,
grazie per la tua gentile lettera. Sì, sarebbe divertente incontrarci. Spero proprio di aver avuto a braccetto una splendida ragazza quando mi hai visto in rue Jacob. Ma forse l'a-

vevi tu e non io. Ci deve essere un motivo per cui tu non hai urlato "Hoy".[13]

Sono appena rientrato dal Congo. Non lo consiglio, il cibo è terribile. Saremo a Londra verso la fine di maggio per un paio di settimane. Mi piacerebbe pranzare con te. [...] Il povero Monty – era conosciuto così – era convinto che avessi preso la trama de *La spia...* da un misterioso caso di doppio gioco del quale non avevo mai sentito parlare & al quale non avrei mai potuto avere accesso. È stato convinto a desistere dai suoi illustri pari, uno dei quali in seguito mi ha detto che *La spia che...* era «l'unica maledetta operazione con un agente doppio che abbia mai funzionato».[14]

Grazie ancora per avermi scritto –
Cari saluti,
David

A CHARLOTTE CORNWELL

Via e-mail

17 maggio 2006

Oggetto: ultime straordinarie notizie lampo da tuo fratello David

Carissima sorella, questo è il giorno in cui divento una persona che manda e-mail. Ho appena finito un nuovo romanzo... non l'opera di un genio, ma nemmeno del tutto

[13] Tipico saluto alla Wodehouse.
[14] Altrove le Carré attribuì questa osservazione al capo del Secret Intelligence Service. All'epoca «C» era Sir Dirk White e aveva liquidato con una risata i tentativi di perseguire Greene per *Il nostro agente all'Avana*. In seguito le Carré ricorderà di aver aspettato circa un mese dopo aver sottoposto all'approvazione dell'MI6 *La spia che venne dal freddo*. «Ancora oggi non so che cosa avrei fatto se mi avessero detto che non lo potevo pubblicare.»

scadente.[15] Te ne invierò una bozza fra circa un mese. Verrai al matrimonio? Tutti sperano di sì.[16] [...]

Qualche settimana fa sono stato nel Congo orientale per un po' di ricerche per il mio romanzo, ed è stato affascinante e straziante. Da Kigali, in Ruanda, ho guidato fino al confine e mi sono fermato in un paio di luoghi dove sono avvenuti genocidi. Non so come, hanno conservato i corpi e li hanno lasciati esposti, per evitare che qualcuno pensi che non sia mai successo. Migliaia di cadaveri, in gran parte di bambini, molti fatti a pezzi. Se puoi, guarda *Shooting Dogs*, è meglio di *Hotel Rwanda*. Due sollevazioni in città in cinque notti, e un colonnello dei MaiMai mi ha detto che i suoi migliori guerrieri avevano undici o dodici anni. E anche che lui e i suoi potevano trasformare i proiettili in acqua, il che dava loro un certo vantaggio in un conflitto a fuoco. Quando gli ho chiesto la formula, ha risposto che con me non avrebbe funzionato.

Tutti sono malati, e la prossima settimana vedrò il contrammiraglio.[17] [...]

Hai ricevuto la mia risposta alla tua lettera? Mi ha molto commosso...

Con tanto affetto, David

A RALPH DE BUTLER

Chalet Chamois
3823 Wengen
Svizzera

14 settembre 2006

Caro Mr de Butler,
la ringrazio per la sua lettera & le gentili parole. No, temo

[15] *Il canto della missione.*
[16] Il 15 luglio 2006 Nicholas Cornwell sposò l'avvocata Clare Algar.
[17] Il soprannome dato da le Carré al suo urologo.

di aver rifiutato da tempo il romanzo storico come veicolo per la mia scrittura, sebbene le guerre della Noce Moscata[18] mi abbiano sempre divertito, e gli albori dello schiavismo portoghese sempre inorridito.

Con i migliori saluti,
John le Carré

Le Carré aveva incontrato Murat Kurnaz, che sarebbe stato un'ispirazione per Yssa in Yssa il buono.

A NICHOLAS SHAKESPEARE

9 Gainsborough Gardens
London, NW3 1BJ

14 novembre 2006

Caro Nicholas,
perbacco, che *piacere* avere sue notizie: credevo fosse ancora in Tasmania, ed eccola qui con *due figli – zütt!* o comunque si scriva –, & a vivere nel Wiltshire. Curioso come gli inglesi finiscano sempre per tornare a casa, e in questo sono simili ai russi: scalciano & gridano, ma la cara, vecchia patria ti frega come nessun altro posto. *Guardi* Blair! Come abbiamo fatto a generare quel piccolo e bugiardo esibizionista? Un *bambino* che si trastulla con i giochi dei grandi & fotte il mondo con la sua macchinina giocattolo.[19] E oggi, proprio oggi, propone "un nuovo approccio al Medio Oriente"! Quale? Prosciugare il Mar Rosso? Bloccare il Canale? [Tom] Bower è notevole. Ogni volta che ho un disperato bisogno di farmi presentare qualcuno, lui è un suo amico

[18] Nel diciassettesimo secolo, olandesi e britannici entrarono in guerra per il commercio della noce moscata dalle Molucche, un tempo note come isole delle spezie, in Indonesia.
[19] Il riferimento è a Noddy, personaggio creato da Enid Blyton, noto per andare in giro su una macchinina rossa e gialla. [*N.d.T.*]

intimo. Mi ha aiutato con persone nella City, in Africa & con la stampa. E, qua e là, ho ricambiato il suo aiuto. [...]

Sono tornato da Amburgo proprio oggi. Ho passato due giorni a Brema intervistando un ex detenuto di Guantánamo, quel poveretto aveva una taglia sulla testa in Pakistan, era stato comprato dalla CIA per 3000 dollari, torturato a Kandahar (elettroshock e tortura dell'acqua), portato a Guantánamo e tenuto lì per 4 anni e mezzo: lo hanno rilasciato lo scorso agosto. Adesso sta provando inutilmente a far causa a tedeschi, americani e turchi. *Nessuno* afferma che sia mai stato colpevole di qualcosa remotamente legato al terrorismo. Ma, caspita, e qui seguono contenuti per adulti! Affamato per 20 giorni, alimentato dal naso, ripetutamente picchiato fino a ridurlo molto male, "isolato" per 5 settimane per punizione, svegliato ogni 2 ore e spostato in un'altra gabbia per non farlo mai dormire. Non riusciva a muovere i piedi oltre l'estensione delle catene quando è stato restituito ai tedeschi che lo avevano incastrato.

Sarebbe bello vedervi *tutti*. Stabiliamo qualcosa. Mi dedicherò a un nuovo romanzo, ma è una fatica. Niente autobiog., spero, & non sono ancora pronto ad avere un cane. Il nostro affetto a Gillian,[20] i cui deliziosi disegni decorano lo studio, a tutta la sua famiglia e anche a lei, caro mio –

Con i migliori saluti,
David

[20] La moglie di Shakespeare, Gillian Johnson, scrittrice e illustratrice.

A BERNHARD DOCKE[21]

Via e-mail

9 febbraio 2007

Caro dottor Docke,
le porto i saluti di Clive Stafford Smith,[22] che è un mio amico. A dire il vero, mia nuora ha lavorato con lui a New Orleans su casi di diritti civili.

Scrivo libri con lo pseudonimo di John le Carré e sto cercando di ambientare un romanzo intorno alle vicende di un giovane ceceno musulmano che si ritrova ad Amburgo e proprio lì si imbatte in un destino avverso. Le sarei molto grato se mi desse l'opportunità di confrontarmi con lei in merito alle informazioni di base sulle comunità musulmane di Brema e Amburgo, e sull'applicazione delle leggi tedesche sull'asilo nel caso di stranieri residenti in Germania. Incidentalmente, ho avuto due lunghi incontri con Murat Kurnaz a Brema e ne ho seguito con grande interesse il caso. E so, come è ovvio, che ha un grosso debito nei suoi confronti.

Mi chiedevo quindi se potessi convincerla a pranzare con me, a Brema o ad Amburgo oppure, se non fosse possibile, se potessi venire a trovarla nel suo studio. Soggiornerò all'Hotel Atlantic Kempinski di Amburgo dal 23 febbraio per almeno una settimana e, naturalmente, sarei felice di venire a Brema. In alternativa, se i suoi spostamenti la dovessero portare a Berlino, mi farebbe piacere incontrarla lì.

Con i miei migliori saluti.
Cordialmente,
David Cornwell

[21] Avvocato tedesco per i diritti umani, vincitore di premi, che ha rappresentato Murat Kurnaz.

[22] L'avvocato che rappresenta i condannati alla pena di morte negli Stati Uniti e i prigionieri di Guantánamo Bay, fondatore dell'organizzazione non governativa Reprieve.

Le lettere più tarde di le Carré al fratello Tony mostrano un sorprendente grado di intimità.

A TONY CORNWELL

9 Gainsborough Gardens
London, NW3 1BJ

15 maggio 2007

Carissimo To,
be', mille grazie per la tua affettuosa e lunga lettera e per tutte le cose gentili & sagge che dici di noi, dell'universo, & di tutta la catastrofe, come *avrebbe detto* Zorba. Sì, abbiamo legami indissolubili e incomparabili. A volte, l'infanzia è la sola cosa che, con l'età, ci si immagina di vedere con chiarezza. Ma è probabile che, in realtà, succeda questo: noi le carichiamo addosso tutto ciò che sappiamo & le facciamo portare il peso di tutto. Noi eravamo bambini congelati & resteremo per sempre tali. G. Greene ha detto che ogni scrittore dovrebbe avere una scheggia di ghiaccio nel cuore, ma la nostra si è diffusa in tutto il corpo fin dalla più tenera età.[23] I ragazzi che crescono senza l'esperienza dell'amore eterosessuale sono sostanzialmente fregati: dimentica le conversazioni intelligenti, la "tolleranza" per l'orientamento altrui che non è affatto tolleranza. Alla fine dei giochi, è tutta questione di "cosa avevi attorno a te quando serviva?". Le uniche poesie che ricordiamo sono quelle che abbiamo imparato da bambini, & con l'amore le cose non sono molto diverse. Lo cerchi, lo fingi, lo imiti e, alla fine, se sei vecchio & fortunato ci credi, ma è difficile, è imperfetto & noi lo simuliamo molto, come la religione, nella speranza di avere un giorno quello vero. Quindi noi ci siamo amati, perché in realtà era la sola cosa che avevamo, & abbiamo reagito uno all'altro, verso & contro l'altro, & abbiamo vissuto uno nel-

[23] «C'è una scheggia di ghiaccio nel cuore di uno scrittore» scrisse Greene nella sua autobiografia *Una specie di vita*. Le Carré citerà inoltre la «scheggia di ghiaccio» di Greene nel suo discorso di accettazione del premio Olof Palme il 31 gennaio 2020.

la pelle dell'altro, & ci siamo ribellati contro la prigionia & il vuoto del resto delle nostre vite, abbiamo imparato il sesso troppo tardi come tutto il resto e imboccato strade diverse, ma in fin dei conti probabilmente molto simili, il che è un'altra grossa seccatura. Nostro padre era una banca genetica, ma di geni folli, una persona davvero imprevedibile e, nel mio ricordo, ancora disgustosa. Non l'ho mai pianto, non mi è mai mancato, ho gioito per la sua morte. È così terribile? Non credo. Scrivendo di lui, ho cercato di farlo apparire più dolce, ma non ha funzionato. Quando ero un miscredente, davo la colpa a lui, quando ho promesso amore a tutte, era colpa sua, quando ho incontrato nostra madre l'ho trovata inquietante & irreale, & non sono mai stato in grado di capire – e non riesco neppure a cominciare – come puoi abbandonare due figli nel bel mezzo della notte per poi salire in cattedra e fare la morale. Ma immagino che fosse solo una povera donna esaurita. Non lo sapremo mai. Forse erano entrambi molto più normali di quanto crediamo, e non solo nei nostri confronti. Ma noi eravamo bloccati in quella terribile mezz'aria dell'asettica *Bürgertum* inglese, dove non sei neppure capace di usare un cacciavite, non sai fare i lavori manuali quotidiani come riparare una tubazione o cambiare una ruota. Eravamo nel nulla, e costretti a restare lì fino a quando qualcuno ci avesse tirati giù. E una delle tue fantasie più sbagliate è che io mi sia "conformato", come se attraversando l'Atlantico tu non lo avessi fatto. Sotto molti aspetti, le entità per le quali ho lavorato erano talmente strane da rappresentare una sorta di nirvana dell'anti-ortodossia collocato alle estremità dell'ortodossia. Eravamo ribelli in giacca e cravatta, e gran parte del lavoro – anche se forse inutile – era decisamente anarchico nel pensiero creativo. Oggi si direbbe: "Be', immagina se fondassimo una nostra branca di Al Qaeda...". Dunque sì, in fin dei conti gli obiettivi erano societari. Ma i mezzi erano degni di Ronnie.

Le mie novità? Be', sono abbondanti. Tre film in preparazione – TTTS,[24] adattato da Peter Morgan per il cinema,

[24] *Tinker Tailor Soldier Spy*, ovvero *La talpa*. [*N.d.T.*]

La passione del suo tempo, un romanzo pessimo, adattato da un russo-americano, e *Il canto della missione*, la cui sceneggiatura dovrebbe essere pronta in luglio. Io sono immerso in un romanzo che mi piace, scrivo bene, e la Bodleian Library prenderà tutte le mie carte, la corrispondenza, i messaggi, tutte le schifezze, il che risolve molti problemi, in particolare per i miei figli. Domani partirò per Berlino per fare altre ricerche. Le mie fonti sono ceceni, alcuni ex detenuti di Guantánamo, i loro avvocati & così via. Un mondo orribile, che ti risucchia, con una sorta di normalità da reparto di oncologia che è contagiosa.

Mio figlio Nick, inaspettatamente, ha scritto un superbo romanzo di 600 pagine, se ci vuoi credere, & la gente dice che è un genio e in realtà sospetto che il piccolo bastardo lo sia davvero. Le sue scene di guerra sono magnifiche anche se non ha mai visto nemmeno l'ombra di una mitragliatrice. Ha uno stile gradevole, pacatamente arguto che credo il pubblico apprezzerà. Una tela bianca e piena di potenzialità, ma non avevo idea che l'avesse dentro di sé. La prossima settimana il suo libro verrà proposto dal miglior agente letterario di Londra. «In famiglia qualcuno scrive?» aveva chiesto nervoso a Nick. «Be', a dire il vero mio padre è J le C.» Agente: «Ah. Be', credo che terremo questa informazione riservata per il prossimo futuro». Non male.

Caro To, anch'io ti voglio bene, e molto. La vita ci ha uniti per le anche, quindi il distacco era inevitabile. I nostri amici stanno morendo come mosche, ma noi siamo immortali, quindi va tutto bene. Sono molto contento che tu abbia trovato la felicità con Nettie & la gioia nella sua famiglia. Gli olandesi, per mia esperienza, sono un po' strani. Come gli inglesi. Alexander? Solo i buoni si preoccupano chiedendosi se hanno torto. Non serve essere un flagellante. Siamo al culmine della vita, non ai piedi della collina &, accidenti, siamo fortunati a essere qui.

Abbi cura di te.
David

Il giornalista veterano Douglas Jackson, vicedirettore dello "Scotsman", mandò a le Carré il suo primo libro, Morte all'imperatore, *su un giovane schiavo che diventa guardiano degli elefanti dell'imperatore, notoriamente pazzo.*

A DOUGLAS JACKSON

9 Gainsborough Gardens
London, NW3 1BJ

23 aprile 2008

Caro Doug Jackson,
grazie per la sua lettera del 16 e per *Morte all'imperatore*, per il quale mi congratulo sinceramente. Tim mi informa che si tratta del suo primo romanzo, e non ho bisogno di dirle che aver *terminato* quell'impresa & aver poi visto il libro collocato presso una casa editrice rispettabile e di grande diffusione è già un miracolo in sé in questo periodo. Ma c'è qualcosa in più che deve fare oltre a congratularsi con se stesso, ed è ciò che mi consente di risponderle facilmente: può scrivere. Sa come far stare in piedi una frase, ha orecchio per il ritmo di ciò che sta dicendo e il lettore (o per lo meno questo lettore) le è grato & apprezza l'autorità e continua a leggere. E le posso assicurare che, se vedesse le cose che mi inviano, questo già la distingue da molti altri.

Detto questo, temo di non sentirmi in grado di fornire ai suoi editori una frase per la copertina. Ne scrivo davvero poche, e di solito per la saggistica, poi il suo materiale è molto al di fuori della mia esperienza. Mi è venuto in mente – senza dubbio anche a lei e ai suoi editori – che Robert Harris sarebbe la voce ideale. Spero che questo non la scoraggi, visto che lo scopo di questa mia lettera è esattamente l'opposto. Credo che abbia abilità e comprensione che la faranno proseguire verso un meritato successo. Buona fortuna!

Cordialmente,
David Cornwell
(John le Carré)

Morte all'imperatore *venne pubblicato da Bantam Press. Seguirono quindici romanzi, in gran parte ambientati nell'antica Roma, che furono tradotti in dodici lingue, con mezzo milione di copie vendute in tutto il mondo.*

Il drammaturgo Robert Forrest adattò cinque libri di le Carré per la BBC *Radio, con protagonista Simon Russell Beale come Smiley. Il primo fu* Chiamata per il morto. *Forrest aveva appena adattato* Cristina e il giudice *di Robert Louis Stevenson.*

A ROBERT FORREST

Tregiffian
St Buryan
Penzance
Cornovaglia

16 giugno 2008

Caro Robert,
grazie per la sua lettera. Come lei, sono entusiasta del progetto e amo la radio. Se devo essere sincero, ho sempre creduto in segreto che le mie opere si prestino al meglio per un adattamento radiofonico, & ritengo che potremo far grande piacere & dare da pensare a molti. E sì, la prego di divertirsi molto, dato che anche quello è una misura dell'impegno. Ho scoperto che, quando scrivo qualcosa di pauroso, mi spavento io stesso & quando riesco a fare qualcosa di comico, scoppio a ridere. Trovo sempre molto strano che il Maestro in persona, PG[25] (maestro di trame e di umorismo), non sia mai stato considerato una compagnia divertente. Sì, Stevenson è *davvero* grande, mai accettato dalla burocrazia letteraria perché è un narratore coinvolgente. Ma è così che vanno le cose. Grazie molte per avermi scrit-

[25] Wodehouse. [*N.d.T.*]

to. Non si scoraggi, e dica a Shaun[26] di non scoraggiarsi, ma – lo ripeto – divertitevi!

Con i migliori auguri,
David

Il dottor Hanning, capo della sicurezza interna tedesca, scrisse a le Carré ringraziandolo per avergli spedito una copia di Yssa il buono. *Il romanzo evocava una lotta di potere fra le agenzie di intelligence di Germania e Stati Uniti per un'operazione antiterrorismo; era incentrato sul destino di Yssa Karpov, un musulmano rifugiato dalla Cecenia che viveva illegalmente ad Amburgo, l'ultima città cui fu assegnato le Carré quando lavorava per il Foreign Office.*

Il dottor Hanning scrisse che le Carré aveva creato un «monumento letterario» per Amburgo, così come aveva fatto per Bonn con Una piccola città in Germania. *Poi parlò del conflitto russo-ceceno e ricordò di aver visitato Beslan, teatro di un'azione terroristica nell'ambito della quale un gruppo di combattenti ceceni aveva preso in ostaggio una scuola, provocando la morte di oltre trecento persone, compresi molti bambini.*

AL DOTTOR AUGUST HANNING

Via fax

Cornovaglia

24 dicembre 2008

Caro August,
anzitutto gli auguri per un felice e sereno Natale a lei e a tutta la sua famiglia.

In secondo luogo la ringrazio molto per la sua lettera, che mi ha sollevato ricevere e che ho letto con grande

[26] Lo scrittore Shaun McKenna adattò quattro romanzi di Smiley per la serie radiofonica *The Complete Smiley*.

interesse & simpatia. La mia fortuna, e la mia sfortuna, è quella di vivere in un universo immaginario parallelo alle realtà della sua professione, un universo che poi distorco e plasmo fino a farlo diventare un mondo più ampio nel quale il lettore si può riconoscere. Di conseguenza, critiche e complimenti arrivano da due fronti: quello che conosce il mondo reale, ed è furioso che lo abbia mal rappresentato, e quello che prende per vero il mio universo parallelo. Durante le interviste e i dibattiti pubblici ai quali ho partecipato, tuttavia, ho avuto la sensazione di avere, seppur rozzamente, sollevato qualche problema utile. I rapporti Germania-Stati Uniti definiti dalla cosiddetta guerra al terrore; il pericolo che, ai livelli più bassi, i servizi di sicurezza del suo paese – come del mio – contribuiscano sempre più, sebbene inconsciamente, alla demonizzazione dell'Islam in generale anziché dell'islamismo in particolare; e il fatto che la crescita esponenziale dei servizi di intelligence dopo l'11 settembre non è avvenuta senza una perdita di qualità, o un ampliamento dei margini di errore. Per molti di questi problemi, la Germania del mio romanzo inevitabilmente è servita da capro espiatorio per quanto è già accaduto nel mio paese, dove leggi draconiane e poteri eccessivi – e una sottomissione quasi schiavistica alle richieste americane – ci ha portato sull'orlo del baratro. In Germania, per come leggo io la situazione, la vostra costituzione molto più forte e una maggiore consapevolezza delle alternative negative alla democrazia, ha imposto maggiori (e ammirevoli) restrizioni allo sviluppo & ai poteri delle autorità addette alla sicurezza. A mio parere non è spregiativo, anzi l'opposto, da parte della "Neue Zürcher Zeitung"[27] descrivere la struttura dell'intelligence tedesca (& in particolare quella della sicurezza) come un *ewige Baustelle*.[28] Nella mia visione eccessivamente liberale, nel mondo della sicurezza è meglio il caso della perfezione.

[27] Le Carré scrive "Zuricher" al posto di "Zürcher".
[28] "Un eterno cantiere."

In Cecenia abbiamo fatto esperienze diverse, ma in gran parte raffrontabili. Grazie ai buoni uffici di Issa Kostoev, un inguscio deputato alla Duma e celebre funzionario di polizia, adesso defunto, ho trascorso parecchio tempo a Mosca con gruppi di ceceni e ingusci, e ho imparato cosa significasse sentirsi un *Untermensch*[29] agli occhi dei russi. Le storie di persecuzioni, privazioni e torture di massa da parte dei russi che avevano occupato la loro patria sono indelebili nella mia memoria quanto sono nella sua le vedove & le madri inorridite di Beslan.

Mi sono recato anche nei campi dei profughi palestinesi del Libano meridionale durante i bombardamenti israeliani, e a Shatila poco dopo il massacro dei palestinesi da parte dei cristiani libanesi sotto il controllo israeliano.

Una poesia di W.H. Auden descrive la nostra duplice esperienza:

Io e il pubblico sappiamo
quel che tutti gli scolari apprendono.
Coloro cui vien fatto del male
fanno male in cambio.

Penso comunque che, su molti aspetti del mondo reale, concordiamo più di quanto crediamo; e soprattutto non esiste una soluzione a lungo termine al terrorismo da entrambe le parti (quali che siano le "parti") senza un ripensamento politico & culturale e un negoziato. Se questo è quanto Obama porta al vostro tavolo, allora i prossimi quattro anni potrebbero non essere pessimi quanto prevedono gli economisti!

Caro August, rinnovo i miei sentiti ringraziamenti a voi tutti, e Jane si unisce a me. È stato un grande complimento che sia riuscito a passare del tempo sul mio romanzo. Posso soltanto immaginare lo stress della sua vita &

[29] Letteralmente subumano, termine dell'ideologia nazista per descrivere ebrei, zingari, slavi e in genere chi non apparteneva alla "razza ariana". [*N.d.T.*]

posso solo ammirare la forza & la dedizione con la quale lo sopporta.

Come sempre,
David

P.S. Il film sulla Baader-Meinhof alla fine mi ha tristemente deluso – Penso al problema della motivazione e agli umori politici dell'epoca.[30]

In una lettera a le Carré dell'11 gennaio 2009, il dottor Hanning riesaminava l'immigrazione dei musulmani in Europa e la loro integrazione nei trent'anni precedenti. E osservava un atteggiamento incerto verso gli emigranti musulmani in Germania: «Dall'epoca delle Crociate [esiste] la sensazione sorda di una minaccia musulmana al "mondo cristiano" ... Oggi la società a maggioranza tedesca registra un numero di comunità musulmane in continua crescita e sempre più sicure di sé» scriveva. «Questo suscita paura...»

Il dottor Hanning ammetteva che, con i servizi di intelligence tedeschi operanti in sedici stati federali, «il nostro sistema non è facilmente comprensibile dall'esterno e ha dei difetti». Ma, nella pratica, funzionava bene, scriveva.

AL DOTTOR AUGUST HANNING

Via fax

Londra

18 gennaio 2009

Caro August,
mille grazie per la sua lunga e interessantissima lettera

[30] *La banda Baader-Meinhof*, uscito nel 2008, ebbe una nomination agli Oscar come miglior film straniero.

dell'11 gennaio, e lasci che cominci con l'offrirle una parola di spiritosa consolazione che non ha incontrato i favori di un amico del mio ex servizio quando l'ho offerta a lui: in una democrazia sana, probabilmente non è desiderabile che i servizi di intelligence siano del tutto efficienti, o del tutto ammirati. L'*ewige Baustelle* ha molti architetti, e i clienti cambiano le loro richieste da un giorno all'altro. Poi non si placa mai l'eterno conflitto tra ciò che è conveniente e ciò che è eticamente tollerabile, e non si dovrebbe placare: si tratta dei principi stessi sui quali si fondano le nostre democrazie e – come credo di aver detto in precedenza – fino a questo momento la Germania vi si è attenuta molto più fedelmente della Gran Bretagna.

Comprendo appieno e rispetto il modo in cui rappresenta la posizione dei musulmani nella Germania di oggi, e gli atteggiamenti storici e culturali a questa collegati. Le differenze tra i nostri due paesi al riguardo sono probabilmente duplici:

1. Il cristianesimo, per come è praticato in Germania, non è più un concetto in Gran Bretagna. La partecipazione pubblica alla vita della Chiesa è minima, abbiamo una Chiesa anglicana che è enormemente sbilanciata verso l'alto (più vescovi che comunicandi e la regina in persona che presiede alla Chiesa) e una Chiesa cattolica che è frequentata in prevalenza da immigrati irlandesi (e da una minoranza di sopravvissuti a Enrico VIII in gran parte delle classi elevate...). Quindi, come forza politica, il cristianesimo qui è molto meno efficace rispetto alla Germania.
2. Il nostro passato coloniale (in gran parte vergognoso) ci ha fornito una conoscenza tradizionale, sebbene distorta, delle "persone di colore" dei nostri antichi possedimenti, e anche l'immigrazione ha una storia più lunga e una motivazione più chiara. Quanto a oggi, un *britannico su dieci* è di "razza" mista, e i confini culturali si stanno sfumando di conseguenza. Quindi la desiderata assimilazione di cui parlava a Oettingen sembra stia accadendo qui, sebbene a passo di lumaca. Sotto questo aspet-

to, l'elezione di Obama avrà, e sta avendo, un enorme effetto benefico sui tradizionali pregiudizi sociali.

Ma le cause della militanza e della rabbia islamiste, nel caso della Gran Bretagna, di sicuro risalgono a tempi molto anteriori rispetto al caso della Germania. Noi siamo all'origine di gran parte dell'attuale discordia: abbiamo promesso la Palestina a entrambi i contendenti, abbiamo accettato la divisione dell'India, e vi abbiamo assistito, e la creazione del Pakistan & del Bangladesh, abbiamo cospirato per far cadere Mossadeq e installare lo Scià, ci siamo resi ridicoli a Suez e di nuovo in Iraq; e con la creazione stessa dell'Iraq, in collusione con i francesi, abbiamo fabbricato una bomba a orologeria. I vincitori dimenticano, ma le vittime hanno la memoria molto lunga, e noi abbiamo pagato per questo, & *pagheremo* per questo, proprio come in Irlanda. [...]

E dunque, dal punto di vista inglese, sussistono storicamente forti motivi per farci odiare. Motivi, non scuse, per quello che tutti, giustamente, temiamo. Credo che entrambi siamo assolutamente d'accordo – & in realtà non penso che dissentiamo affatto – che non si possano affrontare i sintomi senza attaccare la malattia stessa; non decimando la popolazione della striscia di Gaza, ma con negoziati all'insegna di creatività e fermezza.

La ringrazio molto per avermi scritto pensieri così profondi e la prego di voler perdonare l'eccessiva lunghezza di questa lettera. A proposito, ho incontrato Peer Steinbrück[31] ad Amburgo e sono rimasto ad ascoltarlo fino alle ore piccole.

Alla fine non sono uscito particolarmente sollevato a proposito dell'attuale situazione economica!

Caro August, le mando come sempre i miei più sinceri saluti.

Il suo,
David

[31] Peer Steinbrück è stato il ministro federale tedesco delle Finanze dal 2005 al 2009.

IL NOSTRO TRADITORE TIPO

L'ultima volta che ho saputo qualcosa di Dima nella vita reale, stava cercando di spiegare alla polizia di Mosca cosa ci facevano nel suo seminterrato due uomini d'affari inglesi incatenati. Era scomparso dalla mia vita. Ma ha continuato ad aleggiare come personaggio di cui, un giorno, scrivere sviluppandolo.

Intervista del 2010 di le Carré con Robert Siegel di NPR

Il nostro traditore tipo è stato pubblicato nel settembre 2010: fu il primo romanzo di le Carré con il nuovo editore, Viking Penguin. Negli otto anni che seguiranno, pubblicherà tutti i precedenti libri di le Carré nella serie Penguin Modern Classics. In quel momento più che mai, la vita di le Carré avrebbe visto intrecciarsi un profluvio di romanzi e progetti cinematografici, spinti dalla casa di produzione fondata dai suoi figli Simon e Stephen, la Ink Factory. Dopo aver superato la boa degli ottant'anni, si impose uno straordinario ritmo di lavoro.

Nel 1993, durante le ricerche per La passione del suo tempo, *le Carré aveva conosciuto, nel suo nightclub di Mosca, un boss del crimine russo, Dima, che a quattordici anni aveva sparato all'amante della madre e «somigliava incredibilmente a Kojak». Sedici anni più tardi, Dima si fece strada in* Il nostro traditore tipo *nelle vesti di un uomo che riciclava denaro sporco per la mafia russa e al contempo cercava di tradirla. Per azzeccare la caratterizzazione precisa, le Carré spediva le bozze a Federico Varese, un criminologo di Oxford autore di* The Russian Mafia.

A FEDERICO VARESE

9 Gainsborough Gardens
London, NW3 1BJ

21 aprile 2009

Caro Federico,
le invio le prime cento pagine. Capirà molto in fretta quali sono le parti in cui mi serve il suo parere: le biografie precise e le origini di Anna & Dima, l'accuratezza sull'infanzia di Dima – potrebbe davvero aver scelto di restare nel gulag accanto alla madre? Io ne dubito, quindi ci serve un costrutto diverso, così come per la sua introduzione in una Fratellanza, e va deciso quale per renderla plausibile. Poi il primo fratello di Dima: io lo vedo come il *vor*[1] russo di Roma che lei mi ha descritto & immagino che Dima e il suo primo fratello (frase mia, va bene?) si stiano appropriando dei proventi & si siano messi nei guai con gli alti papaveri. In alternativa, che siano gli alti papaveri a rubare & Dima & il suo primo fratello lo abbiano scoperto.

Adesso il quadro più ampio: *la mappa* è un grafico delle operazioni di riciclaggio di denaro & della mafia che mostra come i fondi di tutte le operazioni illecite (armi/nucleare?/droga/traffico di esseri umani/estorsione/ri-

[1] *Vory*, la fratellanza del mondo criminale russo. Il termine deriva dall'espressione *Vory V Zakone*, «Ladri nella legge»; *vor* è il titolo di rispetto all'interno della mafia russa.

ciclaggio) vengano convogliati verso una banca centrale, e come questa banca (anche se non lo diremo ancora a Perry) si trovi a Londra (o ci sarà quando avrà ottenuto la licenza), dove ha il sostegno di "rispettabili" personaggi dell'establishment che saranno della partita oppure compensati in maniera diversa. La licenza che mi concedo – e qui avrò di nuovo bisogno del suo consiglio, o di quello di Lander – è quella di attribuire agli oligarchi pratiche criminali: per esempio, esiste un oligarca fittizio in Gran Bretagna che contribuisce a far concedere la licenza alla banca?

Per il momento direi che ha abbastanza da pensare. Vedrà quanto ho già attinto alle sue informazioni & non vedo l'ora di incontrarla, non appena sarà riuscito a leggere il materiale. Tutto è modificabile, nulla è inciso nella pietra.

Spero che Bruxelles sia stata gratificante. È andato per caso allo spettacolare museo africano di re Leopoldo? Una storia di orrori sotto mentite spoglie.

Con i migliori saluti a voi tutti –
David

P.S. Naturalmente conservo le copie di queste lettere!

Le Carré e Varese si incontrarono per discutere di persona le bozze, ma in un'e-mail del 28 aprile 2009, Varese gli anticipava: «Il tema generico della mafia russa che si fonde lentamente con lo stato è corretto nei fatti e realistico nel romanzo (e rispecchia ciò che David dirà di questo paese). I vecchi mafiosi o accettano di diventare subordinati agli interessi dello stato in Russia, oppure vengono estromessi». Suggerì che Dima si potesse essere infatuato di Anna dopo che la donna era stata assunta nella clinica privata di sua proprietà.

Ann, la prima moglie di le Carré, sposata con Roger Martin, morì il 2 giugno a settantasei anni. Ann e Roger erano andati in Cornovaglia per l'eclisse solare nell'agosto del 1999, poi per il matrimonio di Nicholas Cornwell, tra gli altri eventi che coinvolgevano la famiglia allargata.

A ROGER MARTIN

9 Gainsborough Gardens
London, NW3 1BJ

3 giugno 2009

Caro Roger,
nessuno avrebbe potuto essere un marito più leale, onorevole e attento per Ann, in salute & in malattia, né un amico più costante e un sostegno per i suoi/nostri figli, i tuoi figliastri. Tutti noi sappiamo con quale pazienza e coraggiosa fermezza tu l'abbia assistita in questi ultimi anni, difficili e dolorosi, e credo che tutti noi vorremmo ringraziarti di cuore: per primi Jane & io. Quindi ti mando le mie particolari, e oso dire fraterne, condoglianze, il mio grazie e il mio apprezzamento.

Non sono certo che, sotto alcuni aspetti, non sia stato meglio così. Ann aveva dimostrato un coraggio che va oltre il coraggio, esattamente come ci si poteva aspettare da lei, ma il dolore per le ripetute operazioni & l'accumulo di tanti medicinali, oltre al puro costo spirituale di trionfare su tanta sfortuna, negli ultimi mesi era evidente che avevano esatto il loro tributo, o almeno così ci era sembrato. E in tutto questo, tu sei rimasto al suo fianco, allontanando le ombre che si avvicinavano, da un uomo estremamente leale. È stata una soddisfazione per lei, e tale rimarrà per tutti noi, essere riuscita a riconciliare tutti, orgogliosa di averlo fatto; che abbia trovato – o quasi, credo – nel suo cuore la forza di perdonare la mia defezione e di godere dell'amicizia che noi quattro abbiamo mediato & costruito con tanto successo. Siamo diventati ciò che lei più desiderava: una famiglia allargata genuina, quasi un modello, unita dal buon cuore & da esigenze pratiche. Qualcosa che in realtà è diventato quasi magico per lei, e sorprendente: la presenza dell'amore sotto nuove forme, che si esprime nel corso del tempo e si approfondisce anziché vacillare. In tutto questo il tuo contributo resta inestimabile. E, in quello stesso spirito, la mia gratitudine & il mio affetto incondizionati, & un lutto condiviso.

Come sempre,
David

A JEAN CORNWELL

9 Gainsborough Gardens
London, NW3 1BJ

4 giugno 2009

Cara Jeannie,
avrai saputo la triste notizia di Ann, e puoi certo immaginare lo scompiglio che è seguito: quattro figli sposati, quattordici nipoti [...]

È ben strano essere un ex marito in lutto, & non è una parte facile da interpretare, e immagino sia altrettanto strano essere la seconda moglie del primo marito, o il secondo marito di una moglie defunta che riceve una tale moltitudine di persone in lutto, ma eccoci qui. Quanto a me, ho la sensazione di essere in lutto e ridacchiare allo stesso tempo. Conosci la sensazione? Le emozioni vere sono così distanti dalla loro espressione cerimoniale che c'è sempre una sorta di vuoto umoristico nel quale cadono le persone debolmente ancorate alla realtà...

Il mistero riguarda chi eri *allora*, non chi sei adesso. La cosa certa è che i ragazzi sono sconvolti dal dolore e decisi a fare bella figura e, da padre, auguro loro di riuscirci. In un certo senso sono anch'io sconvolto dal dolore, anche se ho abbandonato quel rapporto circa duecento anni fa, e l'ho tenuto insieme per il bene della famiglia, per buon senso e per antico affetto.

Le nostre notizie, in contrasto con la situazione, sono straordinariamente buone, nel senso che ho un nuovo romanzo che procede bene, non abbiamo segni evidenti di malattie, Brad Pitt ha appena acquisito i diritti de *Il direttore di notte*, uno dei miei primi romanzi, per produrlo & interpretarlo, il che è ovviamente una lotteria; altri tre libri sono in pista per diventare film, e uno comincerà a breve, poi la faccenda della BBC 4 (radio) sembra andare bene & verrà trasmessa – riesci a crederci? – fino a maggio del prossimo anno.

Domani partiamo per Berna, dove dovrò tenere un discorso in tedesco nella cattedrale per celebrare la fondazione dell'Università. Di recente mi hanno conferito un dottorato per essere stato il loro studente più inutile di sempre, per dieci mesi... e andremo a Parigi per la finale maschile dell'Open di tennis perché nel mio nuovo romanzo una scena è ambientata lì. Poi (giovedì prossimo) torniamo, & verremo a trovarti subito dopo. Mi dispiace essere stato negligente, ma eravamo sepolti in Cornovaglia mentre scribacchiavo.

Tony è emerso per esprimere il suo dispiacere. Compirà 80 anni in agosto. Accidenti.

Perdona questo scriba prolisso, ma a volte le lettere sono più divertenti. Ti pensiamo spesso & ti mandiamo il nostro affetto.

David

A FEDERICO VARESE

Via e-mail

3 luglio 2009

Oggetto: manoscritto

Caro Federico,
lunedì le manderemo le prime 170 pagine circa, molto rivedute e ristrutturate. Le sarei molto grato se potesse sciropparselo tutto ancora una volta. Vedrà che ho compresso e riordinato la storia in modo che abbia maggiore forza

narrativa e spero che questo non sia avvenuto a spese della credibilità in settori di cui lei è il re. In questo caso non avrebbe che dirmelo.

Ogni romanzo ha un capitolo che fa da spartiacque, e in questo è il 6.[2] Dal punto di vista creativo, da qui in poi la scrittura è tutta in discesa: Parigi, Berna, intrighi burocratici a Londra, cupi propositi.

Anche i capitoli in arrivo conterranno negoziati con Dima al suo ritorno da Mosca, e ancora una volta mi rivolgerò a lei. Nel frattempo, attendo la sua risposta.

[...]

Con il nostro affetto a lei e alla sua famiglia.

Cari saluti,
David

Ralph Fiennes fu il protagonista de Il giardiniere tenace*, uscito nel 2005, uno dei film di maggiore successo di critica e di pubblico tratti da un romanzo di le Carré. Al termine delle riprese, le Carré diede a Fiennes una mappa dell'Africa orientale, acquistata da Bryars & Bryars in Cecil Court, dove era un cliente abituale. Aveva appena consegnato* Il nostro traditore tipo.

A RALPH FIENNES

Tregiffian
St Buryan
Penzance
Cornovaglia

7 ottobre 2009

Caro Ralph,
avrei dovuto ringraziarla molto tempo fa per la sua buffis-

[2] Nel capitolo 6 de *Il nostro traditore tipo*, Perry Makepiece descrive il suo incontro con Dima, il russo, a Hector Meredith, il funzionario dell'intelligence britannica.

sima lettera dalla Svizzera: gli svizzeri sono *davvero* strani. Non ho mai conosciuto un altro paese in cui tanti cittadini si conformano agli stereotipi nazionali. Nelle novelle satiriche del 19° secolo di Gottfried Keller sono stati rappresentati a meraviglia; mi sembra che il titolo sia *La gente di Seldwyla* & vale la pena dargli un'occhiata perché nessuna delle battute è datata.

Le nostre notizie sono buone & spiegano il mio silenzio. Ho appena consegnato un romanzo che mi piace abbastanza, per una volta scritto per intero qui, con zero vita sociale & andando a letto alle 21.30, quindi non certo una ricetta valida per l'ispirazione, ma qualcosa che si è sviluppato strada facendo. L'ultimo libro che ho scritto senza alcuna ricerca, viaggio o coinvolgimento emotivo improvvisato è stato *La talpa* & avevo portato le prime 300 pagine sulla scogliera e le avevo bruciate per la frustrazione: la classica bugia dell'autore per farsi compatire, visto che Jane ne aveva una copia. In ogni caso, non appena sarà in bozza gliene invierò una copia, solo per divertimento, & temo che sia tutto qui, perché per una volta non credo che ci sia un personaggio che la possa attirare, mentre in quasi tutti gli alti libri ce ne sono almeno tre nei cui panni la vedrei!

L'altra intestazione di questa lettera potrebbe essere "I miei progetti cinematografici" e, come sempre, sfiorano la farsa. Peter Morgan ha scritto una sceneggiatura per il film de *La talpa* che nessuno ha usato, e io meno di tutti. La risposta da parte di tutti i registi sembra essere stata: "perché riprendere cose fatte da Alec & come potremmo farlo meglio?", & non ci riescono. Adesso Morgan sembra essere uscito di scena e un regista-vampiro svedese (?), tale Alfredson (*Lasciami entrare*) è stato ingaggiato con nuovi sceneggiatori. (Questo è tutto Working Title – Universal). Ho visto il suo film, e sarà davvero interessante capire come se la cava con i maggiori di 14 anni.

Il canto della missione è stato offerto – Curtis & Wade?[3] – &

[3] Neal Purvis e Robert Wade, sceneggiatori che hanno scritto insieme sette film della serie di Bond, hanno adattato *Il canto della missione*, ma al momento in cui scrivo non è ancora stato realizzato. Le Carré spesso rammentava male i nomi; è famoso l'episo-

non credo che qualcuno abbia abboccato. *Yssa il buono*, che davvero mi interessa, viene sceneggiato da Ronan Bennett, ma al momento non ha ancora deposto l'uovo. E Brad Pitt ha riesumato *Il direttore di notte* che sarebbe stato *perfetto* per lei – lo sarebbe tuttora – dalla palude contrattuale in cui si trovava e, stando alle notizie in mio possesso, dovrebbe uscire per il *Labour Day*, ma continuo a non sapere quando sia questo *Labour Day*: forse, se sapessimo quando è stato istituito, avremmo le idee più chiare.

Verremo a Londra per tutto il weekend per un'immersione totale in agenti, editori, Tim Bevan, vampiri svedesi, compleanni di famiglia e – finalmente – un paio di ristoranti decenti. A proposito, vediamo Annie CW[4] ogni volta che possiamo, è ancora in lutto stretto & combatte contro la solitudine. Solo Dio sa quanto lui manchi anche a me, come sono certo manchi a lei.

Se fosse disponibile e ne avesse voglia, che ne direbbe di un pranzo o una cena? Saremmo felici di cucinare noi, oppure potremmo uscire. Non ho idea di quali siano i suoi progetti professionali, quindi se dovesse trovarsi in qualche località remota e non ricevesse questa mia, non me la prenderò!

I migliori saluti, come sempre con affetto da entrambi,
David

dio in cui, al termine di una telefonata con Working Title, rimase perplesso per l'entusiasmo di tutti all'idea di essersi assicurati Barry Goldman – aveva chiamato così Gary Oldman [*N.d.T.*] –, un attore che lui non aveva mai sentito nominare, per la parte di George Smiley ne *La talpa*.

[4] Simon Channing Williams, il produttore de *Il giardiniere tenace*, era morto in aprile. Channing Williams, che viveva in Cornovaglia, era entrato nella vita di le Carré poco prima della morte del suo caro amico John Miller.

AD AL ALVAREZ

Via e-mail

26 ottobre 2009

Al,
ho pensato che ti potesse divertire. Ecco le mie regole di ingaggio per la Penguin in tutto il mondo. D

MANUALE D'USO
(Una guida utile per la Cura & Manutenzione di un vecchio strumento di scrittura.)

Per favore non offritemi:
– feste per il lancio dei miei libri, o dei libri di chiunque altro
– regali di compleanno e di Natale
– volumi alla memoria per sorprendermi in occasione del mio 80° compleanno fra due anni
– occasioni di celebrazione, cene di gala ecc.
– pranzi con editor influenti o giornalisti letterari
– proposte telefoniche alle quali rispondo invariabilmente di sì, lasciando poi a Jane il poco invidiabile compito di dire di no

Scritti, letture, pubblicità e comunicazione in genere:
– Scrivo tutti i miei libri a mano. Non so quasi battere a macchina, ma riesco a digitare le e-mail con un dito. Jane, e nessun altro, dattiloscrive per me la mia grafia all'infinito, ed è la mia compagna in ogni questione letteraria e professionale. La sua parola è la mia parola, e in genere è migliore di me. Quindi, se vi imbattete in Jane, non potreste trovare persona migliore, anzi siete in contatto con quella giusta.
– Leggo con estrema lentezza e probabilmente ho una dislessia che si è manifestata tardi. Nel corso di un anno riesco a leggere pochissimi libri, gran parte dei quali sono classici o saggi. Non leggo un giallo da secoli, e non so quasi nulla degli altri scrittori contemporanei, né del loro lavoro. Provo un vero disgusto per la "scena letteraria".

– Non presento mai i miei libri ai premi letterari (p. es. il Booker) e non intendo cominciare adesso.
– Quanto all'editing, scoprirete che sono esageratamente responsivo e dovremo trovare un modo per tenere la cosa sotto controllo. Suggerisco che tutte le questioni editoriali – da qualsiasi ufficio interno, e da qualsiasi parte del mondo provengano – siano dirette a un unico editor a Londra. Tra Regno Unito e Stati Uniti ci saranno differenze di comprensione e linguaggio e, finché si tratta di faccende di questo tipo, posso gestire una corrispondenza editoriale separata con New York. Ma qualsiasi cosa in rapporto con la narrazione, i valori, l'estetica, i personaggi, la costruzione ecc. – p. es. "mi sono perso tra pagina 83 e pagina 208" – dovrebbe per favore arrivarmi attraverso l'editor di Londra e non direttamente dagli States. A mio parere, il migliore editor è quello che fa la diagnosi in tutta libertà, ma non suggerisce mai come rimediare e non propone formulazioni alternative.
– Trovo confusionaria una molteplicità di contatti all'interno di una casa editrice. Se mi arriva la bozza di un blurb da una persona, la proposta per la copertina da una seconda e la richiesta di un'intervista da una terza, mi ritrovo a chiedermi chi sappia cosa e chi sia a capo del progetto.
– Io riscrivo in maniera compulsiva. È in questo modo che sviluppo un libro e si tratta di un processo che non termina fino a quando il romanzo ha superato diverse minute, seguite da almeno due giri di bozze.
– Il rapporto ideale con una casa editrice è quello che ho avuto per venticinque anni con Bob Gottlieb di Knopf attraverso il quale, dietro sua richiesta, veniva convogliato tutto. A me interessa molto il disegno della sovraccoperta, mi preoccupo per il layout, l'opacità e la durata della carta, e per come si parla del libro. Bob era come me, quindi non avevamo problemi.
– Se me ne viene data la possibilità, quindi, io sono una spina nel fianco per queste cose, ma c'è il mio agente che controlla tutto.

Pubblicità ovunque nel mondo:
– In questo caso suggerisco che si lavori solo attraverso il

mio agente. Non che rifugga la pubblicità, semplicemente mi esaurisce. Sarei uno scrittore molto più felice se, d'ora in poi, potessi vivere senza concedere interviste. Detesto apparire in televisione, non ho nulla da dire che già non sia stato detto – e probabilmente contraddetto – cento e più volte. Non condivido il punto di vista che l'esporsi al pubblico significhi vendere di più e la situazione mondiale mi deprime al punto che, se solo ne avessi la possibilità, ne fornirei un quadro desolante.

– In questo periodo il territorio più difficile per me è l'America, dove sono dipinto come anti-americano, anti-semita, anti-Dio e anti-più-o-meno-tutto-il-resto. Difendere quell'immagine è produttivo quanto dire: "No, non sono un pedofilo".

– Meglio lasciare che i libri parlino da soli.

– A 78 anni direi di aver trovato la mia vena creativa, ma non può durare per sempre. Se dovessi dedicare i prossimi dodici mesi a un libro che ho scritto, e non a quello che dovrei scrivere, sarebbe un vero peccato per tutti.

Recensioni:

– Mezzo secolo di recensioni mi ha insegnato che non c'è niente di nuovo sotto il sole dei critici. Nel mio nuovo romanzo, i cappelli bianchi troveranno tutto quello che serve per amarlo, i cappelli neri tutto quello che serve per oltraggiarlo. Con il passare del tempo, ci sono più disertori che convertiti.

– Jane legge le recensioni più importanti, poi me le riassume. Io lo faccio quando arriva il momento di trovare citazioni per l'edizione economica.

Il futuro:

– Per favore, non chiedetemi di cosa parla il prossimo libro. Ma mia risposta è sempre GOLF, uno sport che non pratico e che non aspiro a praticare.

E la cosa più importante:

– Il mio pseudonimo sfida le convenzioni grammaticali del francese e ha la "l" minuscola. Per motivi freudiani, con l'avanzare dell'età questa "l" minuscola è diventata un'ossessione. Vi prego di volermi accontentare e di chiedere lo stesso ai vostri corrispondenti.

Sono molto felice di essere con Penguin.

Le Carré, vicino agli ottant'anni, apprezzava molto il suo ruolo di nonno-paterfamilias.

A JEAN CORNWELL

9 Gainsborough Gardens
London, NW3 1BJ

13 gennaio 2010

Carissima Jeannie,
siamo andati in Cambogia alloggiando in un grand hotel a Siem Reap, nei pressi di Angkor Wat, dove ci sono quei meravigliosi templi, e ho portato con noi Nick & Clare. Dopo 5 giorni abbiamo preso un volo per Bangkok, poi su fino a Chiang Mai, dove Simon & Mimi hanno costruito una splendida (e *grandissima*) casa tradizionale thailandese fatta di legno di sequoia, per fortuna con una dépendance molto occidentale che ha l'aria condizionata. Nick & Clare hanno dormito nella stanza degli ospiti – una sorta di casetta isolata nel cortile –, Jane & io qualche chilometro più avanti lungo la strada in un'altra casa piccolissima, ma molto comoda, sul terreno di un grande albergo, vuoto e bruttissimo, dedicato alla contemplazione buddista, ma non abbiamo mai visto qualcuno contemplare qualcosa di diverso dalla prima colazione.

Abbiamo cavalcato gli elefanti, girato per templi isolati, visitato una caverna piena di altari buddisti e mangiato a sfinimento i superbi piatti thailandesi. Ma la cosa più bella è stato l'incanto di una festa di Natale in famiglia assolutamente felice, che si è svolta all'aperto, alla luce delle candele e della luna, con Simon che ha cucinato un tacchino della Nuova Zelanda e servito il suo Christmas pudding fatto in casa e portato da Londra, i camerieri gentili e timidi, e Mimi nella sua veste thailandese che presiedeva splendidamente su tutto, & i loro due figli che hanno legato con Nick & Clare, mentre Jane & io eravamo più o meno ammutoliti dalla magia dell'insieme.

Adesso ci saranno eventi straordinari con tutta la famiglia. Domenica prossima festeggiamo il 18° compleanno di Danny, il figlio minore di Simon & Mimi. Tim e Alice verranno in aereo da Edimburgo, Stephen è arrivato qui dalla California per motivi che ti spiegherò a breve, e ci saranno anche Nick & Clare. Questo significa che saranno presenti tutti e quattro i miei figli per la prima volta dopo il funerale di Ann. Abbiamo prenotato due grandi tavoli rotondi a una brasserie di Camden, ma non ci sarà la torta per Danny, visto che il vero compleanno sarà un paio di giorni dopo & Mimi desidera prepararne una personalmente.

Stephen è qui per co-produrre con Simon il film del mio nuovo romanzo, che verrà pubblicato in ottobre (il titolo è *Il nostro traditore tipo*), e anche il film del mio ultimo romanzo, oltre a diversi progetti che, a loro parere, potrebbero decollare. Hanno chiamato la loro società "White Hare",[5] perché è il nome della pista di sci a Wengen dove hanno avuto l'idea di diventare produttori. Nel frattempo Simon resterà nella società di venture capital, ma ridurrà il lavoro quando decolleranno le produzioni. Certo, ha esperienza nella raccolta di finanziamenti & nella gestione degli aspetti commerciali delle aziende, ma ha tenuto davvero viva anche la sua creatività. Anche le sceneggiature di Stephen hanno cominciato a fruttare e a dargli di che vivere: al momento ha un film in fase di riprese a Berlino con Liam Neeson come protagonista & un cast pieno di divi. Loro due insieme prenderanno a poco a poco tutti i miei titoli mai tradotti per il cinema – & persino alcuni già realizzati, ma di cui è possibile fare un remake – e spe-

[5] White Hare divenne poi the Ink Factory.

ro che, a tempo debito, Tim contribuirà con il suo talento alle loro imprese. Tutti gli àuguri sono positivi, & loro sono molto soddisfatti di se stessi!

Nel frattempo Nick ha finito il suo nuovo romanzo & lo sta editando prima che il suo agente lo proponga. Il suo agente lo trova molto valido. Clare, la moglie di Nick, in questo periodo si espone molto nella campagna per i diritti civili, e gestisce Reprieve con notevole abilità.

Quindi, in breve, siamo in ottima forma, con forti canali di comunicazione positiva tra tutti i ragazzi, il che mi fa molto piacere.

È stato bello vedere Charlotte poco prima della sua partenza. Sembra avere molto chiaro cosa vuole fare del suo futuro, ma credo che potrebbe avere qualche problema lasciando la sua università, dove è diventata una risorsa di elevato profilo nel dipartimento delle arti, e un perno delle loro pubbliche relazioni. Immagino che, nel momento in cui darà le dimissioni, le faranno un'offerta impossibile da rifiutare! Forse le daranno una promozione e più tempo per recitare e venire nel Regno Unito. È solo un'intuizione, ma vedremo. In ogni caso, il suo lavoro lì ha avuto un enorme successo & devi essere molto orgogliosa di lei, così come lo siamo noi tutti.[6]

Poi l'ultima cosa – te lo dico in confidenza – è che alla fine di marzo mi daranno un premio del "Sunday Times", proprio quello tra tutti gli orribili giornalacci, per "eccellenza letteraria". Ma è una cosa grossa e lo riceverò allo Sheldonian Theatre di Oxford, prima di una cena co-sponsorizzata dalla Bodleian Library, alla quale andranno tutte le mie carte & i manoscritti. L'elenco dei vincitori precedenti è stato irresistibile. Ma non ci sarà alcun annuncio fino a metà marzo. Quindi ecco qui.

Jane & io verremo a trovarti quando Stephen rientrerà in California alla fine del mese. Nel frattempo, visto che so che ti piace ricevere lettere, eccone una con tanto affetto.

[6] Charlotte faceva parte del corpo docente della Scuola d'arte drammatica della University of Southern California, dove è stata fondamentale per la creazione del loro Master of Fine Arts in recitazione.

Jane si unisce a me – e ti facciamo anche gli auguri di Buon Anno! Così come a noi tutti.
Con affetto,
David

Jean Cornwell morì nel 2013 a novantasei anni. David, Charlotte e Rupert Cornwell parlarono alla cerimonia in sua memoria. «Ho sempre pensato alla mamma come a un riassunto vivente della storia del ventesimo secolo» disse Rupert. Nata subito prima della conclusione della battaglia della Somme, e avendo vissuto la Grande depressione, gli aveva fatto visita in Unione Sovietica al tramonto della guerra fredda. La definì «un'inconfondibile signora inglese coraggiosa, amorevole, fieramente leale, protettiva e, a volte intrattabile».

Agente di le Carré dal 2008, e amministratore delegato del Curtis Brown Group. Nel 2013 Penguin avrebbe pubblicato l'edizione del cinquantesimo anniversario de La spia che venne dal freddo.

A JONNY GELLER

9 Gainsborough Gardens
London, NW3 1BJ

31 marzo 2010

Caro Jonny,
introduzione a *La spia*...

Ci ho pensato molto, e sai che non mi sottraggo al lavoro. Ma sono sempre più convinto che ulteriori introduzioni da parte mia non sono il modo per rendere più interessante la pubblicazione di Penguin, e nemmeno più commerciale. Cerco di mettermi nei panni di un giovane, o anche di una persona più anziana di me, che ne acquista oggi una copia. Che cosa vorrei leggere? Non certo i tormenti dell'autore, o il resoconto di come ha scritto il libro – di certo pretestuoso –, ma qualcosa a proposito del contesto storico, dell'eversione comunista & della contro-eversione occidentale di cinquant'anni fa: dell'umiliazione di Kennedy a Vienna nel periodo subito precedente la costruzione del Muro; delle tensioni nelle ore di quel confronto cruciale a Berlino che pervade il libro. Meglio che la scriva un bravo storico contemporaneo e non io: un Roberts, un Garton Ash o chiunque Adam[7] scelga come scrittore di "terze parti". In breve, a mio parere la pubblicazione ha bisogno di più pensiero e dibattito di quello che posso dare: anche il problema se sia meglio metterlo in forma di epilogo e non di prologo merita una riflessione. La mia sensazione, tuttavia, è: *escludere* l'autore e *inserire* una voce valida, che abbia l'autorità storica necessaria a contestualizzare il libro nella sua epoca a beneficio di una nuova generazione di lettori.

Hai sentito il mio discorso a Oxfd: e certo, potrei estrarne dei passaggi – essere stato a Bonn, essere andato a Norimberga, ecc. – e anche la faccenda di Roger Hollis[8] –, ma sono sempre più dell'idea che sia giunto il momento in cui una persona interessante debba parlare al mio posto. Compriamo *davvero* un Graham Greene solo perché c'è "una nuova introduzione dell'autore"? Io no di certo. Potrei solo con una nota critica di V.S. Pritchett.

Sono ben conscio che Adam ritiene di dover ottenere di più per il denaro che spende, ma non sono certo che in questo caso abbia bisogno proprio di me. Lascio comunque l'ultima parola a te, & io l'ascolterò con attenzione.

Con i migliori saluti, come sempre,
David

Le Carré scrisse un'introduzione per l'edizione dell'anniversario, intitolata Cinquant'anni dopo. *«Ho scritto* La spia che venne dal

[7] Adam Freudenheim, editore di Penguin Classics, Modern Classics e Reference.

[8] Allo Sheldonian di Oxford, le Carré raccontò due storie familiari. La prima di come, nel 1961 a Norimberga, partecipando da giovane diplomatico a un raduno del Partito socialista tedesco, avesse sentito le avvisaglie di eventi che si stavano preparando a Berlino (si veda la nota 13 a p. 155). La seconda di quando, a metà degli anni Sessanta, Sir Roger Hollis, ex direttore generale dell'MI5 sospettato di essere una spia sovietica, si era rifugiato a casa di le Carré nel Somerset, standosene seduto a leggere il giornale, tra un interrogatorio ostile e l'altro.

freddo *a trent'anni, in uno stato di intenso stress personale di cui non ho mai fatto parola con nessuno, e nel più assoluto riserbo»* scrisse. *«Funzionario dell'intelligence sotto copertura come diplomatico all'ambasciata britannica di Bonn, ero un mistero per i miei colleghi e, per buona parte del tempo, anche per me stesso.» Il libro, diceva, era «il frutto di un'immaginazione ribelle portata allo stremo dal disgusto per la politica e dalla confusione personale».*

A TONY CORNWELL

9 Gainsborough Gardens
London, NW3 1BJ

18 maggio 2010

Carissimo To,
senza dubbio rammenterai la vecchia storiella di quel preside che manda una circolare ai genitori dei suoi alunni per comunicare, rammaricato, che la retta sarebbe aumentata di 500 sterline *all'ano*. Un genitore rispose che la retta se la poteva ficcare su per il naso. Non sto dicendo che questo abbia a che vedere con il modo in cui ti nutrono, ma sono abbastanza perplesso, anche se non sono un medico, su come diavolo riescano a darti un pasto decente facendolo arrivare direttamente allo stomaco. Ci vedo un'intera catena di montaggio all'opera: chi taglia il roastbeef, chi fornisce le verdure fresche, chi prepara gli Yorkshire pudding, gli specialisti del *plum-duff*, tutti che si danno il cambio al frullatore per dare il loro contributo, poi il lungo e lento processo di gocciolamento ("Merda, abbiamo dimenticato il rafano?", "No, eccolo qui, e mettiamoci anche un po' di senape Coleman già che ci siamo") e, a poco a poco, Tony ha il suo pasto.

Noi siamo tornati stamattina dalla Scozia con un vagone-letto allo spuntare dell'alba e adesso siamo in attesa dell'attacco degli Alieni: registi, editori, pubblicisti e tutto l'esercito mercenario di chi ti distrae e si vuole assicurare che tu non faccia niente di fruttuoso fino a metà settembre, quando qui uscirà il nuovo libro. Credo davvero che, se avessi promesso loro di andare in tour pubblicitario per questo romanzo per tutto il resto della vita, senza scrivere più, sarebbero stati assolutamente contenti. Gli editori – tutto il settore a dire il vero – vivono solo per poter mangiare la sera. Il che mi riporta allo scopo di questa lettera, ovvero augurarti il vero coraggio mentre scendi in guerra, e mandarti il mio affetto, da parte di entrambi, e invitarti a scatenare l'inferno se il roastbeef è troppo cotto.

Con tutto l'affetto,
D

Nel 2010 Al Alvarez venne premiato con la Benson Medal dalla Royal Society of Literature.

AD AL ALVAREZ

9 Gainsborough Gardens
London, NW3 1BJ

Sonntag,[9] fine maggio 2010

Caro Al,
le mie spie mi hanno riferito che la RSL ha deciso di conferirti un'onorificenza molto ambita, e di conseguenza ti scrivo in tutta fretta per commiserarti. Le onorificenze sono una rottura. Le lusinghe sono una rottura. Il riconoscimento va bene per i pennuti. D'altra parte è bello piacere a persone che, nel complesso, sanno distinguere un culo poetico da un gomito letterario. Ed è bello per gli amici, che sono stanchi di dire invano cose carine di lui, lasciare che siano altri idioti a farlo per loro.

Con affetto,
David

[9] "Domenica" in tedesco. [*N.d.T.*]

Lo scrittore e biografo Adam Sisman vinse nel 2001 il National Book Critics Circle Award for Biography per Boswell's Presumptuous Task: The Making of the Life of Dr Johnson. *La sua biografia dello storico Hugh Trevor-Roper fu pubblicata nel 2010.*

A ADAM SISMAN

9 Gainsborough Gardens
London, NW3 1BJ

15 luglio 2010

Caro Mr Sisman,
mi lasci dire anzitutto che ero sul punto di andare da Waterstone's a Hampstead per comprare il suo libro su H T-R quando è arrivata la sua lettera: e la ringrazio per quella e per ciò che gentilmente dice del mio lavoro. Come potrà immaginare, sono molto combattuto su come rispondere: lusingato dal suo interesse, che per me è una consolazione, dato che ho ricevuto lettere analoghe da biografi che non stimo particolarmente e, come dice lei, credo sia meglio incontrarci & esplorare le possibilità. Sussistono enormi intralci: la mia caotica vita privata, la scomparsa di tante persone con le quali ho lavorato o che conoscevo, e la mia solita riluttanza a parlare della mia carriera nell'intelligence, molto limitata & affatto spettacolare. A quanto vedo lei trova ovunque disillusioni, così come i suoi lettori, e io, com'è ovvio, mi preoccupo per i miei figli & i nipoti, molto probabilmente senza necessità. In ogni modo, incontriamoci e parliamo, se non altro per riferirle la versione più lunga del mio rapporto con H T-R, dal quale esco come un idiota peggiore di quello che lui descrive.[10]

Non ho letto il suo *Hugh* dall'inizio alla fine, l'ho solo sfogliato, ma mi permetta di congratularmi per la splen-

[10] Hugh Trevor-Roper aveva descritto la prefazione di le Carré a un libro su Kim Philby del Team Insight del "Sunday Times" definendola «insulsa e volgare... un esercizio di odio classista retorico e pretenzioso che non tocca alcun punto dei fatti».

dida accoglienza che ha avuto, e la ringrazio di nuovo per avermi scritto. Come H T-R, le augurerei di scrivere senza moderazione, forse è quello il problema!

Con i migliori saluti,
David Cornwell

P.S. [...] Immaginiamo di restare a Londra per gran parte dell'estate – ci siamo anche adesso – ma ho un nuovo romanzo in uscita in sett., & 5 dei miei libri pare abbiano in preparazione una versione cinematografica (uno verrà girato già in ottobre) –, quindi siamo qua e là. Sarei molto lieto di offrirle un pranzo se dovesse venire qui. Saluti D.

A SIR JOHN MARGETSON

Tregiffian
St Buryan
Penzance
Cornovaglia

3 agosto 2010

Caro John,
[...]
Novità. Un certo Adam Sisman, che ha appena scritto un'eccellente & apprezzatissima biografia di Hugh Trevor-Roper, scriverà la mia, e immagina che ci vorranno quattro anni. Io prendo quanto più possibile le distanze [...] e invito i miei conigli, amici e parenti a decidere se vorranno parlargli, & in quali termini. Lui, però, mi piace e accetto di buon grado il suo tentativo, per quanto possa essere doloroso & imbarazzante nel breve termine. Ha già passato 10 ore con Charlotte, & ha fatto visita a Jeannie, la madre di Charlotte, nella sua casa di riposo, & ha contattato mio fratello Tony a Seattle. Ha in programma di fargli visita in ottobre se Tony sopravvive alle attuali cure per il cancro. Se tu & Miranda avrete voglia di parlargli, sareb-

be un bonus, visto che ho pochi amici, & che ancora meno sono sopravvissuti a lungo quanto te!

Al momento Nick & Clare sono qui con noi; Tim è tornato ieri dagli Stati Uniti; Simon rientrerà dalla Thailandia la prossima settimana; Steve potrebbe arrivare in settembre per i film che stanno producendo. Io ci spero.

Sono felice che tu abbia incontrato Jessie.[11] È una vera diva. Lavorare al teatro catalano non è la mia idea di una vita artistica semplice, ma sta per fare il *runner* per il film tratto da *La talpa* che inizierà le riprese verso la fine di sett: non oso immaginare come reagirà quando i direttori delle unità le urleranno dietro & dovrà trottare per 16 ore al giorno...

Tanto affetto a entrambi, come sempre
David

P.S. Ti ho detto che ho rifiutato un K?[12] Va bene per i dipendenti pubblici, ma non per artisti, scrittori e simili.

Il poliedrico storico irlandese Owen Dudley Edwards era editore di Oxford Sherlock Holmes.

AL PROFESSOR OWEN DUDLEY EDWARDS

Inoltrato da: Tregiffian
St Buryan
Penzance
Cornovaglia

20 novembre 2010

Caro Owen,
la ringrazio molto per la sua generosa e affascinante lettera. Il *Traditore* ha avuto buona accoglienza negli Stati

[11] Jessica Cornwell, la nipote più grande di le Carré. Il suo saggio *Birth Notes: Fragments of Motherhood* è stato pubblicato a maggio 2022.
[12] Probabilmente *Knighthood*, la nomina a cavaliere (MBE o OBE). [*N.d.T.*]

Uniti & sta vendendo bene in Europa – in particolare in Germania, dove vende anche meglio – e qui in maniera decente, & il Natale aiuterà: ammesso che tutto questo abbia importanza. Ma in realtà *è* importante, perché i romanzi con un minimo di pretesa di contenuto serio vivono un periodo difficile, e le case editrici sono ipersensibili in proposito. Non oso immaginare cosa debba significare essere uno scrittore debuttante di questi tempi: mio figlio, che scrive con lo pseudonimo di Nick Harkaway, ha avuto recensioni stellari per il suo primo libro, e ha venduto una miseria, qui & negli States. I cosiddetti "grandi" autori – ovvero quelli che vendono moltissimo come Grisham & Co – stanno assistendo a una riduzione delle vendite del 30-40%. Il mondo degli e-book si sta aprendo velocemente, ma molte case editrici – compresa la mia, la Penguin – chiedono una fetta così grossa della torta che gli agenti letterari (compreso il mio) non accettano, con il risultato che le vendite sono praticamente decise a tavolino. Le mie non sono lamentele – scrivere mi dà ancora tante soddisfazioni – ma semplicemente un rapporto dal fronte che non viene quasi mai espresso ad alta voce & che vale la pena di conoscere.

Mi ha stuzzicato il suo riferimento a Graham G. e, no, per quanto il lavoro mi possa tentare, non sto per diventare un vescovo anglicano, nonostante la prospettiva di un alloggio eccellente & di una pensione decente. (Dato che non credo molto in alcunché, ho delle ottime qualifiche.) Conoscevo poco Greene, & mi metteva soggezione, ma non ho mai creduto al suo fervore cattolico. Come strumento letterario funziona in una certa misura, ma nella narrativa conviene di più negare Dio – Camus & Co – e lasciare che la moralità si batta senza di lui. Qualcuno forse ricorda Greene, sul lato *sbagliato* del Muro di Berlino, dire che avrebbe preferito stare là che non qua? Lui che viveva ad Antibes e si era innamorato dei dittatori dell'America centrale? In genere i romanzieri sarebbero uomini politici stupidi, ma Greene era di una classe a sé...

Farò tesoro della sua lettera, e la ringrazio di nuovo per averla mandata. Che cosa c'è adesso sul mio comodino? *Le due città* & i racconti di *Sherlock Holmes*, il che le dimostra quanto sia aggiornato! – e R L Stevenson *sempre*.[13]

Con i migliori saluti,
David

Il regista svedese aveva contattato il produttore Tim Bevan dopo aver saputo che la sua azienda Working Title avrebbe girato La talpa. *Il suo film, che vinse il* BAFTA, *era molto diverso dalla serie televisiva, un «miracolo di compressione» del romanzo di 349 pagine, una ricostruzione d'epoca su un asfissiante tradimento maschile con Gary Oldman nei panni di un malinconico Smiley.*

A TOMAS ALFREDSON

Tregiffian
St Buryan
Penzance
Cornovaglia

12 luglio 2011

Caro Tomas,
avrei aspettato di vedere l'ultimissimo montaggio de *La talpa* con tutti i crismi, ma probabilmente arriveremo a Londra non molto prima dell'uscita del film e, in ogni caso, ho visto a sufficienza per sapere che lei ha prodotto una meravigliosa opera d'arte, un vero capolavoro del cinema: il film del film, la cosa migliore realizzata basandosi sulla mia opera dai tempi della realizzazione del suo fratello maggiore per la TV, e perfetta di suo. Non avevo bisogno dell'entusiasmo di tutti gli altri che lo hanno visto, o degli attori che lo hanno interpretato, per capire quanto sia valido, o per comunicarle con quale intensità abbia apprezzato le sottigliezze e

[13] Le letture preferite di le Carré ai suoi figli comprendevano il racconto di Stevenson *Il diavolo nella bottiglia*. Disse inoltre che il primo giallo che avesse mai letto era *La banda maculata* di Sir Arthur Conan Doyle.

le ombre. (Ma è comunque entusiasmante averle tutte! La lettera di Colin Firth, quella di Jonny Geller e i peana di ammirazione dei miei figli non mi deprimono certo!)

La cosa che ho più apprezzato credo sia l'arco narrativo, grazie al quale la storia si regge in piedi da sola: le passioni e gli smascheramenti dell'ultimo istante, e l'incontro di tutti i filoni. (Solo lei avrebbe potuto mettere un'ape nella macchina di Mendel.) Certo, ci sono sequenze straordinarie di recitazione & regia da virtuosi: il dialogo di Gary con la sedia vuota, il monologo alla Brando di Tom Hardy dalla sua sedia; il momento strappalacrime del contatto visivo degli innamorati tra Prideaux & Haydon, rapidamente seguito dalla vendetta dell'amante; sono certo che gli appassionati di cinema non smetteranno di rivederli negli anni a venire. Ma quello che tutti apprezziamo molto non è la singola scena, ma l'insieme, ed è questo che in fin dei conti rende il film tanto valido. Non si tratta di un insieme di performance, ma di un grande risultato & sono molto orgoglioso di averle fornito il materiale per operare la sua magia. Come è ovvio ha la mia gratitudine e, altrettanto ovviamente, la mia gioia. E, insieme a queste, la mia più sincera ammirazione e le mie congratulazioni.

Come sempre,
David

Gary Oldman aveva spedito a le Carré un'e-mail ringraziandolo per le «parole molto generose e lusinghiere» a proposito del film.

A GARY OLDMAN

Via e-mail

31 agosto 2011

Caro Gary,
sono venute dal cuore. Nel testo originale avevo scritto che, anche se non fosse piaciuto a nessun altro nel cinema, io

avrei comunque applaudito. Il mio agente, da vero sciocco, me lo ha fatto eliminare affermando che avrebbe incoraggiato la catastrofe. Io amo quel film, amo il suo Smiley, e questa è una costante. Sono rientrato ieri sera dalla Germania dopo aver accettato una patacca[14] [...] e tutti erano entusiasti del film. Avevamo organizzato le cose in modo che gli scribacchini che mi intervistavano lo vedessero in anticipo, e ne sono rimasti conquistati. Punto un centinaio di sterline a 10-1 che vincerà a Venezia. In quel caso le offrirò un pranzo. È un'interpretazione bellissima, bellissima.

I miei migliori saluti a lei e ai suoi
David

[*Il mese successivo, Oldman scrisse «che ne dice dei numeri del botteghino, eh?» e le Carré gli rispose il 22 settembre 2011.*]

I numeri sono davvero molto buoni, Control. Ci si sente un filino esposti.

Sì, molto desiderosi di parlare di *SP*.[15] Le mie fonti mi riferiscono che Robyn, Tomas, Peter e Tim[16] lo stanno leggendo tutte le sere prima di dormire. Ho proposto a Tim un modo migliore per entrare nella storia – basato su quell'atmosfera alla "prendete Karla" che aleggia alla fine de *La talpa* – e lui ha mostrato un chiaro interesse. La mia netta sensazione, e sospetto anche la sua, è che qualsiasi sequel di TTTS debba essere altrettanto splendido, coinvolgente e originale, e altrettanto maledettamente difficile, proprio come il suo predecessore, e non solo un TTTS2.

[14] Le Carré andò a Weimar per accettare la medaglia Goethe, consegnata a persone che hanno «reso servigi eccezionali alla lingua tedesca e al dialogo culturale internazionale». In questa città vissero Goethe, Schiller e altri scrittori del classicismo di Weimar. Dopo la pubblicazione di *Amici assoluti* nel 2004, il lettore dottor Christoph Werner di Weimar gli scrisse per chiedere quanto le Carré conoscesse la città. «Weimar è stata la mia Roma» rispose lui.

[15] *Smiley's people, Tutti gli uomini di Smiley.*

[16] I produttori Robyn Slovo, Peter Straughan, Tim Bevan e il regista Tomas Alfredson. Un sequel sotto forma di versione cinematografica di *Tutti gli uomini di Smiley* fu ritardato prima da progetti concorrenti, poi per problemi di diritti.

Mi fanno molte pressioni per evangelizzare il film negli Stati Uniti, ma devo resistere. Sono ripartito da zero per lavorare a un romanzo molto trascurato che, secondo le mie intenzioni, ormai avrebbe dovuto essere finito, e se lo ignorassi ancora per un po', sparirebbe tra le assi del pavimento.

In Cornovaglia c'è il sole ed è sereno. Buone more.

Con affetto a lei e ai suoi, e spero che la acclamino a gran voce.
Con i migliori saluti,
David

Burroughs, un californiano che viveva in Francia, era un ammiratore di le Carré e gli scrisse per oltre quindici anni, mandandogli recensioni, schizzi e, una volta, una bottiglia di vino locale. Nel 2011 gli spedì Nel cuore dell'oceano *di Nathaniel Philbrick, la storia della baleniera* Essex *attaccata da un capodoglio e ritenuta l'ispirazione per il* Moby Dick *di Melville. Burroughs rifletteva inoltre sulla propria ricerca di identità in Francia.*

A WILLIAM BURROUGHS

Tregiffian
St Buryan
Penzance
Cornovaglia

13 ottobre 2011

Caro Bill,
mille grazie per il Philbrick, che non avevo letto, & grazie anche per la toccante lettera, una di una serie di molte.

Da qui, mi ritrovo a chiedermi se la mia ricerca di identità (che non cessa mai) sia stata mal riposta per tutto il tempo. Non può essere giusto non aver conosciuto mia madre, ma sapere soltanto che mi ha abbandonato quando avevo cinque anni senza lasciare un recapito, & sto cominciando a esserne profondamente infastidito. È anche strano venire a sapere, attraverso il mio auto-proclamatosi biografo – un certo Adam Sisman, che non se ne sta con le mani in mano – altre faccende riguardanti mio *padre*: in particolare che, a 27 anni, mentre scontava una sentenza, era stato processato per un reato diverso e gli avevano comminato altri 8 mesi di *lavoro forzato*, una sorta di prigionia "aumentata" – per che cosa, lo sa Dio –, ma fa molto male sapere che c'erano persone che avevano deciso di rendergli la vita un inferno. Parliamo di mondi all'interno di altri mondi.

I miei migliori saluti a lei, Bill, alla sua famiglia & a tutti i suoi. È più che corretto sentirsi in imbarazzo quando le persone ti riempiono di attenzioni. Sarebbe strano il contrario.

Come sempre,
David

Tony, il fratello di le Carré, stava ancora inseguendo il sogno di pubblicare un romanzo.

A TONY CORNWELL

9 Gainsborough Gardens
London, NW3 1BJ

4 febbraio 2012

Carissimo To,
è strano, ma stavo per prendere in mano la penna per scriverti, anche questo weekend, quando è arrivata la tua lettera per la quale ti ringrazio molto. E naturalmente, quando arriverà il momento, noi – o meglio, Jane, ma comunque entrambi – ci saremo per editarlo. Suggerisco che lo si faccia alle tue condizioni, ma anche alle nostre: in altre parole, non credo che il nostro lavoro debba essere su contenuto o stile, ma solo sulla presentazione: punteggiatura, suddivisione dei paragrafi, dei capitoli e

il banale problema della comprensibilità, che a volte è un punto cieco per l'autore. Oltre questo, non penso che dovremmo mettere in dubbio l'uso degli avverbi da parte di V. Wolfe, o tua, e meno che mai la visione poetica o le interazioni. Quelle cose sono solo tue, & non hai bisogno che ti alitiamo sul collo.

A noi va tutto quasi troppo bene: a volte abbiamo le vertigini & più di quanto si possa affrontare se si vuole continuare a scrivere. Il sequel del film di TTSS è in realizzazione e regista, sceneggiatore & cast sono rimasti gli stessi, & stanno preparando la versione cinematografica di due altri libri, *Yssa il buono* e *Il nostro traditore tipo*. AMWM[17] si girerà in settembre ad Amburgo con Philip Seymour Hoffman come protagonista; OKT[18] seguirà, se tutto va bene. La gloria, però, sta nel fatto che i miei due figli maggiori, Simon & Stephen, hanno creato una loro casa di produzione & stanno andando molto bene. Nel frattempo, ho un romanzo che ha superato il punto critico, ovvero la metà, & secondo le previsioni dovrebbe essere pubblicato all'inizio del prossimo anno, & mi piace molto. Immagino che sarà il mio ultimo libro lungo.

Altre notizie: nostro figlio Nick (Harkaway) sembra aver centrato un altro bersaglio importante con il suo nuovo romanzo, *Angelmaker* (*Knopf* negli Stati Uniti) e in maggio uscirà un suo saggio che parla di internet. Siamo molto orgogliosi di lui, & ha trattato con molta eleganza la Questione Padre.

Mentre sto scrivendo, il film di TTSS ha ottenuto 3 nomination agli Oscar & 11 ai BAFTA – l'equivalente inglese – &, come è ovvio, tutto il sistema è carico di pregiudizi & anche di peggio. Ma ho voglia di vincere una corsa truccata? Chissà cosa ne penserebbe Ronnie, ma per quanto riguarda gli Oscar è un no-win (tranne, *forse*, per il migliore adattamento da un romanzo) & anche sul fronte dei BAFTA

[17] *A Most Wanted Man*, ovvero *Yssa il buono*. [*N.d.T.*]
[18] *Our Kind of Traitor*, ovvero *Il nostro traditore tipo*. [*N.d.T.*]

ci sono rischi provenienti da *The Artist*, che mi è piaciuto molto. In ogni caso è tutto davvero divertente.

Se vivi abbastanza a lungo in questo paese, e non offendi la regina, diventi una persona importante, ma io ho rifiutato le onorificenze nazionali, grazie a Dio, e non sarò mai Sir D, Lord D o re D, & ho accettato un D.Litt, *doctor literarum*, da Oxford quest'estate, il che comporta travestirsi da vecchio salmone con cappello.

È stato molto strano veder riesumare un libro[19] di quasi 40 anni fa, & abbastanza destabilizzante: "Ehi, fermi tutti, da allora ho scritto un paio di altre cose!". Ed è anche strano avere un "Ispettore in casa"[20] nella propria vita sotto forma del gentile Adam Sisman, che va in giro a suonare campanelli del tuo passato & non sempre con risultati molto edificanti: la mia vita affettiva è sempre stata un teatro di guerra & senza Jane sarei da tempo affondato con la nave. Ma in un certo senso è più o meno un dono di verità per i miei figli, una verità che non sarei mai in grado di rivelare io stesso. Con un po' di fortuna la grande mietitrice mi cancellerà prima che lui (Adam) riesca a pubblicare.

E quindi come sono stati questi 80 anni di vita? Un gran pasticcio, con l'amore della famiglia come unica, costante e trionfante scoperta. Sono un padre & un nonno a sviluppo ritardato & abbastanza fortunato perché il tempo, & la donna, mi mostrassero la luce. Dio sa che cosa hanno fatto i nostri genitori delle loro vite nel momento in cui sono arrivati alla fine: forse la mistificazione era la sola cosa che avessero in comune.

Sono così felice – *noi* siamo così felici – che il tuo coraggio sia stato ripagato, & che tu stia bene, anche se non a livelli da Olimpiadi. Fino a adesso sto bene anch'io, abbastanza pimpante, ma con uno strano e recente campanello d'allarme: niente di drammatico. Ti mando il mio affetto,

[19] *La talpa* fu pubblicato per la prima volta nel giugno del 1974.

[20] Nell'originale le Carré fa un piccolo gioco di parole citando *An Inspector Calls*, che è il titolo inglese di un dramma tradotto in italiano con *Un ispettore in casa Birling*. [*N.d.T.*]

caro To, & tutti i miei auguri per una vita che continua, creativa & felice.

Come sempre,
David

P.S. Se non stai leggendo altro, leggi *Un'eredità di avorio e ambra* di de Waal, uno splendido e veritiero viaggio nel tragico passato della sua famiglia.

Il libro di Roger Hermiston The Greatest Traitor: The Secret Lives of Agent George Blake *venne pubblicato un anno dopo questa lettera.*

A ROGER HERMISTON

Inoltrato da: Tregiffian
St Buryan
Penzance
Cornovaglia

12 aprile 2012

Caro Mr Hermiston,
la ringrazio per la sua lettera del 10 aprile. Non sono sicuro di avere molto da dirle a proposito di Blake. Avevo appena terminato un lungo corso di addestramento e fummo convocati dal capo, Hooper,[21] per sentirci dire che il nostro futuro era incerto & che doveva comunicare qualcosa che *mai* nella sua vita avrebbe pensato di dire: c'era un traditore nei nostri ranghi, era stato smascherato e si chiamava George Blake. Poi scoppiò a piangere & noi tutti andammo a casa mentre veniva verificata la nostra sicurezza personale: ci avevano bruciati, oppure eravamo ancora utilizzabili sotto copertura?

[21] Robin Hooper. Si veda la nota alla lettera a John e Miranda Margetson del 24 ottobre 1991, a p. 347.

Qualche mese più tardi la faccenda di Philby divenne di pubblico dominio & giù di nuovo a strapparsi i capelli. All'epoca a capo della stazione di Bonn c'era Peter Lunn & io ero un suo subordinato. Sì, il Servizio era già stato scosso alle fondamenta da Blake che, sotto molti aspetti, era un doppio agente molto più abile e controllato di Philby, con molti meno scheletri nell'armadio che potessero metterlo in difficoltà, & una maggiore chiarezza di intenti. Ma io non l'ho mai incontrato e sospetto di essere nella sua stessa situazione: ciò che so si limita agli aneddoti. Non mi è chiaro se la "discussione" che vorrebbe avere con me sia qualcosa da trasmettere alla radio o in televisione oppure per qualcosa che sta scrivendo, ma non sono incline a dire più di quanto so, o più di quanto dovrei, per uso pubblico! Il libro di Blake, che sono sicuro lei abbia letto, è lucido & ben scritto, diversamente dalla manina illeggibile di Philby. Non so per quale motivo, ma l'uomo Blake mi è sempre piaciuto molto di più di Philby.

Se ritiene di aver bisogno di più di questo, la prego di dirmelo, ma dubito di avere altro da aggiungere a parte: quale idiota avrebbe mai impiegato Blake con tanto di fanfara dopo tutto il tempo passato nelle mani del nemico, e gli avrebbe dato il tunnel di Berlino e una manciata di reti da tradire? Risposta: White, enormemente sopravvalutato.[22]

Cordiali saluti,
David Cornwell

[22] Sir Dick White fu direttore generale dell'MI5 dal 1953, quando le Carré era a Oxford, e capo dell'MI6 dal 1956 al 1968. In realtà fu il generale John Alexander Sinclair, il predecessore di White all'MI6, che riaccolse Blake tra i suoi ranghi come un eroe conquistatore dopo la prigionia in Corea, dove era stato reclutato dal KGB. Tom Bower, il biografo di White, afferma che gestì «magistralmente» l'interrogatorio di Blake. Il commento che fa qui le Carré potrebbe riflettere l'iniziale ostilità dei funzionari dell'MI6 per la nomina di White.

26. Le Carré con Nicholas, Jane e Stephen Cornwell nella cucina della loro casa in Cornovaglia. 1974.

27. Le Carré e Alec Guinness, probabilmente a Hampstead Heath, dove si svolgevano importanti scene di *Tutti gli uomini di Smiley*. «Anche se significa chiedere la luna, vorremmo Guinness nei panni di Smiley.»

28. Yvette Pierpaoli, «che visse e morì senza infischiarsene», secondo la dedica ne *Il giardiniere tenace*.

29. Le Carré e David Greenway a Corfù, dove le due famiglie trascorsero insieme le vacanze negli anni Settanta. Greenway seguì la guerra del Vietnam per il periodico "Time" e il "Washington Post" dal 1967 al 1975. Aiutò le Carré a perlustrare il Sudest asiatico per *L'onorevole scolaro* e il Medio Oriente per *La tamburina*.

30. Le Carré e Al Alvarez. «Era sufficiente che io e Al ci trovassimo a due metri di distanza e scoppiavamo a ridere.»

31. Le Carré con Mach, il suo whippet, a Hampstead Heath, dove Smiley trova un indizio importantissimo per l'omicidio di Vladimir su un viale alberato.

32. Charlotte Cornwell quando lavorava per la Royal Shakespeare Company poco dopo la seconda serie di *Rock Follies* nel 1977; tra i suoi ruoli Giovanna la Pulzella nell'*Enrico VI* e Rosalinda in *Come vi piace*.

33. Le Carré e Vladimir Stabnikov, traduttore e ospite ufficiale dell'Associazione degli scrittori, durante la prima visita di le Carré in Unione Sovietica nel 1987. «Si creò una vera amicizia» scriverà le Carré.

34. Le Carré e Jane con Anatolij Adamišin e la moglie quando fecero loro visita a Tregiffian e si recarono alle corse dei cavalli.

35. Sonny Mehta, direttore editoriale di Alfred A. Knopf, la casa editrice americana di le Carré per trent'anni.

36. Le Carré nel 2003 durante una marcia contro la guerra con lo scrittore e attivista Anthony Barnett. In occasione delle interviste per *La passione del suo tempo*, le Carré chiese le dimissioni di Tony Blair e l'ammissione che il Regno Unito era stato trascinato in guerra sulla base di informazioni fuorvianti confezionate a Downing Street.

37. Le Carré e Ralph Fiennes, che ha interpretato Justin nel film di Fernando Meirelles, tratto da *Il giardiniere tenace*, *The Constant Gardener - La cospirazione*. «Niente nella mia vita è paragonabile al film e ai suoi strascichi» scrisse le Carré nel 2006.

38. Le Carré sul set del film del 2014 *La spia - A Most Wanted Man*, tratto da *Yssa il buono*, con Philip Seymour Hoffman; le Carré sfoggiava la barba per il suo cameo in un bar malfamato.

39. Le Carré e il cast del film del 2011 *La talpa*: Roger Lloyd-Pack, John Hurt, Benedict Cumberbatch, Colin Firth, Gary Oldman e il regista Tomas Alfredson.

40. Le Carré e il giornalista e romanziere Ben Macintyre. Le Carré diede un sostegno entusiastico al primo libro di Macintyre sullo spionaggio, *Agent Zigzag*, e fu l'ispiratore di *A Spy Among Friends*, tre libri dopo.

41. August Hanning, ex capo dell'intelligence tedesca interna ed estera, con Tim Garton-Ash, le Carré e il principe Albrecht Ernst di Oettinger-Spielberg.

42. Simon Cornwell, a sinistra, co-fondatore della società di produzione Ink Factory, con le Carré e il cast de *Il direttore di notte*, tra cui Hugh Laurie, Tom Hollander, la regista Susanne Bier, Tom Hiddleston ed Elizabeth Debicki.

43. Le Carré con i figli Simon e Stephen, produttori cinematografici, Nicholas, romanziere, e Tim, giornalista di arte.

44. Le Carré con Yassin Musharbash, giornalista del settimanale tedesco "Die Zeit" ed esperto di ideologia jihadista e terrorismo, che lo aiutò a perfezionare i personaggi di *Yssa il buono*.

45. Le Carré con il suo agente Jonny Geller, amministratore delegato di Curtis Brown, in occasione di una festa per il compleanno di le Carré e per il lancio del 2019. «Ormai ci conosciamo abbastanza bene, e mi fido dei tuoi consigli» gli scrisse le Carré.

46. Le Carré nel 2019 a una marcia contro la Brexit, che definiva «un suicidio economico montato da ciarlatani».

47. Le Carré avvolto nella bandiera irlandese nel giorno del suo compleanno, il 19 ottobre 2020, festeggia con Jane la cittadinanza irlandese.

UNA VERITÀ DELICATA

Quanto al potere aziendale e alla sua collusione: mi pare sia stato Mussolini a dire che il fascismo dovrebbe essere definito in modo più appropriato corporativismo, in quanto fusione di un potere statale e corporativo... La delega della responsabilità di governo a identità aziendali che hanno un tornaconto personale è andata fuori controllo nel mio paese come anche negli Stati Uniti.

Le Carré via e-mail alla giornalista Irene Bignardi
per un articolo su "La Repubblica", 5 luglio 2013

Ma in sostanza, accidenti, è un libro, è una storia, e il potere di una storia, ovviamente, è molto superiore al potere del fatto, purtroppo... se io non fossi un intrattenitore, adesso non sarei qui.

Le Carré a Philippe Sands all'Hay Festival, 31 maggio 2013

Incoraggiato dal successo di critica de *La talpa* di Alfredson, con film come *La spia - A Most Wanted Man* e *Il traditore tipo* in produzione, l'ottantunenne le Carré stava scrivendo «al suo meglio», disse il "New York Times", e camminava ancora sui sentieri della Cornovaglia, se non sulle scogliere. La sua storia, molto britannica, era ambientata a Gibilterra, Londra e nella campagna della Cornovaglia. *Una verità delicata* prendeva le mosse da due gole profonde inglesi – una giovane, una anziana – che rivelano un'operazione militare segreta affidata a un contractor di sicurezza privata con sede negli Stati Uniti, nella quale le vittime erano state una donna musulmana e sua figlia. Thriller inquieto con un chiaro risvolto politico – il neo-laburismo nella guerra al terrore –, fu accolto come il miglior libro di le Carré da anni.

A TONY CORNWELL

Inoltrato da: Tregiffian
St Buryan
Penzance
Cornovaglia

18 giugno 2012

Caro To,
all'improvviso irrompe la pace: ho appena consegnato un nuovo romanzo & non ho niente da fare se non aspettare – & niente da perdere se non le mie catene, che si stanno allentando a poco a poco ma, come me, devono aspettare.

[...]

Il romanzo che ho appena finito al momento si intitola *Una verità delicata* e mi ha impegnato per 2 anni e ½, con molti vicoli ciechi & angoscia: niente di così difficile dai tempi de *La talpa*... oppure è colpa dell'età? Probabilmente ti farai le stesse domande mentre lavori indefessamente al tuo opus: sono solo bloccato o sto finendo la benzina? In ogni modo, ho avuto diversi brutti periodi di questo genere, e l'essere stato "scoperto" come divo europeo & essere trascinato a fare grandi discorsi sul nulla non è stato certamente d'aiuto; alla fine, però, sono orgoglioso di quello che ho scritto, & fiducioso che irriterà il nostro establishment politico a sufficienza per farmi sorridere per un giorno o due. Alla mia età, l'establishment *letterario* è impostato a suo modo, come d'altronde lo sono io: quelli che pensano che non sia mai stato bravo, ritengono che sia peggiorato & quelli che pensavano che il sole mi sbucasse dal culo adesso ne hanno una convinzione assoluta e la esibiscono come un'abbronzatura hawaiana. Non sono però sicuro di voler fare un altro romanzo lungo: forse un po' di teatro, oppure solo gingillarmi con qualcosa di breve & offrire a Jane qualche anno bello mentre siamo ancora in salute. Domenica partiamo per la Svizzera per tre settimane di riposo e vacanza, non appena avrò ricevuto il mio D.Litt dall'Università di Oxford, accanto alla Signora della Birmania,[1] che passa a prendere il suo dopo aver ricevuto il Nobel a Stoccolma venerdì scorso. La cosa è commovente, perché in un'intervista che ha concesso qualche anno fa, quando era ancora agli arresti domiciliari, aveva detto che passava parte del suo tempo leggendo i miei libri.

[...]

Penso molto spesso a te, & alle nostre straordinarie vite separate, sempre con grande affetto & dolore. Ogni tanto andiamo a trovare Jean, e assistiamo all'occasionale schizzo di veleno che noi (o io) ricordiamo tanto bene. Ha 94 anni, almeno credo, è in possesso di tutte le sue facoltà mentali e della forza umana. Ogni volta mi piace un po' meno, inutile girarci intorno: a chi altro lo posso dire? La carità non dovrebbe essere così... Charlotte ha terminato il suo incarico come prof. di arte drammatica alla USC, è tornata a Londra e si prepara ad aprire una scuola tutta sua. (In Gran Bretagna il teatro è uno dei pochi settori fiorenti.) E la Gran Bretagna? I ricchi sono oscenamente ricchi & intoccabili, privi di cultura & di coscienza sociale. Purtroppo sono anche la forza predominante al governo. (Ti suona familiare?) Credo – prego persino, ma non so chi – che siamo ormai vicini a un sano ritorno al socialismo del tipo pre-Blair, privo di potere sindacale perché non ne ha e perché la classe operaia sta riducendosi di fronte alla forza lavoro (a basso costo) degli immigrati dall'Europa e dalle ex colonie. Infrastrutture, servizi sociali & concessioni sociali sono tutti penosamente afflitti dalla disparità tra ricchi & poveri, & il divario non fa che aumentare.

Le cose vanno così, carissimo To, & entrambi ti mandiamo il nostro affetto e tutta la forza al tuo gomito di scrittore.

Con tanto affetto,
David

[1] La politica birmana Aung San Suu Kyi.

A JONNY GELLER

Via fax

Londra

8 settembre 2012

Caro Jonny,
[...]

Carta

Ho sottolineato con forza un problema che penso dovrebbe essere affrontato senza distinzioni per tutti i libri con copertina rigida di letteratura seria e saggistica. Io ho un'ampia scorta di roba mia da firmare & mandare alle organizzazioni di beneficenza. E i libri di 4-5 anni fa stanno già diventando marroni. Questo non succede con quelli americani. Allora perché con i nostri? Se dovessi sollevare il problema con Weldon,[2] ho bisogno di sapere che avrò il tuo appoggio, in caso contrario farei perdere tempo a tutti. Credo che sia importante per *tutti* gli scrittori decenti, e per il settore in generale, che i libri cartonati diano una certa garanzia di durata, diversamente sono solo edizioni economiche travestite. Se i libri devono aumentare di prezzo per questo, be', pazienza. Io sospetto che chi acquista le edizioni cartonate pagherebbe con piacere quella sterlina in più sapendo che i suoi figli potranno leggere lo stesso libro, & se la casa editrice si facesse un punto d'onore del rispettare questa promessa avrebbe il sostegno del (piccolissimo) pubblico che acquista i cartonati.
[...]

Come sempre, con *amitiés*,[3]
David

[2] Tom Weldon, amministratore delegato di Penguin Random House UK.
[3] Con "amicizia". In francese nel testo. [*N.d.T.*]

AD ANTHONY BARNETT

Via e-mail

22 settembre 2012

Oggetto: un trionfo – i suoi commenti

Caro Anthony,
grazie mille. I suoi commenti sono oro puro, e proprio quelli che speravo. Li esaminerò nel dettaglio a breve, e non vedo l'ora. John Reid, o qualcuno come lui, è una metafora perfetta per [Fergus] Quinn.[4] È curioso, ma al momento ho la sensazione che i due personaggi più deboli del romanzo siano – ed è insolito per me – i due cattivi: nel caso di [Jay] Crispin, ero deciso a non dipingere un uomo tanto mostruoso da guastare la storia. In fin dei conti, il cattivo deve essere l'istituzione che abbiamo creato, non i suoi creatori. Quindi, ancora una volta, un enorme grazie. A tempo debito le manderò una versione rivista che riflette, seppur non appieno, i suoi suggerimenti; e con essa, una bozza dei ringraziamenti che vorrei inserire alla fine del libro. Se Judith ha già cominciato a leggerlo,[5] di norma le direi di aspettare la prossima versione, ma forse dovrebbe andare avanti con quella attuale e poi godere in seguito dell'effetto dei suoi consigli!

Siamo in un periodo abbastanza caotico, dato che le riprese de *La spia - A Most Wanted Man* cominceranno lunedì e nelle prossime settimane faremo avanti e indietro fra Londra e Amburgo mentre io continuerò a lavorare al libro. Quando la tempesta si sarà placata, saremo felicissimi di rivedere lei e Judith per un pranzo.

Con affetto da entrambi,
David

[4] Barnett aveva dato consigli a le Carré per il personaggio del «bellicoso ministro neo-laburista» Fergus Quinn, di Glasgow, colui che ordina l'operazione segreta Wildlife a Gibilterra. La carriera ministeriale di John Reid nei successivi governi laburisti comprenderà anche le cariche di ministro delle Forze Armate e di ministro della Difesa.

[5] La professoressa Judith Herrin, premiata archeologa e bizantinista.

Nei ringraziamenti del libro, le Carré scrisse: «A Anthony Barnett, scrittore, attivista e fondatore di openDemocracy, per avermi illustrato i comportamenti del New Labour nei giorni della sua agonia».

Mary Mount è stata l'editor di le Carré alla Viking Penguin fino alla morte di lui. Quando le Carré aveva espresso le sue preoccupazioni sulle pagine dei cartonati che invecchiavano troppo rapidamente, Mount rispose che in futuro sarebbe stata usata una carta diversa, priva di polpa di legno, e si offrì di spedirgliene un campione. Con la carta destinata a Una verità delicata, *Viking pubblicò invece la biografia di Dickens di Claire Tomalin.*

A MARY MOUNT

Via e-mail

10 ottobre 2012

Re: Oggetto: Carta

Cara Mary,
affascinante, e grazie. Non c'è bisogno di mandarmi una copia del Dickens di Claire T., dato che ne ho una, e andrò subito a prenderla per esaminarla sotto una nuova luce. Grazie di nuovo per essersi presa il disturbo.

Ormai dovrebbe avere la stesura finale. Un nuovo ministro, un Crispin meglio definito, un disastro più esplicito (le ipotesi di Jeb sul perché i mercenari abbiano sparato) e le due scene di Crispin rimpolpate, come anche quella tra Toby e Oakley a Canary Wharf. E molti avverbi ostili spazzati via, oltre a una ripulitura generale.

Con i migliori saluti,
David

CARI TUTTI

Via e-mail

16 ottobre 2012

Oggetto: attenzione, barba!

Cari tutti,
il regista del film *La spia - A Most Wanted Man* mi chiede di farmi crescere la barba per la mia comparsa nei panni di un vecchio e debosciato ubriacone seduto in un bar di dubbia fama. Gli animi poco gentili potrebbero chiedersi come mai mi serva una barba per una parte che, sebbene glabro, ho interpretato con successo per molti anni, ma l'arte è così. Le previsioni variano: sarà bianca o rossa? Sarà folta, setosa, bellicosa o niente più che quattro peli da adolescente? In ogni caso vi chiedo di non commentare e mi accontento del fatto che verrà rasata il 15 novembre.

con affetto, d

Questa e-mail che aveva per oggetto: «Attenzione, barba!» venne spedita a familiari e amici. Tom Bower rispose: «Non vedo l'ora di ammirare il vero alter ego!». Le Carré chiese a Vicki Phillips, la sua segretaria, di trovargli un barbiere subito dopo l'ultimo ciak ad Amburgo, cosa che lei fece.

A IAN McEWAN

9 Gainsborough Gardens
London, NW3 1BJ

6 maggio 2013

Caro Ian,
solo per dirlo bene: grazie di cuore per le generose – e arrivate nel momento giusto per me – parole di una voce per la

quale provo grande rispetto. Essere uno scrittore inglese di successo è un lavoro strano, e lei lo sa quanto me. A volte serve coraggio di fronte al nemico, a volte ti chiedi se non sia *tu* il nemico, altre ti pare di vivere sotto copertura in territorio ostile. E, quando ne hai bisogno, gli alleati sembrano essere impegnati altrove. Ma quando ho letto le sue parole, mi si è stretta la gola, una cosa davvero molto poco british! Non è tanto l'età, quanto una sorta di sfinimento nel sentirmi chiedere da cinquant'anni se il Mossad sia meglio della CIA & che effetto fa – Cristo! – essere una spia.

Grazie ancora.
Sempre,
David

Ian McEwan incontrò le Carré a pranzo mentre lavorava al nuovo romanzo, Miele, *che aveva come protagonista un'agente dell'*MI5. *In un articolo pubblicato il 3 maggio 2013, disse a un giornalista del "Daily Telegraph" che lo stava intervistando: «Credo che lui [le Carré] sia sfuggito facilmente all'etichetta di scrittore di genere e probabilmente verrà ricordato come il romanziere più significativo della seconda metà del ventesimo secolo in Gran Bretagna... Gran parte degli scrittori che conosco non ritiene più le Carré solo un autore di libri di spionaggio. Avrebbe dovuto vincere da tempo il Booker Prize. È ora che lo vinca ed è ora che lui accetti. È tra i migliori».*

A GEORG E CHRISTIANE BOOMGAARDEN[6]

22 ottobre 2013

Caro Georg, cara Christiane,
mille grazie per la vostra lunga lettera, e per le notizie che mi date,* che sembrano tutte positive. Sono felice che abbiate dato un'occhiata a *Una verità delicata* che, alla luce delle ultime rivelazioni, ha acquisito una certa attualità,

[6] Georg Boomgaarden è stato ambasciatore tedesco nel Regno Unito dal 2008 al 2014.

in particolare in Europa. Per me è importante come verrà accolto, e non solo per vanità, ma perché so che, nel mio paese, abbiamo tutte le carte in regola perché si instauri uno stato segreto senza che i suoi padroni sappiano neppure ciò che stanno gestendo. Le spie se la tirano un sacco, non ne hanno mai abbastanza, non sono neanche lontanamente supervisionate da un organo eletto e i nostri politici, deboli o indifferenti, sono come argilla nelle loro mani. Come può vedere, sono un eccellente ambasciatore del mio paese! Eppure i precedenti delle spie sono spaventosi, e le loro vili prestazioni all'epoca della guerra in Iraq non verranno *mai* perdonate, almeno non da me. Ai miei tempi, ci dicevano che eravamo piccoli apostoli della verità e che avevamo l'impegno solenne di parlare ai potenti senza paura. Wow. Fine delle farneticazioni. Ma è certo quasi divertente, se non fosse oltraggioso, che la CIA abbia intercettato il cellulare della vostra Cancelliera (e non pensi che, se loro l'hanno fatto, noi non l'abbiamo fatto!), ma ancora una volta ci dobbiamo chiedere chi altro faceva cosa a chi e – in fin dei conti – a che scopo?[7]

[...]

Spero che la "pensione" – che per le persone reali è comunque una fantasia – si addica a entrambi & che lei non abbia i sintomi di astinenza che, a quanto pare, le sono associati. Da parte mia, non vedo l'ora di sapere come entrambi ci avete considerato durante il vostro onorevole soggiorno, e magari lei mi racconterà qualcosa.

Amo profondamente il mio paese, ma al contempo lo temo; & a volte provo disperazione. Ma non a lungo.

Il nostro affetto a voi e ai vostri – come sempre,
David

[*sul margine sinistro*] * che è arrivata, Dio mi aiuti, nel giorno del mio *82°* compleanno

[7] Il periodico "Der Spiegel" aveva appena riferito che le agenzie americane di spionaggio monitoravano il cellulare della cancelliera Angela Merkel dal 2002.

Le Carré conobbe Ben Macintyre ad Ascot, mentre stava ripercorrendo i giorni in cui, da ragazzo, portava i soldi delle scommesse avanti e indietro fra Ronnie e i bookmaker. Nel 2007 caldeggiò il primo libro di Macintyre su un argomento di spionaggio, Agente Zigzag. Al servizio di Hitler e Sua Maestà, *definendolo «superbo. Meticolose ricerche, narrazione splendida, immensamente divertente e spesso molto toccante». Il giovane scrittore ne rimase «del tutto entusiasta» e la loro amicizia proseguì con passeggiate a Hampstead Heath e pranzi da Sheekey's.*

A BEN MACINTYRE

9 Gainsborough Gardens
London, NW3 1BJ

11 novembre 2013

Caro Ben,
in linea di principio, come direbbe l'FO, sono disposto a prendere in considerazione l'intervista alla BBC, ma il problema è la tempistica. Adesso ho un volume di *memoire*[8] – che, come è ovvio, comprende l'aspetto Philby-Elliott – e stiamo giostrando le date con Sisman per capire se esca prima la sua biografia (Gesù!) oppure io. Io sono dell'idea di primavera (per me) & autunno per lui, ma la situazione è abbastanza delicata & non vorrei metterlo in ombra per errore, quindi potrei aspettare la primavera del prossimo anno. Le due settimane entranti porteranno chiarezza in proposito.

Se l'intervista si dovesse fare, dovremo concordare le condizioni di ingaggio perché io sono stufo marcio della TV, e in particolare delle donne che uniscono la punta delle dita, si appoggiano allo schienale della sedia e chiedono, con la testa astutamente inclinata di lato: "Che cos'ha da dire a quelle persone che affermano che scrive col culo?". Nella mia ultima intervista (alla BBC)[9] è successo più o meno

[8] Le Carré scrive in modo scorretto *mémoires*. [*N.d.T.*]
[9] Anne McElvoy aveva intervistato le Carré, con la presenza del pubblico, per il programma "Night Waves" di Radio 3 della BBC, nel cinquantesimo anniversario de *La spia che venne dal freddo*. Il disagio di le Carré in trasmissione era palpabile.

questo, & spero che la tizia sia stata divorata dagli orsi. Io ho bisogno di *fare*, non di essere minacciato.

Mi faccia avere il libro appena può – è *divertente* – e con quello, se possibile, le date provvisorie della pubblicazione, della mia intervista e della messa in onda. Nel frattempo proverò a sistemare il mio caos.

Con i migliori saluti come sempre,
David

Le Carré cominciò a lavorare nel Suffolk al libro che sarebbe diventato L'ultimo segreto.

A JOHN E MARY JAMES, ALDEBURGH BOOKSHOP

Tregiffian
St Buryan
Penzance
Cornovaglia

11 dicembre 2013

Cari John e Mary,
un breve messaggio per dirvi che abbiamo prenotato al Brudenell Hotel dal 14 al 27 febbraio, dove mi fermerò a scrivere. Come vi abbiamo confidato, sto utilizzando Aldeburgh e la zona circostante come ambientazione del mio prossimo romanzo, e sarebbe meraviglioso poter passare un po' di tempo con voi e assorbire l'atmosfera. Al centro del mio romanzo c'è una libreria e mi piacerebbe sentire la vostra opinione su vantaggi e svantaggi di chi ne gestisce una. Una volta scritto il libro, avrò il piacere di farvelo leggere in anticipo nella speranza che possiate correggere i miei errori e affinare la mia mira.

Come vi abbiamo detto, preferisco di gran lunga restare in incognito ogni volta che è possibile, e vi saremmo grati per la vostra discrezione a questo proposito. Se poi John avesse voglia di una camminata, terrò pronti gli scarponcini.

Vi auguriamo un felice e prospero Natale e non vediamo l'ora di rinnovare la vostra conoscenza.

Con i migliori auguri a voi e ai vostri.
Cordiali saluti,
David

A WOLFGANG CZAIA[10]

Tregiffian
St Buryan
Penzance
Cornovaglia

12 dicembre 2013

Caro Wolfgang,
mi perdoni la lettera dattiloscritta, ma sono sotto assedio.

La ringrazio molto per il frammento del Muro di Berlino. Da persona che lo ha visto costruire, sento di avere un interesse da proprietario. Quando il Muro è crollato, io mi trovavo nelle lontane Bahamas e non ho potuto accettare l'invito di Willy Brandt a farci una bevuta insieme a Berlino. Ero seduto, solo e confuso, sull'isola di un milionario, e nessuno a parte il suo staff con cui condividere la mia incredulità.

La ringrazio nuovamente, e le auguro Buon Anno e la fine di tutti i muri, con o senza maiuscola.

Cordialmente,
David Cornwell

[10] Wolfgang "Wolf" Czaia era un celebre pilota collaudatore tedesco e scrittore che aveva cominciato a volare sugli alianti a quattordici anni. Lui e le Carré si scrissero per un decennio.

AL PROFESSOR ROGER WILLIAMS, CBE[11]

c/o Curtis Brown Group Ltd
Haymarket House
28/29 Haymarket
London, SW1Y 4SP

22 luglio 2014

Caro professor Williams,
la ringrazio per la sua lettera dell'8 luglio. Mi perdoni la risposta dettata, ma al momento sono lontano a fare ricerche per un romanzo.

Temo che l'uso che faccio dei campanelli di allarme alla fine di *Una verità delicata* sia volutamente enigmatico. Volevo descrivere tutto quello che ci tiriamo addosso se esprimiamo opinioni controverse. Con le sue trasmissioni, Toby Bell si era attirato l'ira dell'establishment e, al giorno d'oggi, le intercettazioni sono così sofisticate che chi di dovere si è già messo sulle sue tracce. Per fortuna, resta la speranza che sia riuscito a comunicare in tempo il suo messaggio al mondo.

Mi auguro che questo chiarisca – o confonda ulteriormente! – la sua interpretazione delle ultime pagine del romanzo.

[...]

Con i più cordiali saluti,
David Cornwell

[11] Probabilmente il celebre specialista in epatologia Roger Stanley Williams, CBE, ovvero Comandante dell'Ordine dell'Impero Britannico.

A U.P. KARLSSON, UN FAN SVEDESE

c/o Curtis Brown Group Ltd
Haymarket House
28/29 Haymarket
London, SW1Y 4SP

5 agosto 2014

Caro signor Karlsson,
la ringrazio per la sua lettera del 19 luglio.

Non saprei dirle come mai i personaggi svedesi continuino a sbucare nei miei romanzi se non che, sovente e in luoghi davvero insoliti, sbuca uno svedese – che di norma lavora per un'organizzazione umanitaria – spesso ubriaco e molto divertente. Devo confessare di essere stato molto poco in Svezia, ma gli svedesi che ho conosciuto mi hanno sempre fatto un'ottima impressione.

La ringrazio molto per le sue gentili parole, e per avermi letto così fedelmente. Spero che le piacerà anche l'ultimo romanzo che sto completando.

Cordiali saluti,
John le Carré

A SIR TOM STOPPARD

Tregiffian
St Buryan
Penzance
Cornovaglia

27 ottobre 2014

Caro Tom,
ho terminato il romanzo, l'ho letto, non ero convinto, non mi ha commosso, ho ripreso troppe tematiche vecchie & ho deciso di cestinarlo.

Adesso sto molto meglio, sono solo un po' sorpreso. Anche il mio agente, che non l'ha letto – lo hanno fatto solo i miei figli –, è sorpreso. È colpa dell'età? Della libertà? O è solo un pessimo utilizzo di energie & di due anni di vita? A dire il vero, credo nell'ultima ipotesi, dato che sto scrivendo qualcos'altro con soddisfazione.

Con affetto a entrambi, e spero che NY sia stata un successo.
Sempre,
d

P.S. Come prevedibile, Jane è una roccia & un sostegno come sempre.

«Mi sono messo nei suoi panni» rispose Stoppard «senza sapere esattamente che cosa provare, ma in fin dei conti ammirazione per la forza d'animo, credo, definita dal rimpianto che – non ho dubbi – tanti bambini siano stati buttati via con la celebre acqua sporca.» Le motivazioni di le Carré per ritirare L'ultimo segreto *variavano da un momento all'altro, insieme al dubbio se fosse stato «cestinato» o semplicemente «relegato su uno scaffale». Il libro rimase nel suo studio e lasciò agli eredi la decisione se pubblicarlo o meno.*

A MICHAIL LYUBIMOV

Tregiffian
St Buryan
Penzance
Cornovaglia

27 aprile 2015

Caro Michail,
grazie mille per la sua lettera e per le sue interessanti notizie. È bellissimo, ed entusiasmante, che abbiano tratto un film dal suo libro.[12]

[12] *The Life and Adventures of Alex Wilkie, Spy* divenne nel 2015 il film *Soul of a Spy*.

È la sua prima notte a Mosca? E dove altro andrà oltre a Mosca? Per favore, mi mandi un disco quando uscirà.

Nel frattempo, anch'io vivo nel fantastico mondo del cinema.

Siamo in piene riprese di un adattamento televisivo di *Il direttore di notte* per la BBC e per la rete di qualche oligarca americano. Abbiamo molti divi di cui lei non ha mai sentito parlare, ma tutti sono molto colpiti e il progetto è enormemente costoso. *Il traditore tipo* è terminato e, a quanto ho visto, gravemente ferito, ma forse migliorerà con i soliti trucchi della tecnica. Non c'è ancora una data per l'uscita, ma è imminente. *Una verità delicata* è stato sceneggiato, e la sceneggiatura verrà riveduta più volte. Poi, naturalmente, c'è *Tutti gli uomini di Smiley*, acquistato dai produttori, ma sul quale loro serbano un misterioso silenzio.

Strano come noi vecchie spie finiamo a scrivere libri e fare film. Immagino che ci tengano lontani dalle strade. Come forse lei, non riesco a capire la situazione dell'Ucraina. Chruščëv in una certa misura ha lasciato perdere e da allora la questione sembra essere rimasta in sospeso. La gente ha un aspetto orribile e gli oligarchi stanno a Londra. Se riesce a spiegarmelo, lo faccia.

Noi stiamo tutti bene. I nipoti proliferano. Il 7 maggio voteremo laburista e ne pagheremo il prezzo con imposte punitive. Le nostre elezioni sono una commedia dell'irrilevanza. I grandi problemi vengono discussi dalla stampa e dal pubblico, ma non dai partiti politici. È meno importante sapere se noi siamo o no in Europa che interrogarsi se Mr Miliband abbia una o due cucine nella sua casa di Londra. Le cose vanno così.

I miei più cari saluti a lei e a tutti quelli che ama.
David

In Smiley Mike, *un capitolo non pubblicato di* Tiro al piccione *che racconta le avventure di Michail Lyubimov come capo della stazione di Londra del* KGB, *le Carré scrisse: «Lyubimov rimane un aristocratico del vecchio establishment dell'intelligence russa, nato čekista, figlio di un čekista e nipote di un altro.*[13] *I čekisti non cambiano molto facilmente. Michail, inoltre, è ucraino, e per gli ucraini del suo stampo – che ci piaccia o meno – la Russia è l'Ucraina tanto quanto l'Ucraina è la Russia».*

Dopo aver messo da parte L'ultimo segreto, *le Carré cominciò a lavorare a una pièce teatrale,* Ronnie Boy, *che ebbe diverse stesure. L'opera attingeva a episodi oscuri e divertenti della vita di le Carré da giovane; ha inizio con uno scrittore, David, che interroga la madre Olive a proposito di suo padre. Poi le Carré inviò* Ronnie Boy *a Stoppard che, nel febbraio 2015, gli scrisse in un'e-mail: «La pièce è meravigliosa e di facile lettura, veloce e divertente, un vero piacere». E proseguì affermando che le Carré, a un certo punto, si era liberato «delle presunte costrizioni del teatro e della narrativa teatrale».*

Le Carré si era raffreddato a proposito della biografia di Sisman: pur lodando la qualità della ricerca nella prima parte del libro, in particolare le disavventure giovanili di Ronnie e il periodo in carcere, viveva come un'intrusione la ricostruzione della propria vita.

A SIR TOM STOPPARD

9 Gainsborough Gardens
London, NW3 1BJ

1° giugno 2015

Caro Tom,
sono appena rientrato da tre non molto proficue settimane di scrittura nello chalet dell'Oberland bernese, incerto tra la pièce, della quale parlerò in seguito, e una sorta di biografia frammentaria, iniziata un paio d'anni fa, poi abbandonata di fronte all'opus di Sisman che uscirà in ottobre [...]. Il mio consiglio in proposito, probabilmente troppo

[13] La Čeka fu un corpo di polizia politico sovietico creato per combattere i nemici del nuovo regime russo. [*N.d.T.*]

tardivo & di certo impertinente: se sei vivo, non ci provare, loro sono più felici nel regno dei morti.

Quanto alla pièce: dopo ½ ora di riunione con Goold,[14] ho rimaneggiato notevolmente il primo atto, l'ho trovato abbastanza buono e di certo più organizzato, & più introspettivo e – al mio orecchio – più divertente. La proposta, come forse ricordi, era l'Olivier nel prossimo autunno (2016). Io non ho/avevo problemi per il 2° & ultimo atto, ma ho pensato che *sarebbe* giovevole, persino necessario, conoscere il suo punto di vista sull'atto I, in particolare sui dispositivi di scena che utilizza, tra i quali il narratore presente sul palcoscenico.

Ho proposto a Goold di inviarglielo come punto di partenza per una discussione e, al suo «Non vedo l'ora», glielo ho spedito. Passate tre settimane gli sollecito una risposta, o la data per un incontro. Lui risponde che è impegnato con un «programma greco» (?) &, dopo altri indugi, mi dice che il National è pieno per tutto il 2016, & che dovremmo andare altrove. Il suo unico commento a proposito del testo è stato che lo aveva letto di sfuggita & «sembrava sulla strada giusta». Esito finale: non abbiamo parlato, né al telefono né direttamente, e non abbiamo avuto ulteriore corrispondenza tranne, da parte mia, la proposta piuttosto insincera che, una volta concluso l'atto II nei tempi previsti, gli mostrerò il tutto; a questo punto, però, penso che non sia il modo il cui *dovrebbero* andare le cose. I rifiuti, le delusioni ecc. li consideriamo parte del lavoro, ma un silenzio poco chiaro non è un modo per comunicare & mi ha infastidito parecchio come sempre fanno le cattive maniere.

Nel frattempo, non a causa di Goold, sono preoccupato per la natura molto personale del materiale, & mi chiedo se davvero desidero affrontare la pubblicità e le attenzioni mentre sono ancora vivo, in particolare dopo l'opus di Sisman che, di per sé, susciterà un certo trambusto: uno dopo l'altro mi sembra un po' eccessivo. Quindi i miei pro-

[14] Rupert Goold, direttore artistico dell'Almeida Theatre. Le Carré era rimasto molto colpito dalla regia di Goold del *Macbeth* con Patrick Stewart.

grammi attuali potrebbero essere: finire la pièce per mia soddisfazione personale, & lasciarla ai miei eredi perché qualcuno la usi se ne ha voglia, in particolare i miei figli, eredi, aventi diritto ecc., & la loro società di produzione in crescita, se lo sarà ancora.

In ogni caso porterò a termine i pezzi autobiografici, se non altro come una sorta di antidoto a Sisman, e questi usciranno per primi, con pubblicazione il prossimo anno [...]

Nel frattempo, potrei mandarti l'atto I perché tu ci rifletta a tempo perso? Te lo possiamo inviare in formato elettronico oppure su carta, quello che preferisci, & non c'è alcuna fretta. Jane mi dice che sei impegnato nell'adattamento per lo schermo di *Arcadia*, che mi sembra un'ottima idea. In ogni caso, non ti invierò niente fino a quando me lo dirai.

Domani andrò a Maiorca per fare un cameo ne *Il direttore di notte*, poi domenica in Cornovaglia a lavorare sodo per il libro, ma mi fa sempre piacere essere interrotto se tu dovessi decidere di fare un salto. Jane e io siamo stati *molto* felici allo chalet, che ho costruito 45 anni fa nell'Oberland bernese & che da allora ho dato ai ragazzi, quindi noi ci andiamo fuori stagione quando il paese è vuoto. Vivere in poco spazio & accendere il fuoco e leggere & essere soddisfatti.

Ho letto di nuovo *Scoop*[15] & ho pensato che benedizione dev'essere come scrittore essere uno snob impenitente e irredimibile. Oh, queste certezze!

Il nostro affetto a entrambi, come sempre,
David

P.S. Questo arriva al posto della telefonata che *avrei dovuto* fare, ma ho continuato a rimandare, immagino per via della faccenda della pièce. d.

Le Carré aveva sperato che la Ink Factory producesse Ronnie Boy. *Stoppard aveva predetto che Goold ne sarebbe rimasto entusiasta; a*

15 Probabilmente il libro di Evelyn Waugh, tradotto in italiano come *L'inviato speciale*. [*N.d.T.*]

quanto sembra, Goold la considerò più per il cinema che per il teatro. Il 20 giugno 2015, le Carré inviò un'e-mail a Charlotte dove scrisse: «Ho messo da parte la pièce, stizzito per motivi che spiegherò altrove, e sto preparando freneticamente un libro autobiografico di scritti nuovi e del passato».

IL DIRETTORE DI NOTTE: "L'EVANESCENZA DELLA CELEBRITÀ"

Immagino di essere rimasto scioccato in maniera strana, se non altro perché vent'anni fa avevo dato per morti i diritti cinematografici.

Dalla nuova postfazione di le Carré a *Il direttore di notte*, 2016

La seconda metà del romanzo... non funziona nel romanzo.

Le Carré, quando lo sceneggiatore David Farr osò affermare che la seconda metà del romanzo forse non avrebbe funzionato per la versione televisiva

Dopo anni di frustrazioni per iniziare le riprese, *Il direttore di notte*, la serie televisiva in sei puntate – con la regia di Susanne Bier e prodotta dai figli di le Carré Simon e Stephen – vinse tre Golden Globe e due Emmy. L'ambientazione del romanzo di seicento pagine del 1993 era stata spostata dall'America Latina al Medio Oriente contemporaneo (tra gli altri luoghi), con un budget comunicato di trenta milioni di dollari. La "storia d'amore principale" del romanzo, spiegò Bier, era quella tra i personaggi del trafficante d'armi Richard Onslow Roper, interpretato da Hugh Laurie, e la sua nemesi Jonathan Pine, interpretato da Tom Hiddleston. «Benché ricostruisca il mio romanzo collocandolo nel mondo contemporaneo, il mio nome vi è indissolubilmente legato, la qual cosa non fa che contribuire all'evanescenza della celebrità» scrisse le Carré all'amico Vladimir Stabnikov.

A SUSANNE BIER

9 Gainsborough Gardens
London, NW3 1BJ

31 agosto 2015

Cara Susanne,
ho scritto ampiamente, e in maniera del tutto sincera, sia a Tom che a Hugh, per esprimere i miei profondi ringraziamenti per le loro superbe interpretazioni. Nei prossimi giorni dovrò fare la stessa cosa con l'impareggiabile Elizabeth, l'altro Tom, Alastair, e dovrei andare avanti, perché in questo splendido film non c'è un attore la cui interpretazione sia debole.[1] Ma sono tutte sue creazioni, così come lo è tutto il film, e non riesco a esprimerle quanto lo ammiri. La cruciale ambiguità dei rapporti tra Pine & Roper è resa a meraviglia: un po' di sospetto reciproco, un po' di rispettivo narcisismo e, a volte, è come se Roper fosse quasi volutamente innamorato della sua nemesi. I peccati di Pine, presi nell'insieme, equivalgono a quelli di Roper? A volte sembrerebbe di sì. E, tra di loro, una Jed straordinariamente posata, il loro premio, la loro vittima, il loro terreno di battaglia, e Corkoran che è il Bosola[2] della situazione, il diavolo con tutte le battute migliori, & la più profonda introspezione e la mente più inquietante.

Questa sera avrei voluto arrivare carico di doni, ma la mia immaginazione è venuta meno, offuscata dall'ammirazione per il film, che mi ha sopraffatto. A cena, mi aspetto che tutti noi avremo le nostre piccole lagnanze, i nostri difetti preferiti. Ma prima di quella cerimonia obbligatoria le devo dire che ha realizzato un film davvero meravi-

[1] Nel cast de *Il direttore di notte* c'erano Tom Hiddleston, Hugh Laurie, Elizabeth Debicki, Tom Hollander e Alistair Petrie.

[2] Personaggio de *La duchessa di Amalfi* di Webster. Bosola è una spia e un assassino. Un uomo che ha subito ingiustizie da parte di coloro per i quali ha lavorato, al punto di perdere la fiducia nel prossimo e rimanere senza compassione e con la coscienza a pezzi. [*N.d.T.*]

glioso, dal ritmo squisito, che nella conclusione offre tutte le soddisfazioni necessarie; che ha dato a ciascuno dei tre protagonisti del romanzo una profondità e un significato che vanno oltre ogni mia speranza. Quanto spesso ho potuto fare queste affermazioni? A dire il vero molto di rado, forse solo un paio di volte in tutta la mia carriera di scrittore. Ma nella loro interezza? In quel caso dobbiamo tornare agli anni Settanta, ad Alec Guinness & al cast che lavorò con lui, e agli umori di quell'epoca. Grazie mille, e ancora una volta la mia ammirazione.

Sempre,
David

A HUGH LAURIE

Via e-mail

29 agosto 2015

Oggetto: TNM[3]

Caro Hugh,
ho finito di guardarlo un paio d'ore fa a casa di Simon, su un televisore grande, ma non troppo. La prima cosa da dire è che è un film straordinario: interpretato e diretto splendidamente, di portata epica, miglia (anni luce?) lontano da qualsiasi altra cosa abbia visto in televisione nell'ultimo decennio, tanto meno alla televisione britannica. Ha una classe a sé, è lucido, capitolo per capitolo, con una tensione interiore ed esteriore, l'azione è ben misurata e sale in un crescendo abilmente studiato che riannoda tutti i fili, tranne forse il problema di come Pine spiegherà all'Ufficio delle imposte la questione irrisoria di 300 milioni di dollari sul suo conto corrente.

[3] *The Night Manager*, ovvero *Il direttore di notte*. [*N.d.T.*]

E l'interpretazione non ha punti deboli, recitazione splendida.

E Roper, misteriosamente, vince. Anche mentre si dibatte nel retro del furgone della polizia mentre lo portano in carcere, riesce a sembrare un tizio incolpevole che ha subito un pestaggio. In parte perché lo apprezziamo per la sua audacia, la sua cortesia e la sua intelligenza; e in parte perché è il capitano della nave sulla quale abbiamo navigato a lungo con tanto piacere. Ma in parte anche perché, ora della fine, ci siamo chiesti troppo spesso se Pine non si stia forse divertendo troppo, e se i suoi peccati, messi tutti insieme, non equivalgano a loro modo a quelli di Roper.

Quanto all'arte della recitazione: Gesù, Laurie, davvero mozzafiato. Le interazioni tra Pine e Roper sono molto sottili, ambigue, complici, occasionalmente omoerotiche. A volte è come se Roper godesse di essere parte della propria distruzione solo per il piacere di vedersela con una persona disgustosa e intelligente quanto lui. E Jed tra loro è pura delizia: neppure una nota stonata da parte sua in tutto il film, e il triangolo squisitamente squadrato da Corky, il diavolo che ha le battute migliori, e che sospetta di Pine fin dall'inizio.

Quanto ai dialoghi, non so cosa abbiate fatto tutti alla sceneggiatura, ma cantano come un usignolo, in particolare negli ultimi 3 epis.

Lagnanze? Qualcuna, che ho comunicato a Simon,[4] ma non voglio darle anticipazioni prima che lo veda e abbia rimostranze sue.

La sua performance? Dal mio punto di vista (che è abbastanza isolato, lo ammetto, e non molto informato), deve essere l'interpretazione di una vita. Vedremo che ne pensa. Un sequel? Secondo quanto ci siamo detti, se lei è ancora dell'idea, io lo sono perché in quel contesto Roper mi sembra un'importante miniera d'oro, e Laurie e Roper, ormai un binomio, un abbinamento perfetto. Io, però, non sono all'altezza di scriverlo. Come ha detto Dan Moynihan ai

[4] Simon Cornwell, produttore esecutivo de *Il direttore di notte*.

miei editori americani quando gli hanno offerto la possibilità di distribuire i suoi guadagni letterari su diversi anni, sono troppo vecchio per comprare banane verdi.

Se non si fosse ancora capito: sono esaltato dal suo incomparabile Roper, impressionato oltre i miei limiti, e molto grato. Mi ha fatto piacere la sua visita, mi ha fatto piacere conoscere Jo, mi dispiace che sia stata una situazione un po' raffazzonata, ma ce l'abbiamo fatta. Le ho detto che sono molto entusiasta? Be', è vero.

Con i migliori saluti a entrambi,
David

A MICHAIL LYUBIMOV

Via e-mail

11 settembre 2015

Berlino è una città e un cimitero di guerra. Non me ne sono mai reso conto con tanta intensità come in quest'ultima visita di 48 ore facendo ricerche per un possibile remake de *La spia che...* E, in senso terribile, un posto che considera la guerra una sorta di dipendenza permanente e fa una breve pausa prima che arrivi la successiva. Mi ha fatto piacere sapere dei suoi alti e bassi nel mondo del cinema, ma sono felice soprattutto che abbiano dato una seconda vita ai libri. La prossima settimana parto per LA[5] per un matrimonio in famiglia e per parlare con grandi produttori. La terrò aggiornato sugli sviluppi del memoir. Jane è giù di corda per problemi di salute, ma va avanti a testa bassa. Si dice che la Vecchiaia colpisca gli adulti, non noi.

Come sempre,
David

[5] Los Angeles. [*N.d.T.*]

A BERNHARD DOCKE

Via e-mail

1° dicembre 2015

Oggetto: Il mondo e tutto questo

Caro Bernhard,
un piacere avere sue notizie. Wow, che tempi. Da un lato la Germania è un esempio nel mondo per la sua magnanimità e la grandeur del suo gesto;[6] la Svezia arriva a un onorevole secondo posto; e i miei pessimi, piccoli governanti plasmano, a dire il vero avvelenano, l'opinione pubblica che, come sempre, è migliore di loro. E dall'altra parte voi Trumpisti e struzzi nazionalisti che inveite contro quegli sporchi non-tedeschi. Ma la cosa più terribile per me sono gli ungheresi, fuggiti a migliaia dall'Orso[7] nel 1956, che chiudono le frontiere ad altri profughi.

E adesso stiamo bombardando la Siria per vendicare il sangue europeo versato dopo che abbiamo coerentemente voltato le spalle [alle] conseguenze della nostra stessa, disastrosa ingerenza.

Siamo abbastanza in forma, se si escludono i prevedibili oltraggi dell'età. Lavoro e scrittura vanno di pari passo. A breve le manderò una sintesi. Le sto scrivendo dall'ospedale, dove Jane si sta riprendendo bene da un'operazione che speriamo l'abbia liberata dalla grande peste.

Il nostro affetto sincero a voi tutti. Altro a breve.
Come sempre,
David

[6] «Possiamo farlo!» dichiarò Angela Merkel nell'agosto 2015, un anno in cui la Germania accolse circa un milione di profughi.
[7] Termine con cui le Carré intende dire l'URSS. [*N.d.T.*]

A VLADIMIR STABNIKOV

Via e-mail

4 marzo 2016

Oggetto: Privata

Caro Vladimir,
bene, eccomi qui a scrivere. E quello che dovrei scrivere a lei è una risposta alle sue generose parole delle due e-mail che mi ha mandato, la prima esuberante, la seconda un po' triste. Le dovrei dire che, mentre lei sfruttava l'esperienza di accompagnarmi in giro per la Russia come se fossi un giovane impegnato nel Grand Tour, io sfruttavo enormemente la sua energia, generosità ed entusiasmo.

Ogni romanzo che ho scritto è stato una vita intera. Quelli che ho scritto sulla Russia erano vite che lei mi ha permesso di vivere. E quando sono passato ad altre vite: il Medio Oriente, l'Africa e l'America Latina, altre persone mi hanno aperto le porte e, ancora una volta, ho beneficiato di gentili estranei che sono diventati gentili amici. Ricorderò sempre il suo ruolo fondamentale nel condividere con me approfondimenti ed esperienze e nel procurarmi presentazioni che non avrei potuto ottenere senza di lei, e li ho indicati qua e là nel memoir che pubblicherò quest'autunno.

Se metto insieme la mia vita, non sembra altro che il mosaico di un'enorme varietà di impegni non portati a termine, una sorta di viaggio spirituale sulla Transiberiana. Sono ben consapevole di non essermi mai fermato abbastanza in un luogo, nel mio entusiasmo di andare avanti, e la Russia è di certo il posto dove avrei preferito soffermarmi più a lungo. Spero che questo sentimento traspaia dal mio nuovo libro.

Il che mi riporta a esprimere ancora una volta il mio grazie: avrò sempre un grande debito con lei per avermi aperto gli occhi a tante cose. E se, come dice, io ho fatto lo stesso per lei, allora dovremmo essere molto soddisfatti uno dell'altro.

Dato che ho continuato a scrivere, sto vivendo fino a tarda età e sono britannico, al momento sto godendo di una sorta di prematura immortalità che è improbabile sopravviva alla mia morte. La versione televisiva de *Il direttore di notte* sta facendo sensazione in Gran Bretagna, e presto verrà trasmessa negli Stati Uniti; inoltre è stata venduta a centotrenta altri paesi. Benché ricostruisca il mio romanzo collocandolo nel mondo contemporaneo, il mio nome vi è indissolubilmente legato, la qual cosa non fa che contribuire all'evanescenza della celebrità. Il risultato è una gigantesca corrispondenza che non posso affrontare e ridicole proposte di comparire su ogni genere di piattaforma. Mentre la mia reputazione si allarga, io mi restringo.

Nulla di tutto questo ci dovrebbe impedire di incontrarci quando verrà a Londra per la Book Fair, e spero sinceramente che le sia possibile. Ci faccia sapere le date e le occasioni in cui sarà libero, e noi faremo del nostro meglio.

Come sempre,
David

Broken Vows: Tony Blair, the Tragedy of Power *di Tom Bower fu pubblicato nel gennaio 2016.*

A TOM BOWER

Via e-mail

21 marzo 2016

Oggetto: Congratulazioni

Caro Tom,
be', congratulazioni. Un lavoro enorme, rivelatore e scioccante nell'insieme. Credo sia riuscito a comunicare in maniera splendida la straordinaria convergenza di decisioni cui viene costretto qualsiasi primo ministro in ogni mo-

mento, l'insieme casuale di scelte banali e monumentali, e la spaventosa incapacità di Blair di distinguerle. Alcuni brani mi rammentano i Nixon Papers,[8] quando il suo circolo ristretto si affanna a insabbiare tutto e arriva un messaggero shakespeariano a informare il presidente che la lira italiana è crollata. Nixon risponde: «Affanculo la lira» e riprende la cospirazione con i suoi accoliti.

Come è ovvio, è un documento di parte, e spudoratamente tale. A me non interessa. A dire il vero, riflette un'onestà che si ritrova in pochi storici. Ho appena terminato il *Napoleone* di Andrew Roberts, che cerca ostinatamente scuse per il suo eroe in ogni momento. Lei ha fatto l'opposto, il che mi consola perché ho la sensazione di aver incontrato nel suo libro esattamente il Tony Blair che volevo trovare: un oratore straordinariamente abile, un bugiardo plausibile e dotato d'intuito, che illude se stesso, ama se stesso, serve se stesso e perdona se stesso.

Volevo sapere di più della sua infanzia, di più dei suoi genitori, ma adesso so parecchio del suo Rosebud. Lei ha compiuto un viaggio straordinario e io sono felice di averlo condiviso.

Come sempre,
David

Lo scrittore, editor e biografo di Wodehouse, Robert McCrum inviò a le Carré una copia di Wodehouse in Wonderland, *il suo discorso a un congresso sullo scrittore inglese. Osservava come Wodehouse si distaccasse dal mondo esterno che lo turbava profondamente – che si trattasse della Seconda guerra mondiale o, forse, dei propri impulsi sessuali – per rifugiarsi in «una sorta di confino artistico solitario... con la sola compulsione di placare il dolore della vita quotidiana vivendo nei Campi Elisi della sua immaginazione». Nel paradiso di Wodehouse non c'erano «sesso, morte, sofferenze» scriveva McCrum.*

[8] Noti come i Pentagon Papers, le "carte del Pentagono". [*N.d.T.*]

A ROBERT McCRUM

Tregiffian
St Buryan
Penzance
Cornovaglia

30 luglio 2016

Privata, personale & tutto il resto

Caro Robert,
mille grazie per avermi mandato il suo pezzo su Wodehouse, che ho trovato commovente e vero, e in qualche modo molto personale & pertinente ai miei stessi sistemi di difesa. Come lei, immagino, continuo ad appoggiarmi a Wodehouse in maniera ben più profonda di quanto il Maestro sarebbe disposto ad accettare. Trovando il suo meccanismo di fuga, ne ha fornito uno anche a noi: o a me, almeno! Non ricordo se, nella sua eccellente biografia, lei abbia o meno pensato a Kenneth Grahame[9] come a una possibile, ulteriore influenza su Wodehouse; paradiso & persone rispettabili & il Bosco Selvaggio oltre. Provo a immaginare in che modo lui avrebbe sconcertato un biografo, imbrogliandolo & confondendolo, & mandandolo via a mani vuote per non tornare mai più.

[...]

E va così con il mio lavoro, o con le cose che sto scrivendo al momento. Anche la faccenda della Spia che ho inventato è stata un paradiso, sebbene nero come la pece, e mi ritrovo da anziano a tornare a quello, o a restargli legato, con allegra disperazione, visto che tutto torna a me.

Ancora una volta il mio grazie e le mie congratulazioni per aver inchiodato la vecchia anguilla prima che scomparisse nel fango.

[9] Furono le molte letture de *Il vento tra i salici* di Grahame da parte di Jeannie Cornwell a instillare in le Carré l'amore per i libri quando aveva sette anni.

Non ci conosciamo davvero, se non attraverso i nostri scritti, ma in quel senso mi sembra di conoscerla meglio grazie a quell'articolo.

Con i migliori auguri,
David

AD AL E ANNE ALVAREZ

16 settembre 2016

Carissimi Al & Ann,
è ora che ringrazi entrambi per i vostri gentilissimi messaggi – alcuni sulla segreteria telefonica di Londra, abbiamo saputo troppo tardi – e per tutto il sostegno che avete *sempre* dato al mio lavoro, & per la tolleranza & l'affetto che l'hanno accompagnato. TPT[10] sta andando bene [...] Questa volta siamo caduti in piedi; il che è fantastico, in particolare per le case editrici straniere, & per tutti i critici americani che aspettano di sentirsi dire cosa pensare. Vi devo moltissimo per tutti questi anni: ad Anne per la simpatia che non le è mai mancata, & ad Al per il severo & splendido rigore intellettuale, e la scrittura impeccabile che lo accompagna.

Io sto lottando con il mio Ur-romanzo, una sorta di versione alla Ronsencrantz & Guildenstern de *La spia*...[11] che immagina come avrebbero potuto comportarsi tutti nella "vita reale" se il romanzo non fosse stato un *noir*, ma un racconto di preoccupazione umanitaria & fallibilità. È un thriller ribaltato, quindi, dove l'interno sono compassione & inadeguatezze & fiaschi che tutti viviamo, e sopprimiamo. E i falsi dèi che, prendendo un nome a caso, designiamo come George Smiley... Quindi è un vero spasso scriverlo e mi sono ripromesso di finirlo per Natale &, a quanto

[10] *The Pigeon Tunnel*, ovvero *Tiro al piccione*. [*N.d.T.*]
[11] *Un passato da spia*.

pare, ci dovrei riuscire. Qui siamo molto felici insieme, & l'estate è stata lunga & splendida. Quando vacillavo con il romanzo, Jane mi tirava su. E quando ho detto: «Affanculo, andiamo ad annoiarci a Londra» lei ha risposto «Continua a lavorare e modera il linguaggio».

In ogni caso, al giorno d'oggi tutti noi scriviamo troppe poche lettere. E questa, in realtà, serve a dirvi grazie & vi vogliamo bene, e arriveremo verso la fine di ottobre. E di nuovo, vi vogliamo bene.

David

A MARY MOUNT

Via e-mail

8 novembre 2016

Oggetto: ALOS[12]

Cara Mary,
grazie per la sua meravigliosa lettera. Il libro[13] inizialmente è stato una scocciatura e solo il cielo sa quanto abbia scritto e buttato via. Poi si è ravvivato quando è diventato la storia di Guillam, e il piacere di svegliare quei personaggi dormienti ha compensato tutto. Non ho osato rileggere i vecchi libri, mi sono accontentato di ricordarli, quindi ci sono discrepanze evidenti e piuttosto buffe che, in gran parte, non riesco a sistemare. Quindi dovrò scrivere un'abile postfazione o trovare un modo diverso per sventare i piani dei pedanti di Tunbridge Wells.

Grazie ancora per la sua lettera gentile e sagace. Come può immaginare, alla mia tenera età, ho sudato parecchio

[12] *A Legacy of Spies*, ovvero *Un passato da spia*. [*N.d.T.*]
[13] In *Un passato da spia*, le Carré tornò ai personaggi della trilogia di Smiley per la prima volta dopo venticinque anni.

sul libro, ma la decisione di uscire di scena per la pubblicazione di *Tiro al piccione* sembra aver dato i suoi frutti.

Come sempre,
David

Nel 2016, Macintyre pubblicò SAS. Rogue Heroes – The Authorized Wartime History.

A BEN MACINTYRE

Inoltrato da: Tregiffian
St Buryan
Penzance
Cornovaglia

15 novembre 2016

Caro Ben,
mille grazie per il libro, per la gentile dedica & per la *sua* lettera. Io sono a metà del mio, che mi impegna totalmente. La scrittura è la migliore di sempre, i profili dei personaggi superbi. Che pianeta... ovviamente abbiamo saputo del suo divorzio e abbiamo simpatizzato con lei. Il mio è stato straziante, benché condotto con grande correttezza da entrambe le parti; & tutti e due ci siamo risposati poco dopo. Ma le ferite non guariscono, o almeno non per me: il che significa che mi rimprovero costantemente e, al contempo, festeggio la mia liberazione. (Ann, la mia prima moglie, è morta non molto tempo fa dopo un lungo, secondo matrimonio.)

Sono lieto che *Tiro al piccione* le sia piaciuto: ha avuto un buon periodo, ma proprio come tutti i libri scompaiono dalla memoria, così è accaduto a TPT mentre finivo il nuovo romanzo, che uscirà il prossimo settembre e che mi piace, il che non è scontato. Adesso siamo in partenza per la Cornovaglia, torneremo a Londra per Natale con figli & nipoti, poi probabilmente andremo in Germania. Ma sarebbe bello vedersi e, quando torneremo, proporrò qualcosa.

Lasci che le ripeta quanto ammiro la sua scrittura, quanto bene emergono le storie dalla ricerca, quanto siano lucidi e inflessibili i ritratti umani. Il nostro GP[14] della Cornovaglia di tanto in tanto si reca quasi di nascosto a Hereford per insegnare ai ragazzi (& alle ragazze) della S.A.S.[15] come curare malattie & ferite sul campo: «In 3 settimane li devo trasformare in medici». Gli regalerò il suo libro per Natale. I nostri migliori saluti a lei & ai suoi –

Come sempre,
David

[14] *General Practitioner,* medico generico. [*N.d.T.*]
[15] *Special Air Service,* corpo speciale dell'Esercito britannico. [*N.d.T.*]

TRUMP E LA BREXIT

La mia risposta allo scenario politico è veemente: odio la Brexit, odio Trump, temo l'ascesa del fascismo bianco ovunque e prendo questa minaccia molto sul serio; tra i nostri pseudo-dittatori, il desiderio di conflitto dilaga.

Le Carré al giornalista e romanziere tedesco
Yassin Musharbash, 4 aprile 2018

Le Carré finì di lavorare a *Un passato da spia* tra il risultato del referendum sulla Brexit del 23 giugno 2016 e l'elezione di Donald Trump il 9 novembre di quello stesso anno. Il romanzo che seguì, *La spia corre sul campo* – l'ultimo –, venne interpretato come un'accusa alla Gran Bretagna della Brexit.

«Siamo devastati e ci vergogniamo profondamente per la Brexit, e non riusciamo ancora a credere che non ci sia modo di tornare indietro» scrisse a Bernhard Docke il 5 luglio 2016. «Che patetico cocktail di illusioni perdute e false speranze.»

A NICHOLAS SHAKESPEARE

16 dicembre 2016

Caro Nicholas,
sono molto felice che il Brouilly sia stato azzeccato. E mi interessa davvero la sua inaspettata avversione per il romanzo contemporaneo, che per me è cominciata, senza l'aiuto dell'influenza di Mumbai, circa vent'anni fa. Leggo i vecchi maestri, pochi, & una discreta quantità di saggi. Ma il mio segreto più oscuro è sempre stato la dislessia – leggo con la lentezza di una lumaca, come se lo facessi ad alta voce, con l'effetto che l'impazienza, & quello che Hemingway definiva il "rilevatore automatico di merda", si attivano quasi istantaneamente. Se esiste qualcosa che spiega un successo letterario istantaneo, devono essere la facilità di accesso & il grado di riconoscimento, due cose che troppo spesso mi vedo negate quando cerco di leggere.

Il nuovo romanzo, che ho consegnato poche settimane fa, ha incontrato il favore degli editori, qualsiasi cosa significhi, & adesso mi sto imbarcando nel solito viaggio di ricerca & riscrittura post-facto: Bretagna, Germania, Polonia, Rep. Ceca in ordine rapido, da terminare, in teoria, entro la fine di febbraio per pubblicare a settembre. Si è già instaurata la noia post-consegna, e non vedo l'ora di tornare a Londra (lunedì) per annoiarmi là prima di partire per Berlino a metà genn. Nel frattempo fatico a credere quanto a fondo stiano per andare gli US, o ci siano già andati. Il nostro presunto grande alleato è uno stato canaglia gestito da un egocentrico permaloso, sleale, vendicativo, spietato – ho dimenticato narcisista – & non dobbiamo *mai* illuderci che abbia una natura razionale e moderata sottopelle, & non dobbiamo *mai* dimenticare come è arrivato al potere, la qual cosa ricorda sotto molti aspetti il Nostro Caro Führer[1] e lascia l'amaro in bocca.

La Brexit? Un suicidio economico montato da ciarlatani,

[1] Maiuscole dell'autore. [*N.d.T.*]

ma in fin dei conti impraticabile & rimediabile nei fatti se non nel nome. O almeno spero. Nel frattempo, un'indigenza programmata per l'enorme classe dei meno abbienti...

Con affetto a tutti – anche ai suoi genitori – per un bellissimo Natale & Dio solo sa quale Nuovo Anno –

David

A ROLAND PHILIPPS

9 Gainsborough Gardens
London, NW3 1BJ

16 febbraio 2017

Caro Roland,
grazie per la sua bellissima e generosa lettera. Sono molto felice che il libro abbia funzionato per lei – in particolare per lei – e che lo abbia capito così bene. Prendo debita nota delle sue osservazioni editoriali e le affronterò insieme alle altre in arrivo [...].

E naturalmente, come può immaginare, il libro significa molto per me, e continua a vivere, e resterà un bersaglio in movimento fino all'ultimo minuto, come sempre. Desidero in particolare che Millie McCraig[2] abbia un gatto e una casetta per gli uccelli. Quest'ultima le era stata donata per il compleanno da Mendel & Guillam, ed era stata decorata da Mendel con una scritta in pirografia: SI ACCETTA OGNI SPECIE DI UCCELLO, NESSUNO ESCLUSO. È uno dei luoghi dove conserva i microfilm nei bussolotti.*

Ma per il resto, certo, sono in un limbo e mi sforzo come

[2] Ne *La talpa,* Millie McCraig «mantiene la casa e si occupa degli apparecchi d'ascolto» nell'appartamento dove la talpa del Circo incontra il suo contatto russo. «Vedova, scozzese e magra, Millie McCraig portava calze scure e capelli cotonati e aveva la pelle lucida e rugosa dei vecchi.» Un'«ascoltatrice di professione, era ancora portata a considerare tutti gli uomini degli intrusi [... con] i modi [...] di una imperturbabilità profonda». Tornò come personaggio in *Un passato da spia.*

sempre di scendere a patti con il pacchetto pubblicitario che viene preparato, un piede nell'adattamento televisivo, e uno decisamente no, e mi agito al pensiero di cosa scrivere adesso. L'altra sera ho redatto la valutazione psichiatrica retrospettiva di Bill Haydon da parte del Circus e mi sono svegliato con la sensazione di essere diventato un po' strano... Poi mi dico: "racconti", come se fossero una via d'uscita facile, ma la verità è che, quando un racconto mi avvince, diventa invariabilmente il seme di un romanzo. E molti temi e situazioni che sembrano validi si rivelano troppo spesso rifacimenti di cose che ho fatto in precedenza con maggiore o minore successo.

Stamattina ho fatto una lunga passeggiata all'Heath[3] & sono stato fermato da tre svedesi che non riuscivano a trovare Kenwood House.* [4] Ho scoperto che la donna del trio era la sorella di Lena Wickman, & ho potuto dirle quanto mi vergognassi di aver rifiutato un invito a cena con Arthur Koestler, con cui lei viveva all'epoca.[5] Ma questo è solo l'inizio: ho mancato anche di conoscere Noël Coward, PG Wodehouse e Kapuściński[6] quando ne ho avuto l'opportunità, & non riesco nemmeno a ricordare il perché; tranne, ed è possibile, che fossi tanto sospettoso della celebrità che me la prendevo con gli altri.

La serata da Wiltons è stata splendida; allegra & vivace. E la storia di Donald McL è un soggetto meraviglioso.[7] Ho appena letto un resoconto, sorprendentemente ben scritto, del caso Noel Field[8] di Kati Marton, dal titolo *True Believer*, che corre in parallelo all'esperienza di Donald, e parla di intenzioni tanto nobili quanto del tutto malriposte. Il grande cambiamento (ovvero Koestler) è avvenuto quan-

[3] Si tratta del parco di Hampstead Heath. [*N.d.T.*]

[4] Storica villa nel quartiere di Hampstead. [*N.d.T.*]

[5] Lena Wickman era la scout letteraria svedese che lavorava per l'editore Jack Geoghegan; fu lei a inviargli *La spia che venne dal freddo*.

[6] Giornalista e scrittore polacco.

[7] *A Spy Named Orphan*, il racconto di Phillips sulla spia sovietica Donald Maclean, venne pubblicato nel 2018.

[8] Field era un quacchero di Boston che lavorava al dipartimento di stato e spiava per l'Unione Sovietica sotto Stalin.

do la gente si è resa conto che il Comintern era stato sostituito dal nazionalismo russo & dalla pulizia etnica della classe media da parte di Stalin –

Con affetto a entrambi – & grazie di nuovo,
David

[*sul margine sinistro*] * E ho lavorato ancora un po' alla scena Smiley-Guillam alla fine.

[*sul margine sinistro*] * il mio classico ruolo all'Heath

A MARY MOUNT

Via e-mail

20 febbraio 2017

Cara Mary,
grazie per la sua. Felice che le piaccia il testo riveduto. Il viaggio a Praga è stato pieno di neve,[9] molto strano, al gelo e uguale a 55 anni fa in maniera inquietante; ville vuote e sinistre, castelli abbandonati, la sensazione del territorio insanguinato dell'Europa dell'Est.

Continuo ad apportare piccoli cambiamenti e aspetto ancora le reazioni dei miei ospiti in Bretagna. E naturalmente Ullstein con il nuovo materiale. E Seuil.[10] Ma siamo nei tempi e mi piacerebbe sistemare il testo con soddisfazione di tutti in modo da poter pensare a qualcosa di nuovo. Al momento la cosa più difficile – ed è stato decisamente il caso delle revisioni – è pensare a un argomento che non sia

[9] Le Carré aveva seguito l'itinerario che Tulip, il suo personaggio, aveva percorso da Berlino Est a Praga in *Un passato da spia* e visitato i luoghi del romanzo in Cecoslovacchia. Guillam, il suo narratore, viveva in una fattoria in Bretagna. Il viaggio a Praga di cui parla, intrapreso cinquantacinque anni prima, era avvenuto quando le Carré era ancora un funzionario dell'MI6 e non è documentato nell'archivio.
[10] I suoi editori tedeschi e francesi, Ullstein Verlag e Éditions du Seuil.

Trump. Oggi, sul "NY Times", Maureen Dowd è un puro balsamo, ma solo finché dura... e May,[11] sempre orribile.

Con i migliori saluti,
David

Le Carré conobbe Yassin Musharbash – un giornalista specializzato in islamismo e jihadismo che aveva da poco pubblicato un libro su Al Qaeda – nel 2007 davanti a un bicchiere di champagne al Café Einstein Unter den Linden di Berlino. «Aveva bisogno di un ricercatore che lo potesse aiutare ad affinare pensieri, discorsi e cospirazioni degli islamisti e il modus operandi delle agenzie tedesche di intelligence» ricorderà Musharbash alla cerimonia funebre in onore di le Carré. L'autore gli aveva chiesto di assegnare ai personaggi islamici di Yssa il buono *storie di vita e dialoghi plausibili, e persino di immaginare un fittizio schema di finanziamento al terrorismo. In seguito Musharbash condusse anche alcuni controlli sui fatti e ricerche per* Tiro al piccione *e* Un passato da spia. *Nel 2017 Musharbash, figlio di padre giordano e di madre tedesca, scrisse a le Carré esponendo i suoi progetti per un nuovo libro prima di ritrasferirsi a Berlino da Amman, in Giordania. La tarda corrispondenza tra le Carré e Musharbash è degna di nota per la sua franchezza e intensità. «David e io avevamo due filoni di corrispondenza separati: e-mail per tutti gli aspetti pratici e lettere scritte per le faccende più personali» dirà.*

A YASSIN MUSHARBASH

2 maggio 2017

Caro Yassin,
mio figlio Nick & lei vi dovreste incontrare, poi dividervi andando nei vostri pub, café, shebeen[12] o ovunque ciascuno di voi senta di scrivere meglio quel giorno, perché lui dice esattamente le stesse cose: gli piace il chiacchiericcio

[11] Theresa May, ex primo ministro del Regno Unito. [*N.d.T.*]
[12] Spaccio clandestino di alcolici. [*N.d.T.*]

intorno a sé, gli piace rifugiarsi nei posti in cui lo conoscono & lo tollerano: in breve, molto parigino, molto periodo interbellico. Quanto a me, è il *movimento* che fa la differenza: portare il concetto a fare una passeggiata, scribacchiare su un taccuino di tanto in tanto, camminare ancora, poi tornare alla scrivania & metterlo giù per iscritto. Ma devo avere sempre la scrivania in vista.

È bello sapere che in luglio è tornato in madrepatria. A mio parere, non dovrebbe assolutamente rinunciare al giornalismo, almeno fino a quando i suoi romanzi non sono decollati, & probabilmente nemmeno allora. Colleghi, chiacchiere, crisi, il calore del contatto umano: tutta acqua al suo mulino, ne sono sicuro; & lei potrebbe facilmente restare in panne & avere paura senza di loro, come è successo a me. L'auto-guarigione è lunga & dolorosa per la famiglia.

Le invierò una bozza – il romanzo è molto cambiato, come accade sempre, & è – oso dirlo? – molto migliore. Nessun editor, solo il tempo e una chiacchierata al momento giusto con il mio amico Tom Stoppard un po' di tempo fa.

E questa volta, eccezionalmente, ho deciso di andare allo sbaraglio con la pubblicità: pubblicazione a puntate & intervista sul "NYT", "60 Minutes", Annie Liebovitz[13] per "Vanity Fair", presentazione del libro alla Royal Festival Hall di Londra il 7 settembre &, un mese dopo, alle Elbphilarmonie di HH.[14] E un profilo della BBC per la TV. Quindi, in breve, quello che mi ha detto Joseph Brodsky[15] quando ha saputo di avere vinto il Nobel: «Mi aspetta un anno di convenevoli». Immagino che si tratti del mio canto del cigno, anche se il cigno è ancora convinto di riuscire a volare. In ogni modo, i media la pensano così e io mi adeguerò. Nel frattempo, come è ovvio, sto progettando un romanzo.

Sono certo che ci vedremo prima della fine dell'anno – *La spia che...* è ancora in pista, a quanto so, e il Signore nel suo paradiso, anche se in questo periodo non lo si vede spesso in America. Come può vivere un paese senza coscienza? La

[13] Le Carré scrive Leibovitz in modo scorretto [*N.d.T.*]

[14] Hansestadt Hamburg, città anseatica di Amburgo.

[15] Le Carré scrive il nome, Iosif Brodskij, all'inglese. [*N.d.T.*]

cosa che più apprezzo della Germania è che è consapevole del proprio passato & desiderosa di correggerlo. La Gran Bretagna? Se la scordi. L'America? La Russia? Si figuri!

Con affetto a tutti. Forse ci vedremo in autunno. Mi raggiunga a HH, se può, per la festa sul fronte del porto. [...]

Come sempre,
David

Negli anni Novanta, dopo La casa Russia, *Stoppard e le Carré avevano avviato una corrispondenza molto cordiale, ma il loro legame divenne più stretto. Negli anni Dieci del Duemila, i due si scambiavano bozze di romanzi e pièce teatrali. Stoppard rifiutò con riluttanza una drammatizzazione di* Amici assoluti *per la* BBC, *ma disse a le Carré che* Una verità delicata *era «uno dei migliori di le C fino all'ultima frase». Entrambi videro una propria biografia pubblicata mentre erano ancora in vita; della sua amicizia con altri scrittori, Hermione Lee, la biografa di Stoppard, scrisse: «Il suo legame d'affetto con David Cornwell era di primaria importanza». La critica dettagliata di Stoppard de* La spia corre sul campo *si trova nell'archivio di le Carré; la sua analisi di* Un passato da spia, *probabilmente precedente a questa lettera, è assente.*

A SIR TOM STOPPARD

9 Gainsborough Gardens
London, NW3 1BJ

25 giugno 2017

Caro Tom,
be', grazie di nuovo! Ho seguito i tuoi consigli ovunque potessi. Nel finale ho ritenuto che Millie dovesse serbare i suoi segreti fino all'ultimo, & che io non dovessi segnalarli. Penso che il groviglio di segreti sia tale da saturare l'aria, oltre che la testa di Guillam, al punto che, alla fine, accettiamo il pacco a sorpresa senza restarne stupiti. Lo abbiamo sempre saputo anche se non ce ne rendevamo conto. Ho dato a Lottie ampio spazio; avevi ragione sulla sua importanza.

Adesso è descritta a tutto tondo. Ho fatto in modo che l'età di Christoph fosse più elastica: il perenne adolescente con severi genitori tedeschi, i padri (patrigni) in particolare. Ho eliminato la riflessione di Guillam sul fatto che il prete potrebbe sposare Tulip con Guillam anziché seppellirla. E ho colto la nota sul "theatre".[16] Alla fine, poi, ho anche ritoccato un po' Smiley in modo che il suo piano d'azione sembrasse più dinamico, & rischioso per lui; testimonierà & dirà in tribunale, se ci sarà l'occasione, esattamente cosa è successo.

È stato *meraviglioso* avere il tuo aiuto, & ti sarò sempre grato per questo. Grazie ancora una volta, tante grazie. Il nostro affetto a entrambi, & vediamoci presto.

Come sempre,
David

FitzPatrick, un fan di le Carré per 40 anni, che da 30 viveva in Olanda, scrisse del senso di tradimento che provavano i migranti inglesi in Europa «da parte dei meschini nazionalisti e della stampa ingannevole».

A KEITH FITZPATRICK

Tregiffian
St Buryan
Penzance
Cornovaglia

29 luglio 2017

Caro Keith FitzPatrick,
la ringrazio molto per la sua lettera davvero toccante. Le sue parole sulla Brexit hanno parlato al mio cuore. Al momento preferirei essere olandese, tedesco, francese, o anche polacco, piuttosto che un inglese soggetto a questo vero e proprio

[16] *Theatre* è il nome dato al prototipo di un sistema di comunicazioni ad alta frequenza e a corto raggio, costruito espressamente per i contatti sotto copertura tra Est e Ovest nell'area urbana di Berlino. [*N.d.T.*]

dileggio cui siamo sottoposti. Se non è troppo tardi, acquisti una copia del "New York Times" di oggi & legga il pezzo d'opinione in prima pagina, scritto da una corrispondente del "Times" di Londra.[17] Esprime tutto alla perfezione.

Sono molto felice che i miei libri le siano piaciuti. Confido che il nuovo, che uscirà a settembre, non deluderà. Non mi aspettavo che riapparisse Smiley ma, quando è successo, è stato irresistibile.

Sì, ci hanno traditi. Non il nostro paese, che ha votato molte cose che non volevo e non capivo, ma una manciata di avventurieri sciovinisti e mitomani imperialisti, sostenuti da parecchio denaro di dubbia provenienza e manipolazioni: il populismo guidato dall'alto, e quando mai è stato altrimenti?

Con i più cari saluti, e grazie ancora per avermi scritto –
David Cornwell
(John le Carré)

Michael Jayston interpretò Peter Guillam, il braccio destro di Smiley, nella serie televisiva de La talpa *con uno stile incisivo e laconico. Divenne il narratore delle versioni audio di ventuno romanzi di le Carré. Il 17 settembre 2017, Jayston scrisse a le Carré che la lettura di* Un passato da spia *gli aveva suscitato «infiniti ricordi... come incontrare un vecchio amico che non vedevo da anni». Peter Guillam, ormai in pensione, è il narratore del romanzo che Jayston definì «un capolavoro di un maestro dei capolavori».*

A MICHAEL JAYSTON

9 Gainsborough Gardens
London, NW3 1BJ

4 ottobre 2017

Caro Michael,
che bella lettera! Sì, vediamoci e malediciamo insieme il

[17] *No Dunkirk Spirit Can Save Britain From Brexit's Defeat,* di Jenni Russell.

mondo. Ma non ancora, perché sono in partenza per la Germania per esibire il mio talento nella nuova, grande sala per concerti di Amburgo – una sorta di replica dell'evento alla RFH,[18] ma in tedesco –, poi la stampa tedesca e un breve, frenetico passaggio in Cornovaglia. Magari organizziamo per fine novembre? Mi ha fatto molto piacere sapere che ha apprezzato il libro – & i ricordi che le ha riportato. Per essere sincero, la stessa cosa è successa a me mentre lo scrivevo, & ho versato una lacrima quando l'ho finito.

Le sue letture sono entrate nell'anima dei miei fan & dei suoi. E solo questo dovrebbe essere sufficiente per un buon pranzo insieme!

Con affetto a lei e ai suoi.
Come sempre,
David

La prima lettura di Jayston fu di una versione abbreviata de La talpa *per un audiolibro tratto dalla serie televisiva, e all'epoca chiesero a le Carré se Jayston potesse registrare* Chiamata per il morto. *«Può fare tutti i miei libri» fu la risposta di le Carré. In genere Jayston leggeva la versione integrale dei romanzi, mentre le Carré leggeva quella ridotta, e «superava se stesso con le voci da aristocratici perché le odiava» commenterà Jayston. Negli anni seguenti, le Carré leggerà le versioni integrali di* Una verità delicata, Tiro al piccione *e* La spia corre sul campo. *A quanto pare, le Carré non autorizzò mai la versione audio di* Ingenuo e sentimentale amante, *escludendola specificamente nel 2011 e nel 2017.*

[18] *Royal Festival Hall*, dove aveva presentato il libro il 7 settembre (si veda sopra). [*N.d.T.*]

A SIR TOM STOPPARD

9 Gainsborough Gardens
London, NW3 1BJ

21 dicembre 2017

Caro Tom,
mi sono sentito piuttosto inutile quando sei venuto a trovarmi lunedì sera: niente da darti, nessuno spirito natalizio, soffocato dalla calamità californiana[19] e da tutti i bambini che passavano, e Geller in attesa di essere ascoltato. Quindi ho la sensazione di aver deluso le tue aspettative, che erano quelle di augurarci il Buon Natale e – naturalmente – ricevere i nostri affettuosi auguri in cambio, che arrivano a pieno titolo con questa lettera, seppur tardivi, a entrambi voi con il nostro affetto e la nostra ammirazione incondizionati.

E, come è ovvio, avevo la netta sensazione – da quando me l'hai detto – che fossi alla ricerca di una nuova pièce ed è probabile che, se in questo somigli a me, tu sia disperato per l'attesa e per non riuscire a trovarla. Nel frattempo – e cosa potrebbe essere più importante? – i tuoi successi passati tornano ad accusarti perché, semplicemente, non sono stati messi a riposo, e mai lo saranno. O almeno, così è per me, e nel mio caso con motivazioni decisamente minori. Se mi fossi limitato a continuare a scrivere il primo romanzo per il resto della vita, i miei lettori sarebbero stati felici. Ma niente di ciò che ho prodotto regge il mio stesso esame, e suppongo che sia per questo che Sammy non smette di correre – in questo caso verso la Cornovaglia il 28 dicembre – per restare nell'ombra fino a quando, spero, sia più o meno finito.

Quando te ne sei andato, tuttavia, ho avuto la sensazione di averti deluso in qualche modo, e insieme di aver deluso me stesso. Il che, probabilmente, è solo frutto di una

[19] La casa di famiglia di Stephen Cornwell bruciò fino alle fondamenta poco dopo lo scoppio dell'incendio Thomas nella California meridionale.

convergenza di troppe cose nel momento peggiore dell'anno per i drammi familiari.

Passate un buon Natale, il nostro affetto a entrambi, e fate uno splendido viaggio dal maragià e oltre. Non ho potuto evitare un sorriso ironico, perché ai suoi tempi mio padre si era lavorato diversi maragià e aveva raggirato quello di Drangadra,[20] ottenendo per sé un piccolo palazzo nella tenuta dalla quale perseguiva la propria ambizione di aprire nel subcontinente una sala scommesse per il calcio... senza alcun successo, ne sono certo.

Non disturbarti a rispondere a questa mia, non badarci, avevo solo il bisogno di scriverti per rassicurare entrambi del nostro affetto e farvi gli auguri.

Come sempre,
David

Philippe Sands aveva chiesto: «Cosa dovrei pensare della faccenda di Salisbury?» e citato un'inspiegata visita a Mosca di Boris Johnson nel dicembre 2017. Sergej Skripal', ex funzionario del GRU, *l'agenzia di intelligence militare russa, e sua figlia Yulia, subirono le gravi conseguenze di un avvelenamento da Novičok avvenuto a Salisbury; quell'attacco provocò la morte accidentale di Dawn Sturgess.*

A PHILIPPE SANDS

Via e-mail

22 marzo 2018

Oggetto: cose

Caro Philippe,
non ho dubbi che si sia trattato di un omicidio a opera dei

[20] Meghrajji III, ultimo maragià del minuscolo Dhrangadhra-Halvad, nell'India occidentale. Viveva nel Gujarat nel palazzo Ajit Niwas e teneva a Oxford una Jaguar azzurra. (Le Carré scrive in modo errato il nome dello stato.)

russi. Credo sia stato eseguito dal GRU, probabilmente con il consenso di Putin, ma non necessariamente. In quanto organizzazione militare, il GRU non è controllato dal Cremlino quanto l'FSB. Le prove sono in gran parte empiriche, ma ne hanno contraffatte molte, e molte sono state ignorate o non riconosciute per comodità. Nella comunità dell'intelligence, però, la dimensione degli assassinii è ben nota. I russi ne vanno orgogliosi e le chiacchierone classi britanniche ne hanno completamente frainteso il valore mentre Putin andava alle elezioni.

Penso che May abbia protestato troppo per due motivi. Ha visto una ghiotta opportunità per tagliare fuori Corbyn, fare la dura, alzare l'asticella dello sciovinismo e distrarci dalle enormi concessioni che sta facendo all'Europa sulla Brexit. Ma per quanto riguarda i nostri alleati, ammesso che ne siano rimasti, lei si è trincerata troppo in profondità e si trincera ancora.

Il sottotesto, naturalmente, sono le sconsiderate operazioni di riciclaggio di denaro che la City ha eseguito per conto degli oligarchi, e l'aver finto di non vedere la cleptocrazia russa. Dio solo sa cosa creda di fare Johnson a Mosca, ma è convinto che in questa situazione ci sia qualcosa per lui, e io sospetto che, di qualsiasi cosa si tratti, sia riferita a Trump.

Con i migliori saluti,
David

A JOHN E MARY JAMES, ALDEBURGH BOOKSHOP

Tregiffian
St Buryan
Penzance
Cornovaglia

25 maggio 2018

Cari John & Mary,
mille grazie per l'affettuosa lettera e l'invito al festival.

Sì, stranamente abbiamo guardato il servizio di Mr Portillo su Orford Ness & ci piacerebbe unirci a voi per andarci.[21] Al momento la nostra coppa è, a dir poco, piena fino a traboccare. Io sono totalmente immerso in un romanzo che spero, contro ogni pronostico, di finire nel tardo autunno. Martedì volerò a Praga per interpretare un cameo nella versione televisiva de *La tamburina*, unirmi al cast e alla troupe per la conclusione delle riprese e, nello stesso periodo, discutere seriamente per l'adattamento de *La spia che...* e *Un passato da spia* in un'unica serie televisiva per la Beeb,[22] poi tornerò in Cornovaglia a scribacchiare. *La spia che...* si dovrebbe girare quest'inverno.

Passiamo a marzo: in linea di principio ci piacerebbe molto venire, e l'unica condizione è: avrò terminato il romanzo oppure sarà in ritardo? Passiamo a una domanda: ammesso che voi vogliate aggiungere il mio nome all'elenco degli autori che partecipano, entro quando devo dare una risposta? Noi alloggeremmo al Brudenell ma ci pagheremo il viaggio anziché aggravarvi di quel costo e sì, per favore, un enorme gettone di presenza a una organizzazione benefica: la mia preferita è Médecins Sans Frontières, solo perché li ho visti all'opera.

Una preoccupazione che ho sempre a proposito dei raduni letterari è che io non leggo affatto romanzi moder-

[21] Michael Portillo esplorò la storia di Orford Ness in *Portillo's Hidden History of Britain* su Channel 5.
[22] Sta per BBC. [*N.d.T.*]

ni e non leggo la stampa letteraria, quindi non ho la minima idea di chi siano i pezzi grossi della lett. né di cosa abbiano scritto. Saggistica e vecchi romanzi fino a un certo punto. Ma in un dibattito elevato sulla Letteratura Moderna con la L maiuscola io sono un fallimento. Gli unici festival cui ricordo di aver partecipato erano con discorsi già pronti – a parte Hay, dove presentava Philippe Sands.

Preferirei non portare un discorso preparato, ma mi dirà lei qual è il format. Io, tra tutti, ricordo solo Hay e Lancaster. A Lancaster ero entrato in un auditorium stranamente silenzioso. Qualche sorriso, niente applausi. Ho scoperto che, in quello stesso luogo, un'ora prima Anthony Burgess aveva dichiarato che qualsiasi società mi accettasse come romanziere serio era giunta all'ultimo stadio della decadenza letteraria. Sperava di incontrarmi dopo l'evento al bar per un'allegra chiacchierata, ma io avevo un impegno successivo.[23]

Immagino che abbia visto la storia di Thorpe in televisione. Io ho letto il libro solo di recente. L'adattamento è una pura delizia. Il mio personaggio preferito, fino a questo momento, è la mamma di Jeremy. Se Craig avesse un momento, la sua biografia è quella che tutti desideriamo.[24]

Il nostro affetto a entrambi. Apprezziamo molto la vostra compagnia. Grattacapi di famiglia, ma le cose vanno così. Uno dei miei nipotini gemelli ha problemi di emofilia. Nuore incinte ovunque. Un figlio e due nipoti attualmente *in situ* qui. Io ho la mia gradevole casetta dove

[23] Bill Swainson, il cui amico Michael Reynolds era l'organizzatore di Writing '78, il primo Festival della Letteratura a Lancaster, rammenta benissimo le Carré mentre leggeva brani de *La talpa* a una sala strapiena in un'ex fabbrica. «Una lettura straordinaria, ma anche molto tranquilla, si sarebbe sentito cadere uno spillo e poi mio padre, che adorava i libri di Smiley e la successiva serie televisiva con Alec Guinness, gli chiese al firmacopie quale dei suoi altri libri gli potesse consigliare. Papà tornò a casa con un'edizione economica di *Ingenuo e sentimentale amante*.» Evidentemente il ricordo di quell'evento era vivido in le Carré ancora dopo quarant'anni.

[24] *A Very English Scandal*, adattato dal libro di John Preston con lo stesso titolo, vedeva Hugh Grant nei panni di Jeremy Thorpe e Patricia Hodge in quelli di sua madre Ursula. Il libro di Craig Brown *Ma'am Darling: Ninety-Nine Glimpses of Princess Margaret* piacque molto a le Carré.

scrivo, ed è quella dove mi trovo adesso. Più tardi andrò a nuotare con loro. Giocherò a *tetherball* con Tom.[25] E sole a profusione.

Fateci sapere la data limite per il *vostro* annuncio.
Con affetto da entrambi –
David

A WILLIAM BURROUGHS

Tregiffian
St Buryan
Penzance
Cornovaglia

23 luglio 2018

Caro Bill,
grazie per la sua, e perdoni questa risposta dattiloscritta: sono agli ultimi spasmi del romanzo. Le brutte notizie di famiglia sono migliorate. Adesso sono bisnonno di due gemelli che hanno un aspetto decente e il previsto viaggio di mio figlio in sala operatoria pare si risolverà in un modo o nell'altro nel prossimo agosto.

Bene, se fossi nella posizione di Putin, sarei curioso di sapere come gestire Donald Trump come pedina. Non ho dubbi che lo abbiano in pugno, e probabilmente potrebbero farlo saltare quando ne avessero voglia, ma credo che per loro sia molto più divertente alimentare le sue contraddizioni e contribuire al caos. La cosa terrificante è che più lui si avvicina a Putin, più mente e nega, maggiore è il supporto che riceve dai suoi fedeli. Non serve avere in pugno Trump come agente. Basta lasciarlo correre.

Ci trasferiamo a Londra per un periodo non definito men-

[25] Il nipote di le Carré.

tre cambio l'atmosfera del libro. Spero di aver completato una specie di prima stesura per l'autunno.

Tanti cari saluti e restiamo in contatto.
David

Amico di le Carré da quasi cinquant'anni, di tanto in tanto Rex Cowan, un cacciatore di relitti di Hampstead, gli spediva eccentrici pamphlet di sinistra che trovava di seconda mano. Più di recente, Cowan aveva acquistato alcune lettere potenzialmente imbarazzanti che le Carré aveva scritto a Willard Morse, un ginecologo del Maine, che erano apparse in vendita su internet. Cowan restituì le lettere a le Carré e, a quanto pare, sono state distrutte.

A REX COWAN

9 Gainsborough Gardens
London, NW3 1BJ

26 ottobre 2018

Caro Rex,
sono a letto con l'influenza & altre seccature, nella speranza di andare in Cornovaglia la prossima settimana. Mentre scrivo, ho accanto *The Burning Question of Trade Unionism* & vedo dalla finestra lo splendido autunno di Hampstead. Sospetto che Daniel de Leon*[26] non sia il suo nome, & che l'inglese non sia la sua lingua madre. Lo cercherò su internet. Sento puzza di tedesco nella composizione.

Sono stato male e di notte sono andato al Wellington Hospital dove ti fanno subito una diagnosi per 100 sterline. Il medico mi ha detto che gli dispiaceva molto, & che stavo morendo, era troppo tardi per operare. L'ho ringraziato per questa utile informazione: mio figlio Simon ha rintracciato il mio specialista, che era teoricamente in

[26] Autore di *The Burning Question*. [*N.d.T.*]

pensione; lo specialista ha detto che il medico stava esagerando & ha suggerito che pensassi a scrivere qualcosa di nuovo. Gli ho risposto che era chiedere troppo, dato che due settimane prima avevo consegnato il mio nuovo romanzo. Ha commentato che lo avrebbe letto. Le cose stanno così. Per riassumere: se morissi, è un momento ottimo per farlo. Tutti i miei figli sono felici, ho tre pronipoti. Poi leggo quel grandissimo stronzo di Martin Amis sui dolori dei 70 anni & penso che può andare al diavolo, io arriverò ai cento.

Con affetto e grazie per essere un amico leale –
Come sempre,
David

P.S. Rex, per favore, non agitarti. Mi *rifiuto* di morire in pubblico – troppo volgare.

[*sul margine sinistro*] * Potrebbe essere il nostro amato L Trotsky?[27]

Le Carré non ci aveva preso cercando di indovinare alla Henry Higgins,[28] *ma non del tutto. Daniel de Leon, il teorico americano del marxismo, era nato a Curaçao, nei Caraibi olandesi, il 14 dicembre 1852. A quanto sembra la sua prima lingua era lo spagnolo, anche se suo padre era un chirurgo del Royal Netherlands Army.*

[27] Le Carré scrive Trockij all'inglese. [*N.d.T.*]
[28] Personaggio di *My Fair Lady*. Professore di fonetica. [*N.d.T.*]

Il violoncellista Steven Isserlis si presentò a le Carré su un treno; ogni primavera tiene una masterclass all'International Musician Seminar a Prussia Cove, non lontano dalla casa di le Carré in Cornovaglia.

A STEVEN ISSERLIS[29]

Tregiffian
St Buryan
Penzance
Cornovaglia

26 novembre 2018

Caro Steven,
le spie mi dicono che sta per compiere i 60. Le *fake news* abbondano. Solo ieri lei è entrato nelle nostre vite solo per scoprire che io sono affetto da sordità tonale, una condizione che nessun musicista è in grado di accettare. Ma Jane ama la sua musica & abbiamo tenuto duro. Sono venuto a un paio dei suoi recital & non mi sono coperto di vergogna. A volte, quando ascoltavo con la massima attenzione, decifravo conversazioni tra la sua musica, domande, risposte, impertinenti rifiuti e momenti di pigra meditazione. In quegli istanti le sue attività acquisivano un senso per me. E in quei piccoli momenti di unione è arrivata la grande amicizia, di cui facciamo tesoro, e che celebreremo insieme al mondo illuminato con enorme gratitudine & GUSTO![30]

Come sempre, con affetto
David

[29] Le Carré e Jane erano presenti al recital di Isserlis alla vigilia del suo quarantesimo compleanno, nel 1998. Gran parte della corrispondenza con Isserlis, che spediva regolarmente a le Carré copie dei suoi CD e gli mandò almeno un libro, veniva gestita da Jane. Questa lettera fu un'eccezione: il contributo di le Carré a un libro di memorie e aneddoti in occasione del sessantesimo compleanno. In una registrazione per il loro memorial, Isserlis suonò la *Sarabande* dalla Suite per violoncello n. 5 in Do minore di Bach.
[30] In italiano nel testo. [*N.d.T.*]

A SIR TOM STOPPARD

19 dicembre 2018

Caro Tom,
anzitutto il nostro affetto & i migliori auguri a entrambi voi, e a tutti coloro che amate & che avrete intorno durante le feste. Noi siamo stati più negligenti del solito con i biglietti natalizi & tutto il contorno: il seguito de *Il direttore di notte* si sta concretizzando all'improvviso, o comincia a farlo, con la vecchia banda meno Tom Hollander, la cui parte avevo liquidato così incautamente. E alla fine ho completato le più che necessarie revisioni a *La spia corre sul campo* sollecitato, lo devo dire, quasi esclusivamente dai tuoi generosi suggerimenti editoriali, davvero molto preziosi. Credo di aver affrontato tutte le tue obiezioni, con l'avvertenza che alcune (molto poche), a un esame più attento, sembravano troppo elusive o dirompenti, e solo in pochi casi non concordavo appieno né condividevo le tue preoccupazioni. Ma il tuo contributo è stato impagabile & ti ringrazio di nuovo. La trasformazione più radicale è nella "tendenza" delle motivazioni di Ed verso il trumpismo anziché verso la Brexit, anche se quest'ultima inevitabilmente incombe ancora. Anziché affliggerti nel periodo natalizio, ti invierò il testo riveduto all'inizio del nuovo anno, in modo che tu ti ci possa immergere & forse apprezzare l'influenza che hai avuto sull'insieme. Il mio ultimo "consigliere" è Philippe Sands, che mi deve ancora rispondere sulla perseguibilità di Ed per ciò che ha fatto, ma comunque ho alzato l'asticella dando al personaggio più cose da tradire.

Alla fine, lo devo confessare, *La tamburina* in TV mi ha lasciato profondamente insoddisfatto: un giorno ti dirò di più. Resteremo a Londra nel periodo natalizio – con i Nick nostri ospiti – & perché ho faccende mediche che richiedono la mia presenza fino al 4 gennaio circa, quando andremo in Cornovaglia (in treno) per un paio di settimane, per poi tornare a Londra a fare le stesse cose: non è un dramma, ma al momento mi limita.

Vi pensiamo sempre, e sempre con grande affetto. Sarò

sempre in debito con te per la cura attenta – e anche *severa*, grazie al cielo – che hai dedicato al mio romanzo: e non per la prima volta.

Come sempre,
David

Dopo tre letture del libro, Sir Tom Stoppard inviò sei pagine di note dattiloscritte a le Carré a proposito de La spia corre sul campo. *«Sei abile a tenere ben coperte le tue carte e a servirle in ordine inverso, ma proprio questi sono i piaceri (come anche ne* La tamburina*)» scrisse. I suoi commenti passavano dal chiedersi quali segreti fossero rimasti da tradire a proposito della Brexit a «perché mai deve essere sempre lo sherry?».*

A SIR TOM STOPPARD

3 gennaio 2019

Caro Tom, carissimi entrambi,
bene, ecco qui; il mio oncologo (perché di tale si tratta...) mi ha chiesto «quanto vuole sapere?» e, se avessi avuto la tua presenza di spirito, gli avrei risposto, citandoti, "niente che mi possa rovinare la settimana". Adesso sarò assoggettato ogni mese a iniezioni di novichok[31] o simili, e ad allegre e snervanti intimità con l'oncologo, mentre il mio bravissimo GP in Cornovaglia cerca di tenere il passo. Alla ricerca di tempo non rovinato, domani matt. partiamo per la Cornovaglia, ma il GP mi aspetta. La sola speranza è una terza casa. Jane interpreta la parte di Sabrina,[32] con la stessa perfezione, ma grazie al novichok io mi dibatto come un'anguilla. Riponiamo le nostre speranze nell'aria della Cornovaglia, che secondo le attuali previsioni, arriverà a

[31] Le Carré si riferisce al Novičok, l'agente nervino. [*N.d.T.*]
[32] Tom Stoppard e Sabrina Guinness si sono sposati nel 2014. Lui dirà a un intervistatore che la moglie gli stampava le e-mail di le Carré affinché lui potesse scrivere le risposte, e trascriveva e ritrascriveva le opere del marito.

circa tre gradi centigradi sotto lo zero. La nuova stesura di *Agente*... è in arrivo, ma SENZA FRETTA.

Il *nostro affetto* come sempre,
David

John Westerby, un giornalista sportivo la cui famiglia veniva dal West Yorkshire, scrisse a le Carré per chiedergli: «C'è mai stato un vero Westerby con cui ha fatto conoscenza?».

A JOHN WESTERBY

9 Gainsborough Gardens
London, NW3 1BJ

4 aprile 2019

Caro John Westerby,
grazie per la sua lettera. *Vorrei* poterle dare una risposta più concreta. Non so come, ma i nomi mi si presentano dal nulla, sia quelli di battesimo, sia i cognomi. Solo occasionalmente, quando servono come utile riferimento, utilizzo un nome "vero" e lo censuro leggermente – p. es. Toby Esterhase,[33] un poseur che si presentava come aristocratico ungherese. Se ripenso al caso di Jerry[34] so che non c'è stato alcun riferimento di quel tipo, tranne il fatto che il nome di battesimo era quello del mio allenatore di cricket al college: un uomo grande e grosso, goffo, falsamente cordiale che aveva "fatto un po' di questo e un po' di quello" – probabilmente era stato in prigione! – prima di essere misteriosamente esonerato dal servizio militare. Sì, gli ho attribuito un po' di sangue blu, e molta lealtà nei confronti di Smiley, del Servizio & del paese. Di questi tempi non è così scontato!

[33] Le Carré suggerì che il nome Esterhase fosse una voluta variazione di "Esterházy" perché non era all'altezza delle pretese di Toby.
[34] Jerry Westerby è un personaggio de *L'onorevole scolaro*, giornalista e agente del Circus. [*N.d.T.*]

Se mai si trovasse dalle nostre parti in Cornovaglia, ci mandi un biglietto e venga per un tè, ma prima il biglietto, nel caso non fossimo qui o io fossi impegnato a scrivere.

Il nuovo romanzo uscirà in ottobre.

Con i migliori saluti,
David Cornwell

In questa tarda lettera all'ex soldato, diplomatico e romanziere Alan Judd, venticinque anni dopo il loro primo incontro, le Carré scrisse che gli mancava «l'Office», «entrambi gli Office, a loro modo».

AD ALAN JUDD

Tregiffian
St Buryan
Penzance
Cornovaglia

18 maggio 2019

Caro Alan,
grazie molte per la sua lettera. È tutto un po' un confuso. Dapprima mi hanno detto che il cancro si era ampiamente diffuso alle ossa, & che la mia aspettativa di vita era molto breve. Inoltre ho avuto la polmonite, e questo non ha aiutato. Poi mi sono ritrovato in presenza di una sorta di ur-oncologo, sovrano di un intero Regno a Harley Street, & mi ha fatto iniezioni e dato pillole, niente di disponibile a tutti. In 3 mesi il mio PSA, qualsiasi cosa significhi, è precipitato da un grandioso 110 a 15.6, e l'oncologo mi sollecita a scrivere un altro libro, ma penso che si tratti di spavalderia. Realisticamente, non cura alcunché – è lui il primo a dirlo – ma si limita a tenerlo a bada; & i sintomi, principalmente la respirazione, non spariscono. Ma la vita è di nuovo bella, e a dire il vero completa in tutte le sue componenti: un nuovo romanzo, che spero verrà pubblicato in ottobre, figli sani con matrimoni felici, un sacco di nipoti, 14 più 3 pro-, e quei li-

bri che, come giustamente suggerisce, non sono validi nemmeno la metà di quel che vorrei, ma questo è.

Sono rimasto molto commosso dalla generosità della sua lettera, e la ringrazio di cuore. È stato un viaggio strano. Un paio d'anni fa sono entrato in possesso del mio dossier della Stasi, che aveva dentro solo quattro ritagli di stampa tedeschi & nient'altro. Epurato in quel modo, ho immaginato, o dalla Stasi, o dalla commissione Gauk,[35] oppure dagli inglesi, visto che tutti avevano esaminato i documenti. O forse *è* davvero tutto quello che avevano. Il dossier su mio *padre*, al contrario, era davvero notevole: truffatore di professione, ma anche mercante d'armi (reato per il quale era finito in carcere in Indonesia), andò in Germania dell'Est e si offrì come intermediario e facilitatore per, si presume, la vendita di armi ai paesi terzi.* Loro rimasero colpiti, & mandarono un agente da Vienna – il nome è censurato – ma un Herr Doktor qualcosa, a fargli visita nei suoi uffici di Jermyn Street & riferire tutto ciò che vedeva comprese (con un disegno) la collocazione del telex & della cassaforte. È esasperante che il dossier si fermi lì. Ma continuano ad arrivare informazioni su di lui: persone che ha truffato in località remote, lettere dei suoi ex carcerieri di Hong Kong, ecc. E adesso Errol Morris, il documentarista americano (*The Fog of War: La guerra secondo Robert McNamara* ecc.), vuole realizzare un documentario su noi due, le nostre vite parallele ecc. Quindi stamattina, per vederlo al lavoro, Jane & io ci siamo sintonizzati su Netflix e abbiamo visto *Wormwood*, un documentario di 4 ore che Morris ha girato sull'omicidio dello scienziato Frank Olson da parte dei suoi, quelli della CIA. Merita davvero di dedicargli un pomeriggio. Il personaggio principale è Eric, il figlio di Olson, che aveva fatto dell'omicidio del padre l'ossessione di una vita, allo stesso modo in cui io ho fatto della criminalità incurabile di mio padre l'ossessione della mia. Provi a googlare Ronnie Cornwell &, alla voce professione, troverà "socio dei fratelli Kray". Era socio an-

[35] Dopo la riunificazione della Germania, l'ex pastore luterano e attivista per i diritti civili Joachim Gauck fu nominato a capo dell'agenzia che diede al pubblico l'accesso ai dossier della Stasi. (Le Carré scrive il cognome in modo scorretto.)

che di Rachmann & altri deliziosi personaggi. Quindi come fai con un solo genitore, un padre per di più, e come bilanci amore & malvagità, lealtà & tradimento, oppure un atteggiamento onesto che in realtà è una vendetta travestita?

Per ovvi motivi, Morris non vuole troppo clamore, e acquisterà i diritti cinematografici di *Tiro al piccione*, che sono irrilevanti, e io lo trovo coinvolgente e simpatico come intervistatore – *molto* in gamba, ha 73 anni, quindi immagino che ci cascherò & me ne pentirò. Ma rimpiangerei ancora di più se il progetto fallisse, come avviene per la maggior parte di quelli cinematografici.

Mi manca l'Office, mi è sempre mancato – entrambi gli Office – a loro modo. In un certo senso si tratta degli unici luoghi che mi appartengono, a parte la scrittura. Sono sicuro che per lei sia lo stesso, & con molti più motivi. È un pomeriggio splendido e assolato, una volta tanto senza vento, e io sono così grato per la mia vita che non posso fare a meno di sorridere. Terrò sempre cara la sua lettera, & il tempo trascorso insieme, e la ringrazio di nuovo & mando a entrambi il mio affetto. Se va tutto bene, daremo una grande festa in ottobre, & spero che lei e Judy verrete. Anthony (Rowell) e Carrie hanno già accettato!

Come sempre,
David

[*sul margine sinistro*] * mentre ero in servizio a Bonn!

Tom Bower aveva appena riletto La talpa *e lo aveva definito «superbo».*

A TOM BOWER

Via e-mail

29 giugno 2019

Caro Tom,
sono molto commosso che lei abbia dato un'altra occhiata

a *La talpa*. Nel bene o nel male, adesso si direbbe storia: anche un po' della mia, dato che ho vissuto grandi tradimenti mentre ero ancora dentro la tenda, e la tenda stessa era in stato di decadenza. Quando ho ricevuto la sua e-mail avevo appena finito la biografia di Holbrooke di George Packer,[36] che ho trovato davvero notevole, e stavo riflettendo sul motivo per cui spesso le persone brillanti falliscono in politica. Holbrooke, tuttavia, non si può dire che abbia fallito: ha fermato una guerra e ha conservato la propria umanità fino alla fine. A quel punto, però, si era fatto talmente tanti nemici che nessuno era disposto a stare nella stessa stanza con lui.

Grazie, tutti e due ce la passiamo abbastanza bene. Io mi sforzo di ampliare il raggio delle mie passeggiate, ma qui il terreno è abbastanza accidentato, e io ho ordini draconiani di non cadere a nessun costo. Quindi è strano, ma l'Heath va meglio. Oggi finalmente tempo splendido. Giovedì caleranno qui Morris e la sua troupe per fare una ricognizione prima delle riprese in settembre. Tutto abbastanza strano.

Mi piacerebbe mandarle, con la solita promessa del segreto, le bozze non revisionate del mio nuovo romanzo. Va bene se gliele spedisco a Hampstead, diciamo martedì? Al momento Penguin sta facendo firmare prima ai revisori l'OSA.[37]

Penserò al povero Jim Prideaux. Quanti devono essere stati coloro che non sono mai riusciti a tornare.

Con grande affetto,
David

Nella primavera del 2019, il critico e romanziere irlandese John Banville intervistò le Carré per un articolo del "Guardian" in occasione dell'uscita de La spia corre sul campo. *Il loro incontro coincise con*

[36] *La fine del secolo americano*, libro del 2019 di George Packer. La diplomazia della navetta di Holbrooke ha contribuito a mettere fine alla guerra in Bosnia con gli accordi di Dayton del 1995; inoltre fu rappresentante speciale del presidente Barack Obama per l'Afghanistan e il Pakistan.

[37] Official Secrets Act, usato dall'autore in maniera ironica per indicare un NDA, ovvero un Accordo di non divulgazione. [*N.d.T.*]

la decisione di le Carré – a seguito della Brexit – di chiedere la cittadinanza irlandese sfruttando la discendenza dalla nonna nata in Irlanda. Quell'estate, lui e Jane presero una vacanza per esplorare le radici irlandesi di lui. Scrisse poi a John Banville da Ballymaloe House, nella contea di East Cork, una casa di campagna divenuta albergo e ristorante con trecento acri di terreno agricolo.

A JOHN BANVILLE

Via e-mail

16 luglio 2019

Oggetto: pranzo, ecc.

Caro John,
solo un messaggio interlocutorio. Stiamo godendo di un tempo splendido in quello che di sicuro è il migliore hotel in cui abbiamo mai alloggiato: stile deciso, senza fronzoli, silenzioso, molto efficiente pur senza clamore e con un cibo strepitoso.

Domenica mattina, all'aeroporto di Dublino, c'è stata una scena molto buffa. Jane e io ci siamo presentati al banco dell'Avis per ritirare la nostra macchina a noleggio, tutto già prenotato. Non senza imbarazzo, l'impiegato ci ha detto che la nostra età era tale da richiedere lettere di rassicurazione da parte del nostro medico e della nostra società di assicurazioni. Non avevamo nulla di simile. Poi una sequenza affascinante: era come se tutti in aeroporto avessero preso a cuore il nostro problema. Uomini che correvano avanti e indietro, uno che ha telefonato a suo fratello che faceva il tassista part-time, un altro che ha illustrato il problema a un gruppo di tassisti cercando la tariffa migliore per farci portare a Ballymaloe. Avremmo anche preso il treno, ma questo avrebbe significato perdere un importantissimo incontro di cricket in televisione, e il cricket è il nostro punto debole. È comparso un autista, abbiamo raggiunto un accordo e per circa tre ore e mezza abbiamo ascoltato una storia, molto erudita e informativa, delle malefatte degli inglesi in Irlanda. Ed eccoci qui, finalmente dotati di una macchina grazie a una società di noleggio meno scrupolosa, e ci godiamo ogni istante.

Il pranzo è stato meraviglioso. Da ricordare. Abbiamo molto goduto della sua compagnia e apprezzato la passione e la conoscenza con cui Patricia[38] ha parlato della sua terra. La nostra visita qui ha preso una piega strana per me: sento proprio che l'Irlanda è la patria dei miei antenati e, in un momento come questo, ha una grande attrattiva.

Con i migliori saluti a entrambi,
David

In una e-mail alla nipote Jessie spedita dall'albergo, le Carré definiva «straordinaria» l'esperienza irlandese. «Passeggi nella zona pedonale di Dublino il sabato sera e percepisci un odore ignoto: la speranza.» Continuò spiegando che l'Irlanda era un paese molto giovane, appena uscito da costanti conflitti, bancarotta, sfruttamento da parte dei cattolici e imperialismo britannico, laddove il Nord veniva considerato il cugino povero e malato che viveva di sogni ormai obsoleti. «Cosa pensano di noi? Non puoi certo rimproverarli perché ridacchiano con divertita allegria.» A ottantasette anni, si rallegrava per le proprie radici irlandesi.

A SIMON, STEPHEN, TIMOTHY E NICHOLAS CORNWELL

Via e-mail

21 luglio 2019

Oggetto: mia nonna[39]

Ieri sono andato nel luogo in cui è nata, un piccolo incrocio di strade su una collina che domina una splendida campa-

[38] Patricia Quinn, la compagna di lunga data di Banville ed ex direttrice dell'Arts Council of Ireland.
[39] Bessie, la madre di Ronnie e la nonna "irlandese pura" di le Carré e dalla quale – come suggerì Tony, fratello di le Carré – avevano ereditato la parlantina facile.

gna incontaminata. Il villaggio di Ichinillin[40] oggi è formato da due case, entrambe nuove. Uno dei due edifici è un emporio e si trova nel punto in cui sorgeva quello vecchio; la rovina di un minuscolo cottage che potrebbe essere stato il suo. Siamo andati a trovare l'archivista del posto e lei mi ha detto che la casa della famiglia Wolfe, dove abitavano mia nonna, le sue due sorelle gemelle, i due fratelli e i genitori era lunga meno di otto metri e – attenzione – alta un metro e ottanta. Era considerata un'abitazione superiore e doveva essere di pietra grezza con il tetto di paglia. In famiglia erano contadini e membri della Chiesa d'Irlanda, che era una versione della Chiesa d'Inghilterra allargata a comprendere i metodisti. I suoi membri vivevano in gruppi per darsi supporto e sicurezza reciproci. Mia nonna e le sorelle gemelle emigrarono in Inghilterra due anni prima dello scoppio del feroce conflitto religioso. L'archivista mi ha suggerito che forse loro padre aveva intuito che stavano per scoppiare disordini. Morì prima della moglie e i fratelli rilevarono la fattoria. Dato che il cognome da nubile della mia bisnonna era Wolfe, si presume che i miei bisnonni fossero cugini, oppure parenti anche più stretti, dato che era obbligatorio sposare qualcuno che appartenesse al gruppo. La campagna circostante è tra le più belle che abbia mai visto in Europa: disabitata, con grandi e dolci colline e vallate che scendono verso il mare. Era facile immaginare le gemelle crescere in questo ambiente idilliaco. La chiesa che la famiglia frequentava era a mezza giornata a cavallo. La regione ha visto il peggio della carestia delle patate e della violenza religiosa, e ci sono targhe dedicate ai molti martiri dell'oppressione inglese. Dopo aver passato qualche minuto di silenzio davanti al computer, l'archivista ha alzato gli occhi con un sorriso dicendo: «Benvenuto a casa».
Domani partenza per Zurigo, poi Maiorca.

Con affetto,
Pa

[40] Inchinattin.

A DAVID GREENWAY

9 Gainsborough Gardens
London, NW3 1BJ

2 ottobre 2019

Caro David,
bene, ci siamo sbagliati entrambi. Undici giudici della Corte Suprema hanno concluso all'unanimità che Johnson si sbagliava e aveva mentito alla regina. E, cosa straordinaria, la madre del parlamento, dopo un lungo sonno postprandiale, si è svegliata e ha cominciato a fare il suo lavoro.

Grazie mille per l'articolo di Gopnik.[41] È uscita una stupenda, nuova biografia di Sorge con un titolo abbastanza sciocco, *An Impeccable Spy*. La consiglio caldamente.

Sono nel pieno di un esilarante battibecco con Dearlove,[42] un molto inefficiente ex capo del SIS che si è messo in testa di criticare il mio lavoro a un festival letterario. Gli ho risposto sul "Times" di oggi e mi aspetto che non sia finita qui.

Goditi il viaggio a Praga. Io ci potrei andare più avanti nell'anno per presentare il nuovo libro.

Temo che il tuo Principe non otterrà mai indietro le sue terre.[43] Il mio defunto agente svizzero possedeva una grossa fetta del Sudetenland, compresi un paio di palazzi. Li ha

[41] L'articolo di Adam Gopnik *Are Spies More Trouble Than They Are Worth?* (il titolo dell'edizione a stampa era *Spy vs. Spy vs. Spy*) uscì sul "New Yorker" nel 2019 e si avvalse come punto di partenza di *The Secret World: A History of Intelligence* di Christopher Andrew per porre la domanda: «Quanto è intelligente l'intelligence nazionale?». Nel 1941, la leggendaria spia sovietica Richard Sorge trasmise i particolari del piano tedesco di invasione della Russia, ma Stalin minacciò chiunque osasse prendere sul serio quell'informazione.

[42] L'ex capo dell'MI6 Richard Dearlove definì la scrittura di le Carré «corrosiva al punto che ... gran parte dei funzionari del Secret Intelligence Service sono piuttosto arrabbiati con lui». Le Carré, negando l'accusa sul «Times», promise che «il mese prossimo, quando uscirà il mio nuovo romanzo, Dearlove e i suoi ipotetici colleghi daranno di matto».

[43] Il principe William Lobkowicz ottenne indietro le sue terre e un castello, insieme a una favolosa collezione di opere d'arte e ad alcune partiture originali di Beethoven (il musicista era stato finanziato dalla famiglia). Fu più fortunato dell'agente di le Carré Rainer Heumann.

visitati dopo la caduta del Muro. Gli edifici erano deserti e le terre invase dalle erbacce. Nessuno aveva osato vivere lì.
In attesa di vederci il 18.

Con affetto a entrambi,
David

Nel gennaio 2020, a Stoccolma, le Carré ricevette il premio Olof Palme, intitolato al primo ministro svedese assassinato. Nel discorso di accettazione disse: «Leggere e riflettere su Palme ti fa chiedere chi sei e chi potresti essere stato senza riuscirci, e dove era il tuo coraggio morale quando ce n'era bisogno». Le Carré donò il premio di 100.000 dollari a Médecins Sans Frontières.

A PIERRE SCHORI, PRESIDENTE, OLOF PALME MEMORIAL FUND

9 Gainsborough Gardens
London, NW3 1BJ

8 febbraio 2020

Caro Pierre,
credo sia stata la sua nobile passione a risvegliarmi a questo compito: una cosa che i nostri figli hanno subito notato e ammirato in lei. Poi c'era Palme, e la sincerità della sua devozione ai principi & al ricordo di lui. La prego quindi di accettare il merito della sua leadership & ispirazione mentre io procedevo a fatica a stendere una bozza dopo l'altra del discorso & sopportavo tutte le frustrazioni che dovrebbero correttamente essere investite in un romanzo! Ma noi ce l'abbiamo fatta – è stato davvero un *noi* – e lei è rimasto soddisfatto del risultato, poi il resto è seguito.

Tutto questo per inviarle i più sentiti ringraziamenti, e ringraziare anche Maud che condivide molto chiaramente la sua energia e le sue convinzioni. I bambini (ci piace chiamarli ancora così anche se sotto molti aspetti sono più vecchi di noi) sono rimasti giustamente commossi, pieni di rispetto per la causa, hanno legato con quelli di Palme e adesso con quelli di Bonnier,[44] per non parlare degli eminenti politici e scrittori che formavano l'assemblea.

Martedì siamo andati a pranzo all'ambasciata britannica e abbiamo parlato allo staff riunito (5-eyes,[45] quindi erano invitate anche Australia e Nuova Zelanda) ed è stata abbastanza una maratona, meglio così.

In un certo senso, abbiamo fatto appena in tempo, e per fortuna: al nostro arrivo a Londra siamo andati a un appuntamento dall'oncologo, il quale ha sentenziato che il farmaco attuale ha fatto il suo corso, con il risultato che abbiamo passato i successivi due giorni in ospedale a prepararci per qualcosa di più forte – nomi impronunciabili, ma Jane li memorizza tutti – con il sottotesto che devo restare bloccato a Londra, senza viaggiare, fino a quando verrò liberato. Quindi è una fortuna che questo sia successo dopo l'evento e non prima. Inoltre gli effetti collaterali sono più imprevedibili e comprendono – il Cielo ci aiuti – la perdita di memoria, quindi la stoltezza. Una volta C.P. Snow mi disse che l'intelligenza umana era una semplice questione di memoria, come se l'immaginazione non avesse la sua parte. (A quanto pare ha trascorso anche molto tempo a Stoccolma facendo pressioni per un Nobel, ma senza risultato.)

La Gran Bretagna è nelle mani dei trumpisti dell'estrema destra, come indica qualsiasi minima notizia. I giornalisti sospettati di simpatie rischiose vengono esclusi dalle conferenze stampa ufficiali che adesso hanno luogo non nel Parlamento del popolo, ma al n. 10, sul territorio di Johnson. Codardia & bullismo vanno a braccetto, & Johnson pratica entrambi. I democratici in America stanno facendo la figura degli idioti da competizione, Putin si autonomina Sovrano a Vita e dunque, a quanto pare, avremo un decennio terribile. Questo significa che siamo tornati al punto di partenza – e alla domanda che, lo so, aveva in

[44] Albert Bonniers Förlag pubblica le Carré in Svezia, e le famiglie Palme e Bonnier hanno ospitato eventi per le Carré e i suoi figli e nipoti.

[45] I *Five Eyes*, in italiano i "Cinque Occhi", è un'alleanza di sorveglianza che comprende Australia, Canada, Nuova Zelanda, Regno Unito e Stati Uniti. [*N.d.T.*]

mente in Svezia: dove *sono* gli uomini & le donne onesti, dove *è* la voce e dove il fulcro della resistenza? In America non esiste, qui non esiste, in Svezia non esiste. Quindi dov'è il campo di battaglia? Dove ci arruoliamo?

Pierre, è stato un viaggio meraviglioso, & lei ne è stato la guida. Le mandiamo il nostro affetto & ringraziamo lei e Maud; e alla squadra, ai giudici suoi colleghi, altri grazie. È stato il viaggio di una vita, un romanzo di formazione in sé, e speriamo di aver diffuso il nome e il messaggio di Palme più lontano & più ampiamente di prima.

Come sempre,
David

Daniel Ellsberg, l'uomo che consegnò i Pentagon Papers *al "New York Times" e al "Washington Post", era il precedente vincitore del premio Olof Palme.*

A DANIEL ELLSBERG

Inoltrato da: Tregiffian
St Buryan
Penzance
Cornovaglia

11 febbraio 2020

Caro Dan,
finalmente di ritorno da Stoccolma, che era gelida ma meravigliosamente calorosa, ai suoi tre libri per i quali la ringrazio altrettanto caldamente, anche per la dedica fin troppo generosa. La sua presenza nella mia vita è stata straordinaria fin da quando Pierre mi ha informato che mi avevano assegnato il premio. Non solo lei era un precedente difficile, era decisamente impossibile, come ho indicato nei primi minuti del mio discorso. E che luogo dove parlare, che pubblico! Come lei, non mi sono mai considerato un Socialdemocratico, qualsiasi cosa significhi, e non mi piace nemmeno la

vaga definizione di "liberale", che cambia pelle quando vuole. Mi piace "umanista", ma suona troppo come un lavoro, come dire "mi occupo degli umani". Ma *so* che quello che ha fatto è stato estremamente giusto, e ho apprezzato che venisse dal cuore di un leale americano, proprio come Snowden è un leale americano, tranne che l'America gli impedisce di esserlo. E non desiderava che nemmeno lei lo fosse.

Quando leggerò i suoi libri? Lentamente e attentamente nel corso del tempo. Leggo a passo di lumaca, sono assurdamente dislessico: forse leggo alla velocità con cui si parla, ed è così che cerco di scrivere. E a intermittenza, perché finalmente sono immerso in un altro romanzo, con un tema da scoprire, ma parla di essere umani. Comincio al minimo: due o tre personaggi in attesa di sviluppo, una collisione in cielo e un contesto vagamente politico. Poi, volendo citare Capote, non sono uno scrittore ma un ri-scrittore.

Il suo "caso", come direbbero le spie, mi affascina, tanto più perché non smetto di paragonarlo a ciò che accadrebbe qui, o meglio, con ciò che *non è* accaduto qui, tranne forse il caso della giovane donna al GCHQ,[46] il cui nome mi sfugge, che ha avuto il coraggio di spifferare uno squallido tentativo del dipart. di Stato US – o forse era la CIA? – di convincerci a convincere/corrompere/bullizzare i rappresentanti del Terzo Mondo alle NU[47] a votare a favore della guerra in Iraq.

Qui la faccenda di "fare rivelazioni" è aleatoria a dir poco. Gran parte dei proprietari di quotidiani non è neppure disposta ad attraversare la strada a meno che non sia chiusa al traffico, & le D-notice[48] e le minacce che ne seguono sono efficaci in maniera inquietante. Io ho scritto un romanzo (*Il canto della missione*) dove coloro che fanno le rivelazioni si recano in un internet café appena in tempo; ma il fortunato

[46] *Government Communications Headquarters*, ovvero "Quartier generale del governo per le comunicazioni". Si occupa di sicurezza, spionaggio e controspionaggio nell'ambito delle comunicazioni. È nota come SIGINT (*SIgnal INTelligence*). [*N.d.T.*]

[47] Nazioni Unite. [*N.d.T.*]

[48] L'Istituzione Britannica *DSMA-notice* (*Defence and Security Media Advisory Notice*) è una richiesta ufficiale ai media di non pubblicare o trasmettere su determinati argomenti per motivi di sicurezza nazionale. Fino al 1993 si chiamava *Defense Notice, D-notice* appunto. [*N.d.T.*]

quotidiano (ho persino pensato al "Guardian") rischierà di infilare la testa nella bocca del leone? Sto solo divagando.

Dan, il motivo di questa lettera è dirle che sono un suo successore del tutto indegno; che il suo contributo al mondo è reale quanto un diamante, mentre il mio è puramente immaginario; e che è stata una gioia seguire le orme di Palme (e lei lo ha *conosciuto* davvero!) con la sua ombra al mio fianco.

Con saluti fraterni,
David

LOCKDOWN

Qui siamo del tutto isolati, ma si potrebbe dire che lo siamo da cinquant'anni, quindi dove sta la differenza?

E-mail di le Carré a Philippe Sands, 3 giugno 2020

Siamo felici e, quando possiamo, decisi a vivere ogni giorno proprio come facevamo prima che il cancro e la piaga colpissero.

E-mail di le Carré a Tom Bower, 24 settembre 2020

L'ultima apparizione pubblica di le Carré fu quella alla residenza dell'ambasciatore tedesco a Londra, in Belgrave Square, il 3 marzo 2020. Il Berliner Salon consisteva in una serie di domande e risposte con Nicholas Shakespeare, ex giornalista letterario del "Telegraph", biografo e romanziere al quale le Carré aveva offerto ospitalità nella sua casa in Cornovaglia affinché avesse uno spazio in cui scrivere e sviluppare il proprio lavoro, a condizione che non scrivesse mai di lui.

Le Carré suscitò grandi applausi da parte di un pubblico che comprendeva diplomatici, giornalisti, editori e amici, tra cui l'ex segretario del gabinetto Lord Robin Butler, il deputato Tom Tugendhat e il giornalista televisivo anglo-tedesco Matt Frei.

Al loro arrivo alla residenza, gli ospiti venivano invitati a lavarsi le mani in base all'articolo 22 del regolamento sul Covid. Erano presenti quasi trecento persone stipate in file vicinissime e distribuite in tre sale, e nessuno indossava la mascherina. Il lockdown entrò in vigore solo una settimana più tardi.

«Per la maggior parte delle persone con un'inclinazione artistica, la vita è priva di risoluzione» disse le Carré. «Ritengo che la cosa più bella sia arrivare ogni volta ai limiti del proprio talento e vedere cosa non c'è oltre, poi provi ad avanzare un po' di più. A me piacerebbe, lo so che sembra stucchevole, morire con la penna in mano.»

Nel settembre 2020 David, Jane e Charlotte, la sorellastra di lui, si parlarono via Zoom scherzando sulle rispettive diagnosi di cancro, ma era un umorismo tirato; la situazione di Charlotte era pessima e quella di Jane si stava deteriorando. Le cure di le Carré non facevano più molto effetto, ma qualche settimana più tardi iniziò una terapia con il lutezio che parve funzionare straordinariamente bene. Un risultato che gli sembrò ingiusto mentre Jane andava peggiorando, e dovette chiedersi se, inaspettatamente, sarebbe sopravvissuto a sua moglie.

Sir John Margetson, il vecchio amico di le Carré, morì il 17 ottobre 2020. L'elogio funebre di le Carré, registrato in Cornovaglia e trasmesso al funerale di Margetson a Woodbridge, nel Sussex, fu il suo ultimo discorso pubblico.

Quei giorni videro tirarsi le fila delle sue corrispondenze epistolari più importanti.

A NICHOLAS SHAKESPEARE

Via e-mail

26 aprile 2020

Oggetto: una splendida serata

Caro Nicholas,
sì, tutto ormai suona come un'ultima volta. Mi meraviglio per quante mani abbiamo stretto, quante goccioline abbiamo inalato e con quale abbandono non abbiamo mantenuto le distanze sociali. In effetti mi meraviglio che, con i tedeschi già tanto avanti a noi nei preparativi e nelle restrizioni, l'Ambasciata abbia tenuto comunque l'evento. Ma era l'ultimo della serie. L'Ambasc. e la sua Frau[1] stavano per andare in pensione e Johnson assisteva alle partite internazionali di rugby mentre Cheltenham organizzava le corse dei cavalli, quindi che importa? E adesso il recente passato è già una terra straniera, il futuro non è ancora nato e noi fluttuiamo nel mezzo.

Stiamo bene, davvero bene. Come vecchi in luna di miele su una scogliera. A quanto pare io scrivo e Jane mi imita con la macchina da scrivere, la governante è in permesso, il giardino a poco a poco sta inselvatichendo tranne che per le verdure, di cui il nostro santo giardiniere continua a occuparsi, il cibo viene consegnato alla porta da mani amiche e Jane ne ripulisce religiosamente ogni superficie lavabile. Inevitabilmente figli e nipoti sono la nostra ossessione e frustrazione, ma tutti siamo bravi a comunicare. Tempo eccezionale, nemmeno un passo sul sentiero della costa, quasi nessun pescatore al largo, uccellini molto sfacciati, tanti accoppiamenti e coniglietti.

Gesù, che spaventoso casino. Da tutto questo potrebbe

[1] *Frau*, signora in tedesco. Il dottor Peter Wittig e sua moglie, la giornalista e scrittrice Huberta von Voss-Wittig, ospitarono l'evento Berliner Salon.

uscire una società decente ed egualitaria, oppure una pazza fuga dalla Brexit e un enorme fiasco dei fanatici Tory.

Il meglio a tutti e due. Che serata da ricordare. Il mio affetto anche a suo padre. Deve essere stato molto fiero della sua abile gestione della cosa.

Con affetto,
David

A CHARLOTTE CORNWELL

Via e-mail

26 aprile 2020, 23.55.33

Oggetto: IL TUO COMPLEANNO!

Carissima Sis,
me ne sono appena accorto dopo una giornata caotica: felice felice compleanno! Parliamo domani e ci abbracceremo virtualmente.

Buonanotte, nonna, e tanto affetto,
il tuo bro che ti vuole bene,
David

Il primo nipotino di Charlotte, Frank, aveva diciotto mesi.

Sam Joiner, del British Antarctic Survey, scrisse: «In questi tempi strani e bui i libri di le Carré mi hanno trasportato altrove, in un mondo di intrighi e profondità... quindi grazie».

A SAM JOINER

Tregiffian
St Buryan
Penzance
Cornovaglia

27 aprile 2020

Caro Sam Joiner,
la ringrazio molto per la sua toccante lettera del 20 aprile. Quelle rare, come la sua, sono una vera boccata d'ossigeno per uno scrittore di 88 anni che cerca di trarre un senso da un mondo ormai passato e da un altro che deve nascere. Un momento entusiasmante, spaventoso, deprimente per essere vivi, ma se impareremo a costruire un mondo migliore, forse il trauma avrà avuto un senso. Non so scegliere se scrivere dell'immediato presente – ma in che modo, se non posso neppure camminare per strada? – o dell'immediato futuro, che non è affatto nelle mie corde. Quindi mi dico che dovrei scrivere storie di un mondo che conoscevo e mi esorto a non essere così intellettuale. Se non l'avesse ancora letto, magari provi *La spia perfetta* e lo faccia seguire da *Tiro al piccione*, che contiene un saggio su mio padre, il truffatore.

La ringrazio di nuovo per la boccata d'ossigeno. Sto leggendo *Guerra e pace* per la prima volta. Se questo non è esporsi al ludibrio...

Con i migliori saluti,
David Cornwell

AD ALAN JUDD

Tregiffian
St Buryan
Penzance
Cornovaglia

19 maggio 2020

Caro Alan,
grazie per la sua. Sono felice di sapere che sta scrivendo, che conosce il suo soggetto & la vita procede bene. Noi scrittori siamo fortunati, almeno in teoria. Io mi sono auto-isolato qui negli ultimi 50 anni, quindi gli unici cambiamenti sono di certo minimi, & positivi: la segretaria confinata a casa sua, la governante in permesso, il giardiniere ci procura il cibo a Penzance (i rifornimenti sono fastidiosamente scarsi, & la qualità decisamente inferiore – perché?) e un grande silenzio sopra la scogliera: nessuno sul sentiero della costa, e nessun pescatore al largo sul mare. Non di meno trovo che le notizie, di qui o dall'America, siano sensazionali & opprimenti, e se non sto attento mi ritroverò con una grande malinconia. Ma *sto* scrivendo, sono partito con il piede giusto, poi sono finito nella neve profonda, il che è piuttosto normale. Quindi al momento sto imparando tutti i modi sbagliati per raccontare una storia, e vado avanti. Spero finalmente sulla strada giusta, l'unica. La salute è *strana*. Dopo una secca sentenza di morte imminente il Natale scorso – no, prima,* il tempo mi sfugge – da parte del medico del Wellington Hospital, sono nelle mani salde di un oncologo di fama che al momento, grazie a Dio, posso solo consultare per telefono. In ogni modo, una montagna di pastiglie, di tanto in tanto un'iniezione con un ago da cavallo, e a parte qualche episodio di vertigini e l'occasionale presenza del cane nero,[2] sto bene. Ci manca mol-

[2] In inglese *black dog*, espressione con la quale ci si riferisce ai sintomi della depressione. [*N.d.T.*]

tissimo la famiglia, ma non possiamo farci niente. Fino a ora, il tempo primaverile è stato straordinariamente benigno, il che per noi è fantastico, e un tormento per i poveretti ammucchiati in spazi piccoli. I miei figli, & i loro figli, a Londra quasi non escono perché troppe persone non mantengono le distanze sociali. Ma loro hanno il giardino...

C'è mai stato un governo altrettanto pessimo e superficiale? Ne dubito. C'è mai stato un presidente americano così sistematicamente dannoso? Ne dubito. È affascinante scoprire, un'apparizione disastrosa dopo l'altra, come Boris Johnson non sia in grado di fare appello all'empatia. Sarà la sua rovina. Ma poi chi?

I nostri migliori saluti a entrambi – è stato piacevole avere sue notizie –
David

[*a margine*] * l'inverno precedente

Vicini a Hampstead, le Carré e Philippe Sands legarono grazie alla loro opposizione alla guerra in Iraq. Sands presentò la prima e unica apparizione di le Carré all'Hay Festival nel 2013.

A PHILIPPE SANDS

Via e-mail

3 giugno 2020

Caro Philippe,
[...] Qui siamo del tutto isolati, ma si potrebbe dire che lo siamo da cinquant'anni, quindi dove sta la differenza? Penso nella sensazione che qualche catastrofe naturale abbia svuotato questo posto del suo recente passato, e in un certo senso è così. Fino a una settimana fa non c'era un'anima sul sentiero della costa che corre ai piedi del nostro terreno, e nessuna barchetta in mare. E gli animali selvatici si scatenano sotto il sole e nell'aria pura, cornacchie, falchi,

conigli, gabbiani in uno scompiglio allegro e chiassoso. Un solitario elicottero della polizia sorveglia le spiagge. Persone gentili ci procurano il cibo, la nostra segretaria Vicki lavora da casa, la governante è in permesso e io ho padroneggiato i misteri di un aspirapolvere Dyson. Sir Keir sta facendo un eccellente lavoro di demolizione di Johnson, che somiglia a una pallida versione depressa del suo precedente, sgradevole se stesso. Neppure un cenno di empatia. È così strano e insidioso che lui e l'inqualificabile Trump stiano perdendo in parallelo la loro allure populista, e che entrambi siano pericolosamente alla ricerca di diversivi. Ci è permesso odiare? Lo vorrei tanto. Con il passare delle settimane somiglio sempre più al personaggio di Michael Frayn che scrive la prima pagina di cinquanta romanzi. Si può scrivere in questo modo?

Mandiamo il nostro affetto a tutti. Lei è il migliore, da qui in questo momento, l'unico buon motivo per tornare a Hampstead.

Come sempre,
David

A JONNY GELLER

Via e-mail

8 giugno 2020

Oggetto: una domanda

Caro Jonny,
sospetto che questo possa succedere a molti tuoi autori, ma di certo sta accadendo a me: non tanto un blocco quando una sorta di sterile smarrimento.

Dopo essermi lanciato sui ricordi di Smiley con un bel capitolo di apertura, che hai visto, ho terminato una mezza dozzina di versioni della prima storia, scritto molte pagine nel mentre, ma niente si è mosso. Non penso di mandarti degli esempi: meglio nasconderli da qualche parte con l'appunto "scartati" per la Bodleian. La prima versione era ambientata a Trieste, la seconda a Vienna, entrambe nel 1961. Il cambio non mi ha aiutato, la trama è diventata caotica e i personaggi sono nati morti. Ho provato altre storie di Smiley – un intero elenco – ma niente incontra il mio favore. Continuavo a rammentare che Smiley era stato graziosamente messo da parte in *Un passato...* quindi lo lascio riposare. E ho scoperto che le sei ore di sceneggiatura de LA SPIA/UN PASSATO, per quanto imperfette si siano rivelate, hanno avuto il loro impatto. E in ogni modo che diavolo sto facendo nel 1961?

Ho esaminato altre possibilità. Perché non una polemica sulla morte della democrazia occidentale? Ma sarebbe solo un ripetere a pappagallo ciò che viene detto ogni giorno in tutto il mondo da commentatori più qualificati di me. Autobiografia? Dio me ne scampi. Prima è arrivato APS,[3] poi TPT,[4] adesso Errol. Mi bastano per diverse vite. Ho pensato a lungo e ho preso appunti per diversi scenari di romanzi, ma a una seconda occhiata i temi mi sembrano familiari in maniera inquietante. Se torniamo a diciotto mesi fa, ero deciso a recarmi nelle terre insanguinate dell'Europa orientale e realizzare una storia sull'ascesa delle nuove dittature dalle ceneri delle vecchie. Ma il momento giusto è passato, si sono messe cose in mezzo e, anche se ci potessi andare adesso, dubito che avrei il fiato per una corsa sulla lunga distanza dopo una partenza da fermo.

Comunque sia, l'età non è una scusante. Spirito e ambizione sono intatti. È l'immaginazione che è entrata in sciopero, forse perché ogni giorno accade l'inimmaginabile attorno a noi. Io mi facevo vanto di scrivere nonostante le avversità, o sull'onda di queste. [...] Avrei dovuto morire, ma non è successo. Un motivo in più per andare avanti. Ma adesso sono bloccato.

[3] *A Perfect Spy*. In italiano *La spia perfetta*.
[4] *The Pigeon Tunnel*. In italiano *Tiro al piccione*.

È un momento fantastico per concludere, se è questo che sto facendo. ARIF[5] è un ultimo romanzo decente, TPT è stato un memoir decente, Stoccolma uno splendido canto del cigno. Un bel corpus di opere cui guardare, e l'ultima cosa che vorrei è emulare Greene e andarmene con qualcosa di scadente. A 88 anni non mi sento proprio scoraggiato, e nemmeno Jane è depressa al posto mio. Ho avuto un percorso straordinario e faremo buon uso degli anni che ci restano, senza rimpianti.

Oppure c'è un modo per andarsene al quale non ho pensato, e tu ne sei al corrente? Ormai ci conosciamo abbastanza bene, e mi fido dei tuoi consigli.

Con i migliori saluti,
David

A SIR TOM STOPPARD

9 Gainsborough Gardens
London, NW3 1BJ

1° luglio 2020

Caro Tom,
che piacere ricevere la tua. Dopo la prima di *Leopoldstadt*,[6] ho passato fin troppo tempo a tormentarmi per l'ingiustizia della programmazione decurtata – e a chiedermi se vedremo mai ancora una produzione così bella. La risposta, sono gradualmente arrivato ad ammetterlo: sì, la vedremo, in ogni genere di forma diversa, nel corso dei prossimi decenni & oltre. Ma è un brutto colpo in ogni caso.[7]

Dopo varie false partenze – adesso più che mai è il momento del grande romanzo politico ecc. – ho finalmente de-

[5] *Agent Running in the Field*. In italiano *La spia corre sul campo*.
[6] Opera teatrale del drammaturgo britannico Tom Stoppard. [*N.d.T.*]
[7] La prima programmazione di *Leopoldstadt*, con il tutto esaurito, terminò all'ottava settimana di repliche al Wyndham's Theatre con il lockdown a causa del coronavirus.

ciso per un format che mi è gradito – brevi racconti degli anni di Smiley collegati tra loro e narrati dal suo Watson, P. Guillam. E la scena che al momento mi assorbe – & che tu scriveresti meglio di me – è ambientata nel 1989, subito dopo la caduta del Muro, quando Smiley decide infine di essere pronto a incontrare la sua nemesi, Karla, ormai stabilitosi sotto altro nome in un villaggio non lontano dal tuo con la figlia malata mentale. Quale visione, ammesso che esista, hanno adesso in comune? Chi sarà la voce guida nel mondo (teoricamente) post-ideologie, che cosa è fattibile, che cos'è una vana illusione?

Mi sembra che, nelle nostre vite, abbiamo vissuto tre momenti in cui il mondo avrebbe potuto essere raddrizzato: il 1945 (e il piano Marshall ecc., non erano poi male), il 1989 (quando non si sono manifestati alcuna voce, alcun leader & alcuna vera inclinazione verso un mondo unito) e adesso. In ogni modo, era questo che stavo rimuginando quando Jane si è ammalata, & la scorsa settimana è crollata. Il nostro GP della Cornovaglia (qui non esiste il medico privato) è un principe & ha fatto quel che ha potuto; il 111 è stato eccellente ed è apparso alla 1.00 di notte con le luci lampeggianti, un autista e un medico ben attrezzati, ma la prospettiva di dover attendere non meno di un paio di mesi per trovare sul posto specialisti e procedure non era invitante, in particolare perché comportava trasferire Jane fra 3 diversi ospedali in 3 città diverse con il traffico pesante delle vacanze. È entrato in azione il figlio Simon, che è arrivato in macchina da Londra & il giorno successivo – la domenica – siamo riusciti a infagottare Jane sul sedile posteriore della sua auto & al mattino successivo era alla London Clinic, assistita dallo stesso chirurgo che l'aveva operata per il cancro al seno. Domani la andrò a prendere, la porterò a casa per il weekend e andremo insieme dallo specialista per conoscere gli esiti dei suoi test & le sue raccomandazioni. Per allora avrà parlato su Zoom con il suo collega oncologo. Non è permesso far visita ai coniugi in ospedale ma ieri lo specialista è riuscito a farmi entrare con l'inganno e, a poco a poco, il panico lascia il posto al sollievo che sia così ben assistita – sollievo da parte di Jane in particolare – e non ho bisogno di dire che ha mostrato tutto il coraggio & il buonumore che in queste situazioni abbandonano me. Quindi, per ora, siamo solo molto grati di aver superato il momento del panico, di fare discorsi di buon senso e affrontare scelte ragionevoli e farci forti per lunedì. Io, naturalmente, sono a Londra, sontuosamente assistito dai miei figli in mascherina, e dalle loro altrettanto meravigliose mogli, sempre in mascherina. Ecco il motivo di questa lettera imperdonabilmente lunga.

Forse comincerò ancor prima la storia del Trinity – solo un capriccio – quando Einstein si rende conto di quanto sia forte l'antisemitismo a Berlino e se ne va per non tornare mai più. Mi piace l'idea che i tedeschi abbiano consegnato ai poteri alleati i loro cervelli migliori, e fra questi Einstein.

Il mio affetto a entrambi – come è ovvio, al momento i nostri programmi sono incerti.

David

Stoppard stava scrivendo, per il regista Cary Joji Fukunaga, la sceneggiatura di Shockwave, *un film sulla bomba atomica di Hiroshima tratto dal libro di Stephen Walker del 2005* Shockwave: Countdown to Hiroshima. *Disse a le Carré che intendeva cominciare dal 1938-39. Albert Einstein, già bersaglio pubblico dell'antisemitismo nazista, quando Adolf Hitler divenne cancelliere nel 1933 si trasferì definitivamente negli Stati Uniti.*

Macintyre aveva pubblicato Agent Sonya, *la storia della straordinaria spia sovietica Ursula Kuczynski, che trasmise ai russi i segreti atomici di Klaus Fuchs fingendosi una casalinga dell'Oxfordshire.*

A BEN MACINTYRE

Via e-mail

31 agosto 2020

Oggetto: SONYA

Caro Ben,
l'ho appena finito e le devo dire che è decisamente formidabile; una lettura assemblata con eleganza, con ricerche scrupolose, narrata alla perfezione e avvincente, e uno straordinario squarcio di storia. Naturalmente conoscevo alcuni dei protagonisti e avevo letto la recente opera su Fuchs di un fisico di Oxford il cui nome mi sfugge, e la biografia molto più terra-terra di Sorge. Ha centrato in pieno Skardon e anche Hollis: noiosi, mediocri e così assurdamente pessimi nel loro lavoro che ci si chiede come sia stato possibile.[8] E lui che viveva il suo piccolo segreto con la segretaria privata, Val Hammond, quindi un personaggio già bacato di suo.

Ma il meglio di tutto è che, con il passare del tempo, ci ha fatto amare e ammirare Sonya stessa, e compatire la sua disillusione ultima che, in un certo senso, rispecchia la nostra. Che coraggio, e che nervi. E gli uomini accanto a lei sono degli smidollati o degli sbandati, a parte il suo unico grande amore, Sorge, un pazzo geniale, che – alla fine dei giochi e proprio come lei – si ritrova coinvolto tanto per il teatro vivente quanto per l'ideologia.

Ho appena passato (con riluttanza) il libro a Jane, che è stata colpita da un cancro inoperabile e attualmente si sta sottoponendo alla chemio con grande sopportazione. È col-

[8] Richard Sorge, amante dell'agente Sonya e reclutatore a Shanghai; Jim Skardon, dell'MI5, che non la denunciò; e Roger Hollis, direttore generale dell'MI5, interrogato per l'accusa, non dimostrata, di essere un agente sovietico.

lassata all'improvviso in Cornovaglia, dove avevamo appena deciso di trasferirci definitivamente, ma in qualche modo siamo riusciti a portarla a Londra per le cure. Non vediamo l'ora di tornare là, ma per il momento siamo persi in un labirinto sanitario. Così, all'improvviso, la vita si ferma.

Jonny mi dice che in questo periodo lei è un uomo felice, e in qualche modo il libro lo comunica: una voce davvero valida, positiva, che ti trascina e condivide con te una risata di tanto in tanto, ma senza darti sui nervi. Credo che si definisca stile.

Bravo di nuovo, di certo il suo migliore fino a oggi, e l'asticella era già alta.

I migliori saluti a lei e ai suoi,
David

A NICHOLAS SHAKESPEARE

Via e-mail

Cornovaglia

1° ottobre 2020

Caro Nicholas,
insomma, va abbastanza bene tutto considerato [...] per iniziare, siamo in Cornovaglia, Jane fa la chemio qui a casa e, per inciso, le sedute sono molto più gradevoli della varietà di Londra, grazie al fatto che, incidentalmente e in maniera improbabile, qui sono dotati delle attrezzature moderne che mancavano nell'ospedale di Londra. Possiamo stare seduti vicini, le posso portare tazze di tè e l'infermiera specializzata è efficiente e attenta. In questo modo il grafico della settimana è meno estenuante per entrambi. Io riesco anche a scrivere tra una seduta e l'altra. Il mio cancro è entrato in una fase diversa e tra un mese comincerò una nuova terapia, a Londra, poi tornerò immediatamente in Cornovaglia.

Ma le dico: è un momento strano per pensare di morire. È la sensazione di affondare insieme a una nave pilotata da pazzi e drogati di disastri. Come ci siamo arrivati in così breve tempo? Sarebbe fantastico vederci a parlare. Non siamo depressi, ci riteniamo enormemente fortunati, e siamo molto felici insieme, persino nei giorni brutti di Jane, che arrivano puntuali come un orologio 48 ore dopo un'infusione. Mi faccia sapere come vanno le vendite del suo romanzo. Il mercato è talmente invaso che i libri sembrano andare e venire come le efemere.

Con tanto affetto a entrambi, e grazie per pensare a noi.
David

Lyubimov aveva inviato un'e-mail per augurare a le Carré «un felice ritorno ai giorni senza corona» e per sondare il suo parere a proposito di un libro «in particolare per i lettori inglesi: il mio lavoro in Gran Bretagna e contro di essa». Sarebbe rimasto scioccato dalle notizie di le Carré.

A MICHAIL LYUBIMOV

Via e-mail

Cornovaglia

18 ottobre 2020

Oggetto: La vita e altre cose

Caro Michael,
è un piacere avere sue notizie. La risposta breve alla sua domanda è sì, credo che il suo libro come l'ha descritto potrebbe funzionare nella benedetta Britannia. Una sana irriverenza a proposito della guerra fredda serve da molto tempo. Se riuscisse a mettere insieme un primo capitolo, ben tradotto da un madrelingua inglese, e una sinossi, potrei assicurarmi che ottenga una lettura corretta da uno

dei migliori agenti (il mio). Il mercato è difficile e dobbiamo essere professionali.

Le notizie da casa nostra non sono molto brillanti. Jane ha sviluppato un cancro inoperabile e si sta sottoponendo a un pesante ciclo di chemioterapia. Le pillole delle meraviglie che prendevo per lo stesso problema hanno fatto il loro tempo, e il prossimo stadio sarà quello del bombardamento atomico con un'infusione radioattiva sperimentale ogni sei settimane. Ma noi abbiamo la meglio, i ragazzi sono meravigliosi, io sto entrando nel 90° anno, Jane è 8 anni indietro, siamo sposati da mezzo secolo e non siamo mai stati più vicini di così. E io continuo a scrivere quasi tutti i giorni.

Il nostro affetto a lei e ai suoi
Come sempre,
David

In occasione del suo compleanno, il 19 ottobre, le Carré aveva festeggiato la nuova cittadinanza irlandese avvolgendosi nella bandiera.

AD ALISON GERAGHTY, DIRETTORE DELL'UFFICIO REGISTRAZIONI DI NASCITA ALL'ESTERO, IRLANDA

Tregiffian
St Buryan
Penzance
Cornovaglia

26 ottobre 2020

Cara Alison Geraghty,
la ringrazio molto per la sua lettera e per il mio certificato di cittadinanza. Vorrei ringraziare lei e il suo team per questo grande onore. Mi ha restituito la lunga amicizia con l'Europa e mi ha reso in ritardo un figlio d'Irlanda. Sono stato cresciuto in gran parte da mia nonna, che era nata in Irlanda ed era arrivata a Londra come cameriera ai primi del 1900. Mentre ero in attesa che la mia domanda venisse ela-

borata, ho visitato la minuscola casa dov'era nata e la chiesa che frequentava. Ho sentito un grande legame emotivo.

Molte grazie a tutti. Adesso resto in attesa del mio passaporto irlandese. Quando arriverà, ho intenzione di volare da Newquay a Cork e cercare i miei antenati.

Grazie di nuovo.

Cordialmente,
David Cornwell (alias John le Carré)

A YASSIN MUSHARBASH

Tregiffian
St Buryan
Penzance
Cornovaglia

23 novembre 2020

Caro Yassin,
le devo qualcosa di più di una lettera – ecco un tentativo. In risposta alla sua domanda, fino a ora non mi ero mai stancato di scrivere. Sto facendo del mio meglio per sentire il pungolo, ma nulla riesce a togliermi dalla mente Jane, le cui condizioni cambiano (peggiorano?) di ora in ora. Con il cancro si impara in fretta che non ci sono fatti, previsioni, diagnosi, cure, che reggano alla prova dei fatti. Te lo dicono gli oncologi a un certo punto. Quello di Jane, bravo come molti, glielo ha detto fin dal primo incontro.

[...]

Tutto è in attesa. Non siamo mai stati tanto vicini, eppure anche molto lontani, perché la morte – che aleggia o è semplicemente là fuori – è una faccenda molto privata & ciascuno di noi l'affronta a suo modo.

Quanto alla gioia della scrittura – sì, ha assolutamente ragione sul fatto di finire. È tutto. Se non vede l'inquadratura finale del suo romanzo nel momento in cui comincia, non ci si imbarchi, è questa la mia esperienza. Quanti primi capitoli mi hanno spedito con la domanda "posso scrivere?". Risposta: mi mostri l'ultimo & forse può. Per favore ringrazi la famiglia per i cioccolatini, i biscotti e le prelibatezze, per favore ringrazi *tutti* per i gentili auguri & le bellissime stelle di carta. La prossima volta sarò più felice.

Sempre,
David

A DAVID GREENWAY

Tregiffian
St Buryan
Penzance
Cornovaglia

25 novembre 2020

Caro David,
non so come mai *dovrei* diventare ottimista in tarda età, ma la mia opinione personale è che Trump si avvelenerà con la sua stessa dottrina nauseante, e sarà smascherato dai procedimenti legali che lo attendono. Abbiamo seguito le *vs* elezioni come fossero le nostre, e naturalmente i parallelismi sono ipnotici. Anche noi abbiamo un leader ridicolo che se ne frega della legge, delle conseguenze o del parlamento. Il fatto che sia un etoniano di studi classici è straordinariamente irrilevante. È un burino etoniano,[9] parte del movimento di distruzione, un trumpista fatto e finito. La Brexit ci rovinerà, ma è una sua creatura, quindi all'inferno con saggezza.

Il giubilo qui è senza fine. Trump ci ha insultati, & terrorizzati con il suo populismo. Ha preparato la strada per le cose peggiori che stanno accadendo adesso nel mondo, dall'Europa orientale al Medio Oriente.

[9] Nel 1957, le Carré osservò l'uso della parola "oik", burino, per le altre classi di Eton.

Le nostre notizie da casa non sono fantastiche. Jane è stata molto malata. La chemioterapia *sembra* funzionare, ma stanno cambiando il cocktail e gli effetti collaterali sono pessimi. Ha dolori costanti, ma li sopporta con grazia.

I Nick, tutti e quattro, ci raggiungeranno per Natale, Covid permettendo. La mia povera sorella Charlotte sta morendo (anche lei di cancro). Mountain Face & famiglia stanno lentamente tornando alla normalità – una casa ricostruita, un figlio molto malato ristabilitosi, una grande riunione di famiglia per il Ringraziamento, un nuovo cane.[10] Adesso viviamo stabilmente in Cornovaglia. Le cure mediche non sono all'avanguardia, ma finora sembrano abbastanza adeguate, & è quello che vuole Jane. Oggi è perfetto: un freddo sole invernale, un mare blu profondo. I pony selvatici vivono sulla scogliera, ma non lo trovano facile.

Il nostro affetto a te e ai tuoi – a JB in particolare – e brindiamo al 20 gennaio.[11] Gesù, l'abbiamo scampata bella...

David

Nel dicembre 2020 le Carré stava lavorando a un libro dal titolo provvisorio The George Smiley Years, *che comprendeva un ultimo incontro tra Smiley e Karla. Una sera cadde a terra e una settimana più tardi gli venne la febbre. L'8 dicembre, protestando che aveva da fare, accettò con riluttanza di andare in ospedale.*

L'ultima e-mail dall'iPad di le Carré, inviata dall'ospedale, fu per il suo agente Jonny Geller. «Simon ti spiegherà le circostanze. Nel caso non riuscissimo a parlarci, grazie di tutto» scrisse. «Hai fatto un lavoro fantastico, e io ho imparato ad avere cara la tua famiglia e ad ammirarti moltissimo come amico e come agente.»

[10] Le Carré e Greenway avevano soprannominato Stephen Cornwell "Mountain Face" per la sua abitudine di prevedere il tempo in montagna. La casa di famiglia di Stephen a Ojai, in California, era stata ricostruita dopo che era bruciata fino alle fondamenta durante un incendio.

[11] Giorno dell'insediamento del presidente degli Stati Uniti d'America Joe Biden. [*N.d.T.*]

Coda

Il 12 dicembre 2020 John le Carré, David Cornwell, morì di polmonite al Royal Cornwall Hospital. Il libro che aveva sul comodino, preso in tutta fretta in vista del ricovero, era *The World of Jeeves* di P.G. Wodehouse. Sua moglie Jane si trovava in un altro reparto del Royal Cornwall, ma a causa delle restrizioni per il Covid non potevano vedersi. Nella borsa che aveva portato con sé in ospedale, Jane aveva una coperta, qualche oggetto personale, una busta A4 marrone che conteneva corrispondenza, taccuini da stenografia e penne, e un messaggio senza data di David strappato da un notes. Morì di cancro a casa sua il 27 febbraio 2021.

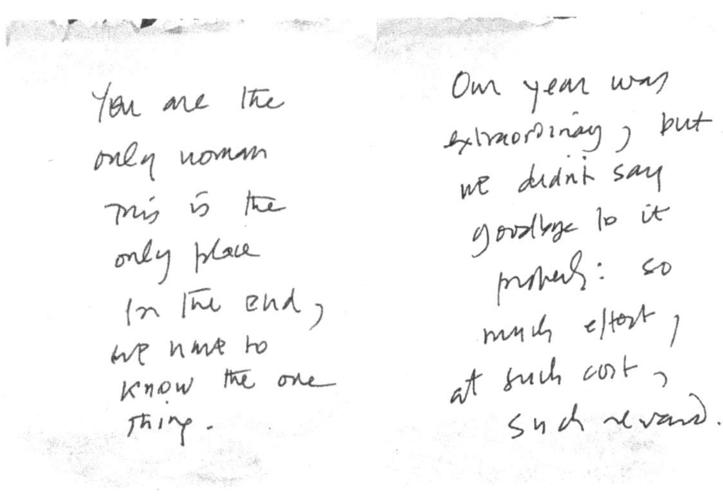
You are the only woman this is the only place In the end, we have to know the one thing.

Our year was extraordinary, but we didn't say goodbye to it properly: so much effort, at such cost, such reward.

Cronologia

1931 19 ottobre – David John Moore Cornwell nasce a Poole, Dorset, figlio di Ronald Thomas Archibald Cornwell e Olive Moore Cornwell, *née* Glassey. Suo fratello Anthony ha due anni.

1934 Ronnie Cornwell viene incarcerato per frode e per aver ottenuto denaro e merci con l'inganno.[1] Le Carré ha un ricordo d'infanzia di averlo salutato con un cenno mentre si trovava nel carcere di Exeter, ma ha ammesso di averlo probabilmente immaginato.

1936 La madre, Olive Cornwell, sparisce dalla sua vita quando le Carré ha quattro o cinque anni;[2] viene mandato in collegio alla St Martin's Preparatory School di Northwood, nel Middlesex.

1936 Ronnie Cornwell dichiara bancarotta con debiti per 20.000 sterline.

1938 All'età di sette anni, dopo un'operazione allo stomaco, «una signora che in seguito avrebbe sposato mio padre» gli legge due o tre volte *Il vento tra i salici* e tutto sembra «cominciare lì». La signora era Jean (Jeannie) Gronow, *née* Neal, fre-

[1] *John le Carré: The Biography* di Adam Sisman (2015). Le Carré rimase colpito della diligenza di Sisman nel reperire i particolari della fortunosa carriera di Ronnie.
[2] Di solito le Carré diceva che sua madre era scomparsa quando aveva cinque anni; secondo Tony Cornwell, in quel momento loro avevano quattro e sei anni.

sca di matrimonio. Ronnie Cornwell evitava i libri, tranne quelli opera di grandi avvocati.

1939 Va in collegio alla St Andrew's School Pangbourne, Berkshire.

1944 Dicembre – Ronnie e Jeannie Cornwell si sposano.

1945 Settembre – va in collegio alla Sherborne School, nel Dorset; Jeannie lo accompagna il primo giorno.

1948 A Sherborne vince l'English Verse Prize con la poesia *The Dream of the Deserted Island*, gioca a cricket come *second eleven*, in seconda squadra, per la scuola e interpreta l'indovino in una produzione del *Giulio Cesare*. A sedici anni, superando le obiezioni del suo direttore, lascia Sherborne per andare a studiare tedesco all'Università di Berna. Lì viene reclutato per la prima volta dai servizi d'intelligence britannici che gli chiedono di riferire sui gruppi studenteschi di sinistra ed eseguire incarichi di poco conto come "mulo".

1949 Lascia Berna per visitare la Germania del dopoguerra, compreso il campo di concentramento di Bergen-Belsen.

1950 Gennaio – a St Moritz conosce Alison Ann Sharp, la sua futura moglie.
Dopo l'addestramento di base per il National Service, si unisce all'Intelligence Corps a Maresfield Camp, Uckfield, Sussex.
Dicembre – gareggia sugli sci con il Downhill Only Club di Wengen, Svizzera.

1951 Assegnazione in Austria come funzionario dell'intelligence militare. Trascorre un weekend estivo in congedo con Ann.

1952 Gareggia sugli sci a St Moritz e Klosters.
Gira per il Regno Unito con il suo amico di Sherborne, e futuro testimone di nozze, Robin Cooke, vendendo il periodico "Cricketer" per Ronnie. Suo padre si presenta alle elezioni a Yarmouth per i liberali; le Carré lo aiuta nella campagna elettorale.
Ottobre – va al Lincoln College, Oxford. Il reverendo Vivian

Green, ex professore di storia e cappellano a Sherborne, è ora tutor e cappellano lì.

1953 Gennaio – Ann parte per gli Stati Uniti, dove resterà per diversi mesi. Le Carré viene reclutato dall'MI5 per spiare i gruppi di sinistra di Oxford.
Agosto – a Maresfield Camp, ha in programma di incontrare Ann al suo ritorno.
Natale con Ann a Tunmers, a casa di Ronnie Cornwell.

1954 Febbraio – incontra nel Suffolk la madre Olive per la prima volta da adulto.[3]
Maggio o giugno – fidanzamento ufficiale con Ann. Lei viene indottrinata da Dick Thistlewaite, il controllore dell'MI5 di le Carré a Oxford, e firma l'Official Secrets Act. David lascia Oxford nel 1955 e ha intenzione di entrare nell'MI5; in seguito dirà che stava cominciando a lavorare al primo romanzo.
Luglio – Ronnie viene dichiarato in bancarotta con debiti per 1.359.000 sterline. Il conto di le Carré presso la Westminster Bank di Oxford viene chiuso.
Settembre – tiene lezioni a Maresfield Camp.
Ottobre – senza Ronnie che gli paga i conti, le Carré lascia Oxford per insegnare tedesco, latino – e secondo Ann – anche boxe alla Millfield Preparatory School (Edgarley Hall).
Il 27 novembre, Vivian Green celebra il matrimonio di David e Ann. Passano una notte in un albergo di Clifton. Ann rinuncia al suo lavoro per un periodico religioso di Londra. Dopo il matrimonio, si trasferiscono a Cumhill Farm, Pilton, poi, all'inizio del 1955, in un vicino cottage con una latrina in giardino. Le Carré scrive una pièce teatrale e dipinge. Bobby, il loro cane, viene investito da una macchina e impara e camminare su due zampe.

1955 Aprile – dopo una tardiva luna di miele a Parigi, decide di tornare a Oxford. Conosce James e Susie Kennaway. Continua a disegnare e dipingere, e decora una sala per un ballo di Oxford.

[3] Memoir personale di Ann Martin.

1956 Dopo la laurea con lode, a settembre va a Eton a insegnare francese e tedesco.

1958 Dopo cinque trimestri a Eton, si dimette e si unisce all'MI5. Trova una casa a Great Missenden, da cui parte ogni giorno per Londra alle 7.30 per tornare alle 20. Ann rinuncia al lavoro di vicedirettrice del periodico "Home" per occuparsi di Simon, il primo figlio. I Cornwell bevono sherry di Cipro e caffè Lyon Continental.
Comincia a scrivere in treno nelle due ore del suo viaggio da pendolare. Come dirà in seguito, George Smiley e John le Carré sono nati entrambi fin dalla prima pagina di *Chiamata per il morto*, in una stanzetta al terzo piano di Leconfield House in Curzon Street, dove lui e i suoi colleghi reclutavano agenti, uomini e donne, per gestire operazioni contro la sovversione comunista.[4]

1959 Settembre – la famiglia trasloca in Prince of Wales Drive, Battersea, in un appartamento al primo piano con quattro stanze da letto. All'MI5, le Carré ha conosciuto John Bingham, un'ispirazione per Smiley; un'altra è Vivian Green.
Le Carré e Ann si recano a Nottingham per un weekend perché lui incontri uno dei suoi agenti infiltrati nel sindacato.

1960 Dopo la nascita del secondo figlio, Stephen, le Carré torna dal lavoro e informa Ann che cambierà ruolo, andando all'MI6. Dipinge la nursery con disegni tratti dalle fiabe. La famiglia prende un pensionante nigeriano.
Victor Gollancz accetta *Chiamata per il morto* per la pubblicazione e gli dà un anticipo di 100 sterline; le Carré riceve la notizia da nuova recluta dell'MI6, mentre si sta addestrando con l'amico John Margetson. In giugno, viene ufficialmente nominato al Foreign Office: copertura diplomatica per il suo lavoro di intelligence.

1961 Giugno – viene pubblicato *Chiamata per il morto*.
Luglio – le Carré e la famiglia si stabiliscono a Bonn, dove lui è ufficialmente secondo segretario. La loro prima casa è

[4] *An Evening with George Smiley*, Royal Festival Hall, 7 settembre 2017.

nel distretto di Bad Godesberg, che in seguito diventerà lo scenario di un attentato con una bomba ne *La tamburina*.

1961/62 Visita il Muro di Berlino e in seguito va a Dachau con Ann. La macchina di famiglia è una Hillman Husky. Arriva a casa loro una coppia di tedeschi dell'Est che Ann ritiene spie; le Carré odia l'atteggiamento di alcuni diplomatici nei confronti degli "amici" o delle spie. Ann assiste al primo concerto di Yehudi Menuhin a Bonn dopo la guerra. Le Carré lavora a *La spia che venne dal freddo* in camera da letto. È memorabile l'apparizione di suo padre Ronnie sulle rive del Reno su una macchina anfibia.

1962 Dick Franks, il futuro capo del Secret Intelligence Service, diventa il capo della stazione di le Carré. Alfred Hitchcock si informa sulla possibile realizzazione di un film per la televisione tratto da *Chiamata per il morto*.[5]
Maggio – a Oberhausen, tiene una conferenza sulla politica estera britannica davanti a un pubblico di settecento persone.
Luglio – viene pubblicato *Un delitto di classe*, nel quale Smiley indaga su un omicidio in una public school inglese dominata dalle differenze sociali, scritto in uno stile simile a quello dei classici romanzi polizieschi. (L'anno seguente un lettore per i film di Hollywood, valutando il libro di Carré, si chiederà se il romanzo non fosse stato scritto prima di *Chiamata per il morto*.)
Ottobre – durante la crisi dei missili di Cuba, i Cornwell apprendono che Bonn sarà sulla prima linea di qualsiasi attacco da parte dei russi. Il terzo figlio, Timothy, nasce una settimana dopo l'allentamento delle tensioni.
Durante l'inverno, il Reno ghiaccia. Le Carré partecipa all'annuale Königswinter Conference tra funzionari tedeschi e inglesi.

1963 Febbraio – scorta a Londra Fritz Erler, vicepresidente della SPD; prosegue con il lavoro al Foreign Office nell'anno in cui la sua vita si trasforma.
Marzo – Victor Gollancz scrive a le Carré rifiutandogli un aumento delle royalties per *La spia che venne dal freddo*, ma

[5] Lettera a Jeannie Cornwell, 16 maggio 1962.

gli offre 175 sterline anziché 150 al momento della pubblicazione; in seguito l'"Express" riferirà che i suoi guadagni per il libro arrivarono a circa 500.000 sterline. Per il romanzo successivo, le Carré lascia Gollancz e incornicia la lettera appendendola alla parete.
La spia ottiene ottime recensioni e vendite in Inghilterra e viene lodata per il sapore di autenticità della complessa operazione che mirava a Mundt, l'odiato capo dell'intelligence della Germania dell'Est. Le Carré ripeterà a più riprese di non aver partecipato ad alcuna operazione sotto copertura a Est, ma di aver tratto la storia solo dalla sua immaginazione e dalle vecchie mani di chi «aveva fatto qualcosa in quel campo». La Paramount Pictures acquista i diritti cinematografici del libro. Il Foreign Office assegna le Carré ad Amburgo per sei mesi.

1964 Il "Sunday Times" rivela che il vero nome di John le Carré è David Cornwell. La pubblicazione del romanzo negli Stati Uniti, presso Coward McCann Inc., lo fa diventare il numero 1 fra i bestseller a livello mondiale. I periodici "Time" e "Life" mandano i loro fotografi ad Amburgo. Le Carré dà le dimissioni dal Foreign Office.
Le Carré e famiglia affittano il piano più alto di una villa ad Agios Nikolaos, a Creta. Viaggi a Londra, New York e Parigi.
Settembre – la famiglia parte per l'isola greca di Spetses.
David Bailey e Polly Devlin intervistano Ann per un articolo sulle mogli degli scrittori di spionaggio. Le Carré lavora a *Lo specchio delle spie*.
Novembre – i Cornwell si trasferiscono a Vienna.

1965 Gennaio – a Dublino, incontra Richard Burton ed Elizabeth Taylor sul set de *La spia che venne dal freddo*; confessa ad Ann di avere una relazione con Susie Kennaway, sposata al romanziere scozzese James Kennaway.
Marzo – la famiglia rientra in Inghilterra e va a vivere in una nuova casa nel Somerset.
Giugno – viene pubblicato *Lo specchio delle spie*, una cupa storia di spionaggio e di matrimoni in crisi; le Carré lo definisce «un romanzo che ho scritto soffrendo sull'isola di Creta».[6]

[6] *Book into film into what*, materiale aggiuntivo non pubblicato per *Tiro al piccione*.

Settembre – mentre si trova a Chicago, viene a sapere che Ronnie è in prigione a Giacarta.
Dicembre – esce il film *La spia che venne dal freddo.*

1967 Esce il film *Chiamata per il morto,* con James Mason e Simone Signoret. Viene nominato per cinque BAFTA, ma non ne vince neppure uno.

1968 Ottobre – viene pubblicato *Una piccola città in Germania,* in cui lo staff dell'ambasciata britannica a Bonn assiste al ritorno della destra nazionalista in Germania. Vengono venduti i diritti cinematografici e le Carré scriverà la sceneggiatura; nel febbraio 1969 il libro è al numero 1 della classifica dei libri più venduti negli Stati Uniti; il "New York Times" lo definisce un «romanzo appassionante, che si legge in maniera compulsiva, dalla trama brillante».

1969 Marzo – la London Weekend Television trasmette il documentario biografico *The Spymaker Comes in from the Cold: An Interview with John le Carré.*
Giugno – termina una pièce televisiva e lavora a *Ingenuo e sentimentale amante,* ispirato al suo rapporto con i Kennaway, l'unico romanzo della sua carriera in cui abbandona del tutto la struttura del giallo. Il rapporto profondamente in crisi tra l'Aldo Cassidy del romanzo e sua moglie Sandra evoca parallelismi con il matrimonio dello stesso le Carré.
Più o meno in questo periodo, il padre Ronnie minaccia di denunciarlo, dirà le Carré, per come ha rappresentato il padre di Cassidy – un buono a nulla – e per non avergli tributato sufficienti crediti nell'intervista per LWT. Le Carré comincia a costruire uno chalet a Wengen, dove aveva fatto gare di sci da giovane.
Il 13 ottobre acquista i Tregiffian Cottages a West Penwith, la punta più a ovest dell'Inghilterra. Nei successivi venticinque anni, trasformerà i tre cottage in cima alla scogliera nel suo ritiro in Cornovaglia, aggiungendovi uno studio per scrivere e una biblioteca, e creando un giardino d'artista con prati recintati e giardini formali, utilizzando 160 tonnellate di granito per i muretti di pietra. Nel 2000, dopo un contenzioso per evitare la costruzione di un edificio accanto al suo con il contadino dal quale aveva acquistato il ter-

reno, dona il mezzo miglio di scogliera sotto casa al National Trust per salvarlo dai «predatori umani».

1971 Le Carré e Ann divorziano. Viene pubblicato *Ingenuo e sentimentale amante*; riceve «critiche pesanti», per dirlo con le sue parole.[7]
Si tratta del primo libro di le Carré che Alfred Knopf pubblica negli Stati Uniti. Valerie Jane Eustace (Jane), allora fidanzata di le Carré, lo presenta a Bob Gottlieb, che sarà il suo editor per Kopf e pubblicherà romanzi divenuti pietre miliari, come *La talpa* e *La spia perfetta*.

1972 Febbraio e marzo – viaggi in Kenya, Singapore e Hong Kong; verso la fine dell'anno torna in Africa per un safari con i figli. Il 2 maggio le Carré e Jane si sposano, nello stesso anno nasce loro figlio Nicholas. Il 24 agosto, nel giorno del suo quarantesimo compleanno, Ann sposa il diplomatico Roger Martin.

1974 Viene pubblicato *La talpa*. La storia della caccia di Smiley alla talpa sovietica dentro il Circus segna la ripresa di le Carré dopo tre libri incerti, con recensioni non buone, in particolare per *Ingenuo e sentimentale amante*. *La talpa* è considerato uno dei suoi capolavori, oltre che un punto di svolta nella vita e nel lavoro di le Carré, insieme a *La spia che venne dal freddo* e, in seguito, *La spia perfetta*.
In preparazione per *L'onorevole scolaro*, viaggia per sei settimane in Asia. Poi va a Berlino con i figli Simon e Stephen per vedere il Muro.

1975 Il 29 giugno muore a 69 anni Ronnie Cornwell, il padre di le Carré. Lui ritorna nel Sudest asiatico e incontra a Hong Kong uno dei carcerieri di suo padre. In Thailandia, Laos e Cambogia gli fa da guida il giornalista David Greenway. Al club dei corrispondenti stranieri di Hong Kong gioca a *Liar's dice* (i dadi del bugiardo), che diverrà il gioco di famiglia nello chalet svizzero di le Carré.

1977 Viene pubblicato *L'onorevole scolaro*, con il personaggio di Jerry Westerby alla testa del tentativo di George Smiley di rovinare le operazioni di Karla in Estremo Oriente. Il roman-

[7] Lettera a J. Welch, 20 novembre 1979 (non presente nel libro).

zo è presentato sulla copertina di "Time". Sulla "New York Review of Books" Clive James dichiara: «Il nuovo romanzo di le Carré è lungo due volte più del necessario». *L'onorevole scolaro* e *Ingenuo e sentimentale amante* possono sembrare degli intrusi nel canone di le Carré, ma con i viaggi di Westerby nell'hinterland metropolitano di Hong Kong e nella giungla umida del Triangolo d'oro, il secondo libro della trilogia di Karla presenta le Carré all'apice delle sue abilità. Visita Gerusalemme e va a «gironzolare in Medio Oriente», ma ritarda il progettato romanzo ambientato proprio in quelle zone.
Aprile – Francis Ford Coppola propone di girare la versione cinematografica di *Ingenuo e sentimentale amante*, ma il progetto finisce nel nulla.

1979 Viene trasmessa la serie televisiva della BBC de *La talpa*, con protagonista Alec Guinness. Viene pubblicato *Tutti gli uomini di Smiley*, l'ultimo libro della trilogia di Karla. «Per molto tempo Smiley rimarrà, per l'uomo comune, lo Sherlock Holmes del mondo delle spie» commenta le Carré con il suo agente Greenfield.[8] Ma, per il momento, lascia riposare Smiley.

1981 Dice agli amici di aver rifiutato un CBE.[9] È incerto se scrivere il suo «libro su papà», attingendo al suo rapporto con il padre, o un romanzo sul terrorismo in Medio Oriente.

1983 Alla fine viene pubblicato per primo *La tamburina*, nel quale una squadra antiterrorismo israeliana recluta un'attrice inglese per dare la caccia a un fabbricante palestinese di bombe. Durante le sue ricerche, le Carré aveva incontrato anche Yasser Arafat, il leader dell'Organizzazione per la Liberazione della Palestina, e membri delle forze armate israeliane, come il generale Shlomo Gazit, ex capo del Direttorato dell'intelligence militare. Il film, con una Diane Keaton fuori parte, seguirà nel 1984.

1986 Pubblica *La spia perfetta*, un romanzo autobiografico che esplora un rapporto padre-figlio. Il personaggio chiave, Rick, è chiaramente ispirato a Ronnie, il padre di le Carré,

[8] Lettera a George Greenfield, 29 ottobre 1979 (non presente nel libro).
[9] Lettera a Sir Dick Franks, 4 agosto 1981.

e il figlio Magnus lavora per l'MI6. Il "New York Times" lo definisce «un romanzo di spionaggio di prima classe, forse il migliore tra le sue opere già notevoli». Philip Roth lo incorona il miglior romanzo inglese del dopoguerra. Stephen Schiff scriverà in seguito su "Vanity Fair" che si trattava di «una delle rappresentazioni più acute in tutta la letteratura dei rapporti tra amore e tradimento».

1987 Comincia le ricerche per *La casa Russia*, ambientato nella Russia post guerra fredda. Vi si reca per la prima volta, ma rifiuta la possibilità di incontrare Kim Philby. Resterà per un periodo sulla East Coast americana per definire i personaggi americani del libro.

1988 Accetta il premio Malaparte in Italia. Graham Greene lo aveva rifiutato.[10]

1989 Olive Hill, la madre di le Carré, muore a 83 anni. Quella notte il figlio è con lei. Viene pubblicato *La casa Russia*: in ottobre cominciano a Leningrado le riprese del film con protagonisti Sean Connery e Michelle Pfeiffer. Nella versione cinematografica il nome dello scienziato russo che vuole pubblicare i segreti dell'arsenale sovietico viene cambiato dal Goethe del libro in Dante.

1990 George Smiley torna ne *Il visitatore segreto*, una serie di racconti legata alla conferenza di Smiley davanti a una classe di funzionari di intelligence diplomandi.
Dicembre – esce il film *La casa Russia*.

1991 Marzo – visita l'Egitto facendo ricerche per *Il direttore di notte*. «Luxor vuota, Assuan vuota, i musei del Cairo vuoti, un viaggio magico, abbastanza teso per la paura di volare, quella delle macchine vuote o senza passeggeri e così via. Ma meraviglioso» dirà a Vivian Green. Nell'ambito delle sue ricerche sul traffico d'armi, incontra il carismatico trafficante e collezionista olandese Henk Visser, condannato a morte per il suo ruolo nella resistenza olandese durante la Seconda guerra mondiale.

[10] *Greene a Capri: un ricordo*, di Shirley Hazzard, 2000.

In Inghilterra e negli Stati Uniti viene trasmesso in televisione il film *Un delitto di classe*, che vede tra i protagonisti Denholm Elliott nel ruolo di Smiley e un Christian Bale adolescente. Elliott venne scelto per il ruolo dopo il rifiuto all'ultimo momento di Anthony Hopkins; durante le riprese del film alla Sherborne School, le Carré ci torna per la prima volta dopo vent'anni.

1992 Ottobre – termina la prima stesura de *Il direttore di notte*. Il romanzo, nel quale un ex direttore d'albergo viene reclutato per stanare un mercante d'armi, viene pubblicato nel 1993.

1993 Settembre – nuova visita in Russia con il figlio Nick, il futuro scrittore Nick Harkaway, facendo ricerche per *La passione del suo tempo*; cominciano i preparativi per il film tratto da *Il direttore di notte*, mai completati.
Annulla un viaggio – programmato per il 1994 – sulle montagne del Caucaso centrale, dove sono ambientati i capitoli conclusivi de *La passione del suo tempo*.

1995 Viene pubblicato *La passione del suo tempo* diciotto mesi dopo l'inizio delle ricerche sul Caucaso settentrionale come ambientazione del romanzo: è già scoppiata la guerra in Cecenia. «Ancora una volta le Carré ha previsto la storia» dirà ai librai Sonny Mehta, capo di Knopf. «Ricordo una riunione durante la quale le Carré ci mostrava sull'atlante dove si trovavano Cecenia, Inguscezia e Ossezia. Purtroppo adesso quei nomi sono sui titoli dei giornali.» Comincia le ricerche a Panama per il nuovo romanzo.

1996 Settembre – John Calley, a capo di uno studio di Hollywood e buon amico di le Carré, comincia a tastare il terreno per un film tratto da *Il sarto di Panama*; l'anno seguente viene pubblicato il libro, nel quale un sarto inglese per metà ebreo viene attirato in una cospirazione da un agente britannico ribelle prima della consegna del Canale di Panama a Panama.
Novembre – va alle isole Scilly, al largo della costa della Cornovaglia, con Frank Gibson per scrivere dell'archivio fotografico di relitti nautici costruito nel corso di diverse generazioni dalla famiglia Gibson.

1997 Compie due viaggi in Turchia per le ricerche sulle scene-chiave del suo romanzo *Single & Single*, e due in Georgia l'anno seguente.

1998 Lascia dopo ventisette anni il suo editore americano Alfred A. Knopf per Scribner's.

1999 Gennaio – si reca a Panama con il regista Tony Scott in cerca di location per *Il sarto di Panama*. In seguito Scott verrà sostituito alla regia da John Boorman.
Aprile – mentre le Carré sta facendo ricerche in Kenya per il suo nuovo romanzo, la sua amica, la volontaria Yvette Pierpaoli, muore in un incidente automobilistico in Albania. L'aveva conosciuta nel 1974 mentre si trovava in Asia per le ricerche de *L'onorevole scolaro*.
Viene pubblicato *Single & Single*, un'altra esplorazione di un figlio che lotta con un padre profondamente corrotto.
Novembre – comincia un tour nel Regno Unito per promuovere il libro.

2000 Maggio – si reca in Canada a fare ricerche su Big Pharma per *Il giardiniere tenace*; incontra la ricercatrice e attivista canadese Nancy Olivieri. Il libro viene presentato a puntate sul "Times" e, alla pubblicazione in dicembre, vende oltre centomila copie nel Regno Unito.[11] Il giornalista del "Guardian" Hugo Young scrive a le Carré per dirgli che si tratta di «uno dei migliori tra i suoi libri recenti».[12] Sul "New York Times", Michiko Kakutani stronca «questo romanzo deludente» con la sua «vittima che pare una bambola di carta».

2001 Febbraio – première del film tratto da *Il sarto di Panama* al Berlin Film Festival alla presenza di le Carré e Jane. Verrà poi distribuito in primavera.
Maggio – le Carré e Jane fanno una vacanza anticipata in Baviera alla ricerca di altari di Tilman Riemenschneider, lo scultore tedesco del Cinquecento.
Ottobre – festeggia il settantesimo compleanno a Siena.

[11] Le Carré a John Calley, 6 gennaio 2001.
[12] Hugo Young a le Carré, 29 dicembre 2000 (non presente nel libro).

2003 Gennaio – il "Times" pubblica un saggio di le Carré che critica ferocemente i preparativi per l'invasione dell'Iraq, *The United States Has Gone Mad*, che viene poi pubblicato in tutto il mondo. Nel frattempo, fatica a finire il nuovo romanzo.
Dicembre – viene pubblicato *Amici assoluti*, recensito come una «furiosa disquisizione sulla geopolitica contemporanea»,[13] nel quale il protagonista detesta Tony Blair per aver coinvolto la Gran Bretagna nella guerra in Iraq; le Carré lo legge per la trasmissione della BBC "Book at Bedtime".

2005 Maggio – prima in Leicester Square per il film tratto da *Il giardiniere tenace*, con protagonisti Ralph Fiennes e Rachel Weisz.
Novembre – nella residenza dell'ambasciatore francese a Londra, le Carré accetta l'onorificenza di Commandeur de l'Ordre des Arts et des Lettres.

2006 Compie un tardivo viaggio di ricerca in Congo prima della pubblicazione in settembre de *Il canto della missione*.

2008 Settembre – viene pubblicato *Yssa il buono*, ambientato nella comunità musulmana di Amburgo, la città dove un tempo le Carré aveva prestato servizio.

2009 Nicholas, il figlio di le Carré, pubblica il suo primo romanzo, *Il mondo dopo la fine del mondo*, con lo pseudonimo di Nick Harkaway.
Dopo trentotto anni e sedici romanzi con Hodder & Stoughton come casa editrice nel Regno Unito, le Carré passa a Penguin, affermando che la possibilità di lavorare con la «classica casa editrice di economica» era «imperdibile».[14]

2010 Simon e Stephen, i figli di le Carré, fondano la loro società cinematografica, la Ink Factory.
Il suo amico John Margetson scrive del rammarico che le Carré abbia rifiutato di diventare cavaliere.[15] Prima intervista di Adam Sisman per la biografia di le Carré. Poco dopo la pubblicazione de *Il nostro traditore tipo*, cominciano le riprese de

[13] Recensione del "Guardian", *Spies and Lies*, Steven Poole, 20 dicembre 2003.
[14] Resoconto stampa dell'"Evening Standard".
[15] Corrispondenza con John Margetson (si veda p. 566).

La talpa, diretto da Tomas Alfredson. Jon Snow di Channel 4 va in Cornovaglia per l'«ultima intervista» a le Carré.

2011 Agosto – accetta la Goethe Medal tedesca per il suo contributo allo «sviluppo dell'unione, della pace e della creatività in Europa».[16] «Non sono tipo da medaglie,» dichiara «ma si abbina bene alla Légion d'Honneur, e questo è il mio destino.»[17]
Settembre – esce il film de *La talpa*, con Gary Oldman nei panni di Smiley. Vince l'Alexander Korda Award for Best British Film ai BAFTA.
Festeggia l'ottantesimo compleanno in Cornovaglia.

2012 Giugno – riceve il dottorato ad honorem in Lettere dalla Oxford University insieme ad Aung San Suu Kyi, che, rivolgendosi a le Carré nel suo discorso, dirà: «Quando ero agli arresti domiciliari, mi hanno aiutata anche i libri di John le Carré: erano un viaggio in un mondo più vasto».[18] Le Carré, che aveva più volte rifiutato onorificenze nazionali, scrive a Tom Bower in una e-mail: «Per me Oxford è stata una grande gioia, probabilmente la sola che abbia mai desiderato, ma non lo sapevo fin quando non me l'hanno offerta».

2013 Aprile – viene pubblicato *Una verità delicata*. I critici applaudono il romanzo come un «eccezionale ritorno alla forma della mezza età»[19] da parte dell'ottantunenne le Carré. Il libro esplora l'assegnazione di operazioni di difesa e intelligence a contractor privati.

2014 Esce nelle sale *La spia – A Most Wanted Man*,[20] che vede come protagonista Philip Seymour Hoffman ed è co-prodotto da Simon e Stephen Cornwell.

2016 Febbraio – viene trasmessa la serie televisiva *Il direttore di notte*, con Hugh Laurie, Tom Hiddleston e Olivia Colman,

[16] "Guardian", 21 giugno 2011.
[17] E-mail a Bernhard Docke, 6 settembre 2011.
[18] "Oxford Mail", 21 giugno 2012.
[19] Robert McCrum, "Observer", 20 aprile 2013.
[20] Tratto dal libro *Yssa il buono*. [*N.d.T.*]

anch'essa prodotta dai figli di le Carré Simon e Stephen con Ink Factory. Vincerà, tra gli altri premi, tre Golden Globe.
Maggio – esce il film *Il nostro traditore tipo*, sempre prodotto dalla Ink Factory, con Ewan McGregor e Stellan Skarsgård. Le recensioni sono contrastanti.
Settembre – viene pubblicato *Tiro al piccione*, il memoir di le Carré che è un insieme di scritti vecchi e nuovi, una parziale risposta alla biografia di Adam Sisman pubblicata l'anno precedente. Nel Regno Unito *Tiro al piccione* sale al primo posto dei bestseller del "Sunday Times".

2017 Settembre – viene pubblicato *Un passato da spia*, il ritorno di le Carré a Smiley, Guillam e alla storia dietro *La spia che venne dal freddo*. Le Carré, che aveva quasi ottantasei anni, presenzia a un evento di quasi due ore, tutto esaurito, al Southbank Centre, *An Evening with George Smiley*, una serata con George Smiley. Sale al primo posto nella classifica dei più venduti del "New York Times" mezzo secolo dopo *La spia che venne dal freddo*, il primo libro di le Carré ad arrivare in cima a quella classifica.

2019 Ottobre – viene pubblicato *La spia corre sul campo*, definito il romanzo della Brexit di le Carré.

2020 Gennaio – riceve a Stoccolma il premio Olof Palme da 100.000 dollari per «le sue opinioni coinvolgenti e umanistiche esposte in forma letteraria». Dona il premio a Médecins Sans Frontières.
Ottobre – ottiene la cittadinanza irlandese grazie alla nonna Bessie, la madre di Ronnie Cornwell, «irlandese pura».
12 dicembre – muore di polmonite al Royal Cornwall Hospital, dove era stato ricoverato dopo una caduta.

2021 27 febbraio – muore Jane Cornwell a casa sua in Cornovaglia.
Ottobre – viene pubblicato *L'ultimo segreto*.

Ringraziamenti

Volendo essere corretti, questo libro dovrebbe avere un co-curatore, e quella persona dovrebbe essere Vicki Phillips, che è stata per diciassette anni la segretaria di David e Jane Cornwell. Lei ha contribuito a organizzare l'archivio di Tregiffian e padroneggia tutte le modalità per accedervi. È stata la Connie Sachs[1] di questa operazione sebbene, diversamente da Connie, abbia mantenuto una calma olimpica e un ordine meticoloso nel sistema di archiviazione. Il suo lavoro è stato impagabile.

Nella complessa faccenda dei miei genitori, il mio fratellastro, Nick Cornwell, scrittore con lo pseudonimo di Nick Harkaway, ha sempre contribuito con la sua brillante perspicacia unita al buon senso e all'amore. È stato generoso nei consigli in ogni fase della realizzazione di questo libro, in particolare per l'introduzione. Mio fratello Simon Cornwell, in quanto esecutore letterario di mio padre, mi ha fatto da guida lungo tutto il percorso.

Roland Philipps, amico di mio padre ed ex editor di Hodder & Stoughton, ha esteso quell'amicizia fino a condividere le proprie lettere, a cercarne altre negli archivi di Hodder e a offrirsi per rapide e attente letture della selezione.

Alcune raccolte di lettere in particolare hanno permesso di portare avanti la storia della vita di mio padre. Nancy Cranham ha offerto l'illuminante corrispondenza con sua madre, Charlotte Cornwell, e con sua nonna Jean Cornwell. Lady Miranda Margetson si è rivelata la pazienza personificata nel consentirmi l'accesso alle lettere scritte

[1] Personaggio di le Carré presente ne *La talpa*, *L'onorevole scolaro* e *Tutti gli uomini di Smiley*. Dotata di una memoria incredibile, lavora al dipartimento ricerche del Circus. [*N.d.T.*]

al mio padrino, Sir John Margetson. Nettie e Trevor Cornwell hanno inviato copie delle lettere a Tony, il fratello di mio padre, e mi hanno fornito le informazioni di contesto.

Sir Tom Stoppard ha gentilmente consegnato diverse lettere di quella che è stata una notevole e sentita corrispondenza, mentre William Shawcross si è coraggiosamente battuto contro un archivio allagato, benché con scarso successo. Nicholas Shakespeare e Gillian Johnson ci hanno ospitati nel Wiltshire, e sono stati una guida affettuosa alle lettere di mio padre per lui.

Grande rispetto alla straordinaria Susan D. Anderson, che ha deciso che le affascinanti lettere che le scrisse mio padre dovessero essere pubblicate senza censurare il suo nome. Susan: grazie.

Il giornalista tedesco Yassin Musharbash, oltre alla sua corrispondenza con mio padre, ci ha offerto le sue abilità di traduttore e ci ha dato gentili consigli sul contesto tedesco e sull'uso della lingua nelle sue opere. Alex Williams[2] ha condiviso i fax di mio padre alla loro madre Olive con l'aiuto del nipote Max Perrin. Anne Alvarez ci ha dato accesso alla corrispondenza di mio padre con lei e Al Alvarez. Richard Greene, biografo di Graham Greene e curatore delle sue lettere, mi ha indirizzato alla corrispondenza di Greene conservata alla Burns Library del Boston College.

La pandemia da coronavirus, con le conseguenti restrizioni ai viaggi e all'uso degli spazi pubblici, ha comportato che gran parte delle prime ricerche delle lettere, oltre a quelle archiviate a Tregiffian, sia stata fatta da remoto dalla mia scrivania, appoggiandosi alla generosità dei bibliotecari e degli archivisti che mi hanno inviato le copie in un momento in cui le istituzioni erano sotto una notevole pressione.

Si tratta, in particolare, di Elizabeth L. Garver, ricercatrice associata delle collezioni francese e italiana dell'Harry Ransom Center, University of Texas di Austin, per aver facilitato l'accesso alle lettere che comprendono la corrispondenza con Victor Gollancz. Rachel Hassall, archivista della Sherborne School, ha potuto gettare una luce molto ben informata sul periodo scolastico di mio padre e sul suo complesso atteggiamento al riguardo, che avrebbe peraltro conservato per decenni; Lindsay McCormack, archivista del Lincoln College, ha aperto una finestra sulla sua carriera a Oxford.

Il dottor Colin McIlroy, curatore (manoscritti letterari moderni) della National Library of Scotland, ci ha gentilmente assistiti durante le ricerche del materiale sui Kennaway. Grazie anche ad Andrew Riley,

[2] Alexandra Williams, figlia di secondo letto di Olive, madre di le Carré. [*N.d.T.*]

capo archivista del Churchill Archives Centre al Churchill College, Cambridge; a Catherine Flynn, capo archivista dell'archivio e della biblioteca della Penguin Random House; ad Annie Price, archivista delle collezioni speciali della University of Exeter; e a Rachel Foss, curatrice dei manoscritti letterari moderni della British Library. Richard Ovenden, bibliotecario della Bodley, dopo la loro morte ha scritto una lettera commovente sul sodalizio di mio padre e Jane; i miei ringraziamenti vanno a lui oltre che a Oliver House e Rachael Marsay delle Bodleian Libraries; a Hannah Smith, assistente bibliotecaria della biblioteca dell'Eton College; ad Alexandra Mitchell, archivista della biblioteca della University of Salford, Manchester; e a Genevieve Maxwell, bibliotecaria esperta in ricerche e nell'assistenza al pubblico dell'Academy of Motion Picture Arts and Sciences. John Wells, capo archivista del Department of Archives and Modern Manuscripts della Cambridge University Library, mi ha aiutato per i materiali di Hugh Thomas; ringrazio i sindaci della Cambridge University Library per aver acconsentito al loro uso. Emma Davidson, bibliotecaria della Henry W. and Albert A. Berg Collection of English and American Literature presso la New York Public Library, ha scovato la corrispondenza con Herbert Mitgang.

Per aver contribuito a fornire lettere o per aver acconsentito al loro uso – comprese quelle che, purtroppo, non sono entrate nella selezione finale – sono grato a: Eric Abraham; Anthony Barnett e Judith Herrin; Buzz e Janet Berger; Susanne Bier; Kai Bird; Tom Bower; Caroline Brown; Margaret Bullard; William Burroughs; Sir Bryan Cartledge; Adrian Churchward; Sherman Gilbert Cochran; Robin Cooke; John e Margaret Cooper; Nettie Cornwell; Susan Cornwell; Trevor Cornwell; Rex Cowan; Steve Crawshaw; Justin Dell; Jeremy Deller; Charlotte Dennett; Bernhard Docke; Owen Dudley Edwards; Ehud Elizur; Ralph Fiennes; Robert Forrest; Stephen Fry; Jonny Geller; John Goldsmith; Robert Gottlieb; Richard Greene; Michael Hall; dottor August Hanning; Luke Harding; Graham Hayman; Henry Hemming; prof. George Hewitt; Bruce Hunter; John e Mary James; Michael Jayston; Sam Joiner; Lieve Joris; Alan Judd; Matthew Keegan; Julie Kentish-Barnes; Jane S. Kerr; Mayuree Laolugsanalerd, direttrice delle relazioni con gli ospiti, Mandarin Oriental Hotel, Bangkok; Hugh Laurie; Michael Lyubimov; Ian McEwan; Annabel Markova; Glenda Moakes; Nancy Olivieri; Tony Palmer; Neil Pepper MBE; Emmanuele Phuon; Martin Pick; Vladimir Pucholt; Anna Rankin; John Roberts; Barbara Rosenbaum; Julian Ryder- Richardson; Stefan Schaller; Andreas Seiter; Petronilla Silver; Robyn Slovo; Andrew Stilwell; Harry Tangye; Inigo Thomas; James Van Sant; Federico Varese; Lord William Waldegrave; Emma Warren; John Westerby; Rob e James Whyte; David Wilkinson; Michela Wrong; Anita Osnat Yoshpe.

Pam Wells e Paul Ham, autore di *Sandakan*, hanno migliorato la mia conoscenza di Rod Wells, personaggio leggendario che seguì con mio padre il corso d'addestramento dell'MI6. Simon Bingham mi ha fornito il ritratto di suo padre John Bingham disegnato dal mio, anche se purtroppo non sono state trovate lettere. Tra le altre persone che mi hanno aiutato nelle ricerche ci sono Len Deighton, John J. Geoghegan, Michael Attenborough, Tim Bryars, William Scoular, Sebastian Ritscher of Mohrbooks, Philippa Heumann e Heather J. Sharkey della University of Pennsylvania. Sono grato ad Alice Pitman, che mi ha inviato l'articolo su mio padre scritto dal suo, il giornalista Robert Pitman.

A Tregiffian, la casa di mio padre in Cornovaglia, Wendy Le Grice è stata la prima a iniziare il lavoro sull'archivio. Brenda Bolitho, Gordon Ewing e Carl Swadling sono stati fondamentali nell'assistere i miei genitori e occuparsi della casa.

Questo libro è dedicato al pronipote di mio padre Noah David Cornwell Hughes. David e J.B. Greenway, cari amici di mio padre, sono gli altri bisnonni di Noah, e sono stati generosi con le loro lettere e il loro tempo. Noah ha avuto un inizio di vita tumultuoso, un dramma condiviso dai suoi straordinari genitori, Annie e Paul, da sua zia Eliza e da sua nonna, la scrittrice Alice Greenway.

È stato un privilegio lavorare con Mary Mount, editor di Viking, e con l'agente e amico di mio padre Jonny Geller. L'abile editing di Donna Poppy ha rilevato o chiarito diversi errori importanti; se ne fossero rimasti, sono miei.

Questo libro è stato un viaggio compiuto con una gamba ingessata. Non avrei potuto cominciare, e di certo non avrei finito, senza l'incessante e paziente incoraggiamento della mia compagna Anna Arthur. A lei vanno il mio amore, il mio grazie e la mia fragile sanità mentale.

Fonti

Le voci sono elencate nell'ordine in cui appaiono nella collezione. All'interno di ciascuna voce l'ordinamento è il seguente: destinatario, data, formato e fonte.

Tutte le lettere manoscritte ad Ann Sharp, archivio le Carré in Cornovaglia
Tutte le lettere manoscritte a Vivian Green, archivio le Carré
Tutte le lettere a Jean Cornwell, Nancy Cranham
Tutte le lettere a Sir John e Lady Margetson, Miranda Margetson

R.S. Thompson, 24 giugno 1945: lettera manoscritta, Sherborne School Library
R.S. Thompson, senza data, ma estate 1948: lettera manoscritta, Sherborne School Library
R.S. Thompson, 5 maggio 1952: lettera manoscritta, Sherborne School Library
Kaspar von Almen, 3 ottobre 1954: lettera manoscritta, copia fornita da Adam Sisman
Kaspar von Almen, senza data, probabilmente inizio 1955: lettera manoscritta, copia fornita da Adam Sisman
Robin Cooke, 7 ottobre 1955: lettera manoscritta, Robin Cooke
Kaspar von Almen, senza data, probabilmente giugno 1956: lettera manoscritta, copia fornita da Adam Sisman
Hilary Rubinstein, 21 gennaio 1961: lettera manoscritta, Victor Gollancz acquisitions, 13-12-017-P, Correspondence 1960-1983, Harry Ransom Center, University of Texas at Austin
Ronnie e Jean Cornwell, 8 agosto 1961: lettera manoscritta, Nancy Cranham
Dick Edmonds, 8 agosto 1961: lettera manoscritta, Anna Rankin
Hilary Rubinstein, 28 aprile 1962: lettera manoscritta, Victor Gollancz

acquisitions, 13-12-017-P, Correspondence 1960-1983, Harry Ransom Center, University of Texas at Austin

Dick e Rachel Franks, senza data, probabilmente primavera 1964: lettera manoscritta, famiglia Franks

James Kennaway, senza data, probabilmente 1964: lettera manoscritta, National Library of Scotland

Victor Gollancz, 30 maggio 1964: lettera manoscritta, Victor Gollancz acquisitions, 13-12-017-P, Correspondence 1960-1983, Harry Ransom Center, University of Texas at Austin

Graham Greene, 4 agosto 1964: lettera manoscritta, Graham Greene Papers, MS.1995.003, Le Carré, John, 1964 August-1982 September, John J. Burns Library, Boston College

James Kennaway, senza data, probabilmente 1964: lettera manoscritta, National Library of Scotland

Susan Kennaway, senza data: lettera manoscritta, National Library of Scotland

Susan Kennaway, senza data, probabilmente metà 1965: lettera manoscritta, National Library of Scotland

Stephen Cornwell, 12 ottobre 1965: lettera manoscritta, archivio le Carré

"Literaturnaja Gazeta", maggio 1966: periodico "Encounter"

Graham Greene, senza data, probabilmente 1966: lettera manoscritta, Graham Greene Papers, MS.1995.003, Le Carré, John, 1964 August-1982 September, John J. Burns Library, Boston College

C.P. Snow, 21 luglio 1968: lettera manoscritta, C. P. Snow, Box 83.4 John le Carré Letters, Harry Ransom Center, University of Texas at Austin

Charles Pick, 2 novembre 1968: lettera manoscritta, archivio le Carré

Vladimir Pucholt, 19 novembre 1969: lettera manoscritta, Vladimir Pucholt

Charlotte Cornwell, 10 gennaio 1970: lettera manoscritta, Nancy Cranham

Charles Pick, 7 novembre 1970: lettera manoscritta, archivio le Carré

Buzz e Janet Berger, 8 gennaio 1972: lettera manoscritta, Buzz e Janet Berger

Graham Greene, 7 novembre 1974: lettera manoscritta, Graham Greene Papers, MS.1995.003, Le Carré, John, 1964 August-1982 September, John J. Burns Library, Boston College

Graham Greene, 12 novembre 1974: lettera manoscritta, Graham Greene Papers, MS.1995.003, Le Carré, John, 1964 August-1982 September, John J. Burns Library, Boston College

Jane Cornwell e "A", senza data, probabilmente 1975: lettera manoscritta, archivio le Carré

Timothy Cornwell, 26 settembre 1975: lettera dattiloscritta non firmata, archivio le Carré
H. Hale Crosse, 2 ottobre 1975: copia di lettera dattiloscritta non firmata, archivio le Carré
Mrs Pirkko-Liisa Ståhl, senza data, probabilmente agosto 1977: copia di lettera dattiloscritta non firmata, archivio le Carré
Peter Rainsford, 28 agosto 1977: lettera manoscritta, Andrew Stilwell
Gerald Isaaman, 7 febbraio 1978: copia di lettera dattiloscritta non firmata, archivio le Carré
Sir Alec Guinness, 27 febbraio 1978: copia di lettera dattiloscritta non firmata, archivio le Carré
Sir Alec Guinness, 3 marzo 1978: lettera manoscritta, British Library Add. MS 89015/2/7/5
Arthur Hopcraft, 18 agosto 1978: lettera manoscritta, AHP/1/18 Arthur Hopcraft Papers, University of Salford Archives and Special Collections
Sir Alec Guinness, 27 giugno 1979: lettera manoscritta, British Library Add. MS 89015/2/7/5
"Observer", 6 ottobre 1979: copia di lettera dattiloscritta non firmata, archivio le Carré
Sir Dick e Rachel Franks, senza data, probabilmente inizio ottobre 1979: lettera manoscritta, famiglia Franks
Mary-Kay Wilmers, 27 novembre 1979: copia di lettera dattiloscritta firmata, archivio le Carré
Buzz Berger, 29 novembre 1979: copia di lettera dattiloscritta firmata, Buzz e Janet Berger
Anthony Sampson, senza data ma probabilmente fine 1979: lettera manoscritta, Bodleian Libraries, Oxford, MS. Sampson dep 20
Sir Dick e Rachel Franks, 15 dicembre 1979: lettera manoscritta, famiglia Franks
Betty Quail, 18 marzo 1980: copia di lettera dattiloscritta firmata, archivio le Carré
Morton Leavy, 14 luglio 1980: copia di lettera dattiloscritta firmata, archivio le Carré
Sir Dick Franks, 4 agosto 1981: lettera manoscritta, famiglia Franks
Hugh Thomas, 25 gennaio 1982: cartolina manoscritta, CUL MS Add. 10195, Cambridge University Library
Sir Alec Guinness, 27 gennaio 1982: lettera manoscritta, British Library Add. MS 89015/2/7/5
John Cheever, 7 aprile 1982: copia di lettera manoscritta non firmata, archivio le Carré
Yuval Elizur, 3 maggio 1982: lettera manoscritta, Ehud Elizur

Graham Greene, 6 settembre 1982: lettera manoscritta, Graham Greene Papers, MS.1995.003, Le Carré, John, 1964 August - 1982 September, John J. Burns Library, Boston College

Max Reinhardt, 26 settembre 1982: cartolina manoscritta, Graham Greene Papers, MS.1995.003, Le Carré, John, 1964 August-1982 September, John J. Burns Library, Boston College

Sir Dick Franks, 24 gennaio 1983: lettera manoscritta, famiglia Franks

Margaret Thatcher, 2 marzo 1983: lettera manoscritta, Churchill Archives Centre, Thatcher Papers, THCR 1/3/10: per gentile concessione del Margaret Thatcher Archive Trust

Hazen e Jean Stevens e Jo Anne Stevens, 29 aprile 1983: lettera manoscritta, Scott Stevens

Al Alvarez, 3 maggio 1986: lettera manoscritta, British Library Add. MS 88602

Ella Haymes, 3 maggio 1986: copia di lettera dattiloscritta non firmata, archivio le Carré

Philip Roth, 8 dicembre 1986: lettera manoscritta, Philip Roth, Mss22491, Le Carré, John, 1984-1992, senza data, Library of Congress

Jane Cornwell, 13 marzo 1987: lettera manoscritta, archivio le Carré

John Roberts, 12 maggio 1987: lettera manoscritta, John Roberts

Vladimir Stabnikov, 12 giugno 1987: lettera manoscritta, Irina Sedakova

Nicholas Greaves, 31 gennaio 1988: copia di lettera manoscritta, archivio le Carré

David e J.B. Greenway, 11 agosto 1988: lettera manoscritta, David e J.B. Greenway

Olive Hill, 11 luglio 1988: fax manoscritto, Alex Williams

Olive Hill, 4 agosto 1988: fax manoscritto, Alex Williams

Olive Hill, 8 settembre 1988: fax manoscritto, Alex Williams

Bruce Hunter, 27 gennaio 1989: fax manoscritto, archivio le Carré

Olive Hill, 24 marzo 1989, fax manoscritto, Alex Williams

Vladimir Stabnikov, 9 marzo 1989: copia di lettera manoscritta, archivio le Carré

W.J. Weatherby, "Manchester Guardian", 11 ottobre 1989: copia di lettera dattiloscritta non firmata, archivio le Carré

Sir Alec e Lady Guinness, 7 dicembre 1989: lettera manoscritta, British Library Add. MS 89015/2/7/5

Bob Gottlieb, 25 settembre 1989: lettera manoscritta, archivio le Carré

Sir Alec Guinness, 7 giugno 1990: lettera manoscritta, British Library Add. MS 89015/2/7/5

Nicholas Shakespeare, 19 aprile 1991: lettera manoscritta, Nicholas Shakespeare

John Calley, senza data: fax manoscritto, originale nell'archivio le Carré

Sydney Pollack, 16 dicembre 1991: fax manoscritto, originale nell'archivio le Carré
Michael Attenborough, 24 gennaio 1992: fax dattiloscritto con P.S. manoscritto, originale nell'archivio le Carré
Peter Osnos, 26 gennaio 1992: fax, archivio le Carré
Derek Tangye, 23 febbraio 1992: copia di fax manoscritto, archivio le Carré
Tony Cornwell, 24 aprile 1992: lettera manoscritta, Nettie e Trevor Cornwell
Don Chapman, 20 agosto 1992: copia di lettera dattiloscritta non firmata, archivio le Carré
Philip Roth, 11 ottobre 1992: fax manoscritto, originale nell'archivio le Carré
Tina Brown, direttrice, "New Yorker", 12 ottobre 1992: lettera dattiloscritta firmata, originale nell'archivio le Carré
Michael Attenborough, 3 novembre 1992: fax manoscritto, originale nell'archivio le Carré
Philip Weiss, 23 gennaio 1993: fax dattiloscritto firmato, originale nell'archivio le Carré
Eric Abraham, 3 marzo 1993: fax manoscritto, originale nell'archivio le Carré
Sydney Pollack, 28 luglio 1993: fax dattiloscritto firmato, originale nell'archivio le Carré
Stephen Fry, 13 settembre 1993: copia di lettera dattiloscritta non firmata, archivio le Carré
J.E.C. Kuitenbrouwer, 21 ottobre 1993: copia di lettera dattiloscritta non firmata, archivio le Carré
Gerald Isaaman, senza data, probabilmente metà anni Novanta: fax manoscritto, originale nell'archivio le Carré
Nicholas Elliott, 9 novembre 1993: copia di lettera dattiloscritta non firmata, archivio le Carré
Michail Lyubimov, 15 novembre 1993: copia di lettera dattiloscritta non firmata, archivio le Carré
Alice Mary Dilke, 4 marzo 1995: lettera manoscritta, Sasha Markova
Direttore, "New York Times", 22 marzo 1995: fax dattiloscritto firmato, originale nell'archivio le Carré
Jack Burkhardt, 19 novembre 1993: copia di lettera dattiloscritta non firmata, archivio le Carré
Nicholas Cornwell, 26 novembre 1993: lettera manoscritta, Nicholas Cornwell
Jeff Danziger, 4 marzo 1994: copia di lettera dattiloscritta firmata, archivio le Carré

Eric Abraham, 29 marzo 1994: copia di lettera dattiloscritta firmata, Eric Abraham
Wendy Le Grice, senza data: biglietto illustrato manoscritto, Wendy Le Grice
Martina Wiegandt, 15 aprile 1994: copia di lettera dattiloscritta, archivio le Carré
John Keegan, 28 aprile 1994: lettera manoscritta, Matthew Keegan
Horst Gerkens, 29 aprile 1994: copia di lettera dattiloscritta non firmata, archivio le Carré
Mark Wilcocks, 1° luglio 1994: copia di lettera dattiloscritta non firmata, archivio le Carré
Pusya Jopua, 15 novembre 1993: copia non firmata di fax dattiloscritto, archivio le Carré
Professor George Hewitt, 4 maggio 1994: copia di fax manoscritto, archivio le Carré
Vladimir Stabnikov, 11 luglio 1994: copia di fax dattiloscritto, archivio le Carré
Marianne Schindler, 11 luglio 1994: copia di lettera dattiloscritta non firmata, archivio le Carré
Edward Behr, 1° agosto 1994: fax dattiloscritto con P.S. manoscritto, originale nell'archivio le Carré
Susan D. Anderson, 24 agosto 1994: lettera manoscritta non firmata, 14-04-002-P, John le Carré Collection, Harry Ransom Center, University of Texas at Austin
Sonny Mehta, 19 settembre 1994: fax manoscritto, originale nell'archivio le Carré
Bob Gottlieb, 22 settembre 1994: copia di lettera manoscritta, archivio le Carré
John Calley, 30 settembre 1994: copia di fax dattiloscritto, archivio le Carré
Yvette Pierpaoli, 19 dicembre 1994: copia firmata di fax manoscritto, archivio le Carré
Sonny Mehta, 21 novembre 1994: fax manoscritto, originale nell'archivio le Carré
Sonny Mehta, 21 novembre 1994: fax dattiloscritto, originale nell'archivio le Carré
Sonny Mehta, 20 dicembre 1994: fax dattiloscritto, originale nell'archivio le Carré
Alan Judd, 24 giugno 1995: lettera manoscritta, Alan Judd
Anatolij Adamišin, 6 febbraio 1996: copia di lettera dattiloscritta non firmata, archivio le Carré
Alan Judd, 6 febbraio 1996: lettera manoscritta, Alan Judd

Anatolij Adamišin, 21 febbraio 1996: fax dattiloscritto, originale nell'archivio le Carré
Alan Judd, 27 febbraio 1996: lettera manoscritta, Alan Judd
Stephen Long, 14 dicembre 1999: copia di lettera dattiloscritta non firmata, archivio le Carré
Dick Koster, 3 aprile 1995: fax manoscritto, originale nell'archivio le Carré
Helen Goldfield, 10 aprile 1995: copia di lettera manoscritta, archivio le Carré
Stephen Fry, 4 maggio 1995: copia di lettera manoscritta, archivio le Carré
Jane Cornwell, 10 maggio 1995: copia di fax manoscritto, archivio le Carré
Matthew Bruccoli, 19 ottobre 1995: lettera manoscritta, MS-05128, le Carré Correspondence, senza data, 1980-2005, Container 7.4, Harry Ransom Center, University of Texas at Austin
Douglas Hayward, 2 febbraio 1996: copia di lettera dattiloscritta non firmata, archivio le Carré
Sydney Pollack, 13 giugno 1996: fax manoscritto, originale nell'archivio le Carré
Susan D. Anderson, senza data: lettera manoscritta, 14-04-002-P, John le Carré Collection, Harry Ransom Center, University of Texas at Austin
Jack Carley, 12 marzo 1997: copia di lettera dattiloscritta non firmata, archivio le Carré
Jane Cornwell, aprile 1998: lettera manoscritta, originale nell'archivio le Carré
John Calley, 7 settembre 1998: fax manoscritto, originale nell'archivio le Carré
Tony Cornwell, 13 dicembre 1998: lettera manoscritta, Nettie e Trevor Cornwell
Sir Tom Stoppard, 4 febbraio 1999: lettera manoscritta, Sir Tom Stoppard
Tony Cornwell, 30 maggio 1999: lettera manoscritta, Nettie e Trevor Cornwell
John Calley, 27 settembre 1999: fax manoscritto, archivio le Carré
John Calley, 17 febbraio 2000: fax dattiloscritto, copia nell'archivio le Carré
Stephen James Joyce, 3 marzo 2000: copia di lettera dattiloscritta non firmata, archivio le Carré
Pierce Brosnan, 5 marzo 2000: copia di fax manoscritto, archivio le Carré
Sue Lawley, 9 luglio 2000: copia di lettera manoscritta, archivio le Carré
Nancy Olivieri, 22 maggio 2000: e-mail, Nancy Olivieri

Nancy Olivieri, 18 luglio 2000: copia di lettera dattiloscritta con P.S. manoscritto, Nancy Olivieri
Janet Berger, 8 agosto 2000: fax manoscritto, Buzz e Janet Berger
J.R. James CMG, Alto Commissario britannico, Nairobi, 11 settembre 2000: fax manoscritto, originale nell'archivio le Carré
John Boorman, 22 settembre 2000: fax dattiloscritto, originale nell'archivio le Carré
Stanley Mitchell, 6 gennaio 2001: copia di lettera manoscritta, archivio le Carré
John Calley, 6 gennaio 2001: fax manoscritto, originale nell'archivio le Carré
Roland Philipps, 19 gennaio 2001: copia di lettera manoscritta, Roland Philipps
Andreas Seiter e Katharina Amacker, 11 aprile 2001: copia di lettera dattiloscritta, archivio le Carré
John Calley, 11 giugno 2001: copia di fax manoscritto, archivio le Carré
Figli di David e Jane, 11 giugno 2001: lettera manoscritta, originale nell'archivio le Carré
Al e Anne Alvarez, 4 agosto 2001: lettera manoscritta, Anne Alvarez
John Boorman, 2 ottobre 2002: copia di fax manoscritto, archivio le Carré
Jane Cornwell, 21 febbraio 2003: lettera manoscritta, archivio le Carré
Anthony Barnett, 1° gennaio 2004: fax manoscritto, originale nell'archivio le Carré
Dottor August Hanning e Signora, 28 dicembre 2005: copia di fax manoscritto, Dott. Hanning/archivio le Carré
Nancy Olivieri, 17 febbraio 2006: lettera manoscritta, Nancy Olivieri
Stanley Mitchell, 19 aprile 2006: copia di lettera manoscritta, archivio le Carré
Hugh Thomas, 10 maggio 2006: lettera manoscritta, CUL MS Add. 10195 Le Carré letter 10 May 2006, Cambridge University Library
Charlotte Cornwell, 17 maggio 2006: e-mail, Nancy Cranham
Ralph de Butler, 14 settembre 2006: lettera manoscritta, Ralph de Butler
Nicholas Shakespeare, 14 novembre 2006: lettera manoscritta, Nicholas Shakespeare
Bernhard Docke, 9 febbraio 2007: e-mail, Bernhard Docke
Tony Cornwell, 15 maggio 2007: lettera manoscritta, Nettie e Trevor Cornwell
Douglas Jackson, 23 aprile 2008: lettera manoscritta, Douglas Jackson
Robert Forrest, 16 giugno 2008: lettera manoscritta, Robert Forrest
Dottor August Hanning, 24 dicembre 2008: fax manoscritto, August Hanning

Dottor August Hanning, 18 gennaio 2009: fax manoscritto, August Hanning/originale nell'archivio le Carré
Federico Varese, 21 aprile 2009: lettera manoscritta, Federico Varese
Roger Martin, 3 giugno 2009: copia di lettera manoscritta, archivio le Carré
Federico Varese, 3 luglio 2009: e-mail, Federico Varese
Ralph Fiennes, 7 ottobre 2009: copia di lettera manoscritta, archivio le Carré
Al Alvarez, 26 ottobre 2009: e-mail, Anne Alvarez
Jonny Geller, 31 marzo 2010: copia di lettera manoscritta, Jonny Geller/archivio le Carré
Tony Cornwell, 18 maggio 2010: lettera manoscritta, archivio le Carré
Al Alvarez, fine maggio 2010: cartolina manoscritta, Anne Alvarez
Adam Sisman, 15 luglio 2010: copia di lettera manoscritta, archivio le Carré
Professor Owen Dudley Edwards, 20 novembre 2010: lettera manoscritta, Professor Edwards/archivio le Carré
Tomas Alfredson, 12 luglio 2011: copia di lettera manoscritta, archivio le Carré
Gary Oldman, 31 agosto 2011: e-mail, archivio le Carré
William Burroughs, 13 ottobre 2011: lettera manoscritta, William Burroughs
Tony Cornwell, 4 febbraio 2012: copia di lettera manoscritta, archivio le Carré
Roger Hermiston, 12 aprile 2012: lettera manoscritta, Roger Hermiston
Tony Cornwell, 18 giugno 2012: copia di lettera manoscritta, archivio le Carré
Jonny Geller, 8 settembre 2012: fax manoscritto, Jonny Geller/originale nell'archivio le Carré
Anthony Barnett, 22 settembre 2012: e-mail, archivio le Carré
Mary Mount, 10 ottobre 2012: e-mail, Mary Mount/archivio le Carré
Cari tutti, 16 ottobre 2012: e-mail, archivio le Carré
Ian McEwan, 6 maggio 2013: lettera manoscritta, Ian McEwan, Box 33.5, John le Carré Letters, Harry Ransom Center, University of Texas at Austin
Georg e Christiane Boomgaarden, 22 ottobre 2013: copia di lettera manoscritta, archivio le Carré
Ben Macintyre, 11 novembre 2013: lettera manoscritta, Ben Macintyre
John e Mary James, 11 dicembre 2013: lettera dattiloscritta, John e Mary James
Wolfgang Czaia, 12 dicembre 2013: copia di lettera dattiloscritta non firmata, archivio le Carré

Professor Roger Williams, CBE, 22 luglio 2014: copia di lettera dattiloscritta non firmata, archivio le Carré
U.P. Karlsson, 5 agosto 2014: copia di lettera dattiloscritta non firmata, archivio le Carré
Sir Tom Stoppard, 27 ottobre 2014: lettera manoscritta, Sir Tom Stoppard
Michail Lyubimov, 27 aprile 2015: copia di lettera dattiloscritta non firmata, archivio le Carré
Sir Tom Stoppard, 1° giugno 2015: lettera manoscritta, Sir Tom Stoppard
Susanne Bier, 31 agosto 2015: copia di lettera manoscritta, archivio le Carré
Hugh Laurie, 29 agosto 2015: e-mail, archivio le Carré
Michail Lyubimov, 11 settembre 2015: e-mail, Michail Lyubimov/archivio le Carré
Bernhard Docke, 1° dicembre 2015: e-mail, Bernhard Docke/archivio le Carré
Vladimir Stabnikov, 4 marzo 2016: e-mail, archivio le Carré
Tom Bower, 21 marzo 2016: e-mail, archivio le Carré
Robert McCrum, 30 luglio 2016: copia di lettera manoscritta, archivio le Carré
Al e Anne Alvarez, 16 settembre 2016: lettera manoscritta, Anne Alvarez
Mary Mount, 8 novembre 2016: e-mail, Mary Mount/archivio le Carré
Ben Macintyre, 15 novembre 2016: lettera manoscritta, Ben Macintyre
Nicholas Shakespeare, 16 dicembre 2016: lettera manoscritta, Nicholas Shakespeare
Roland Philipps, 16 febbraio 2017: lettera manoscritta, Roland Philipps
Mary Mount, 20 febbraio 2017: e-mail, Mary Mount/archivio le Carré
Yassin Musharbash, 2 maggio 2017: lettera manoscritta, Yassin Musharbash
Sir Tom Stoppard, 25 giugno 2017: lettera manoscritta, Sir Tom Stoppard
Keith FitzPatrick, 29 luglio 2017: lettera manoscritta, Keith FitzPatrick
Michael Jayston, 4 ottobre 2017: lettera manoscritta, Michael Jayston
Sir Tom Stoppard, 21 dicembre 2017: lettera manoscritta, Sir Tom Stoppard
Philippe Sands, 22 marzo 2018: e-mail, Philippe Sands/archivio le Carré
John e Mary James, 25 maggio 2018: lettera manoscritta, John e Mary James
William Burroughs, 23 luglio 2018: copia di lettera dattiloscritta non firmata, archivio le Carré
Rex Cowan, 26 ottobre 2018: lettera manoscritta, Rex Cowan
Steven Isserlis, 26 novembre 2018: copia di lettera manoscritta, archivio le Carré

Sir Tom Stoppard, 19 dicembre 2018: lettera manoscritta, Sir Tom Stoppard
Sir Tom Stoppard, 3 gennaio 2019: lettera manoscritta, Sir Tom Stoppard
John Westerby, 4 aprile 2019: lettera manoscritta, John Westerby
Alan Judd, 18 maggio 2019: lettera manoscritta, Alan Judd
Tom Bower, 29 giugno 2019: e-mail, archivio le Carré
John Banville, 16 luglio 2019: e-mail, archivio le Carré
Simon, Stephen, Timothy e Nicholas Cornwell, 21 luglio 2019: e-mail, archivio le Carré
David Greenway, 2 ottobre 2019: copia di lettera dattiloscritta non firmata, archivio le Carré
Pierre Schori, 8 febbraio 2020: copia di lettera manoscritta, archivio le Carré
Daniel Ellsberg, 11 febbraio 2020: copia di lettera manoscritta, archivio le Carré
Nicholas Shakespeare, 26 aprile 2020: e-mail, archivio le Carré
Charlotte Cornwell, 26 aprile 2020: e-mail, archivio le Carré
Sam Joiner, 27 aprile 2020: lettera manoscritta, Sam Joiner
Alan Judd, 19 maggio 2020: lettera manoscritta, Alan Judd
Philippe Sands, 3 giugno 2020: e-mail, archivio le Carré
Jonny Geller, 8 giugno 2020: e-mail, Jonny Geller/archivio le Carré
Sir Tom Stoppard, 1° luglio 2020: lettera manoscritta, Sir Tom Stoppard
Ben Macintyre, 31 agosto 2020: e-mail, archivio le Carré
Nicholas Shakespeare, 1° ottobre 2020: e-mail, archivio le Carré
Michail Lyubimov, 18 ottobre 2020: e-mail, archivio le Carré
Alison Geraghty, 26 ottobre 2020: copia di lettera dattiloscritta non firmata, archivio le Carré
Yassin Musharbash, 23 novembre 2020: lettera manoscritta, Yassin Musharbash
David Greenway, 25 novembre 2020: lettera manoscritta, David Greenway

Indice dei nomi

Le note sono indicate dal numero di pagina seguito dalla lettera "n" e dal numero della nota. I rapporti in parentesi, se non diversamente indicato, sono riferiti a John le Carré

PEFC

PEFC/18-32-03

Certificato PEFC
Questo prodotto è realizzato con materia prima da foreste gestite in maniera sostenibile e da fonti controllate

www.pefc.it

Mondadori Libri S.p.A.

Questo volume è stato stampato
presso ELCOGRAF S.p.A.
Stabilimento - Cles (TN)

Stampato in Italia - Printed in Italy